Bäumker Wilhelm

Das katholische deutsche Kirchenlied in seinen Singweisen

Bis gegen Ende des siebzehnten Jahrhunderts

Bäumker Wilhelm

Das katholische deutsche Kirchenlied in seinen Singweisen
Bis gegen Ende des siebzehnten Jahrhunderts

ISBN/EAN: 9783337191313

Hergestellt in Europa, USA, Kanada, Australien, Japan

Cover: Foto ©Lupo / pixelio.de

Weitere Bücher finden Sie auf **www.hansebooks.com**

Das

katholische deutsche Kirchenlied

in seinen Singweisen

von den frühesten Zeiten bis gegen Ende des siebzehnten Jahrhunderts.

Begonnen von

Karl Severin Meister.

Zweiter Band.

Auf Grund älterer Handschriften und gedruckter Quellen bearbeitet
von

Wilhelm Bäumker.

Freiburg im Breisgau.
Herder'sche Verlagshandlung.
1883.
Zweigniederlassungen in Straßburg, München und St. Louis, Mo.

Das Recht der Uebersetzung in fremde Sprachen wird vorbehalten.

Vorrede.

Das Meister'sche Werk: „Das katholische deutsche Kirchenlied in seinen Singweisen" ist nicht Fragment geblieben. Endlich nach Verlauf von 21 Jahren präsentirt sich den Besitzern des ersten Bandes auch der zweite. Leider war es dem Verfasser Herrn K. S. Meister nicht vergönnt, seine so verdienstvolle und von echt deutschem Fleiße zeugende Arbeit zu vollenden. Er starb am 30. September 1881 als Musiklehrer am Seminar zu Montabaur.

Auf den Wunsch des Herder'schen Verlags hin übernahm ich die Vollendung des Werkes. Da die Verhandlungen über den Erwerb des Meister'schen Nachlasses sich zerschlugen, so war ich genöthigt, den zweiten Band ganz selbständig zu bearbeiten. Dank der Zuvorkommenheit, die mir in allen Theilen Deutschlands entgegengebracht wurde, stand mir in kurzer Zeit ein bedeutend größeres Quellenmaterial zu Gebote, als Meister zum ersten Bande hatte benutzen können. Ich nenne hier nur das Obsequiale ecclesiae Ratisbonensis 1570, welches Meister nur aus den Cantica spiritualia kannte; das Gesangbuch von Hecyrus, Prag 1581; die Sammlungen des Haym von Themar 1581 ff.; die in Cöln bei Brachel erschienenen Jesuiten-Gesangbücher vom Jahre 1619 an; das Neysser Gesangbuch 1625 und 1663; das Prager Gesangbuch 1655; das Molsheimer 1659; die geistliche Nachtigall, Erfurt 1666; den Nordstern 1671 u. s. w. (vgl. die Bibliographie und nähere Beschreibung der Gesangbücher). Außerdem war die hymnologische Literatur in den letzten Decennien durch manche bedeutende Leistungen vermehrt worden. Auf die größten Werke will ich schon hier aufmerksam machen:

1) Philipp Wackernagel, „Das deutsche Kirchenlied von der ältesten Zeit bis zum Anfang des 17. Jahrhunderts". 5 Bände. Leipzig 1864—1877, sowie auch dessen „Bibliographie zur Geschichte des deutschen Kirchenliedes". Frankfurt 1855. Wackernagel hat sich auch um das katholische Kirchenlied sehr verdient gemacht, denn der erste

Band seiner großen Sammlung enthält die lateinischen Hymnen, der zweite die vorreformatorischen geistlichen Lieder und der fünfte (Nr. 1130—1587) die Lieder der römisch-katholischen Kirche.

2' E. E. Koch, „Geschichte des Kirchenliedes und Kirchengesanges der christlichen, insbesondere der deutschen evangelischen Kirche". 4. Aufl. Stuttgart 1866—1877. 8 Bände. Auch das katholische Kirchenlied wird berücksichtigt.

3' A. F. W. Fischer, „Kirchenliederlexikon. Hymnologisch-literarische Nachweisungen über circa 4500 der wichtigsten und verbreitetsten Kirchenlieder". Gotha 1878. Das Werk faßt die Resultate der hymnologischen Forschungen vorzüglich über das protestantische Kirchenlied kurz zusammen.

Die einzig in ihrer Art dastehende Sammlung von F. M. Böhme, „Altdeutsches Liederbuch, Volkslieder der Deutschen nach Wort und Weise aus dem 12. bis zum 17. Jahrhundert". Leipzig 1877, erleichterte mir die Vergleichung der Melodien unserer Kirchenlieder mit den alten weltlichen und geistlichen Volksweisen ganz außerordentlich.

Die Lieder des vorliegenden Bandes wurden, wie dies auch im ersten Bande geschehen war, ihrem textlichen Inhalte nach eingetheilt, und die Rubricirung der Kehrein'schen Sammlung, zu der ursprünglich das Meister'sche Werk das Melodienbuch bilden sollte, im ganzen beibehalten. Die Texte wären zu bunt durcheinander gerathen, wenn ich eine Eintheilung nur nach den Melodien (Einzel- und Parallelmelodien) hätte vornehmen wollen. Da ich indeß den diesbezüglichen Anforderungen durch jedesmaliges Hinweisen auf verwandte Melodien gerecht geworden zu sein glaube, konnte ich, auch schon der Conformität wegen, die im ersten Bande getroffene Einrichtung beibehalten.

Von den Texten ist bei jedem Liede die erste Strophe in der Fassung abgedruckt worden, welche ich im Original vorgefunden habe. Die übrigen Strophen mag derjenige, der sich dafür interessirt, in den Sammlungen von Kehrein und Wackernagel, welche über dem Liede mit den Buchstaben K und W angegeben sind, nachschlagen. Auch die Text-Unterlage ist so, wie sie in den Gesangbüchern steht. War sie hier unklar und verworren, so wurde nach Analogie anderer Lieder in demselben Buche verfahren. Einzelne den Text betreffende Erläuterungen mag der Leser als eine Zugabe betrachten. Der Schwerpunkt unserer Arbeit liegt in den Melodien.

Jede Melodie wurde so wiedergegeben, wie sie sich in der von mir benutzten, an erster Stelle angeführten Quelle vorfand. Natürlich mußte in Bezug auf Notenform, Schlüssel u. s. w. die Gleichförmigkeit mit dem ersten Bande aufrecht erhalten werden. Wenn der Leser die runden Noten ○ ○ ♩ sich eckig denkt = ◇ ◆ ◊, so hat er die Notation der alten Gesangbücher. Die einfachen Ligaturen (Bindungen) ▬ und die Pausezeichen: ▬ ganze, ▬ halbe, und ▬ viertel Pause habe ich aus den Originalen herübergenommen.

Von den Melodievarianten wurden die bedeutenderen aufgenommen. Taktstriche sind nur da angebracht worden, wo sie auch in den Originalen vorkommen. Die älteren Gesangbücher haben überhaupt gar keine Taktstriche, sondern nur Striche ▬ und Balken ▬ zur Abgrenzung der Zeilen. Die chromatischen Zeichen ♯ und ♭, welche in der älteren Fassung des Liedes nicht vorkommen, wohl aber in einer späteren, sind über die Linien gesetzt worden. Sie geben uns ein interessantes Bild davon, wie man die alten Melodien hin und her zerrte, um sie in Dur oder Moll unterzubringen. Wenn bei Vergleichung der Melodien sich herausstellte, daß sie zu mehreren Texten Verwendung gefunden hatten, so wurde in der Regel der älteste Text abgedruckt, auf die übrigen dagegen nur hingewiesen. Bisweilen wurde auch unter ausdrücklicher Angabe ein späterer Text benutzt.

Um diesen Band nicht zu einem Werke von sehr großem Umfange zu gestalten, mußte von dem Meister'schen Plane, eine Sammlung lateinischer Lieder sowie mehrstimmiger Bearbeitungen deutscher Kirchenlieder in einem Anhange beizufügen, Abstand genommen werden. Von den lateinischen Liedern konnten nur solche Aufnahme finden, welche mit deutschen in irgend welchem Zusammenhange stehen. Die wenigen mehrstimmigen Lieder (S. 375 ff.) mögen zur Ergänzung des Anhanges II im I. Bande dienen. Das Verhältniß des deutschen katholischen Kirchenliedes zur Kunst des Tonsatzes läßt sich auf wenigen Bogen nicht klar stellen. Diese Arbeit erfordert ein Werk, welches mindestens den Umfang des vorliegenden haben müßte. Einem praktischen Bedürfnisse genügen die vorhandenen Sammlungen von F. Commer, Musica sacra (jetzt im Verlag von Manz in Regensburg); eine kleinere Auswahl (25 Lieder) von R. Schlecht. Nördlingen 1850, u. a. m.

Schließlich verfehle ich nicht, allen denjenigen, welche mich durch Zusendung von Gesangbüchern, Handschriften und Notizen bei meiner schwierigen Arbeit unterstützt haben, meinen verbindlichsten Dank auszusprechen, namentlich folgenden Herren:

Aanderheyden, Dr., Archivar in Büdingen.

Bäumker, Dr. Clemens, o. Professor der Philosophie in Breslau.

Baudri, Dr., Weihbischof und Domdechant in Köln.
Beck, Dr. K. A., Seminardirector in Linnich.
Beck, P., Amtsrichter in Ulm.
Bernert, Franz, Bischof, Apostolischer Vikar und Domdechant in Dresden.
Böckeler, Domchordirigent in Aachen.
Böhme, Prof. F. M., in Frankfurt a. Main.
Bohn, E., Organist in Breslau.
Böker, Dr., Pfarrer in Fischeln bei Crefeld.
Brimminger, M., Beneficiat in Ellbach bei Tölz (Bayern).
Brühl, Graf Franz von, Assessor in Pförten (Lausitz).
Commer, Prof. Fr., Königl. Musikdirector in Berlin.
Crecelius, Prof. Dr. W., in Elberfeld.
Eitner, Robert, Redacteur der Monatshefte für Musikgeschichte, in Templin (Uckermark).
Esseling, Pfarrer in Brochterbeck (Westfalen).
Förster, Dr., jetzt Benedictiner in Prag.
Gabler, J., Dechant in Neuhofen (Nieder-Österreich).
Habermann, H., Kaufmann in Barmen.
Habert, J. E., Organist in Gmunden a. Traunsee.
Hasal, Pfarrer in Weißkirchlitz bei Teplitz (Böhmen).
Hölscher, Dr., Gymnasialdirector in Recklinghausen.
Jacobs, Dr. Eduard, Archivrath in Wernigerode.
Kade, O., Großherzogl. Musikdirector in Schwerin.
Mallmus, F., Kaplan in Neustadt bei Kassel.
Musiol, R., Lehrer in Röhrsdorf bei Fraustadt (Posen).
Scheeben, Prof. Dr. J. M., in Köln.
Schlecht, R., Geistl. Rath in Eichstädt.
Schuwirth, A., Lehrer in Hückeswagen.
Stammler, Pfarrer in Bern.
Tilike, Bischöfl. Commissariatsassessor a. D. in Heiligenstadt.
Turnowsky, Volksschullehrer in Filipowa (Ungarn).
Van Dost, cand. med., in München.
Verkoyen, Pfarrer in Friedrichsthal bei Saarbrücken.
Westermayer, Dr. G., Pfarrer in Feldkirchen (Bayern).

sodann folgenden Bibliotheksverwaltungen:

Königl. Bibliothek in Berlin: Oberbibliothekar Königl. Geh. Regierungsrath Prof. Dr. Lepsius, und Dr. Kopfermann, Custos der musikalischen Abtheilung.

Königl. und Universitätsbibliothek in Breslau: Oberbibliothekar Prof. Dr. Dziatzko.

Bibliothek des „Akademischen Instituts für Kirchenmusik" daselbst: Bibliothekar Prof. Dr. Julius Schäffer.

Königl. Bibliothek in München: Custos der musikalischen Abtheilung Dr. J. J. Maier.

Stadtbibliothek in Mainz: Stadtbibliothekar Dr. Velke.

Bibliothek des Priesterseminars daselbst: Präses Dr. Moufang.

Universitätsbibliothek in Würzburg: Bibliothekar Dr. Stamminger.

Bibliothek des Minoritenconvents daselbst.

Königl. Paulinische Bibliothek in Münster: Bibliothekar Dr. Stender.

Bibliothek des Ludgerianum und Priesterseminars daselbst.

Archiv des Domcapitels St. Petri in Bautzen.

Herzogliche Bibliothek in Gotha: Bibliothekar Dr. Georges.

Kathol. Pfarrbibliothek in Elberfeld.

Wie bereits in der Vorrede zum ersten Bande angedeutet worden ist, soll die vorliegende, jetzt vollendete Sammlung nicht nur ein kunst- und kirchengeschichtliches Interesse bieten, sie verfolgt auch noch einen anderen, praktischen Zweck. Sie will dem deutschen Volke die Rückkehr zu seinem alten katholischen „Erbliede", wie Tilike treffend sagt, wieder ermöglichen. In den Gesangbüchern des 16. und 17. Jahrhunderts findet sich eine Anzahl von Liedern, die Gemeingut aller sind: ein sogenannter Kern. Erst im 18. Jahrhunderte wurde dieser über Bord geworfen und durch wildfremde Lieder und Melodien zu ersetzen gesucht. Diesen alten Kern in unsere Gesangbücher wieder aufzunehmen und die neueren Lieder auf ein bestimmtes Maß zu beschränken, müßte das vornehmste Bestreben der Herausgeber neuer Gesangbücher sein. Auf diese Weise käme man doch allmählich zu einer Einheit im deutschen Kirchengesange. Meister spricht in der Vorrede (I, S. VIII) von einem allgemeinen deutschen Gesang- und Choralbuche. Ob diese schöne Idee realisirbar sein wird, muß die Zukunft lehren. Ich halte dafür, daß sie im Laufe der Zeit ohne große Schwierigkeiten sich verwirklichen lasse, namentlich wenn der „Cäcilienverein für alle Länder deutscher Zunge" die Sache in die Hand nehmen würde. Eine Auswahl von 150 bis 200 Liedern aus der vorliegenden Sammlung mit einem Proprium, das für jede Diöcese die besonderen und neueren Lieder enthielte, das dürfte wol eine Art und Weise sein den genannten Plan zur Ausführung zu bringen. Das Choralbuch mit der

Harmonisirung müßte natürlich freigegeben, und damit unsern Kirchencomponisten ein neues Feld für ihre Thätigkeit eröffnet werden.

Der Einwurf, daß die Textredaction der alten Lieder eine kaum zu überwindende Schwierigkeit darbiete, widerlegt sich von selbst, wenn man z. B. die Sammlung „Magnificat" von Tilike[1] und Bone's Cantate[2] zur Hand nimmt. Die alten Melodien in ihrer tonischen und rhythmischen Gestaltung herüberzunehmen, dürfte ohne viel Kopfbrechen zu bewerkstelligen sein. Selbstverständlich müßte dabei namentlich in Bezug auf Textlegung dem heutigen Stande der Musikwissenschaft Rechnung getragen werden. Mancher, dessen Ohr nur an moderne Melodiebildung gewohnt ist, wird vielleicht den alten Melodien anfangs wenig Geschmack abgewinnen können. Unterdessen mag er sie nur recht fleißig singen, auf die Dauer wird er die alten Weisen doch liebgewinnen; und diese werden ihre eigenthümliche Anziehungskraft schon geltend machen. Andere sind hinwiederum für die alten Melodien so leidenschaftlich begeistert, daß sie nur diese für gut und kirchlich halten und alles Neue verwerfen. Diese mögen bedenken, daß das Gute jeder Zeit, auch der unsrigen, existenzberechtigt ist. Nicht jede alte Melodie ist deshalb kirchlich, weil sie alt ist, ebensowenig, wie jede neue unkirchlich ist, weil sie neu ist. Man wird auch in der vorliegenden Sammlung, die zunächst einen historischen Zweck verfolgt und deshalb die verschiedenartigsten Melodien enthält, solche vorfinden, die mehr an den lateinischen Choral sich anschließen, und solche, die mehr Volksthümliches an sich haben. Aus beiden Gattungen mag man das Beste auswählen nach dem Rathe des Apostels: „Prüfet Alles und das Beste behaltet." Es sei mir gestattet, mit einigen begeisterten Worten Tilike's aus der Vorrede zum „Magnificat" zu schließen:

Die alten Kirchenlieder	So singe, daß es bringe
O singe sie auf's neu'	Zum höchsten Wolkenthron,
Und sing sie immer wieder,	Einmüthig daß es klinge
Du Volk der deutschen Treu':	Der Jungfrau sammt dem Sohn,
An ihrem Feuer labe	Wie deine Väter thaten
Dich gern beim Saitenspiel;	Bis an der Nordsee Strand,
Mit diesem Pilgerstabe	So bist du wohlberathen
Kommst du gewiß an's Ziel.	Mein deutsches Vaterland.

Niederkrüchten, am 30. September 1883.

Wilhelm Bäumker.

---

1) Heiligenstadt 1862.
2) Paderborn 1879 (7. Auflage).

Inhalt.

	Seite
Vorrede	III

I. Allgemeiner Theil.

Einleitung. I. Auswahl, Herkunft und Charakteristik der Melodien	3
II. Ueber die Stellung des deutschen Kirchenliedes zur Liturgie bis zum Ende des 17. Jahrhunderts	8
Nachträge zur Literatur.	
a. Protestantische Literatur	20
b. Katholische Literatur.	23
c. Einige Sammlungen.	25
Bibliographie	26
Nähere Beschreibung einiger Gesangbücher	44
Vorreden und Berichte aus einigen Gesangbüchern	54

II. Besonderer Theil.

Marienlieder. No. 1—91.	69
Lieder von den hh. Engeln, vom h. Johannes dem Täufer, dem h. Joseph und den hh. Aposteln. No. 92—112	147
Lieder von den Heiligen im Allgemeinen. No. 113—129	162
Lieder von den Heiligen im Besonderen. No. 130—177	175
Lieder bei Processionen und Wallfahrten. No. 178—185	197
Katechismus-, Predigt- und Evangelienlieder. No. 186—231	205
Morgen-, Abend- und Tischlieder. No. 232—255	238
Bußlieder und Gesänge um Vergebung der Sünden. No. 256—270	254
Bitt-, Dank- und Loblieder. No. 271—309	266
Lieder von der Kirche und wider die Feinde der Christenheit. No. 310—326 . .	291
Sterbelieder. Von den letzten Dingen des Menschen. No. 327—359	301
Psalmen. No. 359—390	327
Litaneien und Rufe. No. 391—411	346

Anhang.

Mehrstimmige Lieder. No. 1—28.	375
Register der deutschen Texte und Melodien	401
Register der lateinischen Texte und Melodien	408
Register der französischen, niederländischen ꝛc. Melodien	409
Namen- und Sachregister	—

I.
Allgemeiner Theil.

Einleitung.

I. Auswahl, Herkunft und Charakteristik der Melodien.

Der Schatz unseres Kirchenliedes bis zum Ende des 17. Jahrhunderts hat eine ungemein große Zahl von Liedern aufzuweisen. Da nicht alle, welche in diesen Band gehören, abgedruckt werden konnten, so mußte eine Auswahl getroffen werden. Die Gesichtspunkte, von welchen aus die Melodien beurtheilt wurden, waren folgende:
1. der kirchliche Charakter,
2. der innere Werth,
3. das historische Interesse.

War das eine oder andere Merkmal vorhanden, so konnte das Lied berücksichtigt werden. Ganz werthlose Melodien blieben ausgeschlossen, dagegen wurden minderwerthige, wenn sie viel verbreitet waren, aufgenommen.[1]

Bei jeder Melodie wurden, soweit meine Forschungen dies ergaben, die Herkunft und weitere Verwendung festgestellt. Zu diesem Zwecke habe ich die Gregorianischen Choralgesänge, einige Gesangbücher der böhmischen Brüder, die bedeutendsten protestantischen Gesangbücher, den französischen (jetzt reformirten) Psalter von Marot und Beza, zwei niederländische Gesangbücher und die Volksliederweisen zur Vergleichung herangezogen.[2] Als Resultat ergab sich, daß die Melodien des vorliegenden Bandes ihren Ursprung hatten:
1. im Gregorianischen Choralgesange,
2. im geistlichen und weltlichen Volksgesange,
3. im Psalmengesange der Franzosen,
4. in den Gesängen der böhmischen Brüder,
5. im protestantischen Kirchengesange,
6. in den Compositionen einzelner Autoren.

Im Gregorianischen Choralgesange sind es namentlich die Hymnen und Sequenzen, deren Melodien man deutsche Uebertragungen in mehr oder minder geschickter Weise anpaßte. Dem geistlichen Volksgesange vor und nach der Reformation gehören viele Marien- und Heiligenlieder, Rufe und Litaneien an. Ziemlich groß ist auch die Zahl der dem weltlichen

---

[1] Sollte jemand über das eine oder das andere Lied, welches nicht in unserer Sammlung steht, Auskunft wünschen, so bin ich gern bereit, sie zu geben.
[2] Vgl. die Bibliographie und die Beschreibung einiger Gesangbücher.

Volkslieder entnommenen Melodien. Ich kann mir nicht versagen, auf die bedeutendsten schon hier aufmerksam zu machen.

Man findet:
1. Eine Variante vom Hildebrandsliede in dem Liede Nr. 305.
2. Den Herzog Ernsts Ton in dem Liede Nr. 84.
3. Den Ton der Jakobsbrüder in Nr. 184 und eine Variante in Nr. 87.
4. Den Bruder Veits Ton in Nr. 366, eine Variante in Nr. 109.
5. Das Lindenschmidlied in Nr. 341.
6. Den Buchsbaumton in Nr. 341a.
7. Das Pavierlied in Nr. 258a.
8. Eine Berdreihenweise in Nr. 346.
9. Aus hertem we klagt sich ein held, eine Variante in Nr. 413.
10. Einmal thet ich spatzieren, zu Nr. 285.
11. Es ist auff Erden kein schwerer Leiden ⎫
    oder   ⎬ zu Nr. 284 und 248.
    Ich weiß mir ein Blümlein,   ⎭
12. Es wolt gut jäger jagen, zu Nr. 130.
13. Entlaubet ist der walde, zu Nr. 244.
14. Frölich bin ich auß hertzen grund, zu Nr. 283.
15. Mag ich unglück nit widerstan, zu Nr. 279.
16. Mein frewd möcht sich wol meren, zu Nr. 196.
17. Mein g'müth ist mir verwirret, zu Nr. 395.
18. Wach auff meins hertzen schöne, zu Nr. 295.
19. Amarillida bella, zu Nr. 269.
20. Il me souffit de tout mes maulx, zu Nr. 349.
21. Ick lijd in 't hert pijn, zu Nr. 257.
22. Myn ooghskens weenen, ofte Galiard d'Itali, zu Nr. 307.
23. t' was een Ridder een konighs kind, zu Nr. 109.

In der Melodie des Liedes Nr. 183: „Nun ist die Himmelfahrt also heilig" glaube ich die alte Weise des Geißlerliedes „Nu ist die betevart so her" wiedergefunden zu haben.

Außerdem finden sich noch viele Kirchenlieder, die Anklänge an Volksliederweisen enthalten. Ich habe an Ort und Stelle jedesmal darauf hingewiesen.

Wir ersehen aus dieser Zusammenstellung, daß unser Kirchenlied auch eine ganze Anzahl beliebter Volksweisen zu weltlichen Liedern in sich aufgenommen hat. Diese Thatsache, welche für die Denkungsart jener Zeit charakteristisch ist, scheint mir nicht allein ihren Grund zu haben in der Beliebtheit der Volksmelodie, die man von ursprünglichen Texte trennte und auf weitere weltliche und geistliche Lieder übertrug. Es müssen hierbei doch auch wol tiefer liegende Berührungspunkte vorhanden gewesen sein. Hommel[1] sagt hierüber sehr schön: „Diese Erscheinung ist wol nicht genügend durch den äußerlichen Umstand erklärt, daß die weltlichen Weisen so geläufig und beliebt waren und für eine so bewegte, von der Richtung auf geistliche Erneuerung, sei es des eigenen Inneren, sei es aller äußeren menschlichen Verhältnisse, so gewaltig durchdrungene Zeit, wie diejenige war, in der solches geschah, die Erinnerungen, welche durch die weltlichen Weisen aufgerufen werden konnten, bald gänzlich verloschen waren; es muß doch auch schon von vornherein eine

---

[1] Geistliche Volkslieder. Leipzig 1871. S. VIII.

innere Beziehung zwischen Wort und Weise vorhanden gewesen sein, welche die Entlehnung der letzteren ermöglichte und rechtfertigte. Solch innere Beziehung lag eben in der Natur des damaligen Volksgesanges überhaupt. Es war eine jener Zeit verliehene besondere Gabe, vermöge deren auch ihrem weltlichen Volksgesang, sofern er reine Ausströmung des Gemüthslebens war, vielfach solche Innigkeit und Frische, Tiefe und Ernst, ja öfters auch feierliche Würde innewohnte, daß eine gewisse innere Verwandtschaft des natürlichen Elements, soweit es in geistlichen Gesängen gleichermaßen wie in weltlichen sich äußert, nicht verkannt werden darf. Anders verhält es sich mit den späteren weltlichen Volksmelodien, deren Charakter theils in Folge der Verengerung des Volksgesang pflegenden und erzeugenden Kreises, theils wol auch weil die Zeit überhaupt ganz eine andere ward, immer mehr sich von dem eine geistliche Umdeutung und Anpassung an geistliche Lieder zulassenden Charakter der früheren Zeit entfernte." Dem haben wir noch hinzuzufügen, daß die musikalische Ausdrucksweise im weltlichen Volksliede gegen den Kirchengesang nicht so gewaltig kontrastirte, wie z. B. heutzutage Gregorianischer Choral und Volkslied einander gegenüberstehen. Das Volk bildete seine Melodien nach Analogie der Gesänge, welche es in der Kirche singen hörte und zwar in denselben alten Kirchentonarten, innerhalb deren die Kirchengesänge sich bewegten. Man trenne nur einmal bei den alten Volksliedern Melodie und Text und frage sich, ob die Melodie einem geistlichen oder weltlichen Texte angehöre, so wird man bei vielen eine Entscheidung nicht treffen können. Deshalb warten viele alte Volksmelodien nur auf einen geistlichen Text, um durch diesen idealisirt, als geistliche oder auch Kirchenlieder wieder aufzuleben. Das mußte schon Heinrich von Lonsenberg, der um 1445 Dechant in Freiburg im Breisgau war. Um nämlich den vielfach anstößigen Text der weltlichen Lieder zu beseitigen und die schöne Melodie zu retten, unterzog er sich der Mühe, zahlreiche weltliche Lieder geistlich umzudichten und die Melodien derselben beizubehalten, ein Usus, der bei den protestantischen Liedercomponisten vielfach Nachahmung fand. Etwas Profanirendes liegt durchaus nicht in diesem Verfahren. Nehmen wir beispielsweise das heute noch übliche Lied: „O Haupt voll Blut und Wunden", seinem Texte nach eine Uebertragung von Paul Gerhard aus dem Lateinischen: „Salve caput cruentatum" vom h. Bernhard von Clairvaux. Sollte nicht jedermann glauben, die bekannte Melodie sei eigens zu diesem Texte erfunden, um ihn recht ausdrucksvoll tonisch darzustellen, und doch ist sie keine andere, als die Weise zu dem alten Liebesliede: „Mein g'müth ist mir verwirret, das macht ein Jungfraw zart". Diese keusche Klagemelodie über nicht erwiederte Liebe, wie sie hier dem weltlichen Liede eigen ist, wird durch den geistlichen Text in eine höhere Sphäre erhoben, sie wird idealisirt zu einer Klagemelodie über den gekreuzigten Heiland.

Verfolgen wir nun weiter die Herkunft der Melodien katholischer Kirchenlieder, so haben wir aus der oben gemachten Angabe bereits erfahren, daß der vorliegende Band auch Melodien aus dem französischen (jetzt reformirten) Psalter enthalte. Es sind im ganzen 16. Inwieweit dieselben als protestantisch anzusehen sind, möge man aus der Beschreibung der Pseaumes de David etc. a. 1562 ersehen. (S. 47.)

Inbetreff 39 aus dem Valentin Triller'schen Gesangbuche in die katholischen Gesangbücher übergegangenen Liedertexte vergleiche man ebenfalls die Beschreibung dieses Gesangbuches. (S. 44.)

In den Gesangbüchern der böhmischen Brüder fanden wir die Melodien zu Nr. 110a, 210, 254 (auch den Text), 309, 344 und 358 (nur Text).

Außerdem ergab sich als Resultat meiner Forschungen, daß protestantische Gesangbücher die älteste bis jetzt aufgefundene Quelle abgeben für folgende Texte und Melodien:[1]

Nr. 93 (T.), 94, 174 (T.), 196 (T. i. d. Anmerkung), 197b (M. i. d. Anmerkung), 210 (M.), 222 (T.), 233 (M.), 237, 244 (T.), 245, 250 (T.), 252 (T.), 258a (T.), 264, 267, 268, 274 (M.), 280 (T.), 281, 282 (T.) 283 (T.), 284 (T.), 285 (T.), 287, 289, 290, 291 (T.), 295, 296, 316a, 321 (T.), 323 (M.), 332a, 337, 338 (T.), 339 (T.), 341 (T. von einem Wiedertäufer), 346 (T.), 347 (T.), 354c (T.), 358 (M.).

Bei manchen der angeführten Lieder könnte die Frage, ob sie katholischen oder protestantischen Ursprunges seien, zu einer allseitig klaren Lösung nicht gebracht werden. Weitere Forschungen werden im Laufe der Zeit vielleicht ein sichereres Resultat ergeben. Bis dahin beschränke ich mich darauf, die älteste Quelle anzugeben, ohne mich in unnützen Vermuthungen zu ergehen.

Die meisten protestantischen Lieder enthält das Rheinfelsische Gesangbuch, welches in diesem Genre Erstaunliches geleistet hat. Ganz bekannte Reformationslieder, z. B. „Nun freut euch lieben Christen gemein", „Erhalt uns Herr bei deinem Wort", sind ohne weiteres mit wenigen Abänderungen herübergenommen worden. Wenn man in diesem Gesangbuche die Marien- und Heiligenlieder streicht, könnte man versucht sein, dasselbe für ein protestantisches zu halten. Ueber den Grund dieses Verfahrens findet man Auskunft im I. Bde. S. 83.

Wenden wir uns nun zu einer Charakteristik der mitgetheilten Melodien, so müssen wir zunächst konstatiren, daß einerseits eine choralmäßige, andererseits eine mehr volksthümliche Richtung in denselben vertreten ist. Erstere wird repräsentirt durch die Gesangbücher von Behe, Leisentrit und Hecyrus; die letztere macht sich schon bemerkbar im Münchener Gesangbuche, Mainzer Cantual, bei Beuttner, in den zu Cöln gedruckten Jesuitengesangbüchern von 1619 an, bei Corner u. s. w. Behe, Leisentrit und Hecyrus haben aber den vorreformatorischen Schatz deutscher geistlicher Lieder, namentlich bei Processionen, Wallfahrten, an besondern Heiligenfesten im Munde des Volkes üblich waren, fast gar nicht berücksichtigt. Das thaten erst in ausgedehntem Maße die Schulmeister Beuttner und Koler, später Corner und andere.

„Das alte Kirchenlied wurzelt seinem Inhalte nach", wie Lüft in seiner Liturgik[2] sagt, „in festem dogmatischen Boden, ist nichts als Glaube, Gefühl, Wahrheit. Man sieht den Liedern an, daß sie nicht am Studirtische improvisirt sind, daß sie aus dem Glauben und einem von Andacht durchglühten Herzen kommen. Zugleich spricht sich das kindlich einfältige und doch kernkräftige deutsche Gemüth unserer Väter in demselben aus." Ein besonderes Merkmal ist auch, fügen wir hinzu, die objektive Haltung desselben. Es beruht nicht auf individueller Auffassung der Glaubenslehre. Nicht was der Einzelne denkt und fühlt, ist hier ausgesprochen, sondern was alle Christen zusammen denken und fühlen gelangt hier zum kindlich einfachen, innigen Ausdrucke. Das gemeinsame Interesse absorbirt hier jeden Subjektivismus.

Auch die Melodien, welche dazu bestimmt waren, die zu ihnen gehörigen

---

[1] T. bezeichnet Text, M. Melodie. Wo nichts angegeben, sind Text und Melodie gemeint. [2] II, 188.

ursprünglichen Texte zur tonischen Darstellung zu bringen, tragen einen ähnlichen Charakter. Mit den einfachsten Mitteln: der diatonischen Tonfolge und rhythmischen Gliederung, lassen sie das Gefühl der Andacht zur vollen Wirkung gelangen.

Das alte Kirchenlied bis zum Ende des 16. Jahrhunderts hält, wie auch das Volkslied, streng an der diatonischen Tonfolge fest und vermeidet alle Chromatik. Die betreffende Kirchentonart, innerhalb deren es sich bewegt, verleiht ihm dann noch jenes eigenthümliche, charakteristische Gepräge, das dem modernen Musiker auf der einen Seite als etwas Fremdartiges, auf der andern aber auch als etwas ungemein Würdevolles und Erhebendes sich darbietet. Dazu kommt noch die reichbewegte wechselnde Rhythmik, oder der Taktwechsel, modern ausgedrückt. Er ist ebenfalls ein Kennzeichen des alten geistlichen wie weltlichen Volksliedes. „Langweilig", sagt Böhme, „war dem Volke jederzeit der ewig gleichbleibende Pendelschlag, also die taktische Musik, die wohl zum Marsche und für Bereiter gut und für Tanzmusik nothwendig, aber für alle ausdrucksvolle Gesangmusik zu keiner Zeit geliebt und geübt worden ist. Darum ist das Recitativ, der deklamatorische Vortrag der Anfang und das Ende alles wahren Gesanges von der Psalmodie der Hebräer bis zum Gregorianischen Gesange und von da bis auf den lutherischen Kirchengesang, ja von den Griechen bis auf R. Wagner.

Nur unsere im Takt dressirte, uniformirte, durch Clavierhämmern verbolzte Gegenwart vermag sich solche Zumuthungen wie das Takthalten gefallen zu lassen u. s. w. Für den Freiheitsdrang des Volksgemüthes, für den seelenvollen Ausdruck tiefinnerster Geheimnisse durch tonisch rhythmische Mittel paßte nicht der militärische Takt, sondern der fernabliegende reichbewegte Taktwechsel. Und weil der Volksmuse damals nicht moderne Kunstmittel zu Gebote standen, mit Hilfe deren man den vielgestaltigsten Rhythmus innerhalb der Taktmusik darzustellen vermag, so mußte sie um so mehr zu der wilden Regelmäßigkeit des Taktwechsels ihre Zuflucht nehmen."[1]

Diese charakteristischen Eigenschaften des alten deutschen Kirchenliedes gingen im 17. Jahrhundert immer mehr verloren. Die Figuralmusik, die Chromatik, der Uebergang der alten Kirchentonarten in unsere beiden Dur und Moll machten bereits im Anfange des genannten Jahrhunderts ihren Einfluß auf das Kirchenlied geltend. Man begegnet hier bereits Versuchen, die alten Melodien durch Anbringen von ♯♯ und ♭♭ in unser Dur oder Moll hineinzuzwängen. Einfache Weisen werden verschnörkelt und neu geschaffene entbehren vielfach der alten Naivetät und des lyrischen Schwunges. Man kannte zwar neue Mittel des Ausdrucks, aber es fehlte der alte Geist. Diese neue Richtung läßt sich schon wahrnehmen in den zu Köln von 1619 an erscheinenden Jesuitengesangbüchern, im Neu-Mainzischen Gesangbuche 1625, im Würzburger Gesangbuche 1628, bei Corner 1631 u. s. w. Um die Mitte dieses Jahrhunderts treffen wir bereits ganz neue Lieder mit neuen Weisen in den Sammlungen von Kuen, Mar. Epithalamium 1638 ff., in der Trutznachtigal von Spee 1649, den Harpffen Davids 1659, den Würzburger Evangelien 1653, dem Mainzer Psalter 1658, in dem Büchlein „Keusche Meerfräulein" 1664 u. s. w. In den „ausbündig schönen Melodeyn" des Georgius Josephus zu den Hirtenliedern des Angelus Silesius erreicht aber das „süßliche Melodiegeklingel" seinen Höhepunkt. Während man bei den alten

---

[1] Altdeutsches Liederbuch. S. LXVII.

weltlichen Volksmelodien den weltlichen Charakter kaum herausfinden kann, sieht man diesen geistlichen Melodien auf den ersten Blick an, daß sie weltlich sind und nur dem Ohre schmeicheln wollen. Was nun weiter von da an, in der zweiten Hälfte des 17. Jahrhunderts, an geistlichen Melodien in den Liedern von Procopius,[1] Laurentius von Schnüffis,[2] Hugo[3] u. s. w. geboten wird, ist vielfach nur jeden Inhaltes bare, melodische Phrase. Obgleich diese Lieder keine Kirchenlieder sind, sondern vielmehr geistliche Schäferpoesien, machte sich doch ihr Einfluß auf den Kirchengesang bald fühlbar. In den Gesangbüchern aus den letzten Jahrzehnten des 17. Jahrhunderts findet man Lieder ähnlicher Beschaffenheit. Die „ausbündig schönen Melodeyen" zu den Hirtenliedern des Angelus Silesius sollten sogar, wie in der Vorrede versprochen wird, „mit schönen Symphonien und vollstimmigen Instrumenten zu öffentlichem Kirchenbrauch" eingerichtet werden.

Ein Glück war es, daß die Gesangbücher bis zum Ende des 17. Jahrhunderts durchweg das alte Kernlied als Grundstock beibehielten. Im folgenden Jahrhunderte sehen wir dieses alte Erbstück aus den Gesangbüchern meistens vollständig verschwinden und damit findet die Geschichte des **alten Kirchenliedes** ihren Abschluß.

II. Ueber die Stellung des deutschen Kirchenliedes zur Liturgie bis zum Ende des 17. Jahrhunderts.[4]

Niemand bezweifelt heutzutage die Wahrheit, daß vor der Reformation in Deutschland ein geistlicher Volksgesang in der Muttersprache existirt habe; inwiefern dieser aber eigentliches Kirchenlied gewesen sei, darüber sind die Ansichten sehr verschieden. Einige behaupten, vor der Reformation habe es gar kein deutsches Kirchenlied gegeben, andere dagegen vertheidigen die Ansicht, daß bereits vor der Reformation ein deutscher Kirchengesang beim liturgischen Gottesdienste von den Bischöfen approbirt worden sei. Wir wollen nun versuchen, in der folgenden Abhandlung die Sache zu einer allseitig klaren Lösung zu bringen.

Unbestreitbare Thatsache ist es, daß der lateinische, Gregorianische Choralgesang während des Mittelalters auch in Deutschland der einzige liturgische Gesang in der katholischen Kirche war. Auf den Provinzial- und Diöcesansynoden ist nur von diesem die Rede. Die Bischöfe wachten mit Sorgfalt über die Reinerhaltung desselben und suchten alles Fremde und Neue davon fern zu halten. Das Concil zu Eichstätt (1446) verbietet, im Hochamte die lateinischen Choralgesänge abzukürzen und Lieder in der Volkssprache einzuschieben.[5]

---

1) Vgl. Bibliographie Jahr 1660. 2) Daselbst 1662 ff. 3) Daselbst 1672.
4) Ich habe zu diesem Aufsatze einen Theil der in meinem Buche „Zur Geschichte der Tonkunst" 1881 publicirten Abhandlung benutzt.
5) „Abusum aliquarum ecclesiarum in quibus Credo in unum Deum, quod est Symbolum et confessio fidei nostrae, non complete usque ad finem cantatur, aut Praefatio seu oratio Dominica omittitur vel in ecclesiae cantilenae saeculares admiscentur etc." Schannat, Concilien V, 361. Unter cantilenae saeculares verstehe ich Lieder in der Volkssprache.

Das Baseler Concil rügt in der 21. Sitzung (1435) den Mißbrauch, daß während des feierlichen Hochamtes Lieder in der Volkssprache gesungen würden. Ebenso wird untersagt, die vom Priester angestimmten lateinischen Gesänge nicht auszusingen oder ganz auszulassen.[1] Am wichtigsten für uns ist ein Beschluß der Synode zu Schwerin (1492). Er wird überall, auch von Hoffmann, angeführt, um zu beweisen, daß der Gesang deutscher Lieder an Stelle des lateinischen Chorals gestattet worden sei. Das ist aber hier nicht der Fall. Der betreffende Passus ist folgendermaßen zu übersetzen: „Ein jeder Priester unserer Diöcese soll, wenn er, mit der Gnade Gottes disponirt, das Amt der heiligen Messe singt, dafür sorgen, daß das Gloria in excelsis, Credo, Offertorium, Praefatio und Pater noster, den Beschlüssen der heiligen Canones gemäß, von Anfang bis zu Ende ausgesungen werden, ohne daß irgend etwas ausgelassen, gekürzt oder beschnitten wird, und ohne daß die im Chor anwesenden Geistlichen ein anderes Responsorium oder ein Lied in der Volkssprache anstatt der genannten Gesänge singen oder von der Orgel allein spielen lassen. Im Credo soll die Stelle Et incarnatus est gemessen vorgetragen werden. Gegen die Zuwiderhandelnden soll nach dem Gesetze vorgegangen werden."

Uebersetzt man die Stelle aut aliud u. s. w. in der Weise: oder die im Chor anwesenden Geistlichen können anstatt der genannten Gesänge ein anderes Responsorium oder ein Lied in der Volkssprache singen, dann hat der ganze Canon keinen Sinn, da dann im ersten Theile etwas verboten würde, was im zweiten Theile gestattet wird.[2]

Beachten wir noch weitere Concilsdecrete. Das Concil zu Basel vom Jahre 1503 schreibt vor, daß in den Messen, welche gesungen werden, das Nicänische Symbolum nicht verstümmelt werden dürfe, sondern ungekürzt, regelrecht und mit Andacht bis zum Schluß ausgesungen werden solle (vorzüglich in den Cathedral- und Collegiatkirchen), mit gänzlicher Beseitigung jener Melodie, welche von den Fremden und Trutannen, die zum Grabe des hl. Jakobus wallfahrten, nach Art eines weltlichen Bauernliedes gesungen werde.[3]

---

1) Patricius in der Geschichte des Baseler Concils: „Illarum ecclesiarum abusum, in quibus in sacrificio solemnis Missae symbolum fidei, praefatio sive oratio dominica inchoata cantilena non perficiuntur aut omnino sine cantu dicuntur, damnavit atque abolevit; vetuitque, inter Missarum solemnia cantilenas vulgari sermone conditas cantari." Gerbert, De cantu et musica sacra II, 176.

2) Item statuimus et mandamus, ut quilibet sacerdos nostrae dioecesis, cum gratia Dei dispositus missarum sollemnia decantaverit, Gloria in excelsis, Credo, Offertorium, Praefationem cum Pater noster juxta sacrorum Canonum sanctiones a principio usque ad finem decantet, nullo abstracto, diminuto vel resecto, aut aliud responsorium vel carmen vulgare loco praemissorum in organis aut choro, qui praesentes fuerint Clerici resonent. Et in Credo tractatim cantetur „Ex Maria virgine et homo factus est" genibus flexis. Alioquin contra transgressores rite procedemus. Der Satz mit aut aliud ist zum vorigen zu ziehen: und ohne daß sie = nec aliud. Schannat a. a. O. V, 655. Es wäre überdies unlogisch, zuerst vom lateinischen Choral zu sprechen, dann das deutsche Kirchenlied zu gestatten und schließlich wieder auf das Credo des Chorals zurückzukommen.

3) In missis quae sub nota cantantur, Symbolum Nicaenum non obtruncetur, sed integre, mature et honeste (praesertim in Cathedrali nostra et Collegiatis ecclesiis) ad finem decantetur omissa prorsus illa melodia, quam more agrestis et saecularis cantilenae psallitur, qua uti solent peregrini et trutanni ad S. Jacobum ambulantes. Hier ist jedenfalls das Lied gemeint: „Wer das Elend bawen will". Siehe Nr. 154a in diesem Bande. Vergl. Schannat, Concilien VI, 21 ff.

Das Provinzialconcil von Köln (1536) rügt es, daß in einigen Kirchen wegen des Gesanges mit Orgelbegleitung die vorschriftsmäßigen Gesänge, z. B.: Epistel, Glaubensbekenntniß, Präfation, das Gebet des Herrn, abgekürzt oder ausgelassen werden. Deshalb wird befohlen, alles auf's deutlichste und verständlichste zu singen, wenn nicht sonst ein Grund zum Abkürzen vorhanden sei. Ebenfalls solle die Orgel nur Hymnen und Cantica und sonst nichts spielen. [1]

Die Synoden zu Augsburg in den Jahren 1567 und 1610 sagen: Die alten katholischen Lieder in der Volkssprache, besonders diejenigen, welche unsere Vorfahren an größeren Festen gesungen haben, gestatten wir dem Volke und billigen es, daß sie in den Kirchen und bei Processionen gesungen werden. [2] Hier haben wir eine bestimmte Angabe darüber, inwiefern deutsche Kirchenlieder zulässig waren.

Es fragt sich nun weiter: Bei welchen Gelegenheiten wurden deutsche Lieder in der Kirche gesungen? Wir antworten: In den Gegenden, in welchen sie überhaupt üblich waren, vertraten sie nicht die Stelle des lateinischen liturgischen Chorals, sondern man sang sie nebenbei und zwar in folgender Weise:

1. An den höchsten Festtagen bei dramatischen Aufführungen in der Kirche, so z. B. am heiligen Weihnachtsfeste.

Man legte auf den Altar ein kleines Jesukind, Knaben und Mädchen tanzten um dasselbe herum und die alten Leute sangen dazu[3]; oder man stellte in der Kirche eine Wiege auf, an der zwei Personen, welche Maria und Joseph vorstellen sollten, sich niedersetzten. Maria fordert dann den Joseph auf, das Kind zu wiegen, indem sie singt: „Joseph, lieber Neffe mein, hilf mir wiegen mein Kindelein!" Joseph antwortet: „Gerne, liebe Muhme mein, ich helfe dir wiegen dein Kindelein" u. s. w. Darauf singt der Chor die übrigen Strophen: „Es sollten alle Menschen zwar" u. s. w. Waren Kinder zum Wiegen bestimmt, so sangen sie: „Kommt her, ihr Kinder, singet fein, nun wiegen wir das Kindelein."[4]

An anderen Stellen errichtete man in der Kirche eine Krippe, versammelte sich vor derselben und sang Weihnachtslieder, z. B.:

In dulci jubilo
Singet vnd sit vro![5]

---

1) Iam et illud non recte fit in quibusdam ecclesiis, ut ob cantorum et organorum concentum, omittantur aut decurtentur ea, quae sunt praecipua. Cuius generis sunt recitatio verborum Propheticorum aut Apostolicorum, quam Epistolam vocamus, Symbolum fidei, Praefatio, quae et gratiarum actio, atque precatio Dominica. Quam ob rem haec tota distinctissime ac intelligibiliter uti cetera omnia (si tamen non levis decurtandi causa subsit) decantentur.... Organorum melodia in templis sic adhibebitur, ne lasciviam magis, quam devotionem excitet, neve praeter hymnos divinos ac cantica spiritualia, quicquam resonet ac repraesentet. Schannat a. a. O. VI, 255.
2) Antiquas vero et catholicas cantilenas, praesertim, quas pii majores nostri Germani majoribus ecclesiae festis adhibuerunt, vulgo permittimus et in ecclesiis vel etiam Processionibus retineri probamus. Schannat, Conc. VII, 167 ff. Retineri in ecclesiis nostris permittimus antiquas illas et catholicas cantiones, quas vulgari lingua conscripserunt pii majores nostri Germani, ut eorum exemplo solemnioribus ecclesiae festis in templis et in publicis supplicationibus adhibeantur. Daselbst IX, 40.
3) Boemus, J., De moribus, legibus et ritibus omnium gentium. lib. 3. cap. 15.
4) Vergl. I. Bd., S. 188 und 234.
5) Vergl. I. Bd., S. 179.

Auch an das **Osterfest** mit seinen Ceremonien schloß der Volksgesang sich an.

Bei den sog. Osterfeiern hat man wohl zu unterscheiden zwischen der Erhebung des Kreuzes (elevatio crucis), welche in der Osternacht in Gegenwart des Klerus unter Ausschluß des Volkes vorgenommen wurde, und dem Besuche des heiligen Grabes (visitatio sepulchri). Diese letztere Feier fand im Beisein des Volkes statt und wurde in die Matutin des ersten Ostertages nach der dritten Lektion eingeschaltet. Nach Beendigung derselben sang der Chor das Te Deum und das Volk: „Christ ist erstanden"[1] und: „Also heilig ist der Tag".[2] Stellenweise wurde das Volk auch zu der Feier der „Kreuzerhebung" zugelassen und sang nach jedem Vers des Victimae paschali „Christ ist erstanden."[3]

Am **Himmelfahrtstage** pflegte man auf einem Tische eine Statue Christi aufzustellen. Nach vollendeter Non zog der Klerus mit der Schuljugend processionsweise an diesen Ort. Dann wurde, um die Auffahrt Christi den Gläubigen anschaulich zu machen, die Statue allmählich in die Höhe gezogen. Während dessen sang der Priester, dreimal, jedesmal einen Ton höher beginnend: Ascendo ad patrem meum et patrem vestrum, Deum meum et Deum vestrum. (Ich steige auf zu meinem Vater und zu eurem Vater, zu meinem Gott und zu eurem Gott.) Dann ging man in's Chor zurück und sang: „Christ fuhr gen Himmel."[4]

Am heiligen **Pfingstfeste** pflegte man, um die Herabkunft des heiligen Geistes zu veranschaulichen, eine lebendige oder hölzerne Taube in die Kirche herabzulassen. Unterdessen sang das Volk: „Nun bitten wir den heiligen Geist."[5]

Da nun alle diese genannten Feierlichkeiten zum außerliturgischen Gottesdienste gehören — das Rituale Romanum kennt dieselben nicht —, so haben auch die dabei gesungenen Lieder einen außerliturgischen Charakter. Indessen wurden auch beim liturgischen Gottesdienste, z. B. während des Hochamtes, an manchen Orten deutsche Lieder gesungen, und zwar:

2. **In Verbindung mit den Sequenzen.**

So hat das Ordinarium der Kirche zu Schwerin vom Jahre 1519 folgende Vorschrift:

Am heiligen Christfeste stimmen die Sänger die Sequenz: Grates nunc omnes (Dank sagen wir alle) dreimal an. Der Chor setzt den Gesang knieend fort. Unterdessen nimmt der Celebrant das heilige Sakrament und präsentirt es dem Volke zur Anbetung. Dieses singt dann dreimal das Lied: „Gelobet seist du, Jesu Christ".[6]

---

1) Wiener Handschrift., XV. Jahrhundert, bei Milchsack, G., Die Oster- und Passionsspiele. Wolfenbüttel, Zwißler 1880. 4., eine sehr empfehlenswerthe Arbeit, in der zum ersten Male die Sache klar unterschieden wird; Augsburger Agende 1487, 1580.

2) Cod. St. Gall. 448 aus dem 15. Jahrhundert bei Schubiger, P. A., die Sängerschule St. Gallens. 1858, S. 69.

3) Würzburger Agende vom Jahre 1564 bei Milchsack a. a. O. S. 133. Ich habe schon in der Würzburger Agende vom Jahre 1482 diese Betheiligung des Volkes bei der Elevatio crucis vorgefunden.

4) Manuale ecclesiast. pro Archidioecesi Mogunt. Lotharii Francisci Episcopi p. 140. Diese Agende stammt aus dem Jahre 1701. Der angegebene Gebrauch scheint aber alt zu sein. 5) Daselbst p. 154.

6) Ordinarium inclitae ecclesiae Sverinensis 1319. Auch Witzel bestätigt dies in seinem Psaltes ecclesiasticus 1550. fol. 55. Vgl. I. Bd. von Meister S. 175.

In Aachen versammelten sich in der Christnacht die Herren Schöffen im Gerichtslokale und zogen von da gemeinschaftlich zur Münsterkirche, wo sie die Chorstühle der rechten Seite einnahmen. Nach dem Evangelium stimmte der Schöffenmeister folgendes alte Lied an, welches vom Chore weiter gesungen wurde: „Nun siet uns willekomen, hero kerst".[1]

Ebenfalls war es im 14. und 15. Jahrhundert vielfach Gebrauch, in die Ostersequenz Victimae paschali, nach jedem Absatze, eine Strophe von anderen lateinischen oder deutschen Osterliedern einzuschalten, wobei Klerus und Volk mit einander abwechselten.[2] Aehnliches geschah mit der Antiphon Regina coeli nach der Vesper und Complet.

Das Volk beantwortete die Abschnitte des lateinischen Textes mit dem deutschen Liede: „Ein Königin im Himmel, deß frewe dich, Maria".[3] Ueberhaupt erhielt sich der Gebrauch, während des Hochamtes zu den lateinischen Sequenzen deutsche Lieder als Responsorien zu singen, und zwar jedesmal den dem lateinischen entsprechenden deutschen Text, lange Zeit hindurch. Darum finden sich in den alten Handschriften, sagt Hoffmann, die deutschen Texte mit den lateinischen gepaart, jeder lateinischen Strophe folgt die entsprechende deutsche, wie es erst wieder in den katholischen Gesangbüchern des 16. Jahrhunderts geschieht.[4]

Unter der Sequenz am Himmelfahrtsfeste „Summi triumphum" sang das Volk: „Christ fuer gen Himel"[5], am Pfingstfeste zum „Veni sancte spiritus" „Kum heiliger Geist herre got"[6] oder „Nu bitten wir den heiligen Geist".[7]

Am heiligen Dreifaltigkeitsfeste wurde unter den Prosen dieses Festes vom Volke deutsch gesungen: „Das helfen uns die Namen drei".[8]

Am heiligen Frohnleichnamsfeste sang der gemeine Mann zur Sequenz „Lauda Sion" „Gott sey gelobt vnd gebenedeyt"[9], oder abwechselnd mit dem Liede „Ave vivens hostia" „O got vater, ewigs licht ich rueff dich an mit trewen".[10]

Zahlreiche Belege sprechen ferner dafür, daß auch:

3. vor und nach der Predigt deutsche Lieder gesungen wurden. Florenz

---

1) Quix, Historische Beschreibung der Münsterkirche in Aachen. 1625. S. 119.

2) Item circa alia festa resureccionis, ascensionis et corporis Christi habentur plures canciones convenientes cum sequencijs: videlicet in sequencias „Victime pascali laudes", Crist ist erstanden circa quoslibet duos versus etc. regulariter fit. Vel aliud „Surrexit Christus hodie alleluia alleluia humano pro solamine alleluia" vulgus Erstanden ist der heilig Christ alleluia
der aller Welt ein troster ist alleluia u. s. w.
Crailsheimer Schulordnung von 1480, neu publicirt von W. Crecelius, in Birlingers Alemannia III, 3; auch Witzel, Psaltes eccl. f. 31.

3) Witzel, Psaltes eccl. f. 31.

4) Hoffmann, Gesch. d. KL. S. 370.

5) Item circa sequenciam de ascensione „Summi triumphum etc." canitur vulgaris prosa „Christ fuer gen Himel". Crailsheimer Schulordnung. S. oben.

6) Tunc sequitur festum sancti spiritus, ubi in officio misse vel cum placet canitur brevior sequencia scilicet „Veni sancte spiritus etc." super quo precinitur populo vel populus canit „Kum heiliger geist, herre got". Daselbst.

7) Witzel, Psaltes eccles. fol. 35.   8) Daselbst fol. 36.

9) Tunc sequitur laudabile festum corporis Christi in quo canitur sequencia scilicet illa „Lauda Syon salvatorem etc." super qua sequitur ille cantus vulgaris sive popularis „Got sey gelobt vnd gebenedeyet." Crailsheimer Schulordnung. Auch bei Witzel a. a. O. fol. 37.

10) Crailsheimer Schulordnung.

Diel, seit 1491 Pfarrer an der Christophskirche in Mainz, schreibt in seiner Abhandlung über die Gebräuche der gedachten Kirche: „An den Sonntagen nach Ostern bis Christi Himmelfahrt wird vor und nach der Predigt dreimal der Gesang: „Christ ist erstanden" vom Prediger angestimmt und vom Volke fortgesetzt."[1] Daß derselbe Gesang auch in Schwaben vor der Predigt üblich war, bezeugt uns H. Bebel.[2] Auch die Provinzialsynode zu Salzburg (1569) approbirt die alte und löbliche Gewohnheit, wonach in der Kirche von altersher vor und nach der Predigt vom Volke, auf Anstimmen des Predigers, deutsche Lieder gesungen wurden, welche der kirchlichen Festzeit angepaßt waren.[3] Nimmt man nun noch das erste deutsche Gesangbuch von M. Vehe zur Hand, so wird man außer den Processionsgesängen am Frohnleichnamsfeste, Marcustage und in der Bittwoche nur noch die Rubrik finden: „Vor der Predigt" und „Nach der Predigt". Daß aber auch bei der Elevation und Communion das Volk deutsche Lieder gesungen habe, behauptet zwar Meister, indem er auf die Ueberschriften alter Lieder hinweist, bleibt aber den Beweis dafür schuldig.[4]

Keinem Zweifel kann die Annahme unterliegen, daß das Volk

4. beim „Leseamt", d. h. während der stillen Messe, und in außerliturgischen Nachmittags- und Abendandachten deutsche Lieder gesungen habe, obwohl bestimmte Nachrichten hierüber fehlen. Dagegen wissen wir bestimmt, daß das Volk seine Stimme in deutschen Gesängen mächtig durch die Wolken erschallen ließ:

5. bei Processionen und Bittfahrten. Bekannt sind die beiden Wallfahrtslieder: „In Gottes Namen fahren wir" und „Gott, der Vater, wohn uns bey".[5] Außerdem waren in der Kreuzwoche und am Marcustag üblich: „Mittel unsers leben cʒeit", „Sancta Maria steh vns bey, so wir sullen sterben", „Sanbt Michel im hymel thron",[6] ferner: „Gott der Herr ein ewiger Gott hat uns geben zehen Gebott", „Gott ward an ein Kreuz geschlan".[7] Am heiligen Charfreitage sang man während der Procession „Eya der große Liebe"[8]; in der österlichen Zeit, wenn man von einer Kirche zur anderen zog: „Nu frew dich, liebe Christenheit".[9]

---

1) Severus, parochia Mogunt. p. 126 in Wolf, Kurze Geschichte des deutschen Kirchengesangs im Eichsfelde 1815. S. 45.
2) Bebelli facetiae. lib. I, p. 5. Daselbst.
3) Schannat, Concilien VII, 360.
4) I. Bd. S. 15 u. 52.
5) Vergl. I. Bd. Nr. 206 u. 213.
6) (potest) in processionibus extravagantibus, scilicet in letania maiori, que dicitur fieri in festo Marci, et in diebus rogacionum, que fiunt ad diversa loca et ecclesias, postquam cessaverit a cantu latinico et Gregoriano, cantare in vulgari an tiphona; Media vita etc. „Mittel vnsers leben cʒeit" u. s. w. Nota, hec an. cantatur in dioecesi Salczburgensi et bene potest acquiri tonus etc. et alie bone consimiles dentur cantari et cum discrecione perfici etc.... „Sancta Maria ste vns bey" u. s. w. Sic quotquot voluerint venerari Sanctos in specie et in genere possunt invocari et est modus in Bavaria superiori. Aliud gravioris tonus et longioris „Sanbt Michel im hrmel thron, Ave Maria" u. s. w. Crailsheimer Schulerdnung.
7) Witzel, Psaltes eccles. fol. 33.
8) „So man nach der ... vmb dy kirchen get, vber daz Laus tibi Christe", Münchener Handschrift aus Tegernsee Nr. 715, Bl. 110 aus der ersten Hälfte des 15. Jahrhunderts bei Böhme, Altdeutsches Liederbuch S. 645.
9) „zu diser zeyt seynd vnsere vorfarn an etlichen Orten von einer Kirchen zu der andern gangen vnnd haben das nachvolgend gesang Gott zu lob mit frewden gesungen." Walasser,

Aus diesen Zusammenstellungen wird der Leser ersehen haben, daß vor der Reformation in vielen Kirchen Deutschlands deutsche Lieder üblich waren, und zwar sowohl bei außerliturgischen Feierlichkeiten, Ceremonien und Andachten, als auch während des liturgischen Gottesdienstes. Ebenso deutlich zeigt aber auch unsere Darstellung, daß der officielle lateinische Choral in keiner Weise durch den deutschen Gesang beeinträchtigt oder gar ersetzt werden durfte. Die Bischöfe betrachten ihn keineswegs als gleichberechtigten Factor, sondern dulden ihn im liturgischen Gottesdienste in Verbindung mit den Sequenzen und der Predigt sowie auch bei den Processionen.

Wenn demnach Wackernagel, der gründlichste Forscher auf dem Gebiete des deutschen Kirchenliedes, meint, in der Zeit vor der Reformation könne von einem deutschen Kirchenliede in dem Sinne, welchen wir seit der Reformation mit diesem Worte verbinden, nicht die Rede sein, so hat er vollständig recht, wenn er damit sagen will, daß erst seit Luther das deutsche Kirchenlied allmählich zum officiellen, liturgischen Gesang der protestantischen Kirche erhoben wurde, unrecht dagegen urtheilt er, wenn er sagt, vor der Reformation seien überhaupt keine deutschen Lieder in der Kirche gesungen worden. (Vorrede zum Kirchenlied. 1841).

Infolge der Reformation wurde das deutsche Kirchenlied allmählich zum liturgischen Volksgesang der neuen Gemeinden erhoben. Luther, über dessen Stellung zum Kirchengesange der Leser meinen Aufsatz in dem Buche „Zur Geschichte der Tonkunst"[1] nachlesen mag, stellte neben den alten lateinischen Choralgesang als gleichberechtigt das deutsche Kirchenlied. Dieses brauchte natürlich von ihm nicht erst geschaffen zu werden, es war in der katholischen Kirche als ein neben dem Gregorianischen Choral gebuldeter außerliturgischer Gesang schon vorhanden. An diesen anknüpfend, war Luther unermüdlich thätig, das Kirchenlied im Sinne der neuen Lehre weiter auszubilden, umzugestalten und im Volke zu verbreiten.

Auf die weitere Entwicklung des katholischen Kirchenliedes war dieser Umschwung insofern von Einfluß, als den jetzt zahlreich erscheinenden protestantischen Gesangbüchern katholische zur Seite gestellt werden mußten, denn das Volk sang sich mit einer wahren Begeisterung in die neue Lehre hinein.[2] Die liturgische Stellung des alten Gregorianischen Choralgesanges wurde dadurch in der katholischen Kirche nicht erschüttert. Er blieb vor wie nach der Reformation der einzig berechtigte liturgische Gesang, während das katholische Kirchenlied allerdings immer mehr in den Gottesdienst eindrang, und die Bischöfe sich zu mancherlei Concessionen genöthigt sahen. Das Behe'sche Gesangbuch 1537 steht in liturgischer Hinsicht noch auf dem alten Standpunkt. Die Lieder mögen gesungen werden, heißt es in der Vorrede, „in vnd ausser der kirchen, vor vnd nach der predig. Auch zur zeit der gemeinen bittfarten vnd zu anderen heyligen gezeitten." Leisentrit hat bereits in seinem Gesangbuche vom Jahre 1567 Vorrede die Erweiterung „ja auch ane verletzung der substantz Catholischer Religion, Bey der Meß, vnter dem Offertorio vnd heiliger

Ein edel Kleinat der Seelen 1568. Weiter Lieder bei Processionen in der Kreuzwoche I. Bd. Nr. 208—238 und bei andern Gelegenheiten Bd. II. Nr. 178—185.
1. Freiburg, Herder 1881. S. 138—154.
2. Hymni Lutheri animos plures, quam scripta et declamationes occiderunt. A. Contzenius Polit. II. cap. 15. Mogunt. 1620.

Communion«.¹ Witzel will mit seinen Verdeutschungen der lateinischen Gesänge und Gebete die hergebrachte Liturgie nicht beeinträchtigen: „Latinisch ists auff vns komen, Latinisch bleibe es in der Kyrchen; Allein das alles energerlicher gesungen, vnd fleissiglicher gelesen werd, wedder bis anher. Hierzu ist die Apostolische Dolmetschung in sonderheit fürderlich, welche auch den Lateinischen Chorgesang bestettiget, geschweige, das sie yn abbringen solt";² es möchte sich dadurch vielleicht „die vnmenschliche verachtung des Gregorianischen gesangs vnterm volck etwas lindern . . . . . . Auff dz man auch den Catholischen die ohren nicht mehr mit disen worten reibe, der Lateinisch Chor gibt Gott zu wenig vnd den Creaturen zu viel" u. s. w.³

Das Dillinger Gesangbuch von 1576 will den deutschen Gesang beim Gottesdienste auf sein alterthümliches Maß zurückführen und gestattet deshalb deutsche Lieder nur **vor und nach der Predigt und nach der Vesper**.⁴ Auf demselben Standpunkt steht das Münchener Gesangbuch vom Jahre 1586 „**nit allein inn den Creutzgengen, oder Kirchfärten, sondern vor vnnd nach der Predig, auch zu allen höchsten Festen vnnd zeiten**" sind die Lieder zu gebrauchen.⁵ Die in Cöln (bei Quentel) erschienenen Speirischen Gesangbücher von 1599 an, die Paderborner von 1609 an, die Würzburger von 1628 an tragen die stehende Rubrik „Auch in Processionen, Creutzgängen vnd Kirchfärten: **Bey der H. Meß, Predig, in Heusern vnd auff dem Feld zugebrauchen**", das Würzburger außerdem noch „**bey der Kinderlehr**." Dagegen fehlt die Rubrik „bei der h. Meß" in den Tegernsee'r Gesangbüchern von 1574 und 1577, im Constanzer Gesangbuch 1600 und 1613, Andernacher 1608 u. a. Eine durchgreifende Aenderung führt das Mainzer Cantual vom Jahre 1605 herbei. Es gibt eine ausführliche Anweisung, wie die deutschen Lieder bei einem Singamt und einem Leseamt zur Anwendung kommen sollen.

Im **Singamt** sind deutsche Lieder zulässig: 1) **Vor dem Gradual,** wann keine hohen Feste sind, und **unter der Sequenz** an hohen Festen. 2) Vor und nach der Predigt, 3) beim Offertorium, 4) nach der Elevation soll allzeit ein deutscher Gesang von dem heiligen Sakrament gesungen werden, 5) an nicht hohen Festen anstatt des Pater noster und Agnus Dei. 6) Wenn die heilige Communion ausgetheilt wird, 7) Nach dem Deo gratias. Der lateinische Choralgesang bleibt nebenbei bestehen, allerdings verstümmelt. Im Leseamt kann deutsch gesungen werden: beim Introitus, Offertorium, nach der Elevation und dem letzten Segen. Wo es Gebrauch ist, an hohen Festen Vesper oder Salve zu singen, soll alles lateinisch gesungen werden, am **Schluß kann ein deutsches Lied** hinzugefügt werden. An Weihnachten und Ostern mögen, wo man keine Vesper hält, Christliedlein und Ostergesänge gesungen werden. Diese Ordnung gilt aber, wie es am Schluß heißt, nicht für diejenigen Kirchen, wo man das „Heylich Ampt durchaus Lateinisch hält vnd keine gewonheit hat, Teutsch darunter zu singen, oder wo albereit andere bessere consuetudines in singen gebreuchlich seyn".⁶

---

1 Näheres hierüber im I. Bd. S. 58.
2 Vorrede zur Ecclesiastica Liturgia. 1545.
3 Vorrede zum Hymnologium ecclesiae 1545.
4 Vgl. I. Bd. S. 90.
5 Vorrede zum Münchener Gesangbuch 1586 bei Kehrein a. a. O. I, S. 69.
6 Ausführliches darüber im I. Bd. S. 94 ff.

Von den übrigen im Laufe dieses Jahrhunderts erschienenen Gesangbüchern sind für das Liturgische von Bedeutung: das Prager Gesangbuch vom Jahre 1655 und das Münster'sche vom Jahre 1677. Das erstere hat im Register eine Rubrik: „Unter dem Ambt der Heiligen Meß" mit folgenden Liedern:

„Allein Gott in der Höhe sey Ehr".
„Wir glauben all an einen Gott".
„Frewt euch ihr lieben Seelen".
„O Lamm Gottes".
„Nun lob mein Seel den Herren".
„Verleyh vns Frieden gnädiglich".
„Warum betrübst du dich mein Hertz".
„Kommt her zu mir spricht Gottes Sohn".[1]

Die weitgehendsten Concessionen inbezug auf den deutschen Kirchengesang bietet das Münsterische Gesangbuch vom Jahre 1677. Während in dem drei Jahre früher erschienenen „Kirchengesängen so man im Stifft Münster zu singen pflegt", vom deutschen Gesange bei der h. Messe gar keine Rede ist, heißt es hier in der Vorrede, daß „Jhro Hoch. F. Gnaten zu Münster vnser gnädigster Landesfürst gnädigst verordnet vnd anbefohlen, daß hinführo in allen Kirspelskirchen, auch unterm Amt der H. Meß teutsche Lieder nach Art der Zeit gesungen werden sollen". Eine beigegebene Ordnung für die verschiedenen kirchlichen Festzeiten enthält ungefähr folgende Rubriken: Zur Procession (vor der heiligen Messe), zur Epistel (oder zum Alleluia), zum Offertorium, zur Elevation, zur Communion, nach der heiligen Meß, vor der Predigt, nach der Predigt, zu der christlichen Lehr. Hiermit scheint jedoch das Leseamt gemeint gewesen zu sein, denn in den Anmerkungen heißt es: „Allwo kein starckes Chor ist, da mag ausserhalb der Oster- vnd Weyhnachtszeit (in Dominicis et feriis) in platz des introitus gesungen werden: Nun lobet Gott im hohen thron, vnd zum Gloria in excelsis, Gott in der Höh sey Preiß vnd Ehr, zum Credo, Jn Gott den Vater glaube ich, zum Agnus Dei, O du Lamb Gottes vnschuldig. NB. Der Priester fängt das Gloria in excelsis vnd Credo, wie gebräuchlich, auff Latein an, vnd das Chor fahret zu Teutsch fort u. s. w. Zur Seelmeß vnd Begräbnuß der Todten mögen gesungen werden: Mitten wir im Leben seyndt — Herr Jesu Christ wahr Mensch vnd Gott — O des Tages der wirdt verzehren — Wie auch den vierdten vnd Sechsten Bußpsalm".[2]

Um ein deutliches Bild von der ganzen Sache zu haben, müssen wir auch die Verordnungen der Bischöfe und deutschen Synoden näher kennen lernen.

Die Synode von Augsburg 1567 sagt, nachdem sie den Gregorianischen Choralgesang behandelt und betont hat, daß alles verständlich gesungen werden müsse. „Von unsern Kirchen sollen gänzlich entfernt bleiben die Gesänge der Häretiker, mögen sie auch durch ihre schöne Melodie und wegen ihres frommen Inhaltes dem Volke noch so sehr gefallen." Sodann wird gestattet, die alten katholischen Lieder beizubehalten.[3]

---

1) In Bezug auf die Herkunft dieser Lieder vergleiche man die historischen Notizen im I. und II. Bande.

2) Vergl. I. Bd. S. 107.

3) A nostris ecclesiis arceri volumus nullumque illic locum habere cantiones haereticorum, quantalibet modulationis et pietatis specie vulgo blandiantur. Schannat, Conc. VIII, 164. Das Weitere S. 10 in Anmerkung 2.

Die im Jahre 1592 zu Breslau abgehaltene Synode gestattet ein Lied in der Volkssprache anstatt des Graduale und nach der Wandlung. „In jenen Landstrichen aber", heißt es weiter, „wo es bis jetzt nicht üblich war, in der Volkssprache zu singen, und das ganze Officium lateinisch gehalten wird, soll es dabei bleiben; wir ermahnen sogar die Pfarrer, daß sie in den Kirchen auf dem Lande, wo Schreiber mit Scholaren sich befinden, die deutschen Lieder beiseite lassen und die Gewohnheit, alles in lateinischer Sprache zu singen, einführen".[1] In der Charta visitatoria im Erzstifte Mainz vom Erzbischofe Johann Adam von 1604 wird befohlen: „Es sollen auch die Pfarrer während der Messe keine deutschen Gesänge auch katholische von ketzerischen ist ohnehin nicht die Rede, singen lassen, ausgenommen vor oder nach der Predigt, und dann sollen insgemein die Gesänge aus dem Katechismus nämlich: das Vater unser, der englische Gruß, das apostolische Glaubensbekenntniß und die zehen Gebote genommen werden".[2]

Die Augsburger Synode vom Jahre 1610 erneuert den Beschluß vom Jahre 1567: vollständigen lateinischen Choralgesang mit Gestattung der alten katholischen Lieder.[3]

Die Synode von Ermland 1610 will den Gebrauch deutscher Lieder, die von der Kirche approbirt sind, nicht verwerfen, rügt jedoch, daß mit dem deutschen Gesange, der von der Kirche nur mit Einschränkung gestattet sei, Mißbrauch getrieben werde, indem man bei Schmausereien, auf öffentlichen Wegen und in Wirthshäusern allerlei verdächtige Gesänge und Liebeslieder singe. Weiterhin wird dann befohlen, im Hochamte den lateinischen Choral vorschriftsmäßig auszuführen und keine dem Missale fremden Zusätze einzuschalten.[4]

Die Münster'sche Synode vom Jahre 1652 gestattet deutsche Gesänge und Melodien, die keinen weltlichen Charakter tragen, bei der Christenlehre, in der Schule und auf den Thürmen. Sie müssen aber

---

1. Sacerdos ... missam exordiatur, Schola vel Ministro ecclesiae Introitum Missae, Kyrie eleyson et Gloria concinente: quibus finitis et epistola jam lecta, Praecentor cum tota communitate aliquem sacrum hymnum in vernacula lingua ipsis familiarem loco Gradualis decantet: Post Evangelium et Symbolum decantatum, Sacerdos casulam ante Altare deponat, suggestum ascendat et plebem verbi Dei praedicatione reficiat... Post elevationem Ss. Eucharistiae alius hymnus in lingua vulgari decantetur... In illis vero ecclesiis ruralibus, in quibus hymnos vulgari lingua decantari consuetum non fuit, sed ubi totum officium latine canitur, nihil immutandum est, quin immo parochos hortamur, ut in ecclesiis ruralibus ubi Scribae et Scholares sunt, omissis germanicis hymnis, dum celebrant, consuetudinem latine cantandi totum officium missae introducant. Schannat, Concil. VIII, 395.
2) Charta visitatoria 1604, bei Wolf a. a. O. S. 63.
3) Schannat, Conc. IX, 40. Vgl. S. 10. Anm. 2.
4 Cantilenarum Germanicarum ab ecclesia probatarum et receptarum usum non rejicimus. Quia tamen quae parce fidelibus a S. Matre ecclesia utenda permissa sunt, in abusum et contemptum passim abeunt, ita ut non solum in conviviis et viis publicis verum etiam in tabernis (incalescente praesertim cerebro) plures, quam in ecclesiis, eaeque haereticae et amatoriae cantiones declamentur: Nos abusum hunc adinstar Praedecessorum nostrorum Card. Hosii et Cromeri improbantes, districte mandamus, ut si qui peregrini cantilenas prohibitas tam in oppidis quam in vilis cantare inventi fuerint, comprehendantur; si vero incolae parochiani fuerint, per officiales nostros ad nos debita poena coërcendi et puniendi deferantur. Schannat, Conc. IX, 93.

Das kathol. deutsche Kirchenlied. II.

Büchern entnommen sein, welche die Erlaubniß der vorgesetzten Censurbehörde haben. Auch während der heiligen Messe kann in kleineren Gemeinden, welche keine Collegiatkirchen haben, in Städten und Dörfern bei der **Elevation und Communion** ein deutsches Lied gesungen werden, um die Herzen der Gläubigen zur Andacht gegen den unter den Gestalten des Brodes und Weines gegenwärtigen Heiland zu entflammen. Bei strengster Strafe werden die nicht approbirten Lieder verboten. [1]

In ähnlicher Weise läßt die drei Jahre später (1655) in Münster abgehaltene Synode, aus **Mangel an Sängern**, nur solche deutschen Lieder bei der heiligen Messe zu, welche sich auf das **heiligste Altarssakrament** beziehen. [2]

Wieder sieben Jahre später spricht sich die Frühjahrssynode daselbst also aus: Wo deutsche Lieder wegen Mangels an Priestern oder sonst qualificirten Personen mit Unterschied zugelassen werden, soll nichts gesungen werden, was an das Lutherthum anstreift, sondern was zum heiligen Opfer paßt und den einfältigen Christen den orthodoxen Glauben lehrt. [3]

Um so auffallender ist der Beschluß der Diöcesansynode vom Jahre 1675 daselbst, daß unter der heiligen Messe, beim Graduale, Canon, der heiligen Communion u. s. w. zur kirchlichen Festzeit passende deutsche Lieder gesungen werden sollen. Auf diese Verordnung stützt sich das Münster'sche Gesangbuch vom Jahre 1677. [4]

Wir haben die Münster'schen Synoden hier im Zusammenhange aufgeführt, weil ein Schwanken in den Beschlüssen derselben deutlich hervortritt. Sehen wir weiter, wie es im übrigen Deutschland zuging.

Von besonderer Wichtigkeit für die Diöcesen Mainz und Würzburg ist der Erlaß des Erzbischofs Johann Philipp vom 28. Juni 1656, den wir wörtlich mittheilen:

„Demnach der Hochwürdigste Fürst und Herr Johann Philipp u. s. w. die gnädigst befehlende Verordnung gethan, daß ins künftig an allen und jeden dero Erzbisthumb Mayntz angehörigen und unterworffenen Orten **under m Ambt der Heiligen Meß, bey den Predigen, Kinderlehren, Processionen** und andern Gottesdiensten die in Truck

---

[1] Cantiones germanicas et melodias, quae levitatem non sapiunt in lectionibus catecheticis et scholis aut etiam in turribus admittimus, quae in libris cum licentia superiorum et censorum catholicorum impressis continentur. Item ut sub officio missae, sub Elevatione et Communione sint in Civitatibus minoribus in quibus collegiatae non sunt, oppidis et pagis pro excitando latriae cultu erga Christum sub speciebus consecratis praesentem, gratiose permittimus. Alias cantiones sub poena gravissima irremissibiliter persolvenda prohibemus, usque dum eae per nos aut ex commissione nostra per Vicarium generalem et Theologos fuerint examinatae et approbatae. Schannat a. a. O. IX, 791.

[2] Cantiones germanicae si extra collegiatas et ecclesias in civitatibus erectas, propter cantorum raritatem interponi posse judicabuntur non sint aliae, nisi quae continent adorationem Christi in altari et elevatione, vel quibus ad devotionem erga hoc tam divinum mysterium cantantes manuducuntur. Schannat, IX, 525.

[3] Ubi germanicae cantiones propter Sacerdotum aut personarum qualificatarum raritatem cum differentia sunt admittendae, nihil canatur, quod sapiat Lutheranismum, sed sacro Missae sacrificio conveniunt, et simpliciores ad orthodoxae Fidei instructionem manducuent. Schannat, Conc. IX, 897.

[4] Sub missae sacrificio, praesertim tempore Gradualis, Canonis, Communionis etc. canentur semper piae cantiones germanicae tempore per annum accommodatae. Schannat Conc. X, 50.

gegebene Sonn- und Feyertägliche Evangelia, Epistel und Gesäng, neben andern approbirten Christlichen Catholischen Liedern, gebraucht und gesungen werden sollen, und wirt solchen nach hiermit in Crafft dieses und in dero Namen von deroselben Vicariat ernstlich anbefohlen, daß zuvorderist und vor allen Dingen die Pfarherrn, Seelsorger und Prediger an guter Unterrichtung nichts ermangeln lassen, zumahlen aber ihr Predigen und Vermahnen auß dem Wort Gottes und den heiligen Kirchenlehrern nehmen, keine ungewisse Historien oder Exempel anziehen, und über eine halbe oder dreiviertel Stund die Sermon, umb dem geistlichen Gesang auch dabei etwas statt zu geben, nit verlängern sollen.

So sollen auch wie vor alters bräuchlich in den Kirchen oder Chor (wo dieselben seynd) die Schulmeister mit den Schülern voran stehen, dann außer dem Chor die Männer und Junge Gesellen absonderlich und allein auff einer: die Mägdlein und Weiber aber der Andern Seiten ihren Standt haben und halten. In denen Stätten, Flecken und Dörffern, in welchen neben den Schulmeistern etliche Sänger oder des Chorals erfahren Nachbarn seynd und bey dem Ambt der Heiligen Meß neben andern auch jedesmal das Gradual und Offertorium gesungen werden kann, soll es auch dabey gelassen und gantze heilige Meß auß, solche Lateinische Gesänge also gebraucht werden. Wo man aber die Gradualia zum Offertorio nit: sondern allein die gemeine Gesang, als das Kyrie eleison, Gloria in excelsis, Credo, Sanctus und Agnus Dei singen kann, sollen nach der Epistel, anstatt des Graduals, unter dem Offertorio und unter der Elevation Christliche Catholische Teutsch Gesänge gesungen werden. In denen Orten aber, wo der Schulmeister keine Sänger oder Choralisten hat und die heilige Meß nur gelesen wird, soll man unter derselben von Anfang bis zum End dergleiche teutsche Gesäng sich gebrauchen". [1]

Zu diesem Zwecke werden dann die „newe in Truck gegebene Catholische Sonn- und Feyertägige rehmenweis verfaßte heilige Evangelia und Epistel und anders beygetruckte Gesäng" besonders anempfohlen. [2]

Diese Vorschriften werden in der erneuerten Kirchenordnung desselben Erzbischofs vom Jahre 1670 zum Theil wiederholt.

Beachten wir noch einige weitere Concilsdekrete, so sehen wir, daß die Synoden von Paderborn 1644, Cöln 1662, Trier 1678 und Metz 1699 den unverkürzten Gregorianischen Choralgesang beim heiligen Meßopfer strengstens festhalten wollen. [3]

---

1) Wolf, Kurze Geschichte des deutschen Kirchengesanges 1815. S. 59 ff. Das Original befindet sich im Archiv des bischöfl. Commissariats zu Heiligenstadt.
2) Vergl. die Beschreibung der Würzburger Evangelien im I. Bde. S. 81 und im Nachtrag des II. Bandes S. 53.
3) Et ne quis Introitum, Kyrie etc. in officio Missarum ex quibuscunque causis abbreviet omittat vel diminuat sed ea cum solemnitate juxta statuta Basiliensis concilii servet et adimpleat. Schannat, IX, 667.
Ut omnia porro in Officiis divinis cum decore et reverentia peragantur, serio mandamus ut Missae sacrificium integre, Symbolo apostolico (sic?) Praefatione et oratione dominica nunquam per organa aut chorum decurtatis vel mutilatis celebretur et decantetur. Daselbst S. 943.
Dum cantant sacrum, aut ad tumulum pro defunctis orant, non mutilent sequentias, nec Gloria nec Credo, nec Pater, sed ad longum omnia orent et cantent et orari ac cantari faciant. Daselbst X, 61.
Qui missas solemni ritu celebrando, hymnum glorificationis vel Symbolum Nicaenum vel Praefationem omittunt, aut illam immutant et decantato dumtaxat

Aus diesen mitgetheilten Aktenstücken ergibt sich nun nach meiner Meinung folgendes Resultat: Die katholische Kirche Deutschlands hielt auch nach der Reformation bis zum 18. Jahrhundert am hergebrachten Gregorianischen Choralgesange fest. Dieser blieb der officielle liturgische Kirchengesang; dagegen wurde das deutsche Kirchenlied an einzelnen Stellen in einem größeren Umfange, als es früher geschehen war, zum Hauptgottesdienste zugelassen, ohne daß jedoch hierdurch der lateinische Choral beeinträchtigt worden wäre. Beim Offertorium, nach der Wandlung und während der Spendung der h. Communion ließ sich ein deutsches Lied singen, ohne daß der Choralgesang ausfiel. Wenn einzelne Bischöfe erlaubten, anstatt des lateinischen Chorals deutsche Lieder zu singen, so geschah das nothgedrungen mit Rücksicht auf den bestehenden Mangel an Sängern; andrerseits mag es auch eine Concession gewesen sein für Gegenden gemischter Confession, um denen, die zur katholischen Kirche zurückkehren wollten und „zuvor des verführerischen Singens gewohnt gewesen", die Sache leichter zu machen. Nahm so das deutsche Kirchenlied in dem liturgischen Gottesdienste, für welchen die Kirche den lateinischen Choral vorgeschrieben hat, eine nur exceptionelle Stellung ein, so konnte es sich desto freier und selbstständiger entfalten im außerliturgischen Gottesdienste: beim Leseamte, bei der Predigt und Christenlehre, bei Bruderschaftsandachten und allen kirchlichen Uebungen, die nicht strenge zur h. Liturgie gehören. Und in der That hat der katholische Kirchengesang in der Muttersprache innerhalb dieser von der Kirche gezogenen Schranken es zu einer Blüthe gebracht, um welche uns andere Völker beneiden können.

III. Nachträge zur Literatur.

(S. 5 ff. im I. Bande.)

a. Protestantische Literatur.

1. Kluge, M. G., „Schriftmäßig erklärtes Gloria oder Allein Gott in der Höh sey Ehr ... samt einem Anhange von etlichen bisher noch nicht bekannt gewordenen Schlesischen Liederdichtern" 2c. Bresl. u. Leipz., 1745.
2. — „Hymnopoeographia Silesiaca." I. Bdch., die ersten 3 Decades in sich haltend. Bresl., 1755. 8. 30 Biographien und 70 Lieder.
3. Mähler, J. P., „Einleitung in die Lieder-Geschichte, Lebensbeschreibung der berühmtesten Lieder-Dichter" 2c. Remscheid, 1762. II. 8.
4. Baumann, J. G., „Schediasma hist.-theol. de hymnis et hymnopoeis veteris et recentioris ecclesiae." Bremae, 1765. 8.
5. Grischow, Joh. Heinr., „Kurzgefaßte Nachricht von älteren u. neueren Liederverfassern." Halle, 1771. 8.

---

initio cetera submissa voce prosequuntur, abstineant in posterum ab hac inaudita et indebita consuetudine. Daselbst S. 233.

III. Nachträge zur Literatur.

6. **Richter, G. L.,** „Biogr. Lexicon alter u. neuer geistl. Liederdichter." Leipz., 1804. gr. 8.
7. **Müller, J.,** „Luther's Verdienste um die Musik." Erfurt, 1817. 8.
8. **Kocher, Conr.,** „Die Tonkunst in der Kirche." Stuttg., 1823. 8.
9. **Wilhelmi, H.,** „Von dem geistl. Liede, bes. den ältern Kirchenliedern." Heidelb., 1824. 8.
10. „Hymnorum vet. ecclesiae XXVI interpret. theotisca, nunc prim. ed. J. Grimm." Gött., 1830. 4.
11. **Evers, N. J. G.,** „Ueber die Liederdichter des Hamburgischen Gesangbuchs." Hamb., 1833. 8.
12. **Langbecker, F.C.G.,** „Gesang-Blätter aus dem XVI. Jahrhundert mit Nachricht vom ersten Anfang des evangel. Kirchenliedes und dem Entstehen der Gesang-Blätter nebst einer Literatur derselben." Berl., 1838. 4. Mit Melodien.
13. **Lange, J. P.,** „Die kirchliche Hymnologie oder die Lehre vom Kirchengesang, theoret. u. prakt. Abth." Zürich, 1813. 2 Thle. 8.
14. **Oven, C. H. E. von,** „Die evang. Gesangbücher in Berg, Jülich, Cleve u. Grafschaft Mark seit der Reformation bis auf unsere Zeit." Düsseld., 1843. gr. 8.
    Nachtrag dazu:
    Crecelius, Dr. W., „Ueber die ältesten protestantischen Gesangbücher am Niederrhein." Broschüre. o. O. Zeitschr. d. Bergischen Geschichtsvereins Bd. V. 8.
15. **Lisco, F. G.,** „Dies irae. Hymnus auf das Weltgericht." Berlin, 1840. Mit Musikbeilagen. 4. — . „Stabat mater, Hymnus auf die Schmerzen der Maria." Nebst einem Nachtrage zu den Uebersetzungen des Hymnus Dies irae. Zweiter Beitrag zur Hymnologie. Berl., 1843. 4.
16. **Becker, C.F.,** „Die Choralsammlungen d. verschied. christl. Kirchen." Chronolog. geordnet von C. F. Becker. Leipz., 1845. 8.
17. **Schieferdecker, L. C.,** „Geschichte des geistl. Liedes von den ersten Anfängen bis Anfang des 16. Jahrhunderts." (Progr.) Dresd., 1846. 8.
18. **Kraußold,** „Vom alten protest. Choral, sein rhythm. Bau und seine Wiederherstellung." Fürth, 1847.
19. **Thilo, W.,** „Thüringens evangelische Kirchenliederdichter und Kirchenmusiker in synchronistischem Ueberblick." Erfurt, 1848. fol.
20. **Luther, Dr. Mart.,** „Geistliche Lieder mit den zu seinen Lebzeiten gebräuchl. Singweisen." Herausg. von Phil. Wackernagel. Stuttg., 1848. 4. Mit Holzschn. von Gust. König.
21. **Winterfeld, C. von,** „Zur Geschichte heiliger Tonkunst." Leipzig, 1850/52. 8. 2 Thle.
    Das Werk enthält auch mancherlei über das Kirchenlied.
22. **Franz, Kl. W.,** „Gesch. der geistlichen Liedertexte vor der Reformation." Halberst., 1853. 8.
23. **Curtze, C.,** „Gesch. d. evangel. Kirchengesangs u. der evang. Gesangbücher im Fürstenthum Waldeck." Arolsen, 1853. 8.

24. Behe, M., „Gesangbüchlein vom Jahre 1537." Das älteste kathol. Gesangbuch. Nach dem Exempl. der Königl. Bibliothek zu Hannover herausg. von Hoffmann v. Fallersleben. Hannover, 1853. Kl. 8.
25. Hoffmann von Fallersleben, „Niederländische Geistliche Lieder des XV. Jahrhunderts." Hannover, Carl Rümpler, 1854. 8.
26. Kriebitzsch, „Geschichte des geistlichen Liedes der evangelischen Kirche in kurzen Biographien der Dichter." Leipz., 1854. 4.
27. Mützell, J., „Geistliche Lieder der evangelischen Kirche aus dem XVI. Jahrhundert." Nach den ältesten Drucken herausg. von .... Berl., 1855. 3 Bde. 8.
28. Bachmann, J. J., „Zur Geschichte der Berliner Gesangbücher." Ein hymnolog. Beitrag. Berlin, 1856. gr. 8.
29. Bilmar, A. F. C., „Spicilegium hymnologicum." Marburgi Cattorum, 1857. 4.
30. Schneider, A. F. H., „Zur Literatur der Schwenckfeldischen Liederdichter bis Daniel Sudermann. (Progr.) Berl., 1857. 4.
31. Gefflen, Joh., „Die hamburg. niedersächs. Gesangbücher des XVI. Jahrhunderts, mit Einleitung über das Kirchenlied und die Gesangbücher in Hamburg seit der Reformation." Hamb., 1857. 8.
32. Mützell, J., „Geistliche Lieder der evangelischen Kirche aus dem XVII. und XVIII. Jahrh. von Dichtern aus Schlesien." Zusammengestellt u. nach den ältesten Drucken herausg. von .... Mit Bemerkungen über die Geschichte der Lieder, literargesch. Beigaben u. Reg. Braunschweig, 1858. gr. 8. (348 Lieder.)
33. Kriebitzsch, K. L., „Geistl. Lied und Choralgesang in seiner geschichtl. Entwickelung und Bedeutsamkeit für das kirchl. Leben." Jena, 1859. 8. Mit Musikbeilagen.
34. Wangemann, Dr., „Kurze Geschichte des evangel. Kirchenliedes, ... Wegweiser durch die guten alten und neueren Gesangbücher" ꝛc. IV. Aufl. Berl., 1859. 8.
35. Schick, A., „Skizze über den Kirchengesang und das Kirchenlied nebst einleit. Paragraphen über die Entwickelg. des Cultus u. der Liturgie im Allgemeinen." Bayreuth, 1859. 4.
36. „Liederborn, geistlicher, oder 330 Biographien geistl. Liederdichter. Nebst Geschichte des geistl. Liedes." Neu-Ruppin, 1860. 8.
37. Kliefoth, Th., „Zur Geschichte der Litanei." Güstrow, 1861. 8.
38. Reißmann, August, „Das deutsche Lied in seiner historischen Entwicklung." Mit Musikbeilagen: 33 Lieder aus dem 15., 16., 17. u. 18. Jahrhundert. Cassel, Verlag von Oswald Bertram, 1861. 8. n.
39. Silcher, F., „Geschichte des evangel. Kirchengesangs nach seinen Hauptmelodien, wie sie im württemberg. Choralbuch vom J. 1844 enthalten sind." Tübingen, 1862. 8.
40. Ungewitter, Otto, „Kurzgefaßte Geschichte des evangel. Kirchengesanges." Tilsit, 1865. 8.
41. Wackernagel, Philipp, „Das deutsche Kirchenlied von der ältesten Zeit bis zu Anfang des XVII. Jahrhunderts." Mit Berücksichtigung der deutschen kirchlichen Liederdichtung im weiteren Sinne und der

lateinischen von Hilarius bis Georg Fabricius u. Wolfgang Ammonius. Erster bis fünfter Band. Leipz., Druck u. Verlag von B. G. Teubner. 1864—1877. gr. 8.

42. **Schletterer**, H. M., „Uebersichtliche Darstellung der Geschichte der kirchlichen Dichtung und geistlichen Musik." Nördlingen, Druck und Verlag der C. H. Beck'schen Buchhandl., 1866. 8.

43. **Koch**, Eduard Emil, „Geschichte des Kirchenliedes und Kirchengesanges der christlichen, insbes. der deutschen evangel. Kirche." Dritte umgearbeitete, durchaus vermehrte Auflage. Stuttg., Druck u. Verl. der Chr. Belser'schen Verlagshandl., 1866—1877. Acht Bde. nebst Inhalts-Verzeichniß. 8.

44. **Krause**, K. E. L., „Ein Beitrag zur Geschichte des deutschen Kirchenliedes." (Progr.) Rostock, 1868. 4.

45. **Leitritz**, Wilh., „Beiträge zu einer fruchtbaren Behandlung des deutsch-evangel. Kirchenliedes von Luther bis auf die Gegenwart." IV. Aufl. Berl., 1870. 8.

46. **Zöllner**, Dr. Reinh., „Das deutsche Kirchenlied in der Oberlausitz." Dresd., 1871. gr. 8.

47. **Liliencron**, R. v., „Zur Liederdichtung der Wiedertäufer." Münch., 1875. 4.

48. **Knipfer**, J., „Das kirchliche Volkslied in seiner geschichtl. Entwicklung." Bielef. u. Leipz., Verlag von Velhagen u. Klasing, 1875. 8.

49. **Weber**, H., „Geschichte des Kirchengesanges in der deutschen reformirten Schweiz seit der Reformation." Zürich, 1876. 8.

50. **Fischer**, A. F. W., „Kirchenlieder-Lexikon." Hymnologisch-literarische Nachweisungen über circa 4500 der wichtigsten und verbreitetsten Kirchenlieder aller Zeiten in alphabetischer Folge nebst einer Uebersicht der Liederdichter. Zusammengestellt v. A. F. W. Fischer, Oberpfarrer zu Groß-Ottersleben, Superintendent a. D. Gotha, Perthes, 1878/79. 2 Bde. gr. 8.

51 „Crailsheimer Schulordnung von 1480." Mit Deutschen Geistlichen Liedern von W. Crecelius. Sonderabzug aus Birlingers Alemannia III, 3. Bonn, Georgi. 8.
(Enthält folgende deutschen Kirchenlieder:
1. „Mittel vnsers lebens czeit."
2. „Sancta Maria ste vns bei."
3. „Sandt Michel im hymel thron."
4. „Crist ist erstanden."
5. „Erstanden ist der heilig Crist."
6. „Crist fuer gen himel."
7. „Kum heiliger geist, herre got."
8. „Got sey gelobt vnd gebenedeyt
Der vns selber hat gespeyset."
9. „O got vater ewigs licht."

b. Katholische Literatur.

1. **Wolf**, Johann, „Kurze Geschichte des deutschen Kirchengesangs im Eichsfelde." Göttingen, gedruckt mit Baierschen Schriften. 1815. 8.
2. **Aurbacher**, L., „Anthologie deutscher katholischer Gesänge aus älterer Zeit. I. Bd. Landshut, 1831. II. Bd. Frankf., 1833.

3. Körner. Ph. M., „Marianischer Liederkranz." Sammlung von Kirchenliedern u. s. w. vom Jahre 1500 bis auf unsere Zeit. Augsb., 1841. Ohne Melodien.

4. Lüft, Dr. J. B., „Liturgik." Mainz, 1814/47. 2 Bde. 8.
   Enthält (II, 165—190) eine vortreffliche Skizze der Geschichte des deutschen Kirchenliedes.

5. Aschbach, Dr. J., „Allgemeines Kirchen-Lexikon." Dritter Band. Mainz, 1850.
   Enthält S. 825—836 eine Skizze der Geschichte des kath. Kirchenliedes von Bone.

6. Smeddinck, J. C. B., „Apologie des lateinischen Chorgesanges oder das Verhältniß des lateinischen u. deutschen Kirchengesanges." Düsseldorf, 1853. 8.

7. Mone, F. J., „Lateinische Hymnen des Mittelalters." Freiburg, 1853—1855. 3 Bde. 8.
   Das Werk bringt nebenbei manche Uebersetzungen von Hymnen und historische Notizen zum deutschen Kirchenliede.

8. Schlosser, Joh. Fr. H., „Die Kirche in ihren Liedern durch alle Jahrhunderte." Mainz, 1851/52. 2 Bde. 8. Ohne Melodien mit literargeschichtlichen Anmerkungen. Zweite Auflage. Freiburg, 1863.

9. Neumaier, Johann, „Geschichte der christlichen Kunst, der Poesie, Tonkunst, Malerei, Architectur u. Sculptur von der ältesten bis auf die neueste Zeit." Schaffh., 1856. 2 Bde. 8.
   Enthält I. S. 308—361 eine Geschichte des Kirchenliedes im Auszuge.

10. Schubiger, P. A., „Die Sängerschule St. Gallens vom 8. bis 12. Jahrhundert." Ein Beitrag zur Gesanggeschichte des Mittelalters. Einsiedeln, 1858. 4.
    Enthält manches wichtige Detail über das deutsche Kirchenlied.

11. Kehrein, J., „Kurze Geschichte des deutschen katholischen Kirchenliedes von den ersten Anfängen bis zum Jahre 1631." Würzb., 1858.
    Separatabdruck der Einleitung zu dem großen Werke Kehreins: „Kath. Kirchenlieder" u. s. w. 4 Bde. 8.
    Vgl. I. Bd. S. 10. Nr. 6.

12. —————— „Die ältesten katholischen Gesangbücher" u. s. w. Dritter Band. Würzburg, 1863.
    Vergl. I. Bd. S. 10. Nr. 5.
    Vierter Band. Aelterneuhochdeutsches Wörterbuch. Daselbst 1865.

13. Kornmüller, P. U., „Lexikon der kirchl. Tonkunst." Brixen, 1870. 8.
    S. 241—248 Artikel über das Kirchenlied.

14. Schlecht, R., „Geschichte der Kirchenmusik." Regensb., 1871. 8.
    Enthält S. 49—62 eine Abhandlung über das deutsche Kirchenlied.

15. Kehrein, J., „Das deutsche katholische Kirchenlied in seiner Entwicklung von den ersten Anfängen bis zur Gegenwart zunächst für höhere Lehranstalten." Neuburg a. D., 1874. 8. 78 Seiten.

16. Schubiger, A., „Musikalische Spicilegien über das liturg. Drama, Orgelbau und Orgelspiel, das außerliturg. Lied u. die Instrumentalmusik des Mittelalters." Berl., 1876. gr. 8. Mit vielen Musiktaf.

17. Hölscher, Dr. R., „Herm. Ludw. Nadermann als Dichter katholischer Kirchenlieder". Münster, Commissions-Verlag von Mitsdörfer. Recklinghausen, Druck von J. Bauer. 8.

18. **Beck**, Dr. K. A., „Geschichte des katholischen Kirchenliedes von seinen ersten Anfängen bis auf die Gegenwart." Köln, Verlag der M. Du Mont-Schauberg'schen Buchhandlung, 1878. 8.

19. **Lindemann, Wilh.**, „Geschichte der deutschen Literatur." 5. Aufl. Freiburg, 1879. 8.
   Enthält S. 259—296 u. S. 320—327 Historisches über das deutsche Kirchenlied.

20. **Rothe, B.**, „Abriß der Musikgeschichte." Dritte Auflage. Leipzig, 1881. fl. 8.
   Enthält S. 161—191 eine sehr eingehende Abhandlung „Zur Geschichte des deutschen Kirchenliedes".

21. „**Cäcilien-Kalender**." Regensburg, 1881. 8.
   S. 21—36: Geschichte eines deutschen Gesangbuches nach einem Aufsatze des Prof. Brück im Katholik 1866, bearbeitet von J. J. Selbst.
   Dito 1882.
   S. 21—38: „Das kathol. deutsche Kirchenlied in seiner geschichtlichen Entwickelung von H. W. Schonnefeld.

22. **Janssen, Joj.**, „Geschichte des deutschen Volkes seit dem Ausgange des Mittelalters." 1. Band. Freiburg, 1878. 8.
   Enthält S. 219—226 eine Abhandlung über den vorreformatorischen deutschen Kirchengesang.

23. **Bäumker, Wilh.**, „Zur Geschichte der Tonkunst in Deutschland von den ersten Anfängen bis zur Reformation." Freiburg, 1881.
   Seite 122—138: Die Entwicklung des deutschen Kirchenliedes resp. geistlichen Volksliedes vor der Reformation mit besonderer Berücksichtigung der liturgischen Stellung desselben.
   Seite 139—154: Ueber die Stellung Luthers zum deutschen Kirchenliede.

c. Einige Sammlungen.

1. **Jakob, F. A. L., und C. Richter**, „Reformatorisches Choralbuch für Kirche, Schule und Haus, oder Allgemeines Choralbuch für die deutsche evangelische Kirche." Auf Quellenforschung gestützter Beitrag zur Regeneration des evangelischen Kirchengesanges. Berlin, Verlag von Adolph Stubenrauch. Zwei Theile. 4.

2. **Wackernagel, Ph.**, „Kleines Gesangbuch." 224 Lieder mit Melodien. Stuttgart, 1860. Taschenformat.
   Enthält im Anhange historische Nachweise.

3. **Erk, Ludwig**, „Vierstimmiges Choralbuch für evangelische Kirchen." Mit besonderer Rücksicht auf die in der Provinz Brandenburg gangbaren Gesangbücher bearbeitet, nebst einem Anhange historischer Notizen. Berlin, Verlag von Th. Chr. Fr. Enslin, 1863. gr. 8.

4. **Kocher, C.**, „Zionsharfe." Ein Choralschatz aus allen Jahrhunderten und von allen Confessionen der christl. Kirche. Zur Erbauung in der Familie, wie in der Gemeine, gesammelt und für Singchöre, Orgel- und Clavierspiel vierstimmig bearbeitet. 4 Abtheilungen. Stuttgart, Metzler, 1855. Imp.-8.
   Jede Abtheilung einzeln unter folgenden Titeln: I. 1137 Choralmelodien der evangelischen Kirche, nebst den besten Chorälen der alten Kirche, vom heil. Ambrosius bis zur Reformation, aus der böhmischen, der mährischen und Brüdergemeinde von Huß bis auf unsere Zeit. II. Psalmbuch der reformirten Kirche. 124 Melodien mit unterlegtem französischem Text. III. 359 der schönsten Melodien der Psalmen und Hymnen der anglikanischen Kirche in England u. Amerika

mit unterlegtem englischem Originaltext. IV. 316 der schönsten Melodien der katholischen Kirche mit unterlegtem deutschem Text. Der Theil IV. enthält viele Lieder der Cantica spiritualia, München 1845/46. Siehe Nr. 7, S. 11 der Bibliographie im I. Bande.

5. „Deutsche Volkslieder mit ihren Originalweisen", herausgegeben von A. Kretzschmar u. A. W. v. Zuccalmaglio. Berlin, 1840. 2 Bde. 8.
6. Hoffmann von Fallersleben und Ernst Richter, „Schlesische Volkslieder mit Melodien." Aus dem Munde des Volks gesammelt. Leipzig, Druck und Verlag von Breitkopf und Härtel, 1842.
7. „Auswahl alter deutscher Kirchenlieder," gesammelt, harmonisirt und mit Bemerkungen begleitet von R. Schlecht. Nördlingen, Beck, 1850. 4.
   Enthält viele Tonsätze alter Meister.
8. Haxthausen, Freiherr v., „Geistliche Volkslieder mit ihren ursprünglichen Weisen," gesammelt aus mündlicher Tradition und seltenen Gesangbüchern. Paderborn, 1850.
9. Ditfurth, Fr. W. Freiherr von, „Fränkische Volkslieder mit ihren zweistimmigen Weisen, wie sie vom Volke gesungen werden", aus dem Munde des Volkes selbst gesammelt. Erster Theil: Geistliche Lieder. Leipzig, Druck und Verlag von Breitkopf und Härtel, 1855.
10. Erk, Ludwig, „Deutscher Liederhort." Auswahl der vorzüglicheren deutschen Volkslieder aus der Vorzeit und der Gegenwart mit ihren eigenthümlichen Melodien. Berlin, 1856. lex. 8.
    Enthält auch geistliche Lieder.
11. „Lieder zum Gebrauche beim katholischen Gottesdienste." Größtentheils aus alten katholischen Gesangbüchern gesammelt und für gemischten Chor bearbeitet von J. H. Könen. Freiburg, 1859. 8.
12. „Dreihundert der schönsten geistlichen Lieder älterer Zeit in ihren originalen Singweisen und großentheils auch ihren alten Texten u. s. w., mit einem Vorworte von Franz Witt. Regensburg, Pustet, 1869.
    Ist eine neue Titelauflage der Cantica spiritualia, vergl. S. 11 Nr. 7 im I. Bande.
13. Hommel, Friedrich, „Geistliche Volkslieder aus alter und neuerer Zeit mit ihren Singweisen." Zweite Ausgabe. Leipzig, Druck und Verlag von B. G. Teubner, 1871. gr. 8.
14. Böhme, Franz M., „Altdeutsches Liederbuch." Volkslieder der Deutschen nach Wort und Weise aus dem 12. bis zum 17. Jahrhundert. Gesammelt und erläutert. Leipzig, Breitkopf u. Härtel, 1877. lex. 8.

IV. Bibliographie.

(Fortsetzung und Nachtrag zu S. 36 ff. im I. Bande.)

1. 1470. Gaistliche vßlegung des lebes Jhesu Christi, enthält u. A.: Das gulcin aue maria. fol. Ausführliche Beschreibung bei Wackernagel I, S. 370.
2. 1512. Ein schon buchleu vom iungstē gericht u. s. w. Getruckt zu Leipzik durch Wolfgang Stöckel bey den paulerñ. 4. Stadtbibliothek zu Zwickau. Genau beschrieben bei Wackernagel I, 373.

3. 1513. Ein lyebt von dem Rosenkrantz, wie man beten sol nach ordenlicher offatzüg der Bruderschafft in des Schilers von u. f. w. In dem Prediger Closter zu Hall gesatzt vnnd geordneth. 4. Stadt-bibliothek in Zwickau. Beschrieben bei Wackernagel I, S. 375.

4. 1514. Ain schöner Passion zu singen in des Regenbogen, brieff weiß, mit 49 gesetzen. Am Ende: Getruckt zu Augspurg bey sant Vrsula closter am Lech. Anno Dñi .... Beschrieben bei Wackernagel in der Bibliographie S. 27. Erlanger Universitäts-Bibliothek.

5. O. Jahr. Deutsches Liederbuch. (Discantus nur vorhanden.) quer 8. Enthält verschiedene geistliche Lieder. Königliche Bibliothek in Berlin. Beschrieben bei Wackernagel I, S. 745.

6. 1517. Wider die anfechtung des todes u. f. w. Hat gedruckt Melchior Lotther zu Leipzk Jm u. f. w. iare. 4. Stadtbibliothek in Zwickau. Beschrieben bei Wackernagel I, S. 376.

7. 1518. Hortulus anime zu Tewtsch Selen wurtzgertlein genät, mit vil schönen gebeten vñ figuren. Gedruckt zu Nürnberg durch Fridericum Peypuß, für den Ersamen Johann Koberger, burger daselbst, jm Jar u. f. w. 8. Enthält u. A. das Lied: „Die mutter stund von leid vnd schmertzen." Oeffentliche Bibliothek zu Dresden. Beschrieben bei Wackernagel I, S. 376.

8. 1519. Hortulus anime zu tewtsch Selenwürtzgertlein genant, mit vil schönen gebeten vnd figuren. Gedruckt zu Nürnberg durch Fridrichum Peypus u. f. w. wie das vorige. Oeffentliche Bibliothek zu Dresden. Beschrieben bei Wackernagel I, S. 377.

9. 1545. Ecclesiastica Liturgia. Wie sich der gemein Christen Lay der Latinischen Missen, zur besserung sein selbs, gebrauchen künde. Durch Georg Wicelium. Item Hymnologium Ecclesie. Das ist, Lobgesänge der Catholischen Kyrchen, zur täglicher Vesperzeit, durchs gantze Jar, verteutschet durch Georgium Wicelium. Gedruckt zu Cöln, durch Petrum Quentell, im jar vnsers Herren 1545. Cum priuilegio. 8. Königliche Bibliothek in Berlin. Beschrieben bei Wackernagel I, S. 757.

10. 1546. Verteutschte Kyrchengesenge. Die Sequentz oder Prosen, so die Latinische kyrch, bey der Liturgy oder Messe, in Gottlöblichem brauch, durchs gantz iar hat vnd helt, verstentlich gedolmetschet. Durch Georgium Wicelium. Gedruckt zu Cöln durch Johannem Quentell, im iar vnsers Herren 1546. Cum Priuilegio. 8. Königliche Bibliothek in Berlin. Beschrieben bei Wackernagel I, 760.

11. 1562. Psalter Dauids latyn vnnd teutsch. Cölln bei J. Gennep. 4. Die Vorrede polemisirt gegen die protest. Psalmlieder.

12. 1562. Ein edel Kleinat der Seelen. Von der ordnung vnnd Betrachtung der alten Christlichen Kirchen, in den fürnemsten zeiten vnnd Festen des gantzen Jars. Vnd was ein frommer Christ darbey wissen, vnd nutzlich bedencken soll. Mit einem angehengten Register. Mit Röm. Kay. May. Freyheit. Am Schluß: Getruckt zu Dillingen durch Sebaldum Mayer. 12. Ohne Melodien. Auflage 1568, beschrieben bei Wackernagel I. S. 473. Königl. Bibliothek in München.

13. 1563. **Alle Kirchengesäng vnd gebeth** . . . . . Jetzt fleissig nachgetruckt. Augsburg. Philipp Vlhart. 8. Nachdruck von Nr. 39 Seite 40 im I. Bande.
14. 1571. **Alle Kirchengesäng vnd gebet des ganzen iars** . . . . . Jetzt fleissig nachgetruckt. Dilingen durch Sebaldum Meyer. Nachdruck von Nr. 39 S. 40 im I. Bande.
15. 1572. **Teutsche Euägelische Messen, Lobgesenge, vnd Kirchen Gebete**, sampt den Euangelien vnnd Episteln, so in der Algemeinen Christlichen Kirchen auff alle Sontage vnd Festage durchs gantze Jar gehalten, gesungen, vnd gelesen werden. Jetzt newlich wie niemaln zuuor erstlich am tag geben. Alles zu erbawung vnd erhaltung u. s. w. Zusamenbracht durch Rutgerum Edingium zu Cölln durch Maternum Cholinum. K. 8.

Inhalt: 15 Blätter mit Kalendarium und Notizen dazu. Dedication: Dem Wirdigen vnd Hochgelehrten Herren Henrichen von Rosswick, der Rechten Doctorn, meinem grosgünstigem vielgeliebten Herren vnd Freunde (7 Seiten); Vorrede. An den Christlichen Leser (14 + 3 Seiten), sodann 496 pag. Seiten mit Uebersetzungen lat. Hymnen ohne Melodien. Exemplar auf der Königl. Bibliothek in Berlin.

16. 1572. **Das ander Theil der Kirchisch Messen vnd Vespergesenge** auff alle fürnemliche Festage der Heiligen Gottes, durchs gantze Jhar. Getruckt zu Cölln durch Maternum Cholinum. K. 8. Mit R. K. M. Privilegio.

In der Vorrede (27 Seiten), welche von der Verehrung und Anrufung der Heiligen handelt, wird dieses Buch als der zweite Theil des vorigen bezeichnet. Es folgen 224 Seiten mit Uebersetzungen von Hymnen (ohne Melodien). Leisentrit hat eine ganze Anzahl für die dritte Auflage seines Gesangbuches benutzt, wie an Ort und Stelle angegeben ist. Exemplar auf der königl. Bibliothek in Berlin.

17. 1581. **Das Prager Gesangbuch von Hecyrus.** Siehe Beschreibung. S. 49.
18. 1581. **Passion, oder Das aller heyligist bitter leiden vnd sterben Jhesu Christi**, vnsers einigen Erlösers vnd Seligmachers, auß den vier Hey: Euangelisten genomen, vnd Reymen weyß, in ein Catholisch Creutzgesang gemacht worden. Zuuor inn Truck nye außgangen, vnnd inn bey getruckter Melodey, gar andechtig zusingen Durch einen Catholischen Priestern, ɾc. Anno Johan Dominij. 1581. Haym. K. 4. Beschrieben bei Wackernagel, Kirchenlied I, S. 519 ff. Königl. Bibliothek in Berlin.
19. 1583. **Kirchische Messen vnd Vespergesenge** u. s. w. Zweite Auflage von 1572. Beschrieben bei Wackernagel, Kirchenlied I, S. 526. Vergl. Bibliographie im I. Bd. Nr. 67. Königl. Bibliothek in Berlin.
20. 1584. **Christenliche Catholische Creutzgesang**, vom Vatter vnser vnnd Aue Maria, von denn zwölff stucken deß Apostolischen Glaubens ɾc. Durch einen Catholischen Priestern ɾc. wann man mit dem Creutz gehet, wie auch inn der Kirchen zu singen. Anno 1584. Johann Haym. 6 Blätter in 6. Beschrieben bei Wackernagel I. S. 533. Königl. Bibliothek in Berlin.
21. 1584. **Drey Gaystliche vnd Catholische Lobgesang**, Christo vnserm einigen Seligmacher, vnd Mariae allgemainer Christenhait fürbitterin ɾc. Año Domini 1584. Johañ Haym. 6. Beschrieben bei Wackernagel I, S. 533. Königliche Bibliothek in Berlin.

22. 1586. **Catholisch Gesangbüchlein** bey dem Catechismo u. s. w. Jnßprugg bei Hans Paur 1586; mit 62 Liedern; bei Koch, Gesch. des Kl. 3. Aufl. II, 438. Siehe 1588.

23. 1588. **Catholisch Gesangbüchlein**, bey dem Catechismo, auch fürnembsten Festen des Jars, vnt inn den Processionen oder Wallfahrten zu gebrauchen. Der Jugent vnt allen liebhabern Catholischer Religion zu gutem in disse ordnung zusamen gebracht. Lehret vnd vermanet einander mit Psalmen, lob vnd Geistlichen gesängen, singet vnt lobsinget dem Herrn in ewrem Hertzen. Eph. 5. Coloss. 3. Mit Röm. Kay. May. Freyheit. Zu Jnßprugg Truckts Hans Paur. 16. Beschrieben bei Wackernagel I, 551. Hofbibliothek in Wien.

24. 1589. **Ein schönes Christliches vnnd Catholischs Gesangbüchlein**, für die gemeynen Leyen: Auff die fürneümbsten Fest im gantzen Jar. Gedruckt zu Dilingen, durch Johann Mayer. 16. 45 Lieder, darunter 24 mit Melodien. Mir stand das Exemplar des Herrn Prof. Dr. Crecelius in Elberfeld zur Verfügung.

25. 1590. **Schöne Christenliche Catholisch Weinnächt oder Kindtleß wiegen Gesang**, 2c. Allen Gott liebendten Christen, die sich in Christo Jesu, ihrem Hayland, dem New gebornen Christ Kindlein zu erfrewen begehren, wie man es zu Weinnächt zeytten zu Augspurg, in vnser lieben Frawen Thumbstifft, järlich zu singen pflegt. Vnnd dann Göttlicher, Hayligsten Triefaltigkait, Lobwürtigen, Christlichen Brüderschafft zum Hayligenberg Andex, Newlicher Jaren, in vnser lieben Frawen Thumbstifft Augspurg auff gericht, Wie auch allen frommen Catholischen Christen, zu nutz vnnd gutem, Sampt etlichen Lettaneyen von den lieben Hayligen Gottes, in den Truck geben worden Durch Johannem Haymen von Themar, Thumbvicarier vnnd Priestern Hoherstifft Augspurg. K. 4. Am Schluß: Gedruckt zu Augspurg, bey Josiam Wöhrly 2c. Anno 1590. Jar. Beschrieben bei Wackernagel, Kirchenlied I, 562 ff. Königl. Bibliothek in Berlin.

26. 1590. **Ansinglieder**. So von alters her, von der Jugent zu vnterschiedlichen Zeiten vnd Fest Tägen im Jar, vor den Heusern gesungen worden, vnd noch zu singen pflegen. Am Schluß: Gedruckt zu Straubing, bey Andre Sommer. 8. Ohne Melodien. Beschrieben bei Wackernagel, Kirchenlied I, 563. Königl. Bibliothek in München. Angebunden in dem von mir benutzten Exemplare der genannten Bibliothek war das folgende:

27. 1590. **Siben Schöne, Geistliche KyrchenGesäng**, für die Christliche Gemein, in den Druck verfertiget, zu singen, in ihren gewöhnlichen Melodeyen. Am Schluß: Gedruckt zu Straubing, Bey Andre Summer. 8. Ohne Melodien. Beschrieben bei Wackernagel, Kirchenlied I, 564. Königl. Bibliothek in München.

28. 1594. **Catholisch Kirchengeseng**, für die Christliche Catholische Jugent, vnd andere, besonders bey dem Catechismo, an Sonn vnd Feyertagen auch sonst durch das gantze jar nützlich zu gebrauchen. 12. Jngolstatt. 1594. E. Weller, Annalen der Poet. Nat. Lit. Freiburg 1862. II, S. 59.

29. 1597. **Münchener katholisches Gesangbüchlein**. (Titel un-

vollſtändig.) qu. 16. Beſchrieben bei Wackernagel I, 614. Stadtbibliothek zu Ulm.
30. 1599. Schöner Catholiſcher Ruff Von unſer lieben Frawen, vnd
vralten Capellen zu alten Oettingen. Auch Außzug deß außerleſnen
Büchleins D. Martini Eyſengreins u. ſ. w. Getruckt zu Ingolſtatt,
in der Ederiſchen Truckerey, durch Andream Angermayer. 8. Beſchrieben bei Wackernagel I. 813. Königl. Bibliothek in Berlin.
31. 1600. Catholiſch Geſangbüchlein, in fünff unterſchidliche Theil
abgetheilt bey dem Catechismo, auch fürnemmen Feſten, in Proceſſionen, Creutzgängen vnd Kirchenfärten auß befelch für das Biſtum
Coſtantz zu brauchen. Sampt zweier Letaneyen vom Zarten Fron-
leichnam Chriſti, vnd ſeiner werten Mutter, item Pſalter Marie alles
in Geſangsweyß geſtelt. Cum facultate Superiorum. Getruckt zu
Coſtantz am Bodenſee, bey Nicolas Kalt. 12. Königl. Bibliothek in
Berlin. Beſchrieben bei Wackernagel I, 622.
32. 1600. Schlobruch, Jac. Catholiſch Geſangbüchlein, mit einem Catechismo vnd Ordinario festorum. Paderborn. Matthaeus Pontanus.
12. Weller, Annalen der Poetiſchen National-Literatur II, 64.
33. 1602. Schöne Chriſtlich Catholiſche Kirchen-Creutzgeſeng
vnd Rüff. o. O. (Straubing). Notirt bei Böhme, Altdeutſches
Liederbuch S. 787.
34. 1602. Catholiſche Aduent vnd Weihenachten Geſäng. Paderborn. Matth. Pontanus. 12. Weller, Annalen der Poetiſchen
National-Literatur II, 64.
35. 1604. New außerleſene Lieblein... München 1604. Notirt bei
Böhme. a. a. O. S. 787.
36. 1604. Catholiſche Lieder, der Jugend zu lieb zuſammen getragen.
Meyntz. 12. Weller, Annalen der Poetiſchen National-Literatur
II, 66.
37. 1605. Hildesheimer Cantual (bei Böhme a. a. O. S. 787),
vergl. 1625. Mir ſcheinen dieſe Hildesheimer Cantuales nur Titel-
auflagen der Mainzer zu ſein.
38. 1607. Catholiſch Geſangbüchlein... Coſtantz. Straub. 12.
Neue Auflage von 1600.
39. 1607. Ein new Rueff-Büchlein, Von Etlichen ſonderbarn Catholiſchen Wahlfahrten-Geſängen, ſo Gott ſeiner lieben Mutter, vnd
dem heyligen Sacramenten deß Altars zu Ehren, gemacht, vnd füglich zum Preiß Gottes mögen geſungen werden. Wie nachfolgendes
Blatt zu erkennen geit. Zu Straubing, bei Andre Sommer. qu. 8.
Mit 5 Melodien. Herzogl. Bibliothek zu Wolfenbüttel. Beſchrieben
bei Wackernagel I, 644.
40. 1608. Catholiſche geiſtliche Geſänge vom Namen Jeſu. Cölln,
1608. Weller, Annalen der Poetiſchen National-Literatur II, 130.
41. 1609. Alte Catholiſche Geiſtliche Kirchengeſäng, auff die
fürnemſte Feſte, auch in Proceſſionen, Creutzgängen vnd Kirchenfärten: Bey der H. Meß, Pretig, in Häuſern, vnd auff dem Feldt
zu gebrauchen, ſehr nützlich, ſampt einem Catechiſmo. Durch gnetigen
Conſens deß Hochwürdigen Fürſten vnd Herrn, Herrn Dietherichen

Bischoffen deß Stiffts Paderborn, ꝛc. Außgangen. Gedruckt zu Paderborn, Bei Mattheo Pontano 1609. 16.

<small>6 Seiten Vorrede, sodann 315 pag. Seiten und 5 Seiten alphabetisches Register. Dann folgen 22 unpaginirte Blätter mit den Katechismusliedern. Das Buch enthält 133 Lieder mit 91 Melodien: aus Leisentrit 1567, dem Münchener Gesangbuch 1586, namentlich dem Mainzer Cantuale 1605. Bibliographisch und sachlich beschrieben von Dr. Nordhoff in Pfeiffers Germania 1873. S. 298—300. Exemplar auf der Paulinischen Bibliothek in Münster.</small>

42. 1609. **Andächtige geistliche Lieder**, in Kirchen vnd Schulen nützlich vnd lustig zu singen. Trier, Heinr. Bock. 12. Weller, Annalen der Poetischen National-Literatur II, 71.

43. 1611. **Psalterium Davidis cum canticis.** Psalter Davids sampt den Canticis. Lat. deutsch. Costantz 1611. Ohne Melodien.

44. 1613. **Catholisch Gesangbuechlein.** Auff die fürnembste Fest durchs gantze Jahr in der Kirchen: Auch bey den Processionen, Creutzgängen, Kirch- vnd Wallfahrten, nützlich zu gebrauchen. Sambt angehenkten Gebettlein, bey der heiligen Meß zu sprechen. Gedruckt zu München, bey Anna Bergin. Wittib. Im Jahr 1613. ll. 16. Exemplar auf der Königl. Bibliothek in München.

<small>Das Buch hat 194 Seiten mit Liedern (ohne Melodien). S. 195—220 Meß- und sonstige Gebete, dann 3 Seiten Register.</small>

45. 1613. **Die Psalmen des H. Propheten Dauids** ꝛc. Durch Casparum Vlenbergium. Gedruckt zu Cöln durch Arnold Quentel. 12. Eine durch die Cantica oder Lobgesänge des A. und N. Testaments vermehrte Auflage von 1582. Exemplar im Besitz des Gymnasialdirektors Dr. Hölscher in Recklinghausen.

46. 1613. **Alte Catholische Geistliche Kirchengesäng**, ꝛc. Gedruckt zu Cölln, Durch Arnold Quentel. 12. Pfarrbibliothek in Elberfeld. Vergl. Bibliographie im I. Bde. Nr. 82, 83, 93 und S. 70.

47. 1613. **Gesangbüchlein**, darinnen die alte vnd newe Catholische Christlieder so man im Advent vnd auff die H. Weyhenachten zu singen pflegt. Cölln, Peter Hennig. 12. Weller, Annalen der Poetischen National-Literatur II, 75.

48. 1613. **Catholisch Gesangbüchlein**, bey dem Catechismo u. s. w. Costantz. Straub. 8. 350 Seiten. 60 Lieder mit 54 Melodien. Neue Auflage von 1600 und 1607. Weller, Annalen der Poetischen National-Literatur II, 64.

49. 1613. **Paradeißvogel.** Das ist, Himmelische Lobgesang, vnd solche Betrachtungen, dardurch das Menschliche Hertz mit Macht erlustiget, von der Erden zum Paradeiß, vnd Himmelischen Frewden gelockt, erquickt, entzündt vnd verzuckt wirdt: Meistentheils auß den heiligen alten Vättern, mit sonderm Fleiß außerlesen, zusammgezogen, vnd auß dem Latein, allen frommen alten Teutschen zugefallen in vnser Sprach gebracht, durch Conradum Vetter, der Societet Jesu ꝛc. Zu Ingolstatt durch Andream Angermayer. ll. 8. Nur 3 Melodien. Universitätsbibliothek in Breslau. Bibliographie von E. Bohn. 1883. S. 105.

50. 1614. **Het Prieel Der Gheestelicker Melodiie.** Inhoutende veel schoone Leysenen, ende Gheestelijcke Liedekens van diuersche deuote materien, ende op de principale Hoochtyten des Jaers dienende.

Van nieuvvs ouersien ende verbetert in veel plaetsen. T'Hant-
vverpen Bÿ Hieronymus Verbuſſen. 8. Stadtbibliothek in Mainz.

Jeſuitengeſangbuch. Zählt auf 279 Seiten 137 Liedertexte, darunter 19 lateiniſche, 16 franzöſiſche und 102 vlämiſche mit 56 Melodien; viele von weltlichen Liedern.

51. 1615. **Unſerer lieben Frawen Klag** auß dem Lateiniſchen Planctu Beatae Mariae Virginis, ſo anfanget Stabat mater dolorosa, gezogen, vnd in der Weiß. Maria klag war alſo groß ꝛc. S. O. Ort und Jahr. Beſchrieben bei Wackernagel I, 817.

52. 1615. **Schöne Chriſtliche Creutz vnd Kirchen Geſänger**, So von Alters her, In Catholiſchen Kirchen vblich gebraucht vnd anjetzo auffs New, mit vilen Ruffen vermehrt vnd gebeſſert, wie im Regiſter zu ſehen. Gedruckt zu Straubing, bei Andre Sommer. Auff der Wag. qu. 8. Keine Melodien. Herzogl. Bibliothek zu Wolfenbüttel. Beſchrieben bei Wackernagel I, 704.

53. 1617. **Catholiſche Kirchengeſänge** ... Durch gnädigen Consens des Hochw. Fürſten vnd Herrn Herrn Dietherichen Biſchoffen des Stiffts Paderborn u. ſ. w. außgangen. Getruckt zu Paderborn durch Matthaeum Pontanum 1617. Neue vermehrte Auflage von 1609. Königl. Bibliothek in Berlin. Vgl. Wackernagel I, 705.

54. 1617. **Alte catholiſche geiſtliche Kirchengeſäng** auff die fürnemmſte Feſte, auch in Proceſſionen, Creutzgängen vnd Kirchenfährten: ꝛc., ſampt einem Catechismo. Aus Beuelch des Biſchoff Eberhart zu Speir. Cöln, durch Arnoldt Quentel. 12. Vgl. No. 46.

55. 1617. **Catholiſche Kirchengeſänge** auff alle Feſt des gantzen Jahrs, in Proceſſionen, Creutzgängen vnd Kirchfährten, bey der H. Meß, Predig, Begräbnuſſen, in Häuſern vnnd auff dem Feld zu gebrauchen ſehr nützlich. Mit zweyen Litaneyen, Sieben Bußpſalmen vnd mit viel ſchönen Geſängen von vnſer L. Frawen ꝛc. vermehrt. Durch gnädigen Consens des Hochwürdigen Fürſten vnd Herrn, Herrn Dietherichen, Biſchoffen des Stiffts Paderborn, ꝛc. außgangen. Getruckt zu Paderborn, durch Matthaeum Pontanum. Königliche Bibliothek in Berlin. Beſchrieben bei Wackernagel I, 708. Vgl. Nr. 41.

56. 1619. **Catholiſche Kirchen Geſäng**, auff die Fürnemſte Feſt des gantzen Jahrs wie mann dieſelb zu Cölln, vnnd anderſtwo, bey allen Chriſtlichen Catholiſchen Lehren pflegt zu ſingen. Auß den Alten approbirten Authoren der Chriſtlichen Kirchen, allen Pfarr Herren, alten Leuthen, vnd jungen Kindern zu gutem in dieſe Ordnung gebracht. Jetzo auffs new vberſehen, corrigirt vnd mit Noten vermehrt worden. 1 Ił S. Getruckt zu Cölln, Bey Peter von Brachel, vnter Gülden Wagen, Im Spiegelberg, 12. Mit Befreyung eines Erbarn Raths nicht nach zu Trucken.

Jeſuitengeſangbuch mit 126 Liedern, nur einige haben keine Melodien. Exemplar im Beſitze von Jh. Illize, diſch. Aſſeſſor in Heiligenſtadt.

57. 1619. **Catholiſch Cantual**, oder Kirchengeſäng darinnen viel Lateiniſche vnd teutſche, alte Catholiſche geſäng begriffen, welche man auff die fürnembſte Feſt deß gantzen jahrs, auch beim Ampt der H. Meß, Proceſſionen, vnd ſonſt, zu ſingen pflegt. Am Ende: Getruckt zu

Hildesheimb, durch Johan Blanckenberg. 8. 80 deutsche und 46 lateinische Lieder mit Melodien. Weller, Annalen der Poetischen National-Literatur II, 131. Vergl. 1605 und 1625.

58. 1621. **Himmel Glöcklein**, d. i. Catholische außerlesene geistliche Gesäng auff alle Zeit des Jahrs. Augspurg. Georg Willer. 12. Vergl. die Ausgaben 1627, 1666, 1667, 1685. Weller, Annalen der Poetischen National-Literatur II, 82.

59. 1621. Bell' Vedére oder Herbipolis **Wurtzgärtlein** oder **Würtzburger Lustgärtlein**, d. i. allerley Catholische Gesäng von Pfingsten biß zum Aduent. Würtzburg, Jos. Volmar. 8. Weller, Annalen der Poetischen National-Literatur II, 82.

60. 1622. **Geistlicher Triumphwagen**, Ignatio Loiolae Patriarchen vnd Stifftern der Societet Jesu. Auch dem Indianischen Aposteln Francisco Xaverio Beyden Canonizirten Heiligen. Ihren in Christlicher Kinderlehr Als besondern Magistris vnd Doctoribus Zu Lob vnnd Danck gesungen Von den Erlen vnd lieben Kindern Zu Cölln. Anno 1622. Getruckt zu Cölln, Bey Peter von Brachel, vnder Gülten Wagen, im Spiegelberg. 16. 11 Lieder mit Melodien. (Exemplar im Besitze des Herrn Gymnasialdirektors Dr. Hölscher in Recklinghausen.

61. 1622. **Vom Leben vnd Wunderzeichen der heyligen vnd würdigen Mutter Theresae von Jesu**, Stiffterin der Discalciaten Carmeliten. Zwey newe Lieder. Getruckt zu Cölln, Bey Peter von Brachel, vnter der gülden Wagen, im Spiegelberg. 16. 2 Lieder mit Melodien: „Last vns loben mit süssem thon" und „Nun last vns all frölich singen". Exemplar im Besitze des Herrn Gymnasialdirektors Dr. Hölscher in Recklinghausen.

62. 1623. **Außerlesene, Catholische, Geistliche Kirchengesäng** von Pfingsten, biß zum Aduent, ꝛc. Weinacht Lieder, ꝛc. Fastengesäng. ꝛc. Oster Jubel, ꝛc. Wallieder, ꝛc. Vnd Allerley durch das gantze Jahr zu singen. Getruckt zu Cölln, Bey Peter von Brachel, vnter gülden Wagen. 16. Exemplar im Besitze des Herrn Gymnasialdirektors Dr. Hölscher in Recklinghausen.
Scheint mir Jesuitengesangbuch zu sein. Es enthält 119 Liedertexte mit 93 Melodien.

63. 1623. **Christliche Catholische Gesäng** für das Ertzstifft Maynz täglich zu gebrauchen. Maynz, Leonh. Albin. 12. Weller, Annalen der Poetischen National-Literatur II, 85.

64. 1624. Vetter, Conr., **Paradeißvogel**, d. i. Himmelische Lobgesäng . . dardurch das menschliche Hertz mit Macht erlustiget ꝛc. Ingolstadt 1624. Kl. 8. 230 Seiten. Mit Melodien. Vergl. die Ausgabe von 1613.

65. 1624. **Catholische Kirchengesäng**. Dilingen, in der Mayrischen Druckerey bei Erhart Lochnern. 12. Hofbibliothek in Wien. Notirt bei Böhme a. a. O. S. 788.

66. 1625. **Catholische Kirchen Gesäng**, auff die Fürnembste Fest des gantzen Jahrs, wie man dieselbe zu Cölln, vnd anderstwo, bey allen Christlichen Catholischen Lehrern pflegt zu singen. Auß den Alten approbirten Authoren der Catholischen Christlichen Kirchen allen Pfarr-

herren, alten Leuten vnd jungen Kindern zu gutem verfaßt. Jetzo auffs new übersehen, so viel die Melodey als den Text belangend, corrigiert, mit new Gesängen vermehrt, vnd in ein bestendige Form gebracht. Gedruckt zu Cölln, Bey Peter von Brachel, vnter Gülden Wagen. Mit Befrehung eines Erbarn Raths nicht nachzudrucken. 12. Neue Auflage des Jesuitengesangbuches von 1619. Beschrieben bei Wackernagel I. 718.

67. 1625. **Catholisch Cantual**... Hildeßheimb. Joh. Blanckenberg. S. Exemplar im Besitz des Herrn Theodor Tilike, bischöfl. Assessor a. D. in Heiligenstadt.

    Das Cantuale (154 Seiten) enthält 129 Liedertexte mit 80 Melodien. Stimmt mit dem Mainzer Cantual von 1627 vollständig überein.

68. 1625. **Außerlesene Catholische geistliche Kirchengesänge.** Würtzburg, Jos. Volmar. 1625. 12. Weller, Annalen der Poetischen National-Literatur II, 86.

69. 1625. **Catholische Kirchengesänge vnd geistliche Lieder**, mit sondern Fleiß Zusammengetragen von newem, so durch das gantze Jahr auff alle H. Festtage, bey den Creutzgängen vnd Zu andern Zeiten, sehr nützlich zu gebrauchen. Gedruckt zur Neyß bey Johann Schubart. Kl. 8. Universitätsbibliothek in Breslau. Kat. Bohn 209.

70. 1627. **Catholisch Gsang Büchlein**, bey dem Catechismo, Processionen vnd andern Orten gantz nutzlich zu gebrauchen. Von newem vbersehen, vnd mit vilen schönen Gesängen vermehrt vnd gebessert. Sampt dem Catechismo Petri Canisii der H. Schrifft Doctor, gar artlich in Reymenweiß gestellt. Gedruckt zu Costantz am Bodensee, bey Leonhart Straub. Typog. Ord. 12. 330 Seiten mit 57 Gesängen. Weller, Annalen der Poetischen National-Literatur II, 64. Vergl. die Ausgaben von 1600, 1607, 1613.

71. 1627. **Himmelglöcklein**, Das ist Catholische, Außerlesene Geistliche Gesäng u. s. w. Gedruckt zu Dillingen in der Academischen Truckerey, bey Jacob Sermodi. 12. 125 Lieder ohne Melodien, vergl. die Ausgabe 1621. Weller, Annalen der Poetischen National-Literatur II, S. 82.

72. 1628. **Alt vnd Newe Geistliche, Catholische, Außerlesene Gesäng**, auff Sonn- vnd fürnehme Festtäg deß gantzen Jahrs, Processionen, Creutzgängen vnd Wallfahrten, bey der Heiligen Meß, Predig, Kinderlehr, in Häusern vnd auff dem Feld sehr nützlich vnd andächtig zu gebrauchen. Auß sonderm Befelch deß Hochwürdigen Fürsten vnd Herrn, Herrn Philippi Adolphi Bischoffen zu Wirtzburg, vnd Hertzogen in Francken, 2c. Sampt einem General-Baß zu der Orgel niemals zuvor in Truck außgangen. Gedruckt in der Fürstlichen Hauptstat Wirtzburg, bey Anna Maria Volmarin, Wittib. 12.

    Das Büchlein, welches auf der Paulinischen Bibliothek in Münster sich verfindet, hat 488 pag. Seiten. Eine Vorrede von Philipp Adolf auf 5 Seiten, sodann 16 Seiten des Inhaltsverzeichnisses. Am Schluß ein Verzeichniß der Walllieder auf 3 Seiten und ein alphabetisches Register, 8 Seiten stark. Es enthält 203 Liedertexte mit 135 Melodien. Die letzteren stehen hier über dem Texte, nicht wie in der Ausgabe von 1649 für sich allein, am Schluß des Textes. Ueber die letztere Ausgabe, vergl. I. Bd. S. 80.

73. **Harmony**, Von vielerley lieblich zusammen-
    ... Leid-, Trost- vnd Klagvöglein, das ist, New

Mayntzisch Gesangbuch, darinn die außerlesenste, theils alte theils newe Catholische Kirchengesäng, mit sonderem fleiß in ein Ordnung gezogen, vnd sampt dem Basso generali ad Organum, auff alle vnd jede Gesang, in Truck verfertigt. Aus sonderm Befelch, deß Hochwürdigsten in Gott Fürsten vnd Herrn, Herrn Georgii Friderici, Ertzbischoffen zu Mayntz, Bischoffen zu Wormbs. . . . Cum Priuil. Princip. Mogunt. et permissu Superiorum. Getruckt zu Meytnz bei Anthonio Strohedern. Anno 1628. 12.

<small>Das Buch zählt 723 Seiten mit 232 Liedern u. 159 Melodien. 2 Seiten Vorrede mit 12 Seiten Register. Es stützt sich auf die in Cöln, Speier, Würzburg erschienenen Gesangbücher. Der erste Theil, der die Weihnachtslieder enthält, hat den Titel: „Lieblich singende Nachtigal", der zweite mit den Fastenliedern: „Hertzlich klagende Turteltaub", der dritte mit den Osterliedern: „Vnsterblicher Phoenix", der vierte mit den Marienliedern: „Schneeweisser Jungfräulicher Schwan", der fünfte mit den Heiligenliedern: „Vnmüssiges Zuckerliebliches Canari Bögelein", der sechste mit diversen Liedern: „Paradeiß-Vogel". Exemplar auf der Universitätsbibliothek in Breslau. Kat. Bohn, S. 209.</small>

74. 1628. **Catholische Kirchen-Gesäng** auff die fürnembste Fest des gantzen Jahres, wie man dieselbe zu Cölln bey allen christlichen catholischen Lehren pflegt zu singen. Cölln 1628. 12. Vergl. die Ausgabe von 1619.

75. 1631. **Alte vnd neue christliche catholische auserlesene Gesäng**. Würzburg. 12. Weller, Annalen der Poetischen National-Literatur II, S. 132. Ist das Würzburger Gesangbuch. Vergl. No. 72.

76. 1631. **Catholische Kirchengesäng** u. s. w. Cölln bey Peter von Brachel. 12. Neue Auflage von 1619, 1625 u. s. w. Königl. Bibliothek in München. Notirt bei Böhme, a. a. O. S. 788.

77. 1637. **Convivium Marianum**, Freudenfest des Himmlischen Frawenzimmers, mit zwölff newen Gesänglein geziert, vnd in truck verfertiget. Getruckt zu München, Bey Niclas Hainrich. 8. Von Jos. Khuen mit Notenbeilage. Weller, Annalen der Poetischen National-Literatur II, S. 132.

78. 1638. **Het Paradys der Geestelijcke en Kerckelijcke Lof-Sangen**. Op te principaelste Feest-tagen des gheheelen Jaers. Geplant door Salomonem Theodotum. Licentiaet en der H. Godtheyt. Den vierden Druck, verbeetert ende vermeedert. T'Antwerpen, by Hendrick Aertsens 1638. 12. Erste Auflage erschien T'shertogenbosch, by Jansz. Scheffer 1621. (Vergl. Goovaerts, A., Histoire et Bibliographie de la Typographie musicale dans les Pays-Bas. Anvers 1880 S. 331.) Exemplar im Besitze des Herrn Prof. Dr. Crecelius in Elberfeld.

<small>Das Buch hat 745 Seiten und 7 Seiten Index, 272 Liedertexte, darunter 53 lateinische, mit 117 Melodien. Am Schluß ein Appendix von 48 Seiten nur mit Liedertexten. Das Interessante an diesem Buche ist, daß 51 Melodien meist vlaemischer (resp. deutscher) aber auch französischer und italienischer Volkslieder geistlichen Liedern angepaßt sind.</small>

79. 1640. **Cor contritum et humiliatum**, Engelsfrewd oder Bußseufftzer 12 zerknirschter vnd gedemütigter Hertzen, auff 6 Chör angestimbt. München. 16. Von J. Khuen. 12 Gesänge mit Melodien.

80. 1640. Jubel- oder Lobgesäng: Denen Heyligen vnd Seeligen der Societet Jesu, welche die Erste Hundert Jahr dieses Ordens in der Kirchen Gottes geleuchtet. In Celebrirung gemeldter Societet Jubel-Fests von der Hochlöblichen Sodalitet B. V. Annunciatae, bey obgenendter Societet zur Neyß, auß schuldiger Ehrerbittung vnd Danckbarkeit Dedicirt. Gedruckt zur Neyß, bei Joan: Schubart. 12. Mit 20 Melodien. Weller, Annalen der Poetischen National-Literatur II, S. 570.

81. 1642. Psalteriolum Harmonicum Sacrarum Cantilenarum, per celebriora currentis anni festa quatuor vocibus, et Basso, si placet, etiam ad Organum accommodato ad excitandam populi deuotionem simplicibus modulis concinnatum; ac praesertim Sodalitatum, Catechismorum & Gymnasiorum vsui destinatum

Coloniae Agrippinae Apud Petrum Greuenbruch. quer 8. Jesuitengesangbuch. Enthält 37 lateinische und 80 deutsche Lieder in 90 vierstimmigen Sätzen. Bibliothek des Collegium Ludgerianum in Münster.

82. 1644. Psalter des H. Propheten Davids unter allerley Melodeyen in Teutsche Gesang-Reymen gebracht. Durch Casp. Ulenbergium. Mit sampt ersetzten und verbesserten Noten auch uralten bewehrten Lob- und Kirchen Gesängen deß Alten und Newen Testaments. Gedruckt zu Cölln, aedibus sive officina Quenteliana. 12. Mit Melodien. Vermehrte Auflage des Psalters von C. Ulenberg. Siehe No. 45.

83. 1644. Epithalamium Marianum. Joh. Khuen. München. Andere Ausgabe von 1638. Vgl. I. Bd., No. 121 und die Ausgabe von 1659.

84. 1644. Himmelische Harmoney, Oder Außerlesene Catholische Gesänger, Welche zu höchster Ehre Gottes, seiner gebenedeyten Mutter, auch der lieben Heiligen, mit fleiß zusammengetragen, vnd von einer löblichen Bruderschafft lediges Standts Manns Personen, vnter dem Titel vnser lieben Frawen Auffopferung. So zu Grätz in dem Ertzhertzoglichen Collegio der Societet Jesu Anno 1643 auffgericht, vnnd in dem Truck verfertiget ꝛc. Gedruckt zu Grätz, bey Ernst Widmannstetters sel. Erben. 8. 63 Lieder mit Melodien. Universitätsbibliothek in Wien. Beschrieben Wackernagel I, S. 735.

85. 1647. (Balde, J.) Ehrenpreis der allerseel. Jungfrawen vnd Mutter Gottes Mariae. Auff einer schlechten Harpffe ihres unwürdigen Dieners gestimbt vnd gesungen. München 1647. 16. Viele Muttergotteslieder mit einer Melodie.

86. 1649. Spee's Trutznachtigall und Güldenes Tugendbuch. Siehe Beschreibung.

87. 1651. Munera , Hirten-Ambt, Vnd anweisung der

Geistlichen Schäfferey Getrewlich vorzustehen. Wie zu diesem ende
der Sohn Davids, der König der Juden, vnd Priester nach der Ordnung Melchisedech in allerhand occasionen. genugsame Proben
hinterlassen ic. Cum facultate Superiorum. Getruckt bey Lucas
Straub. In Verlegung Johann Wagner Buchhandlers in München.
8. Exemplar im Besitze des Herrn Pfarrers Georg Westermayer
in Feldkirchen (Bayern).

<small>Das Buch, welches Dichtungen von Joannes Khuen sac. enthält, hat
462 Seiten Text, sodann 24 Seiten mit 10 zweistimmigen Liedern und einem
dreistimmigen.</small>

88. 1655. Gaudia pastorum, Schäffer-Frewd oder Triumph der
geistlichen Schäfferey, von vielerley newen Gesänglein. München.
16. Von J. Khuen. Enthält 12 Melodien.

89. 1655. Newe vnd Alte auserlesene sehr anmüttige Catholische Kirchen Lieder, durch das ganze Jahr gebräuchig. Prag,
in der Academischen Druckerey. 8. Pragae Typis Academicis.
Das Exemplar besorgte mir Herr Prof. Dr. Julius Schaeffer in
Breslau aus der Bibliothek des Akademischen Kircheninstituts daselbst. Kat. Bohn, S. 213.

<small>In der Vorrede steht, daß es von nöthen gewesen, dieses Gesangbüch-
lein wiederum in Truck vorzustellen. Es existirt also eine frühere Ausgabe. Die vorliegende enthält auf 333 Seiten 115 deutsche und lateinische
Lieder mit 97 Melodien.</small>

90. 1657. Heilige Seelenlust von Angelus Silesius. Siehe Beschreibung. S. 52.

91. 1659. Catholische Außerlesene, Alt vnd Newe Gesäng, Auff Sonn-
vnd fürneme Festtäge deß gantzen Jahrs, bey den Processionen, Wallfahrten, vnd H. Meß, Predig, Kinderlehr vnd anderswo, sehr nutzlich vnd andächtig zu gebrauchen. Auß sonderem Befelch deß Hochwürdigsten, Durchleuchtigsten Fürsten vnd Herrn, Herrn Frantzen,
Bischoffen zu Verdun, Hertzogen zu Lotharingen, Barr, Geldern vnd
Calabrien &c. Marggraven zu Mussipont &c. deß H. Röm. Reichs
Fürsten, der Chur: Ertz: Primat: vnd Ertzstifftern Cöllen, Magdeburg vnd Straßburg respective Dumb-Probsten, Dechant vnd
Statthaltern Generalen &c. Mit dem Discant vnd Generalpaß
zu der Orgel. Molßheim. Bey Caspar Rößler. 12. Herr Joh.
Ev. Habert, Organist in Gmunden am Traunsee stellte mir sein
Exemplar zur Verfügung.

<small>Das Buch enthält 206 Liedertexte mit 140 Melodien und stützt sich haupt-
sächlich auf die Würzburger Gesangbücher von 1628 und 1649.</small>

Zu No. 120 der Bibliographie im ersten Bande:

92. 1659. Marianum Epithalamium, Tafel-Music, Ehren-Mahl-
zeit, Lust-Garten, vnd Bluemen-Feld, ic. Dem Bräutigamb der Seelen
Jesu Christo Der Jungfräwliche Mutter Gottes Mariae. Der
hochgebenedeyten Anfraw deß Sohns Gottes Annae. Dann auch
dero gantzen Himmelischen Frawen-Zimmer. auß hundert geistlichen
Gesänglein zusamb geschrieben, mit lieblich, newen Melodeyen geziert,
vnd zum fünfften mahl in Truck verfertiget worden. Permissu
Superiorum. München, durch Johann Jäcklin. 12. Exemplar im
Besitze des Pfarrers G. Westermayer in Feldkirchen (Bayern).

<small>Das Buch von Joannes Kuen Sacellanus, Monachii 1635 verfaßt,
zählt 469 Seiten mit gereimten Poesien, von denen manche in die späteren</small>

Gesangbücher namentlich in Corners Nachtigall übergingen. Am Schluß finden sich 36 Melodien, die den verschiedensten Texten angepaßt werden können.

93. 1659. **Harpffen Davids.** Siehe Beschreibung. S. 54.
94. 1660. **Spee, F., Trutznachtigall oder geistlich-poetisch Lustwäldlein.** Cöllen 1660. Siehe No. 86.
95. 1660. **Hertzen-Frewd vnd Seelen-Trost.** Das ist: Himmelische Betrachtungen vnd solche Lobgesänger, dardurch die Gottliebende Seelen vnd andächtige Hertzen erlustiget . . . . . Gantz new gestellet vnd Componirt. Durch Fr. Procopium Capuccinern . . . . Prediger zu Passaw. Vnd durch P. F. Berengerum Benedictiner Ordens zu Formbach Profeß mit den Meloteyen begabet. Der Erste Theil. Gedruckt zu Passaw bey Georgio Höller. 8. 241 Gesänge mit Melodien. Der andere Theil mit Melodien vom Capuciner Fr. Albinus. Passaw bey Georgio Höller. 1661. 8. Weller, Annalen der Poetischen National-Literatur II, S. 105.
96. 1663. **Geistlicher Paradeiß Vogel der Catholischen Deutschen.** Daß ist: Außerlößene Catholische Gesänge, auß gar vielen Alt vnd Newen Catholischen Gesangbüchern, auff alle Zeiten deß gantzen Jahrs, zu Hauß, in Kirchen, bey den Processionen vnd Wallfahrten nützlich zu gebrauchen. Cum licentia Superiorum. Drucks in Neyß. Ignatius Schubert. 8. Exemplar auf der Universitätsbibliothek in Breslau. Katalog von Bohn. S. 214.
    Das Buch zählt 454 Seiten und 2 Register mit 12 Seiten, es enthält 250 Lieder, davon nur 16 mit Melodien. Spätere Ausgaben 1675, 1680.
97. 1664. **Manier vnd Weise, Gottseliglich zu sterben Oder Sterbe-Kunst** u. s. w. durch R. P. Bernardum Joannem Rose Abbten und Herrn zu Grüssaw. Permissu Superiorum. Breßlaw, druckts Johann Christoph Jacob, Baumannischer Factor. 8. Exemplar im Besitze des Herrn Dechanten Gabler in Neuhofen, Oberösterreich.
    188 Seiten und 3 Seiten Register; 3 Lieder mit Melodien.
98. 1664. **Keusche Meerfräwlein, Oder Geistliche Gesäng, Christo Jesu Vnserm Seligmacher: Mariae Seiner gebenedeyten Mutter zu Ehren,** auß Latein ins Teutsch übersetzt. Gedruckt zu Würtzburg bey Hiob Hertzen. Exemplar im Besitze des Pfarrers Stammler in Bern in der Schweiz.
    168 Seiten und 3 Seiten Register. Es enthält 35 Liedertexte, darunter 33 mit Melodien, welche fast alle in die Gesangbücher aus dem letzten Viertel des 17. Jahrhunderts übergingen. Die lateinische Originalausgabe besitze ich in einer späteren Auflage v. J. 1677, Sirenes Partheniae etc.
99. 1666. **Catholische Geistliche Nachtigal.** Aus unterschiedenem von der Römischen Catholischen Kirchen Approbirten Gesangbüchern gezogen, und auff unterschiedene Zeiten und Fest Tage des Jahrs, Neben einem Register ordentlichen ausgetheilet. Ein jedes mit seinen Noten und Melodey. Bey dem Ampt der Heiligen Meß, offentlichen Processionibus, Kinderlehren und andern Gott gefälligen Vbungen, nützlichen zu gebrauchen. Erffurdt, in Verlegung Johann Schäffern, Buchbindern in der Pergamentergassen. 12.
    Auf der Rückseite des Titelblattes ein Wappen, sodann Dedication an Herrn Johann Philipp Ertz-Bischoffen des heiligen Stuels zu Mäyntz etc. unterzeichnet Caspar Melchior Haaß (5 Seiten), sodann Ertheilung des Privilegiums auf 6 Jahre von Johann Philipp (5 Seiten). Vorrede an den Leser

IV. Bibliographie.

(7 Seiten', Inhaltsanzeige und Kalender (5 Seiten , darauf 534 pag. Seiten und 13 Seiten alphabetisches Register. Das Buch enthält 227 Lieder, darunter 30 mit lateinischem Text und 185 Melodien, von denen manche sich wiederholen. Viele sind dem französischen Psalter von Marot und Beza entnommen. Bibliothek des Akad. Kircheninstituts in Breslau.

100. 1666. **Geistliches Psälterlein.** P. P. Soc. Jesu. Ed. XV. Cölln. 12.

101. 1666. **Himmel-Glöcklein**: Das ist Catholische, außerlesene, Geistliche Gesänger u. f. w. Gedruckt zu München, bey Wilhelm Schell. 24. Vergl. 1621 und 1627. Weller, Annalen der Poetischen National-Literatur II, S. 82.

102. 1666. **Oesterreichisch Kriegs-Heers geistliche Felt-Posaun.** Das ist Außerlesene schöne Gebetter vnd Gesänge allerley Standt-Persohn. Besonderheit aber denen Kriegs-Leuthen sehr nützlich zu gebrauchen. Gedruckt zu Prag, in der Academischen Druckerey. S. Weller, Annalen der Poetischen National-Literatur II, S. 136.

103. 1667. **Himmel-Glöcklein u. f. w.** Gedruckt zu Dillingen. 12. Vergl. 1621, 1627, 1666. Weller, Annalen der Poetischen National-Literatur II, S. 52.

104. 1668. **Heilige Seelenlust** von Angelus Silesius. Siehe Beschreibung. S. 52.

105. 1668. **Eißfeldisches Gesangbuch.** Erste Auflage des Gesangbuches von 1690.

106. 1668. **Keusches Meerfräulein**, oder Geistliche Gesäng. Molßheim. 12. Vergl. die Ausgabe 1664. Weller, Annalen der Poetischen National-Literatur II, S. 111.

107. 1668. **Seiler, Joach.**, Geistliches wollklingendes Cymbalin. Costanz. Straub. 1668. Weller, Annalen der Poetischen National-Literatur II, S. 111.

108. 1669. **Harpffen Davids.** Siehe Beschreibung. S. 54.

109. 1670. **Bamberger Gesangbuch...** anjetzo vermehrt. Bamberg in verlegung Johann Eliae Höffling. 1670. Notirt bei Böhme. a. a. O. S. 789.

110. 1671. **Christ-Catholisches Gesangbuch** auff alle Sonn- und Festtage ꝛc. Neuhaus bei Paderborn. J. Wolf, Kurze Geschichte des Kirchengesangs im Eichsfelde 1815, hat dasselbe benutzt.

111. 1671. **Gesangbüchlein** mit einer Litaney der heiligen Patronen des Eichsfelds. Duderstadt, notirt bei Wolf 1815, a. a. O. S. 69.

112. 1671. **Nord-Sterns Führers zur Seeligkeit.** Kräfftige Wirkung nechst dem Gebett Psalliren. Das ist Psalterbuch zum gebrauch der Teutschen Nation und in sonderheit der Nordländeren: Außerlesen und zusammengetragen mit sonderbarem Fleiß Auß unterschiedlichen, mehrern theils alten, üblichsten, und bewehrtesten Büchern. Vnt in eine bequeme Ordnung gebracht. In fünff Theil, Wie folgendes Register außweiset. Cum facultate Superiorum. 12. Exemplare befinden sich in Münster auf der Paulinischen Bibliothek und auf der Bibliothek des Collegium Ludgerianum

(mehrere Expire.). Das von mir benutzte Exemplar gehört der Pfarrbibliothek der katholischen Kirche in Hamburg, aus welcher es mir Herr Pfarrer Esseling in Brochterbeck (Westfalen) besorgte.

Zunächst 21 Seiten Register, sodann 306 Seiten mit 194 Liedertexten und 161 Melodien. Wie im Würzburger Gesangbuch 1649 stehen auch hier Noten und Text nicht zusammen, sondern getrennt von einander. Das Buch enthält zunächst einen Kern alter Lieder aus den älteren Jesuitengesangbüchern gezogen, sodann viele Texte und Melodien aus der Trutznachtigal, den Harpffen Davids, den Würzburger Evangelien, dem Mainzer Psalter, Keusche Meerfräwlein ꝛc.

113. 1672—1677. **Pia Desideria R. P. Herman: Hugon: S. J.** Anjetzo aber Auff begehren vieler Gelehrten in lustige Teutsche Poësin übersetzet, und mit neuen Kupfferstichen, annehmlichen Melodeyen. Außlegung unbekanter Wörter und Historien gezieret. Durch Mag. Andream Presson von Statt Volckach Würtzburger Bistumbs Jur: Candid: Hochfürstl: Bamberg: Cantzley Syndico und Malefitz-Scr: Not: Caes: Publ: Editio Prima. Bamberg. 3 Bde. 12.

Der erste Band „das Klagen der büssenden Seel" enthält 16 vierstimmige Lieder; der zweite „das Verlangen der Heiligen Seel" 15 dreistimmige Lieder; der dritte „das Seufftzen der verliebten Seel" 15 dreistimmige Lieder. Ohne Bedeutung für den Kirchengesang.

114. 1674. **Außerlesene, Catholische Geistliche Kirchen-Gesäng**, so man bey den Processionen vnd Christlicher Kinder-Lehr im Stifft Münster zu singen pflegt. Zum Glückseligen Newen Jahr, jetzo auffs new vbersehen, mit vielen außerlesenen Gesängen vermehret gebessert, vnd in ein bessere Ordnung gebracht. Gedruckt zu Münster. Bey Dietherich Raeßfeldt. 12. Mehrere Exemplare, auch frühere Auflagen (ohne Titelblatt) in der Bibliothek des Collegium Ludgerianum in Münster.

Das Buch hat auf 162 Seiten 94 Lieder mit nur 17 Melodien. Vorrede dieselbe wie im Cölner Gsb. (Brachel) 1623.

115. 1675. **Geistlicher Paradeißvogel der Catholischen Deutschen.** Daß ist Außerlößene Catholische Gesänge, auß gar vielen Alt vnd Newen Catholischen Gesangbüchern, auff alle Zeiten deß gantzen Jahrs, zu Hauß, in Kirchen, bey den Processionen vnd Wallfahrten nutzlich zu gebrauchen. Cum licentia Superiorum. Druckts in Neyß, Ignatius Schubart. S. Vergl. No. 100 und 143 ter Bibliographie im I. u. No. 96 in diesem Bande. Universitätsbibliothek in Breslau. Bibliographie von E. Bohn. 1883. S. 216.

116. 1675. **Catholisches Manual**; Begreiffend ein Vollständigs in dem Frey. Kayserl. Hoch Fürstlichen Stifft Corvey übliches Gesangbuch. Mit 400 Gesängen ꝛc. Hannover gedruckt und verlegt von Wolffgang Schwentiman. Hoff. Buchdr. Cum Approbatione Superior. & Privilegio spec. Sac. Caes. Majest. et suae Seren. Duc. Bruns. & Lun. 8. Herzogliche Bibliothek in Wolfenbüttel. Beschrieben bei Wackernagel I. 744.

117. 1676. **Geistliche Nachtigal der Catholischen Teutschen**, das ist Außerlesene Catholische Gesänge, auß gar vielen Alt und Neuen Catholisch Gesangbüchern in ein gute und richtige Ordnung zusammengetragen, auch theils von Neuem gestellet durch D. H. David Gregorium Cornerum. der H. Schrifft Doctorn. Abbten zu

Göttweig. Benedictiner-Ordens, Röm. Kaiserl. Majstätt Rath. Gedruckt und Verlegt durch Johann Jacob Kürner. In Wienn Anno 1676. Cum Priv. Sac. Caes. Mai. M. 8. Das von mir benutzte Exemplar gehört Herrn Jos. Ev. Habert in Gmunden am Traunsee.

> Auszug aus dem größeren Gesangbuch von Corner, frühere Auflagen 1631, 1649, 1658, 1671, 1674. Die Vorrede (10 Seiten) ist dieselbe wie die im großen Gesangbuche von Corner. 605 pag. Seiten mit einem alphabet. Register am Schlusse (10 Seiten). Das Buch enthält 318 (mit den Uebersetzungen aus dem Lateinischen 363) Lieder und 281 Melodien.

118. 1677. Sirenes Partheniae, sive Hymni Filio Virginis, Christo Jesu, Matri Virgini Mariae, Sacri: Quarto jam praelo emendatiores, auctores, insuper vernaculâ donati. Cum permissu Superiorum. Herbipoli, Excudebat Jobus Hertz. 16. Exemplar auf der Bibliothek des Minoriten-Convents in Würzburg.

> Zunächst 4 Seiten Dedication von den Mitgliedern der akademischen Marianischen Sodalität (Sodales Mariani) an ihren Präfecten, den Scholastiker Johann Richard von Frankenstein gerichtet, sodann 136 Seiten mit 35 lateinischen Liedern und 34 Melodien. Wann die erste Ausgabe erschienen, vermögen wir nicht zu sagen. Im Jahre 1664 erschien bereits eine Uebersetzung unter dem Titel „Keusche Meerfräwlein".

119. 1680. Geistlicher Paradeiß Vogel..... Aufs neue Aufgelegt und an vielen Orten verbessert herausgegeben. 8. Vergl. 1675. Universitätsbibliothek in Breslau. Bibliographie von E. Bohn. 1883. S. 216.

120. 1682. Marianische Kirchfahrt, Zu dem Uralten Gnaden-Bilt Mariae von Dörnern... Darinnen Vielerley Gesänger von den Geheimnissen deß Lebens Jesu und Mariae... Von P. Joanne Dilato der Societät Jesu Priestern. Mit Bewilligung der Obern. Glatz. Druckts Andreas Pega. 8. Weller, Annalen der Poetischen National-Literatur II. S. 118.

121. 1682. Schnüffis, Laurentius von, Mirantisches Flötlein, oder geistliche Schäfferey, in welcher Christus unter den Namen Daphnis, die in den Sünden-Schlaff vertieffte Seel Clorinda zu einem besseren Leben auferweckt. Costantz. Mit 30 Melodien. 16.

122. 1683. Trutz Nachtigal. Siehe die Ausgabe von 1649.

123. 1685. Geistliches Himmel-Glöcklein, Das ist Außerlesen Catholischer Kirchen-Gesang Auff die fürnembste Fest u. s. w. München, Gedruckt bey Lucas Straub, vergl. 1621, 1627, 1666, 1667. Weller, Annalen der Poetischen National-Literatur II, S. 83.

124. 1687. Geistliche Kirchen Gesäng, Vor der Predig zu singen. Auff die heilige Zeiten deß Jahrs außgetheilt. Cum facultate Superiorum. Gedruckt zu München bey Lucas Straub. 16. 11 Gesänge. Weller, Annalen der Poetischen National-Literatur II, S. 122.

125. 1688. Laurentius von Schnüffis. Mirantische Wald-Schallmey, oder: Schul wahrer Weisheit u. s. w. Constanz. Enthält 12 Lieder mit Melodien.

126. 1688. Geistlicher Paradeisvogel der Catholischen Deut-

schen. Das ist Auserlesene Catholische Gesäng u. s. w. Erstlich gedruckt zu Neyß, bey Ignatius Schubart, Hofbuchdrucker, und Aufs neue aufgelegt und an vielen Orten verbessert herausgegeben. 8. Vergl. die Ausgabe von 1675.

127. 1690. **Eißfeldisches Gesangbuch**, Darinn Außerlesene alte und neue in Kirchen, Schulen und Wallfahrten übliche Gesänge zu finden. Duderstadt. Verlegt durch Johan Westenhoff. Anno 1690. 16. Herzogl. Bibliothek zu Gotha. Notirt bei Böhm, a. a. O. S. 789.

128. 1691. **Marianischer Pilgerfahrtsführer** nach Scharpfenhövel, Kävelaer und Rivenheim. Cölln. 12. Mit vielen alten Pilgerliedern. Katalog 74 von Heberle in Köln.

129. 1792. **Schnüssis, L. von, Mirantische Mahenpfeiff** oder Marian. Lobverfassung. Mit 30 Melodien. S. Dillingen.

130. 1693. **Hülff in der Noth**, Oder Gewisses Mittel in unterschiedlichen Nöthen, Betrübnissen, Angst und Bekümmernus, kräfftig getröst zu werden, durch gnädigen Beistand Jesu, Mariae, Joseph, Und Fürbitt der Heiligen vierzehn Noth-Helffer Georgii etc. mit Fleiß ist zusammengetragen worden Von dem denen Heiligen höchstverpflichteten Fürstl. Gestifft Grüssau, Cist: Ordens im Herzogthum Schlesien. Cum permissu Superiorum. Glatz, drucks Anfr. Fr. Pega. Herr Robert Musiol, Lehrer in Röhrsdorf bei Fraustadt (Posen), stellte mir eine Abschrift dieser Sammlung zur Verfügung.

Enthält 17 Lieder an Heilige theilweise in ganz schrecklicher Poesie mit modernen Melodien. Zwei derselben haben wir aufgenommen. Siehe Nr. 135 und 137 der Melodien.

131. 1694. **Chorus Marianus** oder Marianischer Reyen, d. i. Allerhand newe Frewd, Lob und Liebs-Gesänglein Mariae. Mit schönen und annehmlichen new-auffgesetzten Melodien und Rittornellen à 2 Violinis d. J. W. Schäffer. 3 Bre. Uberlingen. 64 Lieder mit Begleitung von 2 Violinen und Orgel.

132. 1695. **Alte Catholische Geistliche Kirchengesäng**, auff die fürnehmste Festen, auch Processionen, Creutzgängen und Kirchenfahrten: bey der H. Meß, Predig, in Häusern, und auff dem Feld zu gebrauchen, sehr nutzlich, sampt einem Catechismo. Mit Erlaubniß Deß Hochwürdigstgnädigsten Fürsten und Herren, Herren Johan Hugo Ertz-Bischoffen zu Trier. Getruckt zu Trier, Bey Jacob Reulandt, 12.

2 Theile. Der erste zählt 246 Blätter, der zweite 118. Das Gesangbuch macht hierinn eine Ausnahme von den im letzten Viertel des 17. Jahrhunderts erschienenen, als es sich an die ältern Gesangbücher aus dem ersten Viertel dieses Jahrhunderts (Cöln 1599, 1613 u. s. w.) anschließt und neuere Lieder nicht aufgenommen hat.

133. 1695. **Catholisch Manual Oder New Fuldisch Gesang-Buch**, darinnen die ausserlesenste, theils Alte, theils Newe Catholische, Latein und Teutsche Gesäng, so man das gantze Jahr durch, in den Kirchen, Sodalitäten, Prozessionen, und sonsten zu singen pflegt, sampt dem Basso generali ad Organum begreiffen. Sonderlich zu Trost und Freud der lieben Jugendt, zu Aufferbawung Christliebender Seelen. Cum permissu Superiorum. Getruckt in der Fürstlichen Haupt- und Residentz-Stadt Fulda durch Simonen Zeiler. 12.

Das Buch zählt 722 Seiten. Der (nicht vollständige) Index hat 326 Lieder, darunter 135 mit Melodien. Den größten Theil bilden die neueren Lieder mit theilweise sehr ledernen Texten und Melodien.

134. **1696. Catholisches Cantual.** Das ist Alt und Neu Mäyntzisch Gesang-Buch, Darinnen die außerlesenste theils alte, theils neue Catholische Latein und Teutsche Gesänger, so man das gantze Jahr durch In denen Kirchen, Sodalitäten, Processionen, Wallfahrten, vnd sonsten zu singen pfleget. Sambt dem Basso generali ad Organum begriffen. Anjetzo von neuem übersehen, vnd wieder verbessert. Cum gratia et privilegio S. Caes. Mai. & Electoris Mogunt. Mayntz, druckts vnd verlegt's Joh. Mayr. Hoff und Universitäts-Buchdrucker. 1696. 16. Königliche Bibliothek in Berlin.
Dedication: Dem Hochw. Fürsten und Herrn, Herrn Lothario Franzisco, deß h. Stuels zu Maynz Ertz-Bischoffen 2c. (5 Seiten), Inhaltsangabe (5 Seiten), Alphabetisches Register (10 Seiten), sodann 588 Seiten mit Liedern, lateinisch und deutsch. Das Buch stützt sich auf die ältern Mainzer Gesangbücher, hat aber auch viele neue Lieder aus: Keusche Meerfräulein (1664), dem Fuldaer Gesangbuch (1695) u. f. w.

135. **1696. Fulgentii a S. Maria (Carmelit.) sacrae cordi, deliciae.** Heilige Hertzens-Frewd. Anmuthiges geistliches Lust-Wäldlein, worinnen eine Gottliebende Seel durch allerhand newe und für jede Zeiten des Jahres ausgetheilte geistliche Gesänglein 2c. sich verlustieret. Cöllen. Mit 55 Melodien. Katalog No. 74 von Heberle in Köln.

136. **1697. Straßburgisch Gesangbuch.** 614 Seiten und 8 Blatt Register. Mit Melodien. Katalog No. 74 von Heberle in Köln.

137. **1699. Schnüffis, L. v.**, Futer über die Mirantische Maultrommel. Mit 17 Melodien. Costantz. 16.

138. **1699. Schmertzhaffte Marianische Einöde**, Alwo die Irrende Polymnia (die Menschliche Seel) durch den Echo oder Wiederhall eingelocket, die zwey liebreicheste zumahlen höchst-betrangte und zugleich leidende Hertzen. Als den leydenden Jesum, und dessen mitleydende liebste Mutter Mariam singend betrachtet. Mit schönen Sinbilderen auch neuaufgesetzten Arien und Ritornellen à 2 Violinis geziert. Allen so wol Geist- als weltlichen sehr nutzlich zu lesen herauß gegeben durch F. Theobaldum, Constant Capuc. Constantz. Verlegts Leonhart Parcus. Stadtbibl. in Mainz.

139. **1700. Cochem, P. Mart. v.**, Allgemeines Gesang-Buch aus denen Mayntzischen, Trierischen, Cöllnischen, Würtzburgischen und Speyrischen Gesang-Büchern zusammengestellt. Der elfte Druck. Maynz (c. 1700). 16. Mit 84 Melodien. Titel fehlt theilweise.

Die protestantischen Gesangbücher, welche ich zur Vergleichung der Melodien benutzt habe, ebenso die Einzeldrucke und Handschriften sind jedesmal an Ort und Stelle angegeben. Ich muß darauf verzichten, die Titel hier abzudrucken, zumal man bei Böhme a. a. O. S. 777 ff. ein vollständiges Verzeichniß findet.

Ebendaselbst S. 790 ff. sind die gedruckten weltlichen Liedersammlungen, in denen auch geistliche Lieder vorkommen, zusammengestellt.

V. Nähere Beschreibung einiger Gesangbücher.

Fortsetzung zu S. 87 im 1. Bd.

Das Gesangbuch von V. Triller.

„Ein Schlesisch singebüchlein aus Göttlicher schrifft, von den fürnemsten Festen des Jares, vnd sonst von andern gesengen vnt Psalmen, gestelt auff viel alte gewönliche melodien, so zum teil vorhin Lateinisch, zum teil Deutsch, mit Geistlichen oder auch Weltlichen texten gesungen seind. Durch Valentinum Triller von Gora, Pfarherrn zu Pantenaw im Nimpschischen Weichbilde. Psalm CL. Alles was odem hat lobe den Herren. Gedruckt zu Breßlaw. Durch Crispinum Scharffenberg. 1555." qu. 4. Stadtbibliothek in Breslau. Nähere Beschreibung in Wackernagels Bibliographie S. 270.

Eine zweite (Titel)Auflage: „Ein Christlich Singebuch für Layen vnd Gelerten, Kinder vnd alten, daheim vnd in Kirchen zu singen ꝛc." erschien 1559. Bibliothek des akademischen Kircheninstituts in Breslau. Vergl. Wackernagels Bibliographie S. 294.

Dies Gesangbuch ist für uns von großer Wichtigkeit, weil es fast nur Melodien alter Hymnen, Antiphonen, Sequenzen, sowie vorreformatorischer deutscher, geistlicher und weltlicher Lieder enthält. Für manche Melodien alter katholischer Lieder ist sogar dieses protestantische Gesangbuch die älteste Quelle; vgl. No. 84, 90 und 91.

Val. Triller, geboren zu Guhrau, war Pfarrer in Panthenau bei Nimptsch. Man hielt ihn für einen Schwenkfeldianer, jedoch mit Unrecht, wie Koch in seiner Geschichte des Kirchenliedes 2. Band S. 166 (Stuttgart 1867) nachgewiesen. Triller nimmt aber in der Reformation eine Sonderstellung ein und war ein Gegner Luthers. Im Jahre 1555 gab er sein Gesangbuch heraus, welches gar keine lutherischen Lieder enthält. Er motivirt das Erscheinen seiner Lieder folgendermaßen: „Zum vornemsten hat mich verursacht, das mir zur zeit meiner gesenge, etwa bei sechsen, neben andern gedruckt, sind furkomen, so mir auch von etlichen zugemessen worden sind, als seh ich derselben nit in tichter gewesen, welche mich doch zum teil fast tunckel ansehen, vnnd dem rechten Christlichen syn verdechtig scheinen. Damit ich in diesem fall vnuerdacht, einem iedern meinen glauben frey an tag gebe, hab ich (sonderlich auch zu ehren vnserm güttigen Gott vñ zu gutt den Christen, so vmb vns furnemlich auff den Dörffern wonen, vnd nicht allweg andere schwerer noten vnd getict zu singen vermögen) diese meine gesenge zusamen getragen vnd nach müglichem vleis, die vornemsten alten gewonlichsten seinen melodyen, so zuvor in vnsern Schlesischen orten vnd gemeynen, bekannt, der etliche Lateinisch, etliche Deutsch oders jar vnd sonst gesungen, damit sie nicht gantz abgiengen, vnd jr gar vergessen würde, auff vnser Deutsch zugericht, vnd die noten auffs leichst vnd schlechst, als müglich, nach art der Musica hinzugethan, auch derselben etliche mit II etliche mit III stimmen poliert, weil sie zum teil zuvor also gesungen sind, ob vieleicht jemand dieselbigen auch mit gehülffen also vermocht zu singen. Aber das habe ich auch sonderliche bekante Weltliche melodyen, mit geistlichen texten zugericht vnd hinzugesetzt, der man auch etliche wol in der Kirchen singen möcht."

In einem Aufsatze „Ueber die Quellen zu Reisentrits Gesangbuche (Archiv für die Geschichte deutscher Sprache und Dichtung herausgg. von J. M.

V. Nähere Beschreibung einiger Gesangbücher.

Wagner, Wien 1873, S. 337—354) hat Herr Prof. Dr. Crecelius bereits nachgewiesen, daß Leisentrit 35 Liedertexte aus diesem Gesangbuch herübergenommen habe.

Ich habe, um auch in Bezug auf die Melodien die Sache klar zu stellen, die beiden Gesangbücher genau verglichen und gefunden, daß Leisentrit 39 Liedertexte aus Trillers Gesangbuch entlehnt hat. Im Folgenden habe ich sie mit Bemerkungen über die Melodien zusammengestellt.

Triller (1555) 1559.   Leisentrit 1567.

Laufende No.   Blatt.

1. B. 2. „Wol auff nu last vns singen all"   I, Bl. 4.
   Die Melodie ist bei beiden die des alten Hymnus „Conditor alme siderum."

2. B. 2. „Als wir warn beladen"   I, „ 14.
   Triller hat die Bemerkung „auff die Melody Ave hierarchia". Dieselbe bei Leisentrit mit Varianten.

3. C. „Als Maria die jungfraw rein"   II, „ 17.
   Triller hat eine Melodie mit der Bemerkung „Salve regina gloriae". Leisentrit hat dieselbe Melodie ohne Bemerkung.

4. C. 3. „Kom her Got o du höchster hort"   I, „ 30.

5. D. 2. „Preis sey Got im höchsten throne"   I, „ 33.
   Trillers Melodie trägt die Ueberschrift: Quem pastores laudavere. Leisentrit hat dieselbe ohne Bemerkung.

6. E. „Ein kind geborn zu Bethleem"   I, „ 34.
   Melodie: Puer natus bei Triller. Dieselbe steht bei Leisentrit zu dem vorhergehenden ältern Liede: „Ein Kind geborn zu Betlebem" Bl. 33.

7. E. 2. „Wach auff liebe Christenheit"   I, „ 28.

8. E. 3. „Es ist ein kindlein vns geborn"   I, „ 34.
   Bei beiden die Melodieangabe „Nobis est natus hodie".

9. F. „Nu feyret alle Christenleuth"   I, „ 29.
   Triller hat die Melodie bezeichnet: A solis ortus cardine. Leisentrit verweist auf das Lied: „Christum wir sollen loben schon", welches dieselbe Weise trägt.

10. F. 3. „Es kam ein Engel hell vnd klar"   I, „ 30.

11. G. 2. „Singet lob vnd preis mit schalle"   I, „ 215.
    Beide mit Angabe der Melodie „Pange lingua".

12. J. „Gros vnd heilig vber allen"   I, „ 77.
    Beide mit Angabe der Melodie „Crux fidelis". Bei Leisentrit einige kleine Varianten.

13. J. 4. „Herr Christe schöpffer aller Welt"   I, „ 95.
    Triller gibt die Melodie an „Rex Christe factor omnium". Leisentrit hat dieselbe mit wenigen Abweichungen, ohne Bemerkung.

14. J. 4. „Lob vnd danck wir sagen dir Christe"   I, „ 98.
    Triller: „auff den noten Laus tibi Christe oder O du armer Judas". Bei Leisentrit geht das Lied nach der Melodie: „Wir danken dir lieber Herre", welche sich nur durch einige Varianten von der obigen unterscheidet.

Triller (1555) 1559.   Leisentrit 1567.

Laufende No.	Blatt			
15.	L.	„Singet frölich alle gleich"	I. Bl.	130.
16.	L. 2.	„Erstanden ist der Herre Christ"	I, „	132.
17.	M. 3.	„Fest vnd hoch auff dem thron"	I, „	165.

Bei beiden die Melodie „Festum nunc celebre".

| 18. | N. 3. | „Der heilge Geist vnd warer Got" | I, „ | 187. |
| 19. | O. 2. | „Komb Got Schöffer heilger geist" | I, „ | 183. |

Bei beiden die Melodie „Veni creator".

20.	P.	„Ein jeder Mensch, der da selig werden wil"	I, „	191.
21.	P. 3.	„Der Herr vnd Got von ewigkeit"	I, „	196.
22.	P. 4.	„O Herr Got vater won vns bey"	I, „	194.

Bei beiden die Angabe der alten Melodie „Got der Vater won vns bey".

| 23. | P. 4. | „Von der Christlichen gemeine" | I, „ | 273. |

Bei beiden die Melodie „Urbs beata".

24.	R. 2.	„Von edler art gantz schön vnd zart"	I, „	257.
25.	R. 4.	„O der süssen gnaden gros"	II, „	19.
26.	S. 3.	„Christus in diese welt ist kommen"	II, „	50.*
27.	V. 4.	„Es war einmal ein grosser Herr"	I, „	277.
28.	Y. 3.	„Der Herr Gott ist mein trewer hirt"	I, „	242.
29.	Y. 4.	„Zu dir erheb ich meine seel"	I, „	235.
30.	Z.	„Der Mensch ist recht selig vnd from"	I, „	239.
31.	Z. 2.	„Nu last vns im glauben jhr lieben"	I, „	238.
32.	Z. 4.	„Gottes namen solt jhr loben"	I, „	236.
33.	c.	„O du ewiger Gott zurstöre die macht"	I, „	281.

Bei beiden die Melodie „Contere Domine".

| 34. | c. | „Aus grosser angst vnd tieffer not" | I, „ | 282. |

Bei beiden die Melodie: „Ach Got vom Himel sihe darein" mit einigen Varianten bei Leisentrit. Dieser hat auch den Text der zweiten Strophe bei Triller etwas geändert:

Tr. „Dein Wort ist vns ein spot vnd schertz
rechtsam wer es ein thorheit" u. s. w.

L. „Dein heilig Kirch ist vns ein schertz
gleichsam wer es ein thorheit" u. s. w.

| 35. | c. 2. | „O Gott Vater im höchsten thron" | I, „ | 234. |
| 36. | e. | „Vnglück sampt seinem bösen heer" | I, „ | 287. |

Triller hat die Angabe „auff die noten: Mag ich vnglück nicht widerstan". Leisentrit hat dieselbe Melodie ohne diese Bemerkung.

37.	g. 4.	„O Gott Vater im Himelreich."	I, „	348.
38.	h.	„Nu singet lob mit innigkeit."	I, „	243.
39.	h. 4.	„O Mensch bedenck zu diser frist"	I, „	337.

---

*) Dieses Lied steht nicht in der Ausgabe vom Jahre 1584.

Diese 39 Lieder hat Leisentrit unzweifelhaft aus Trillers Gesangbuch
herübergenommen. Wenn auch der letztere einige ältere Lieder benutzt, umge-
dichtet und erweitert hat (No. 6, 8, 10, 16, 19, 22), so kann das hier nicht
in die Wagschale fallen, denn Leisentrit hat die Triller'sche Fassung wörtlich
copirt und sie oft neben der alten Form als „ein ander Lied" in sein Gesangbuch
aufgenommen. Was die Melodien angeht, so stimmen 18 überein. Von diesen gehören 15 dem Gregorianischen Choralgesange an, 2 sind ältern deutschen
Liedern entnommen, eine ist dem lutherischen Liede „Ach Gott vom Himmel"
eigen.

Triller gibt jedesmal an, welchem alten Liede er seine Melodie entnommen habe, was Leisentrit nicht immer thut. Bei vielen Liedern, die der
letztere herübergenommen hat, erfahren wir erst durch Triller die ältere
Quelle.

Wir wollen es Leisentrit durchaus nicht zum Vorwurf machen, daß er
das Triller'sche Gesangbuch in so ausgiebiger Weise benutzt hat. Aber wie
erklären wir uns dieses Verfahren, da er doch in seinem Briefe an Hectyrus
„Theil II des Gesb. v. 1567) sagt, er habe sein Gesangbuch herausgegeben,
um desto leichter die Gesänge der Häretiker den Händen der Katholiken zu
entwinden (ut eo commodius Haereticae cantilenae ex Catholicorum
manibus excuterentur). Da er ferner in der Dedication an den Kaiser
Maximilian schreibt (Vorrede z. I. Theil 1567) sein Gesangbuch enthalte
„den nothwendigsten alten Kirchengesang, auch etliche Psalmen, Vnnd andern
gesang mehr. Aus klarem Göttlichem wort, so wol aus den Orthodoxischen
Gottsfürchtigen heiliger Schrift Lehrern" u. s. w. Ich glaube, daß Leisentrit
das Triller'sche Gesangbuch nicht für ein protestantisches gehalten hat.
Das gänzliche Fehlen von Luthers Liedern, die katholische Lehre vom heiligen
Abendmahl in dem Liede „Singet lob vnd preis mit schalle", die Ueberschrift:
„Gesang beim ampt der Messe obers jar zu singen", konnten ihn leicht irre
führen. Dagegen hätte er aus der Dedication Trillers an den Herzog
Georg ersehen können, daß der Pfarrer von Pantenaw Weib und Kind besaß.

Der französische Psalter von Marot und Beza 1562.

Les Pseaumes Mis En Rime Françoise, Par Clement Marot &
Theodore de Beze. A. Lion. Par Jan de Tournes, Pour Antoine
Vincent. 1562. Auec Priuilege pour dix ans. (Königl. Bibliothek in
Berlin.) Diese erste vollständige Melodienausgabe enthält die 150
Psalmen Davids, Les Commandemens De Dieu und Le Cantique de
Simeon mit Melodien, von denen jedoch manche sich wiederholen. Gleiche
Melodien haben die Psalmen:

     5, 64 — 14, 53 — 17, 63, 70 — 18, 144 — 24, 62, 95, 111
     — 28, 109 — 30, 76, 139 — 31, 71 — 33, 67 — 36, 68 —
     46, 82 — 51, 69 — 60, 108 — 65, 72 — 66, 98, 118 — 74,
     116 — 77, 86 — 78, 90 — 100, 131, 142 — 117, 127 — 140
     und der Dekalog.

Von diesen Melodien sind, wie ich durch Vergleichung herausgefunden
habe, manche katholischen Kirchenliedern zugeeignet worden. In unserm Bande
sind es folgende Nummern, welche französische Psalmenmelodien tragen:

No. 41 von Psalm 42.	No. 282 vom Dekalog und Psalm 140.
" 46 " " 97.	" 362 " Psalm 6.
" 50a " Cantique de Simeon	" 368 " " 32.
" 58 " " 60.	" 369 " " 38.
" 93b " " 134.	" 372 " " 51.
" 111 " " 9.	" 376 " " 102.
" 236 " " 105.	" 386 " " 143.
" 249 " " 24.	" 389 " " 130.

Die Geschichte der verschiedenen Psalmen-Ausgaben findet man in Wackernagels Bibliographie S. 181 ff. und in den Monatsheften für Musikgeschichte, Jahrg. II. S. 140 ff. und I, 155 ff.

Die Texte der Psalmen sind von Clement Marot und Theodor de Beza. Der erstere, anfangs Kammerdiener und dann Hofrichter bei Franz I. in Paris, kam im Jahre 1543 nach Genf, wo er sich an Calvin anschloß und seinen schon früher übersetzten 30 Psalmen noch 20 weitere hinzufügte. Er starb 1544 in Turin.

Theodor de Beza, geb. 1519 zu Vezelay in Burgund, kam im Jahre 1548 nach Genf, wurde kurze Zeit darauf als Professor in Lausanne angestellt, woselbst er sich bis 1558 aufhielt. Während dieser Zeit übersetzte er die von ihm bekannten Psalmen und wurde im genannten Jahre als Professor der Theologie und Prediger nach Genf berufen, wo er 1605 starb. (Monatshefte, a. a. O. II, 143.)

Wer die Melodien zu den Psalmen erfunden habe, ist mit Sicherheit nicht zu bestimmen. Allgemein wird angenommen, daß Marot seinen ersten 30 Psalmen Volksliedermelodien applicirt habe. In wieweit der Lausanner Cantor G. Franck und L. Bourgeois als Autoren weiterer Melodien anzusehen sind, darüber möge man Auskunft suchen in dem Werke von O. Douen: Clement Marot et le Psautier Huguenot, Étude historique, littéraire, musicale et bibliographique, Paris 1878, dessen Inhalt die Ernst'schen Aufsätze im Musikalischen Wochenblatt (Leipzig, E. W. Fritzsch. 1881. S. 25 u. f. w.) auszugsweise wiedergeben.

Die ersten 30 Psalmen, welche Marot übersetzt hatte, waren für den Privatgebrauch bestimmt und wurden am französischen Hofe mit Vorliebe gesungen.

Auch die späteren, vollständigen Ausgaben befanden sich in den Händen der Katholiken und niemand fand etwas Anstößiges darin, diese Psalmen zu singen. Daß Calvin und seine Anhänger sich für die Verbreitung besonders interessirten, mochte vielleicht bei manchen ängstlichen Seelen Anstoß erregen. Deshalb gab die Sorbonne unter dem 16. Oktober 1561 eine Erklärung folgenden Inhalts ab: »Nous n'avons rien trouvé contraire à notre foi catholique, ains conforme à icelle, et à la vérité hébraïque; en témoignage de quoi nous avons signé la présente certification.« Infolge dessen bewilligte Karl IX. ein neues Privileg zum Druck der Psalmen.

Claude Goudimel, der bekannte Lehrer Palestrinas, dachte nicht daran, durch seine mehrstimmigen Psalmenbearbeitungen „Les Psaumes de David mis en musique à quatre parties, en forme de motets. Paris 1562" und die spätern: „Les Psaumes mis en rime françoise par Clement Marot et Theodore de Bèze mis en musique à quatre parties. 1565" den Hugenotten einen mehrstimmigen Kirchengesang zu geben. Er bemerkt dies ausdrücklich in der Vorrede zur letzteren Ausgabe: »Nous avons adiousté au chant des Psaumes, en ce petit volume, trois parties: non pas pour induire à les chanter en l'église, mais pour s'esiouir en Dieu particulièrement ès maisons. Ce qui ne doit être trouvé mauvais, d'autant que le chant duquel on use en l'église, demeure en son entier, comme s'il estoit seul.«

Ebensowenig ist es bis jetzt erwiesen, daß Goudimel sich später den Hugenotten angeschlossen habe. Er fiel allerdings in der Bartholomäusnacht 1572 in Lyon der Volkswuth zum Opfer. Aber nicht alle, die in jener Nacht umkamen, waren Hugenotten. Das protestantische Martyrologium scheint hier das Richtige zu treffen. Nachdem dasselbe die Verdienste Goudimels gewürdigt, fährt es fort: »Mais les ennemis de la gloire de Dieu et quelques méchants envieux de l'honneur, que ce personnage avait acquis, ont privé d'un tel bien ceux qui aiment une musique chrétienne« (Martyrol. liv. X fol. 772). Also seine Neider haben ihn auf die Proskriptionsliste gebracht und ihm in jener Nacht den Tod bereitet.

(Näheres in Fétis, Biographie universelle des Musiciens. 2. Aufl. tome IV, 65 ff.)

Das Gesangbuch von Hecyrus (Schweher). 1581.

Christliche Gebet vnd Gesäng auff die heilige zeit vnd Fayertage oder das gantze Jar. Ephes. 5 cap. Ihr sollt vom Wein nit truncken werden, darinn vnkeuschheit ist, sonder werdet vol des heiligen Geistes, vnd redet vntereinander von Psalmen vnd Lob, vnd Geistlichen gesängen. Singet vnd lobsinget dem Herren in ewren hertzen. Cum consensu Reuerendissimi Anthonii Archiepiscopi Pragensis etc. Gedruckt zu Prag durch Michael Peterle. 8. (Beschreibung bei Wackernagel I, 515 ff. Exemplar auf der Bibliothek in Augsburg.) Als Verfasser nennt sich in der Vorrede „Christophorus Hecyrus, sonst Schweher", der Pfarrer zu Caden in Böhmen war.

Dieses Gesangbuch, welches Meister nicht gekannt, ist insofern wichtig für uns, als wir daraus ersehen können, welche Lieder Hecyrus seinem Freunde Leisentrit in Budissin zur Aufnahme in dessen Gesangbuch überlassen hatte. Leisentrit sagt nämlich selbst in einem lateinischen Briefe an Hecyrus, der nach der Vorrede zum „andern Theil Geistlicher lieder von der allerheiligsten Jungfrawen ꝛc." 1567 abgedruckt ist (vergl. I. Bd. von Meister S. 56 oben, und Kehrein, die ältesten kath. Gesangbücher u. s. w. I, 56): »Unde praesens confeci Hymnologium, cui et tuas Cantiones, Catholicae religioni consentaneas, mihi bono et Catholico Zelo communicatas, inserui, et ea quae debui ac potui diligentia, in praesentem librum, magnis profecto impensis absoluendum, redegi, ut eo commodius Haereticae cantilenae ex Catholicorum manibus excuterentur.« Hecyrus ließ nun im Jahre 1581 seine Lieder selbst drucken. Ein Vergleich mit dem Leisentrit'schen Gesangbuche ergibt, daß letzteres folgende Lieder von Hecyrus enthält:

Hecyrus 1581.   Leisentrit 1567. 1. Theil.
                                                      Blatt:
Nr. 1. „Kom der Heiden trewer Heiland"   6.
  „ 2. „Durch den vngehorsam vnsers Vatters Adam" 10.
  „ 3. „Last vns in einigkeit, Gott zu Lob"   9.
  „ 7. „Lob sey Gott in ewigkeit"   37.

Das kathol. deutsche Kirchenlied. II.   4

Hecyrus 1581.		Leisentrit 1567. I. Theil.
		Blatt.
No.	9. „Das ist der Tag den Gott gemacht"	39.
„	10. „O Gütigster Herr Jesu Christ"	42.
„	11. „Jesu Christ der du bist kommen"	57.
„	13. „Es ist nun vorhanden die zeit"	66.
„	14. „O Gütigster Schöpffer vnd Herr"	65.
„	15. „Barmhertziger ewiger Gott, dir klag ich"	316.
„	16. „Christus der vns selig macht"	76.
„	17. „Lob ehr sey Gott im höchsten Thron"	79 u. 80.
„	21. „Die Osterlich zeit hat vns bracht"	124.
„	22. „Jesus Christus vnser Herr vnd Heiland"	126.
„	25. „O heiliger Geist, der du mit grossem gwalt"	172.
„	26. „Sey gelobt vnd gebenedeyt die heiligste Drey-	
	faltigkeit"	198.
„	28. „Gott Vatter im höchsten Thron, wir bitten"	199.
„	29. „O Herr Jesu Christ Gottes Son, der du"	209.
„	34. „Gegrüst seystu Maria rein"	II. Theil S. 13.
„	39. „Last vns all Gott den Vater samentlich"	35.
„	40. „Die ersten Menschen Gott der Herr"	37.
„	41. „Gütigster Herr Jesu Christ, du ewiger Gottes Son"	39.
„	42. „Herr Jesu Christ Gottes Son, von einer Jungfraw"	41.
„	48. „Dich Gott wir loben vnd ehren"	I. Theil 259.
„	52. „Wann der ewige Gottes Sohn Jesus Christus"	I, 350.

Einzelne dieser Lieder hat Leisentrit erweitert. No. 26 um eine Strophe, No. 29 um 2 Strophen. No. 34, welches bei Hecyrus 10 Strophen hat, ist bei Leisentrit überarbeitet und um 7 Strophen vermehrt worden.

Gemeinsame Melodien finden sich nur bei No. 15, 17 und 48. Davon gehören zwei dem lateinischen Choralgesange, No. 17 „Gloria laus et honor" am Palmsonntage und No. 48 dem „Te Deum".

Nachtrag zu Seite 60 im I. Bande.

Psalter von Caspar Ulenberg. 1582.

Von den Melodien des Ulenbergischen Psalters sind viele in die späteren Gesangbücher übergegangen. In diesem Bande sind es folgende Nummern:

No.	Psalm.	No.	Psalm.	No.	Psalm.
48	= 59.	363	= 6.	375	= 90.
70a	= 6.	364	= 20.	377	= 102.
118	= 10.	365	= 22.	379	= 112.
359	= 2.	367	= 31.	381	= 126.
360	= 3.	371	= 60.	385	= 139.
361	= 4.	374	= 83.		

Inwieweit diese Melodien ältere sind, ist an Ort und Stelle gezeigt worden.

Koler's Ruefbuechl. 1601.

Ein Christliches Catholisches Ruefbuechl. Aö. 1601. Am Schluß: Finit foeliciter ... 2 die Martij. Aö. 1601. Daran schließt sich mit besonderer Paginirung eine Sammlung von 17 älteren katholischen Liedern, an deren Schluß steht: „Dises Gesang- oder Ruefbuechl, welches den 1 Nouembris angefangen worden Aö. 1600 ist den 24 Martij folgenden 1601 glücklich vnd wol durch Joan: Roler Schuelmeister zue Dachau geendet worden."

Das Buch, eine **Handschrift**, ist aus der Bibliothek Clemens Brentanos in den Besitz von Ph. Nathusius übergegangen. Genau beschrieben in Birlingers Alemannia IX, S. 47.

Die Rufe haben meistens sehr volksthümliche Melodien, theils alte, theils neue, von Roler und einigen Zeitgenossen verfertigte. Die meisten derselben sind in diesen II. Band aufgenommen worden. Die Abschrift der Melodien besorgte mir Herr Prof. Dr. Crecelius in Elberfeld. Da die Texte bei Wackernagel Bd. II und V mit Angabe der Blattzahl abgedruckt sind, so habe ich an Ort und Stelle stets darauf hingewiesen.

Spee's Trutznachtigall. 1649.

Trutz Nachtigal, Oder Geiftlich-Poetisch Lvst-Waldlein, Deßgleichen noch nie zuvor in Teutscher sprach gesehen. Durch den Ehrw: P. Fridericum Spee Priestern der Gesellschaft Jesu. Jetzo, nach vieler wunsch vnd langem anhalten, zum erstenmahl in Truck verfertiget. Cum facultate et approbatione Superiorum. Cöllen 1649, Jn verlag Wilhelmi Frießens Buchhändlers, in der Trandgaß im Ertz-Engel Gabriel. Cum gratia et Privilegio Sac. Caes. Maj. 12.

11 Seiten Vorrede ꝛc., sodann 341 Seiten Text mit 51 Oden und 24 Melodien dazu. Von diesen gingen manche mit den Texten in die späteren Gesangbücher über.

Melodie No. 4. „Ach wann doch Jesu liebster mein" im Münster'schen Gesangbuch 1677. Dieselbe Melodie im Nordstern 1671 zu dem Texte: „Solt seyn, so seys" und in Brauns Echo 1675 zu dem Lied: „Bey stiller Nacht" (auch von Spee).

Melodie No. 6. „Wann Morgenröth die Nacht ertödt" im Nordstern 1671 und Brauns Echo 1675.

Melodie No. 8. „Thu auff, thu auff du schönes Blut", bereits im Psalteriolum 1642, sodann im Rheinfelsischen Gesangbuch 1666, im Nordstern 1671 mit dem Text: „Wach auff zum Heil, o Mensch wach auff" und im Münster'schen Gesangbuch 1677: „Steht auff ihr Todten allzumahl".

Melodie No. 9. „Gleich früh wann sich entzündet" im Münster'schen Gesangbuch 1677.

Melodie No. 11. „O wie scheinbar Trost von oben" im Nordstern 1671.

Melodie No. 14. „Das Meisterstück mit Sorgen" im Nordstern 1671 und Münster'schen Gesangbuche 1677.

Von demselben Verfasser:

Güldenes Tugent-Buch, das ist, Werck vnnd übung der dreyen Göttlichen Tugenden, deß Glaubens, Hoffnung vnd Liebe. Cöllen 1649. 16. Betrachtungsbuch mit eingestreuten Liedern ohne Melodien.

Ueber Spee's Dichtungen möge man jede beliebige Literaturgeschichte aufschlagen. Seine Lieder, die zum Besten gehören, was je die geistliche lyrische Poesie hervorgebracht hat, eignen sich nicht zu Kirchenliedern. Wir unterschreiben Wort für Wort, was der Protestant Koch in seiner Geschichte des Kirchenliedes (Bd. IV, 1868. S. 197) sagt: „Er dichtete nicht im Namen einer Gemeinde oder Kirche, die reinste Subjectivität ist es vielmehr, die sich in Form und Inhalt derselben im vollsten Maß geltend macht; sie liegen fern ab vom objectiven Lehr- und Lebensgebiete des Christenthums, geschweige denn der katholischen Kirche, und sind entweder nur Ausdruck der rein individuellen Naturanschauungen oder lyrische Verherrlichungen der persönlichen Liebes- und Lebensgemeinschaft mit Christo."

Die Melodien sind theilweise umgearbeitete Volksweisen.

No. 10: „O Traurigkeit des Herzen"

trägt die Melodie der Volksweise: „Mein Gmüth ist mir verwirret" (O Haupt voll Blut und Wunden). Näheres darüber bei No. 395.

Die heilige Seelenlust von Angelus Silesius. 1657 und 1668.

Heilige Seelen-Lust, Oder Geistliche Hirtenlieder, Der in ihren Jesum verliebten Psyche, Gesungen Von Johann Angelo Silesio, Und von Herren Georgio Josepho mit außbundig schönen Melodeyen geziert. Allen liebhabenden Seelen zur Ergetzlichkeit und Vermehrung ihrer heiligen Liebe, zu Lob und Ehren Gottes an Tag gegeben.

Breßlaw 1657, In der Baumannischen Druckerey drukts Gottfried Grünter. 8.

Die erste Ausgabe vom Jahre 1657 enthält 3 Bücher mit 123 Liedern und Melodien. Im selben Jahre trat noch ein viertes Buch hinzu mit 32 Liedern mit Melodien. Die Ausgabe von 1668 zählt 5 Bücher und enthält 205 Lieder mit Melodien, von denen glücklicherweise nur wenige in die Gesangbücher übergingen. Die meisten derselben, 185, schuf ein gewisser Georg Joseph (bischöflicher Musikus?) in Breslau, die übrigen sind den Ueberschriften zufolge bekannten Liedern, oder dem lateinischen Choral entnommen. Diese „außbundig schönen Melodeyen des Georgii Josephi", die nach der Vorrede (Ausgabe 1657) „künftig mit schönen Symphonien und vollstimmigen Instrumenten zu öffentlichem Kirchen-Brauch" eingerichtet werden sollten, passen allerdings zu der süßlichen Schäferpoesie, aber nicht zu Kirchenliedern.

In den katholischen Gesangbüchern finden wir folgende Lieder des Silesius mit ihren Melodien:

No. 6. „Jesu meine Freud und Lust" (Geistl. Nachtigall, Erfurt 1666 und Brauns Echo, 1675).

„ 125. „Du edler Jüngling mein Patron,
        Johannes welchen Gottes Sohn
        u. s. w. } Geistliche Nachtigall, Erfurt 1666.

„ 155. „O Ewigkeit, o Ewigkeit!
        Mein Herz muß in mir weinen
        u. s. w.

Ein vollständiges Exemplar v. J. 1668 auf der Stadtbibliothek in Mainz.

V. Nähere Beschreibung einiger Gesangbücher. 53

Nachtrag zu No. 129 der Bibliographie und Beschreibung
S. 82 im I. Bande.

Catholische Sonn- und Feyertägliche Evangelia u. s. w. Wirtzburg 1656.

Nach einer handschriftlichen Notiz aus derselben Zeit (im Exemplare des Herrn Professors Fr. Commer in Berlin) soll der Componist dieser Gesänge „D.¹ Buchner, Capell. M." sein. Gerber führt in seinem alten Lexikon einen Th. Fr. Buchner an, der Kapellmeister in Mainz war, und von welchem 1600—1650 Compositionen erschienen sind. Höchstwahrscheinlich ist dieser der Verfasser der Melodien, denn die im Jahre 1658 in Mainz erschienenen Psalmen Davids, welche viele Melodien mit den Würzburger Evangelien gemein haben und in der Vorrede des letzteren Buches (1656) schon angekündigt werden (S. 10), bestärken diese Annahme. Dazu kommt, daß ganz dieselbe Ausgabe der Evangelien, welche 1656 in Würzburg erschien, gleichzeitig in Mainz herausgegeben wurde (vergl. Bibliographie im I. Bd. No. 132).

Fétis (Biographie universelle. 2. Aufl. Paris 1873. S. 102) führt einen Componisten Joh. Heinr. Buchner aus dem Anfange des 17. Jahrhunderts an, von dem 1614 in Nürnberg und 1624 in Straßburg Compositionen erschienen.

Melodien aus den Würzburger Evangelien tragen die folgenden Nrn. dieses Bandes: 72, 204, 213, 214, 215, 216, 217, 219, 220, 221, 223, 224, 383.

Mainzer Psalter. 1658.

Die Psalmen des Königlichen Propheten Davids: In Teutsche Reymen vnd Melodeyen verfasset. Getruckt zu Maytntz bey Niclas Heyll, mit Freyheit vnd Verbott nicht nachzudrucken. 8.

Nach einer Vorrede an den christlichen Leser (8 Seiten) folgt noch ein zweiter Titel:

Kayserlicher Psalter, das ist Die Psalmen Dauidß, In newe teutsche Reimen vnd Melodeyen Kurtz vnd deutlich verfasset vnd an das licht gebracht. Dem allerdurchleuchtigsten, Großmächtigsten Vnuberwindligsten Fürsten vnd Herren, Herren Leopoldo dem Vierzehenden u. s. w. Mit verwilligung der obrigkeit. Getruckt zu Franckfurt am Main. Im Jahr 1658. Mit Römischer Kayserlicher Maiestät freiheit vnd verbott nit nachzutrucken.

413 Seiten und 10 Seiten Register. Psalmenübersetzung in gereimten Versen mit 104 Melodien (nach Abzug der Wiederholungen) darunter 36 aus den Würzburger Evangelien. Die Melodien zu No. 373, 378 und 384 in diesem Bande haben wir aus diesem Psalter aufgenommen.

Exemplare in der Stadtbibliothek und der Bibliothek des Priesterseminars in Mainz.

---

1) D. wol = Dominus.

Die Harpffen Davids. 1659 und 1669.

Harpffen Davids mit Teutschen Saiten bespannet, Auch zu Trost vnd Erquidung der andächtigen Seel. Gesangweiß angerichtet. Gedruckt zu Augspurg, bey Veronica Apergerin, Wittib, auff vnser L. Frawen Thor. Anno 1659.

14 Blätter Vorbericht, sodann 267 pag. Seiten und 8 Blätter Nachbericht. Am Schluß 47 Melodien mit Baß auf 12 Blättern. Die Uebersetzung der Psalmen in gereimten Versen mit dem lateinischen Text zur Seite ist „von einem auß der Societet Jesu".

Eine andere Ausgabe erschien im Jahre 1669 in Augspurg bey Simon Vtschneider auff Vnser Lieben Frawen Thor.

Zunächst 16 Blätter Vorbericht, sodann 739 pag. Seiten. Am Schluß 4 Seiten mit Bemerkungen über den Gebrauch der Melodien, welche hier nicht in einem separaten Anhange stehen, sondern bis zum 50. Psalm dem Texte beigedruckt sind. 18 Melodien der ersten Ausgabe sind beibehalten und 32 neue hinzugekommen.

In späteren Gesangbüchern fanden wir folgende wieder:

Ausgabe 1659. Melodie:
- No. 1. in Brauns Echo 1675 zu Psalm 138: „Du bist der mich probieret hat."
- „ 3. im Nordstern 1671 zu Psalm 41: „Wie der verwundte Hirsch so schnell".
- „ 14. ebendaselbst zu Psalm 136: „Zu Babylon am Wasserbach".
- „ 19. in Brauns Echo 1675 zu Psalm 62: „Mein Gott, o mein starcker Gott".
- „ 23. im Nordstern 1671 zu Psalm 22: „Gott ist mein Hirt, der machen wirdt" und in Brauns Echo zu dem Lied: „Ich liebe Gott der in der Noth".

Die Melodien sind so unbedeutend, daß wir ihnen einen Platz in unserm Bande nicht anweisen konnten.

VI. Vorreden und Berichte aus einigen Gesangbüchern.
Vgl. I. Band S. 90—112.

Vorrede rc. aus dem Gesangbuche von Hecyrus. Prag 1581.

Den Ehrbarn vnd Weisen Herren, Burgermeister vnd Rath der Königlichen Statt Budweiß in Behaimb, wünscht Christophorus Hecyrus sonst Schweher, Pastor der Catholischen Pfarrkirchen der Königlichen Statt Caden, gnad vnd fried von dem Allmechtigen.

Wiewol etliche dieser meiner Gesäng vor etlichē Jahren vnter andern im Druck außgangen seind, doch diewiel ich derselben etliche gebessert, vnnd andre mit etlichen Gebeten darzu gesetzt, vnd in ein Büchlein zusamen gebracht, hab ich sie zu Gottes lob vnd ehre, vnd dem Christlichen volck zu nutz wöllen trucken lassen. Nachdem ich aber E. E. W. vnd gemeiner Statt Budweiß ober dreissig Jar nacheinander gedient hab, Nemlich in fürstehūg der Lateinischen schul Siebenzehen jar, in der Stattschreiberey ober Eilff Jar, vū im

VI. Vorreden und Berichte aus einigen Gesangbüchern. 55

Priesterlichen stand vber ein jar, biß daß ich an ein ander ort zum Pfarramt bin erfordert worden, vnd es die gelegenheit nit gebe E. E. W. vnd gemeiner Statt ferers zu dienen, so hab ich doch zu einer erklerung, meines geneigten gemüts diß Büchlein E. E. W. vnd gemeiner Statt wöllen zuschreiben, Dieweil wir in der heiligē schrifft allenthalben zum Gebet vnd Lob Gottes, vnd zur besserung des Lebens vermanet werden, wie deñ Sanct Jacob am 5 sagt. Ist jemand trawrig vnter euch, der bette mit auffrichtigen gemüt, vnd singe die Psalmen.

Gottes Gnad vnd Segen sey mit vns allen.

Vnterricht auff diese Gebet vnd Lobgesänge.

Nachdem nebē der ordnung der Christlichen Kirchen ein jeder Christenmensch alle Sontag vnd Fayertage schuldig ist, nicht allein Gottes Wort mit andacht zu hören, sondern auch bey dem Ampt der heiligen Meß biß zum ende zu bleiben, vnd da betrachten das vnschuldige Leiden vnd Sterben vnsers Herren Jesu Christi, vnd den gütigen Gott mit höchster Danckbarkeit des gemüts zu loben vnd zu preisen für sein grosse lieb vnd barmhertzigkeit, vnd jhn zu bitten vmb vergebung der sünden, vnd genad nach seinem wort vnd willen zu lebē, Vnd so es die zeit vnd gelegenheit gibt, sich offt mit der empfahung des Sacraments, des Fleischs vnd Bluts Jesu Christi, solcher grossen wolthaten vnd gnaden theilhafftig zu machen, So wil ich eine kurtze vnterweisung für die einfeltigen die lesen könen, stellen, wie sie diese Gebet vnd Lobgesäng bey dem Ampt der heiligen Meß ordentlich gebrauchen mögen.

Erstlich, nachdem der Priester im anfang der Meß die Bekentnuß der Sünde durch die gemeine Beicht thut, so mag ein Christenmensch auch die gemeine Beicht sprechen, vñ vor Gott seine Sünd bekennen, wie dieselbe form der Beicht vnter den Gebeten der Fasten gesetzt ist.

Zum Andern, mag er das deutsche Kyrieleyson sampt dem Gloria in excelsis, wenn es die zeit erfordert beten, wie im Dritten theil vermeldt wirdt.

Zum Dritten, mag er nach der Collecten vnnd Epistel beten, die Gebet vnd Gesäng nach der ordnung der zeit, wie denn auff alle heilige Fest, vnd auff die gedechtnuß tag der Heiligen sonderliche Gebet im ersten vnd andern Theil gesetzt seind.

Zum Vierdten, mag er nach dem Euangelio, den christlichen Glauben sampt dem Gebet, wie im dritten Theil gesetzt ist, beten.

Zum Fünfften, mag er vnter dem Offertorio vñ Sanctus das Gebet rō Leiden Christi, wie am Sontag Judica verzeichnet ist, beten.

Zum Sechsten, mag er wenn der Priester das Pater noster sagt, das Vatter vnser beten, vnd die kurtze außlegung desselben, wie im Dritten theil dasselbe ist gesetzet worden.

Zum Siebenden, mag er nach dem segē der Meß sprechen, das dritte kurtze Gesang von der heiligen Dreyfaltigkeit, wie im Ersten theil dieses Büchleins gesetzt ist. Vnd wiewol die Litaney oder die gemeine bitte in der Creutzwochen gesetzt ist, so were es doch gut, daß sie offt vnd sonderlich an Sontagen nach der Vesper gebet wurd.

Alte Catholische Geistliche Kirchengesäng, Gedruckt zu Paderborn, Bey Matthaeo Pontano, 1609.

Dem Hochwürdigen in Gott Fürsten vnd Herrn, Herrn Dietherichen von Gottes Gnaden erwehlten vnd bestetigten Bischoffen deß Stiffts Paterborn, Meinem gnedigen Fürsten vnd Herrn.

Hochwürdiger Fürst, Gnediger Herr, Als der Hocherleuchter Esaias im Geist, den Heyland der Welt erkennet, vnd den vbergrossen Seelen Schatz, so daßenhero den Außerwehlten Gottes erspringen solte, hat er nachfolgender maßen frewdigen Hertzens gejauchtzet vnd frolocket, Exulta et lauda habitatio Sion, quia magnus in medio tuo sanctus Israël. Zwar weiln wir die Zeit vbertroffen, darinnen die Sonne der Gerechtigkeit erglänhet, vnd das Liecht der Warheit vber die Veste Sion herfür brochen ist, frolocken vnd preisen Gott billich in vnserm Hertzen mit Psalmē vnd Geistreichen Gesängen offerentes illi semper hostiam laudis et fructum labiorū, inmassen vns solchs der Apostel lehrt, daß er je aller Ehren würdig, vnd seyn Lob keines Zung außsprechen kan. In Erwegung dann, der Mensch ingemein von Naturn zum Gesange geneigt, vnd dahero viel sich befleissen durch eitele weltsüchtige Gedicht die Irrdische Weltkinder zuerlustigen; Andere durch geschminckte hypocritische Syrenen gesänge, die Vnnerstäntigen, in Irrsalen vnd Aberglauben zuuergleiten, Dagegen aber viele wegen Christtragender Liebe vnd Andacht, vnzellige Geistliche Cantiones, so auß den Psalmen Dauidis, als alten Kirchischen Hymnis, in teutsche Rhytmos verfasset, vnd dadurch Gott zu verehren den Catholischen fürgebildet, Vnd nach dem erspürt das dannenhero nicht wenig Geistliche Früchten bey jedes alters vnd Stands Personen, auch treffliche Liebe vnd affection zur pietet der Gemeinde angekehret ist, haben demnach mehre Vrsach genommen sich in dergleichen geistlichen Gedichten zugebrauchē, ist also ein Büchlein auffs andre herfürgangen.

Weiln demnach, Gnädiger Fürst, durch die menge der Autorn, gedachter Gesänge anzahl, von tag zu tag dermassen, gewachsen vnd zugenommen hat, daß vnmüglich ist alle in ein Buch zubegreiffen, gleichsam das dieselben zumahl von allen vberlauffen, gelehrnt vñ zum gebrauch gezogen werdē, Als ich auff antreiben vnnd gutachten, etlicher trewhertzigen, wenig fürnehme Collectanea, auß den Alten vnd Newen nach Arth vnd erheischung dern Festen vnd Zeiten außerlesen in ein Fasciculum zusammengetragen, vnd ans Liecht komen lassen, in Hoffnung, weiln dieselben wegen deß Büchleins geringigkeit von jedwedern ohn sonderbare Kosten, können zu weg gebracht, durchsungen vnd behalten werden, Auch daß die materi vnnd Posten theils an sich beland, theils newe geist- vnnd liebliche Gedichte haben, Solle dieser Arbeit nicht allein Vielen angenehm vnd gesellig seyn, Sondern beyde Jungen vnd Gewachsenen sich damit zu Hauß, Feldt vnd Kirchen Christlich zu üben Anlaß geben. Damit aber ich, zu solchen meinem Intento fürderlichst getrew, Dabenebens wegen deren newlicher Zeit, von Ewer Fürstl. Gnaden mir gnädig indulgirter exemption vnd Befrehunge, meine in Vntertbänigkeit schüldige Gemühts Danckbarkeit in etwa erzeigte, hab kein vmbgang haben mögen, dieß obgedacht Büchlein deroselben vnterthänig zu dediciren vnd zu zuschreibē. demütigs fleisses bittende, E. F. G. jmmer wie vor, mich dern Fürstlichen protection anbefohlen sein, diese meine gering-

fügige labores im besten verstehen vnnd, vnter dem hochberümbten autorament, approbation vnd Bewehrunge herfür gehen, vnd zu tag kommen lassen wollen. Die welche ich langwehrenter glückseliger Fürstlicher Regierunge zu fristen, Gott dem Allmechtigen ergeben vnt fleissigst befehlen thue. Geben zu Paderborn, den 12. Februarij Anno 1609.
E. F. G.
Vnderthäniger gehorsamer
Matthaeus Pontanus
Buchtrucker.

Catholische Kirchen Gesäng u. s. w.   Gedruckt zu Cölln, Bey Peter von Brachel. 1619.

An den Leser.

Christlicher Leser, Es ist jederman bewust vnd wol bekant, daß gleich wie die Weltliche vnd vnkeusche Gesäng vnnd Bulen-Lieder an den guten sitten vast hinterlich seind, Also hingegen seind die Gottsförchtige vnd Geistliche Reymen vñ Lieder sehr heylsam vnd nützlich: Nit allein darumb, das die aufferbawliche vnd Geistliche Gesäng mehrentheils pflegen die vnnütze Sachen zu vertreiben, wie auch den schädlichen Seelen-Mord zu verhindern, sonder auch wegen der guten Lehr vnd innerlichen bewegungen zum guten, so die Christliche Seelen darauß schöpffen vnd hernemen. Derowegen damit mann durch das gantze Jar fürnemlich aber zu Zeit des Aduents, Weynachten, Fasten, Ostern, Pfingsten, vñ andern dergleichen etwas guts vnd Geistlichs zugedencken, vnd zu Singen hab: Neme diß Gesangbüchlein an, vnd vbe dich darin, zu deines Hertzen Lust, vnd der Seelen seligkeit.

Außerlesene, Catholische, Geistliche Kirchengesäng ıc.   Gedruckt zu Cölln Bey Peter von Brachel 1623.

Vorrede an den Christlichen Leser.

GVnstiger Leser, Sihe ein Gesangbüchlein: darin viel vnd vielerley, vnd nicht zu viel, alles ordentlich, in wolgehechleten Reymen: in aufferlesnen Melodeyen kurtz, hell, vnd klar, u. s. w.

Ja es ist der kern vñ Marck auß vielen so grossen Gesangbüchern, welche man durch ein vieljährige vbung gebraucht vnd gesehen, was hie vnd da in obernenten Puncten zu viel oder zu wenig, auch den Kindern lieb vnd angenehm, oder verdrießlich, u. s. w.

Ist aber dieß Büchlein dahin angesehen, auff das die kleine Kinder, nach angebornem Lust, gleich wie die Vögelein mit einem Pfeiffle, also zur Christlichen Kinder-Lehr gelockt, vnd gleich als junge Nachtigallen, die Himlische Gesäng lehrnen vnd also täglich bey jhrer Arbeit etwas guts zugedencken, zu sagen vnd zu singen haben, vnd Himlische ding, gleich als Zucker vñ Hönig im Mund käwen, hergegen aber das Pestilentzisch Gifft der Weltlichen Liedlein, so jhnen das Hertz abstossen möchte, nicht vber die Zungen bringen.

Also spricht S. Hieron. ad Lactam, das vor 1300 Jaren die Kinder in der Wiegen das heylig Alleluia gelernt. Also spricht auch S. Basilius

l. de Spiritu Sancto cap. 7. daß vor so viel hundert Jahren, die erste vnd frömbste Christen das Gloria patri etc. auff der Werckstatt gesungen, u. s. w. Also spricht auch S. Chrysostomus Homil. in Psal. 41. das auch die Weiber geistliche Gesäng bey ihrem spinnen u. s. w. gesungen.

Also spricht auch S. Hieronym. epist. 77. ad Marcellam, daß der Bawr auff dem Feldt hinder dem Pflug das Göttliche Lob vnd Alleluia gesungen u. s. w. Arator stiuam tenens Alleluia decantat: sudans messor psalmis se auocat: hic pastorum sibilus, etc.

Diesem nach die Edle, Ehr- vnd Tugendreiche Cöllnische liebe Kinder, u. s. w.
Wer lust hat höre zu.

Dieselbe Vorrede steht im Münster'schen Gesangbuche von 1674.

Vorrede zum Neyßer Gesangbuch 1625.

Es haben viel frome vndt andächtige Männer gesehen, wie große lust die Teutschen ietziger Zeit zu den geistlichen liedern vndt kirchengesängen tragen: vnd wieuiel schöner, alter vndt Catholischer gesänge mit den nahmen Vncatholischer Autorn verfälscht worden. Darumb sie dan auß christlichem eyffer, etliche schöne vndt andächtige gesangbüchlein, dem gemeinen man zur nutz, in offentlichem Druck außgehen lassen. Weil aber dergleichen Gesangbüchlein dieser orthe, ein großer mangel gespürrt wirdt: so ist dieses, auß vielen andern zusammengetragen, vndt den frommen Catholischen zu nutz vndt trost in Druck verfertiget worden. Gott gebe, daß hierdurch nicht allein allerley weltliche vndt leichtfertige Lieder aufgehebet werden, sondern wir auch mit reinem Hertzen vndt Mund Gott den Herren in seiner alten catholischen Kirchen mögen loben vndt preyßen. Amen.

Vorrede zum Würzburger Gesangbuch 1628.

Wir Philips Adolph von Gottes Gnaden Bischoff zu Wirtzburg vñ Hertzog zu Francken, ꝛc. Demnach vns vnterschiedlich vorkommen, dz in vnserm Stifft vñ Bisthumb Wirtzburg biß anhero allerley Gesangbücher vnd vngleiche Gesäng gebraucht, vnd hierdurch zimliche verwirrung verspüret wordē. Vnd damit dañ hierinnen ein gemeine Melodey vnd Vbung seyn vñ verbleiben möge, haben wir auß tragender Bischöfflicher vnd Vätterlicher vorsorg nit für vnrahtsam ermessen, ein allgemeines Gesangbuch, in welchē allerhand gute alte vñ newe, in Christlicher Catholischer Kirchē ieder zeit nützlich geübte, vnd off all Soñ- vnd fürnehme Festtäg, wie auch auff Bitt- vnd Wallfahrten, vnd alle zeit durchs gantze Jahr gerichte Gesäng, zusammen colligieren, vñ in Druck geben zu lassen. Derwegē allen vnsern angehörigen Pfarrern, Seelsorgern, Catechisten, Schulmeistern, Vnderthanen vñ Pfarrkindern gnädig anbefehlent, hinfüro dieses vnd kein anderes Gesangbuch oder Gesänger, in ihren anbefohlenen Kirchen vnnd Schulen, so woln rö alten als jungen, Manns- vnd Weibspersonen zu brauchen vnd zu üben, auch ferner keins ohne vnsern gnädigen Consens vnd Vorwissen in vnserer Statt Würtzburg, vnd gantzem Bistumb, in Truck zu geben, auch dieses niergends nachzutrucken. Das verlassen wir vns also zu geschehen gnädig, vnd hat sich männiglich darnach zu richten. Geben in vnser Statt Wirtzburg, den viertzehenden Decemb. im Jahr tausent sechshundert sechs vñ zwantzig.

Newe vnd Alte auserlesene sehr anmüttige Catholische Kirchen Lieder. Prag 1655.

Vorrede
An den günstigen Leser.

Es ist nicht vnbewust großgünstiger Leser, wie daß bißhero an vnterschiedlichen orthen, viel herrliche, schöne, vnd andächtige Catholische Gesangbüchlein in truck verfertiget, vnd außgangen seyn. Weiln deren aber die wenigsten in dieser Gegendt, fürnemblich aber an des löblichen Königreichs Gräntzen befunden werden, habe ich zu erstattung dieses mangels zusammen getragen etliche alte, vnd newe schöne Melodeyen mit dem Discant vnd Bass; alles zu Göttlicher Ehre, vnd dann zu sonderbaren Lob vnd Preiß der Allerseeligsten, Glorwürdigsten Jungfrauen vnd Mutter Gottes Mariae, in den Wahlfahrten jährlichen vnd offtermaln, insonderheit aber auff dero vnterschiedlichen Festtägen mit grossem eyffer, grosser anzahl der zu- vnd ankommenden Pilgramen besuchet, vnd verehret wirdt. Damit nun diser trewhertzigen vnd inbrünstigen Walfarterern, wie auch andächtiger Christen lobwürdige Andacht, Liebe zu Gott, vnd vnser lieben Frawen, gleich wie jetzt mit dem H. Gebeth, also auch jetzt mit Geistlichen Lobgesang gemehret werde, vnd damit sie Gelegenheit haben, so wohl auff der Reiß, als auch eben an den Heiligen Ortheu selbsten, ja sonsten das gantze Jahr durch auch die liebe Jugendt in der Christlichen Lehr; andere anheimbs vnter der arbeit; oder sonsten im reisen zu Wasser vnd Land, Gott, vnd seine Heyligen zu loben, vnd zu preysen; ist von nöthen gewesen, auß begürd grösserer Ehren Gottes, vnd des Nechsten Heyl allezeit zubefördern, dieses Gesangbüchlein wiederum in Truck vorzustellen. Verbleib der weilen dieser Hoffnung, vnd Meinung, es werde von jedermänniglichen mit Lieb vnd Gunst auff- vnd angenommen werden; weil ihnen wohl bewust jene Lehr des Heyligen Augustini: Qui bene cantat bis orat. Das ist: Der von Hertzen, vnd inbrünstiger Lieb zu Gott singet, dessen Gesang gielt so viel bey Gott, als ein zweyfach Gebett. His vale lector et fruere. Vetero-Pragae, den 19. August. Anno 1655.

Vorrede aus „Heilige Seelenlust, oder Geistliche Hirtenlieder, der in ihren Jesum verliebten Psyche, Gesungen von Johann Angelo Silesio, und von Georgio Josepho mit außbundig schönen Melodeyen geziert, u. s. w. Ausgabe vom Jahre 1657.

Verliebte Seele.

Ich gebe dir hier die Geistlichen Hirten-Lieder, und liebreiche Begierden der Braut Christi zu ihrem Bräutigam; mit welchen du dich nach deinem Gefallen erlustigen, und in der Wüsten dieser Welt, als ein keusches Turtel-

täublein nach Jesu deinem Geliebten inniglich und lieblich seufftzen kanst. Es wäre uns ein Spott, wann wir es uns die Welt-Verliebten, welche von ihrer schnöden und blinden Liebe so viel singen und sagen, wolten lassen zuvor thun, und nicht auch etwas von der Liebe unsres süsses Gottes singen. Denn ob zwar viel schöne und außerlesene Bücher von der Göttlichen Liebe-Kunst durch die heiligen Gottes Menschen geschrieben, und an Tag geben worden; so habe ich doch noch allzeit anmuttige Lieder und Gesänge darbey verlanget; als durch welche sich eine liebhabende Seele mehr erquikken und auffmuntern, und die Liebe ihres Hertzens mit hellem Munde darthun, und durch deroselben anmuttigen Klang die Bitterkeit dieser Welt ihr gleichsam versüssen und verzukkern kan. Wiewol ich nun in diesen Liedern nicht höher und prächtiger reden oder tieff-sinniger Sprüche mich gebrauchet, sondern nach Beschaffenheit meines Gemüttes die Liebe meiner Seelen mit einfältigen Worten geübet: So weiß ich doch, daß du gar wol damit wirst zufrieden sein; als welcher Liebe in keinem Wort Gepränge, sondern in Auffrichtigkeit deß Gemüttes und einfältigem Hertzen bestehet. Ueberdieses so gebe ich dir solche in die Hand, daß nicht nur du dich derer gebrauchen sollst; sondern damit (wie ich verhoffe) andere gute Gemütter (die es besser thun können als ich) dadurch angereitzet werden ihre Göttliche Liebes-Gedanken auff dergleiche Weise hersür zu bringen, und dich mit was besserem zu beschenken. O daß doch alle Menschen ihre Sinnen und Gedanken, nur bloß darzu anwendeten, daß sie Gott liebten, und andere darzu anreitzeten! Es ist immer schade, daß so viel geschikter Köpffe ihre Zeit und Gaben mit Beschreibung der thörichten Welt-Liebe, so unnützlich verschleissen; und der Liebe ihres süssen Seligmachers, dem sie sich doch gantz schuldig, nicht mit einem Worte gedenken: da doch dieselbe so überschwenglich groß, reich und hulfselig, daß sie ja so viel schöne Anmutungen und Fürstellungen an die Hand geben kan, als nimmermehr die Liebe aller Creaturen. O ihr Poeten wie seyd ihr solche Thoren, daß ihr eure Hertzen und Sinne euren Dorinden, Flavien, Purpurillen, und wie sie weiter heissen, ergebet; welche doch entweder nichtige Undinger und Schatten in der Lufft, oder ja wahrhafftige Syrenen und Verführerinnen eurer Seelen seyn. Wendet hier eure Ersindungen und Federn an; hier, hier in dem unvergleichlichen Angesichte Jesu Christi, ist die allerfreundlichste Anmuttigkeit, die alleranmuttigste Lieblichkeit, die allerlieblichste Huldseligkeit, und allerhuldseligste Schönheit. Hier blühen die unverwelklichen Rosen und Lilien, seine Wangen; hier wachsen die unverbleichliche Corallen, seine Lippen; hier scheinet die unverfinsterliche Sonn und Monde seine Augen: hier ist der anbetenswürdige Thron des Glantzes der Herrligkeit, seine Stirne: hier wehet der ewige West-Wind, sein huldseliger Athem, der die gefrorene Erde eures Hertzens kan auffthauen und erquikken: diese Schönheit liebet und beschreibet, und vertieffet euch gantz und gar in sie. Wollt ihr mehr, so wisset daß hier ist, der huldselige Daphnis, der sorgfältige Corydon, der treue Damon: ja der Preiß und die Krone aller tugenthafften und außerlesnen Schäfer und Schäferinnen. Es ist hier die mildreiche Galathee, die ewige Güttigkeit, (als süsse Milch-Göttin;) die edle Sophia, die ewige Weißheit; die schöne Callisto, die ewige Schönheit; und alles, was ihr nur wollet. Ach wie hochverdienstlich könte euer dichten, und wie erbaulich eure Liebe sein! wendet auch derowegen zu mir und liebt mit mir meinen Jesum. Denn das wird uns eine ewige Freude seyn. Du aber liebte Seele, gebrauche dich unterdessen dieser Lieder, und erhebe dein Gemütte Zu dem Schönsten unter den Menschen-Kindern unserm Jesu. Dessen seligmachender Umbfahung ich dich hertzlich befehle.

Erinnerung an den Leser.

Geliebter Leser, es sind in diesem Büchlein hin und wieder etliche Melodeyen, welche von uns nicht erfunden sind; sondern von dem Urheber umb gewisser Ursachen willen angenommen worden. Und ob zwar ihre Erfinder uns nicht bewust, so habe ich doch dir solches zu wissen thun vor gut befunden, damit du nicht denkest, wir haben uns mit fremden Federn zieren wollen, und selbige vor unsre außgegeben. Nihms vor gutt auff, und gehab dich wol. Werden wir aber verspüren, daß dir diese Arbeit gefallen wird, so solt du künfftig unsre meiste Melodeyen mit schönen Symphonien und vollstimmigen Instrumenten zu offentlichem Kirchen-Brauch zu empfangen haben.

Die Psalmen des Königlichen Propheten Davids. In Teutsche Reymen vnd Melodeyen verfasset. Getruckt zu Mayntz 1658.

Vorred an den Christlichen Leser.

Was die Geistreiche Psalmen deß Königlichen Propheten Davids vor hohe Geheimnuß in sich begreiffen; wie deutlich sie die Allmacht, Weißheit und Güte Gottes vor Augen stellen, und hierdurch dē Menschen zur Erlandtnuß, Lieb und Lob seines Schöpffers auffmuntern; mit was vor Göttlichen wahrheiten sie dē Verstant erleuchten; durch was vor gewaltige Bewegungen sie den Willen zu aller Tugendt antreiben; was für ein brennenden eiffer der Andacht und Geistlichen trost, sie in dem Hertzen erwecken; was für ein himmlisch Fewr der Göttlichen Lieb sie in der Seelen anzünden; durch was wunder schöne Lehrstück sie Jedermann zu einem Christlichen vnd aufferbäulichen Wandel anführen, ist vnvonnöthen, allhier weitläuffig zu melten: weil von tieffen, vnd dergleichen kräfftigen würckungen derselben, nichts kan gesagt werden, welches von den heyligen Vättern, vnd Kirchen-Lehrern, nit schon vor längst ist Gesagt vnd Geschriben worden; welche tieffen Theil der H. Schrifft, als einen von den fürnemsten, Geistreichsten, vnt nutzlichsten, mit vielen hertzlichen Ehrentiteln gerühmbt, und gezihrt haben.

Unter andern, kan man nit übergehen, die ansehliche Lobspruch deß H. Kirchenlehrers Ambrosii, welcher, in der Vorred über die Psalmen, diese Göttliche Gesäng nennet ein Segen der Völcker, ein wohllautende bekantnuß teß Glaubens, ein vernünfftige Andacht, ein besänfftigung des zornigen Gemüths, ein Artzeney der vnruh vnd zerstörung, ein Bildnuß der Einigkeit, ein Trewring deß Fridens, ein Zeughauß der geistlichen Waffen, ein Christen Feldherren deß innerlichen Geistlichen Kriegs, ein Lehrmeister der Pflichten vnd Schuldigkeit deß Christlichen Menschens gegen Gott, ein Trost bei der Tags-Arbeit, ein trewer beystandt bei der Nächtlichen vnruh, vnt beschwärnussen, ein vnderweisung auff dem Weg der vollkommenheit, ein stärckung der vollkommenen, ein Gottesdienst der Engeln, ein Geistliches Opffer des Himmelischen Kriegsheers, ein erwaichung der allerverstockten Hertzen, ein Werckzeug aller Tugendt, ein Allgemeine Artzney des menschlichen Geschlechts.

Solche, vnd dergleichen Geistliche Nützlichkeiten der Psalmen, destomehr zu befürdern, haben etliche wohlmeinende Personen sich vnterfangen, Dieselbe in Teutsche Rhymen vnd Melodeyen zuverfassen; vnd also zu beobachten die heylsame Lehr deß H. Apostels Pauli, welcher in seinen Sendschreiben an die Ephesier am 5. vnd an die Colossenser am 3. cap. die Christen ermahnet, daß sie einander vnterweisen, sich vnter einander trösten vnd in Geistlicher Frewdt ergätzen, durch das Gesang der Psalmen, vnd durch die Geistliche Lieder: wohlwissendt, daß die Lehr vnd Satzung Gottes durch solchs annehmmlichs mittel desto lieblicher in die Hertzen einfliessen, desto leichter darin erhalten vnd auch mit träfftigerem Nachtruck ohne grosse beschwährnuß, ja mit lust der Seelen in dz Werck gesetzt werde.

Und eben dieses hat schon vorlängst viel andere andächtige, gelehrte, vnd die ehr Gottes Liebhabende Personen veranlast, den Psalter Davids in vnterschidlichen Sprachen, Verß- vnd Rehymenweiß, entweder kurtz, oder weitläuffig, nach eines jeden belieben vnd gutem vorhaben, an Tag zu geben. Dieser seiten aber hat man sich Embsig dahin beflissen, den Text weder zu Eng zu fassen, damit der Sinn vnd Verstand der heyligen Worten nit duncklel vnd vnklaer gelassen würde: weder zu Weitläuffig außzulegen, damit man nit etwan von dem Geist, mit welchem sie von dem H. Propheten Geschriben seind, durch gesuchte Zihrligkeit der Wohlredenheit, vnd überflüssige außschweiff, mögte abweichen, vnd also den Geschmack der Andacht verlihren.

Den verstandt der heyligen Worten betreffendt, hat man denselben nit auß eigener meinung oder vrtheil genommen; noch den sinn deß H. Geistes verträhet, vnd auff andere eigensinnige vngeräumbte außlegung gezwungen, vnd gleichsam mit den Haaren dahin gezogen: sondern in allem sich bey der Außlegung der H. H. Vätter vnd Kirchenlehrer gehalten. Vnangesehen aber, daß diesse Teutsche Rhythmische übersetzung, wo sie etwan, zu erhaltung der vollkommenheit der Versen vnd Rehymen, bißweilen erweitert, oder eingezogen worden, nach reifflicher erwegung gelehrter Theologen, dem H. Text, wo nit von Wort zu Wort gleichlautend, doch auch nit widerlauffend, sondern dem wahren Sinn vnd Verstand gemäß ist befunden worden; nichts destoweniger vnderwürfft man dieselbe gehorsamblich der Censur vnd Vrtheil der allgemeinen Christlichen Catholischen Kirchen, als welcher allein gebühret, in duncklen vnd zweiffelhafftigen stellen der H. Schrifft, den rechten, wahren, vnd vnfehlbahren Außschlag zu geben: nicht aber denen, von der wahren Kirchen abgesönderten, vnd zertrennten particular-meinungen, vnd klüglenden Geistern; durch welcher eigensinnige Außlegung nichts anderst, als Zwispalt, vnd Vngewisse, je offtermahls falsche Vrtheil heraußkommen. Und dieses seind eben die Psalmen, welche man vor diesem in der Vorred der Rehymen-weiß in Truck verfertigten Sonn- vnd Feyrtäglichen Evangelien versprochen, vnd hiemit durch die hülff vnd genad Gottes, an daß Liecht hat gegeben, mit fernerem vorsatz, vnd vertröstung, bey künfftigem widerholtem Truck, einem jeden Psalmen ein absonderliches, auß deselben Innhalt gezogenes Gebett beyzufügen.

Der Christliche Leser wölle sich dieses Psalters beförderst zur Ehr, vnd Lob deß Allerhöchsten Gottes, als welcher von vns armen Menschen nit genugsam kan gepriesen werden, vnd dan auch zu seiner Seelen Heyll vnd Trost, nützlich gebrauchen.

Catholische Außerlesene, Alt vnd Newe Gesäng, Molßheim, Bey Caspar Kößler, im Jahre 1639.

Wir Frantz von Gottes Gnaden, Bischoff zu Verdun, Hertzog zu Lotharingen, Barr, Geldern, vñ Calabriē u. s. w. Marggraff zu Mussipont u. s. w. des Heil. Römischen Reichs Fürst, der Chur: Ertz: Primat: vnd hohen Stiffter Cöllen, Magdeburg vnd Straßburg respective Dum-Probst, Dechant vnd Statthalter General, u. s. w.

Demnach der König David in seinem 112. Psalm die liebe Jugend zum Lobgesang Gottes anmahnet sprechend: Kinder, lobet den HErrn, lobet den Namen deß HErrn. Vnd auch der Apostel zu den Colossern 3. Muntert nicht allein auff die zarte Jugend vnd Kinder, sondern auch jeder männiglich Gott zu loben mit Psalmen, Lobgesängen, vnnd mit Dancksagung zu singen. Ja der handgreiffliche Augenschein selbsten gibt es, was gestalt das gemeine Volck, wann man ihm nicht gute, Catholische vñ vnverfälschte Gesangbücher an die Hand gibt, hinderlistig vñ behendelich hintergangen wird, was nemlich für hochärgerliche, vnd der lieben Jugend schädliche Melodeyen vñ Gesäng einschleichen, durch welche der liebe GOtt höchlich erzürnet, der Neben-Mensch aber übel aufferbawet, vnd die zarte Jugend jämmerlich verführet wird.

Nun aber allem diesem Vnheyl vorzubigen, so ist im Jahr 1629 zu deß gemeinen Manns besten, wie auch zu der so wol Lateinischen als auch Teutschen Schulkinder nutzen in vnserm Bisthumb, auß alten vnd newen geistlichen Kirchen-Gesängen ein Gesangbuch zusammen gezogen vnd getruckt worden, desselben sich in den Schulen, heiligen Meß, Catechismo, Creutzgängen, vnd Kirchfarten, ja so gar auch in den Häusern vnd überall, auch bey der Hand-Arbeit zu gebrauchen: Dieweil aber von denen dazumal in offenen Druck außgegangenen Exemplaren gantz keine mehr zu finden vnd vorhanden, noch weniger zuverkauffen gewesen. Als haben wir für gut, nützlich vnd rathsam angesehen, damit nechstgemeltes Gesangbuch wiederumb von newen aufgelegt vnd gedruckt werde.

Auff daß aber hinfüro durch andere, newe, veränderte vnd anderswo gedruckte, vnd hergebrachte Gesangbücher, auch vngleiche Gesäng vñ Melodeyen, nit etwan eine Verwirrung entstehe, wie zu geschehen pfleget. Befehlen wir gnädigst, allen vnsern gehörigen Pfarrherrn, Seelsorgern, Catechisten, Schulmeistern, Vnterthanen vnd Pfarrkindern, hinfüro dieses, vnd kein anders Gesangbuch, oder Gesänger in ihren anbefohlenen Kirchen vnd Schulen, so wol von alten als jungen, Manns- vnd Weibes Personen zu gebrauchen vnd zu haben. Das verlassen Wir Vns also zu geschehen gnädigst, vnnd hat sich männiglich darnach zu richten. Geben zu Molßheim im Jahr 1659.

Denen Hoch vnd Wol.-Ehrwürdigen, Hochgelährten, der Hoch Ertz: Fürstl. Durchl. Herrn Hn. Leopold Wilhelms, Ertz-Hertzogen zu Oesterreich, u. s. w. Herrn Georg Alban Meyer, der heiligen Schrifft Doctori, u. s. w.

Herrn Jacob Neunheuser, der heiligen Schrift Doctori, u. s. w. Herrn Joanni Reineri, geistlichen Raths vnd Hoffs Insiglern, u. s. w. Herrn Johann Will, geistlichen Rath vnd Secretario, u. s. w.

Auß den lieben heiligen Bättern, wie auch nicht weniger auß den Kirchen Historien ist jedermänniglich genugsam bekant, was gestalt zu jederzeit die Sectirischen vnter anderen Mitlen, damit sie ihre böse Werck fortsetzen, allerhand Lieder, Melodeyen vnd Gesäng, dem gemeinen vnbehutsamen Volck an die Hand geben, daßelbe mit einer so annemlicher Weiß an sich zu halten, vnd in ihre Spaltungen zu bringen. Solches bezeuget von den Donatisten der H. Augustinus epist. 119. ad Januar. von den Arrianern Niceph. l. II. c. 12. vnd waren dergleichen Melodeyen, nicht weniger in sich lieblich zu hören, als auch bequem bei der Handarbeit, vnd bey den Spindelrocken zu singen.

Wann nun dieser der Seelen so schädlicher List von den Schwermern für die hand genommen vnd gebraucht worden, das gemeine Volck so ohne das zu dem singen geneigt, zu verblenden vnd zubethören, so haben auch in dem alten Christenthum die Catholische Bischöff vnd Seelsorger der Sectarischen Burath vermerckt, derowegen vnverfälschte, reine vnd andächtige Lobgesäng zugerichtet, damit ihre Schäflein nicht allgemach durch die gemeinschafft der ketzerischen Melodeyen von der gesunden vnd rechten Weyd mit lieblicher Argliftigkeit würde abgeführt. Also hat ihm gethan der H. Chrysostomus zu Constantinopel wider die Arrianer, vnd der H. Augustinus wider die Donatisten in Africa vnd an andern Orte, andere in der Christlichen Kirchen hocherleuchte Männer vnd Lehrer. Vmb eben dieser Vrsach willen werden es gethan haben in vnserm lieben Vatterland Teutscher Nation, die geistliche Vorsteher vnd Hirten, damit an statt der verführerischen, ehtelen, vnreinen, vnd der lieben Jugend schädlichen Gesängern, reine vnd vnverfälschte Melodeyen an die Hand geben würden, durch deren übung sie andere liessen fahren vnd schwinden. Vnd diweil in dem Jahr Christi 1629 in dieser Statt Molsheim, für die Christliche Gemein, vnd besonders in vnterweisung der zarten Jugend ein sehr schönes Büchlein von allerhand approbirten Gesängern durch offenen Druck verfertiget worden, dessen Exemplar keins mehr zu finden gewesen: Als hab ich zu dem gemeinen besten vnd offentlicher Andacht fürgut angesehen, jetzt gemeldtes Gesangbuch, doch in etwas mit andern Gesängen vermehret, wiederumb lassen auflegen vnd drucken, welches ich denn vnter E. E. Hochw. löblichen Name hab wollen herauß gehen lassen, dieselbe demütig bittend, diese meine wolmeinende ob schon geringe Arbeit in den Schutz vnd Schirm befohlen seyn lassen. Dieselbe hiemit dem Allerhöchsten in Gnaden langweilig befehlend, in Molßheim am Tage Maria Heimsuchung der 2. Hewmonat 1659.

E. E. Hoch: vnd Wol Ehrw. vndervienstwilligster Diener

Caspar Rößler, Buchb. alldar.

Catholische Geistliche Nachtigal, Erffurdt 1666.

Freundlicher Christlicher lieber Leser!

Es ist bey uns Deutschen ein Sprichwort, Gereden vnd halten, steht wol bey Jungen vnd Alten: Solches Spruchs vnd Zusage, weiß ich mich noch wol zu erinnern, als ich etliche Jahr hero gespüret, daß vnsere Procession allhier von Erffurdt naher Schmiereftädt, welche vnsere lieben Alten Catholischen Vorfahren, mit Gottseligem Eyffer, andächtig verrichtet, aus

Uhrsachen, weil im Jahre nach Christi Geburt 1316. eine solche grosse Hungers Noth, und Thewrung eingefallen, daß ein Marxbrödtlein, (welches noch zur Gedächtniß umb selbige Jahres Zeit gebacken) eines umb drey Pfennige, (etliche wollen sogar einen Groschen sol gegolten haben) in ziemlichen Abgang kommen, daturch die armen Seelen, welche dazumal zu Schmiedestädt hundert drey und dreyssig Schock und fünff Menschen, welche zusammen 7935. so Hungers gestorben, begraben liegen, der Frommen Christen Gebet auff solche Weise beraubet werden: Als ich aber deren Uhrsach gespüret, daß an Gesang-Büchern, ein grosser Mangel gewesen, daß also die liebe Jugend, bey solcher Gottseligen Andacht, nicht hat können mit singen, da dann anstatt des Singens, von etlichen bösen Buben grosser Muthwill getrieben, welches ohne Zweiffel dem lieben GOtt sehr mißfallen, und bey unsern Benachbarten, welche unser Religion nicht seyn, grosse Ergerniß geben, habe derselben in aller Eil, ein kleines Gesang-Büchlein, in welchem nur 20. der andächtigsten Lieder, so in der Wahlfahrt gesungen werden können, und über sechs Pfennige nicht gegolten, heraus geben lassen, aber sie seynd dem Verleger mehrentheils liegend blieben, derhalben ich meiner Zusage (wie jetzt der Welt Gebrauch) nicht halten wollen: Weil aber die Eiffelder aus Gottseligem Eiffer, etliche Jahr hero Schrifftlich, als Mündlich angehalten, als habe Ich, auff etlicher Catholischer Christen Begehren (welches doch den Weltlichen nicht gebühren wil,) solches Wercklein vorgenommen, und solches von Alten und Neuen Catholischen Autoribus, durch das gantze Jahr durch die besten andächtigste, so in Göttlichen Aemptern gebräuchliche Gesänge, jedes an seinem gehörigen Ort und Tittul, gesetzet, zweiffle nicht, es werden Fromme Christen, mit dieser Lobsingenden Nachtigal, GOTT den Allmächtigen erfrewen und erlangen, was uns wird nützlichen seyn an Leib und an der Seelen. Dann in dieser Geistlichen Nachtigal, keine Galle, Haß, noch Neid Leyd zu finden, wie in unsern Benachbarten Gesangbüchern, so die heilige Römische Alte Catholische Kirchen, neben der Römischen Käyserlichen Majestät, trotziglich anrühren, welche zu keiner Andacht, Aufferbawung, noch vertrawlicher Einigkeit, einigen Nutzen bringen können.

Schließlichen, so bin Ich der gäntzlichen Zuversicht, es werden, Fromme Andächtige Christen, sich dieses kleinen, doch kräfftigen Gesang Bücheleins, zu GOTTES, Seine lieben werthen Mutter und allen lieben Heiligen zu Ehren, und ihrer Seelen Seligkeit, nützlichen zu gebrauchen wissen, und ein Exempel an den heiligen drey Königen, welche in harter rauher Winters Kälte, über Berg und Thal, durch wüste Einöden, mit einem grossen Commitat, über 232. grosse Meilen, das liebe Christ-Kindlein gesucht, gefunden, und ihre Schätze, mit grosser Andacht und Liebe kniend Auffgeopffert. Es sol uns auch auff muntern, die beschwerliche Reise, welche der heilige Joseph, mit Maria, und dem Christ Kindlein JESU, (als Herodes dasselbe suchte zu tödten) über 92 Meilen, von Nazareth biß in Egypten, durch wüste ungebahnte Strassen verrichten müssen.

Es sol uns auch bewegen, die grosse blutige Procession, als JESUS CHRISTUS unser einiger Erlöser, von Pilati Richthauß, bis auf den Berg Calvariae mit der schweren Last des Creutzes, mit vielen schlagen und stossen, umb unsernt Willen, willig vollbracht.

Weil nun der Geistlichen Nachtigal die Federn gewachsen, und begierig, wohin man sie begehret, zu schwingen und sich hören zu lassen:

Als wird solches New Gesang Büchlein, bey Meister Hans Schäffern, Bürger und Buchbinder in der Pergamentergassen in Erffurdt, welcher solches Werck, durch seine eigene Unkosten, verlegt, umb einen billichen Kauff, erlangen und gegeben werden. Hiermit GOTT befohlen. Datum in der Chur Fürstl. Mäyntz. Stadt Erffurdt in Thüringen, den 8. Julii 1666.

Die Dedication, welche dieser Vorrede vorausgeht, ist gerichtet an Herrn Johann Philipp Erzbischof zu Mainz, Erz-Cantzlern u. s. w. und unterzeichnet von Caspar Melchior Haaß, unter dem 8. Juli 1666.

II.

Besonderer Theil.

Die Singweisen und ihre Geschichte.

Marienlieder.
(No. 1—91.)

No. 1.
Fraw von hertzen wir dich grüſſen.
Vff das Feſt Conceptionis auch zu andern zeytten.
Das teutſch Salue.
(K. II, 376; W. II, 673.)

Behe 1537; Leiſentrit 1567 ꝛc.; Cöln (Quentel) 1599, 1613; Mainz-Speyer 1631; Trier 1695.

Fraw von her-tzen wir dich grüſ-ſen, Kö-ni-gyn der barm-her-
Vn-ſer le-ben vn-ſer ſüſ-ſe, Vn-ſer troſt der gruß ſey dir
tzig-keyt,
be-reyt, Zu dir wyr ſchrey-en el-len-de kyn-der Eu-e
in dem ja-mer-thal, Zu dir wir ſeuff-tzen kla-gen-de wey-nen-
de in die-ſem ze-her-thall. Ey-a dar-umb ſo du biſt vn-ſer
vor-ſprech-li-che zu-flucht, dein barm-her-tzi-ge au-gen zu vns wen-de
Vnd den heyl-land Je-ſum Chriſt dey-nes leybs ge-ſeg-ne-te frucht,
er-tzeyg vns nach die-ſem el-len-de, O du barm-her-tzi-ge,
O du gü-ti-ge, O du ſüſ-ſe Jung-fraw mut-ter Ma-ri-a.

Anmerkung. Bei der Angabe der Geſangbücher über den einzelnen Liedern habe ich mir, um nicht jedesmal den ganzen Titel anzuführen, Abkürzungen erlaubt; theilweiſe iſt der Autor, theilweiſe, wo ein ſolcher nicht vorhanden, der Druckort angegeben. Den ganzen Titel findet man unter der angegebenen Jahreszahl in der Bibliographie des erſten oder dieſes zweiten Bandes.

Salve Regina mater misericordiae etc., diese herrliche Antiphon von der Mutter Gottes mit ihrer unvergleichlich schönen Melodie wird von Trithemius († 1516) und dem Cardinal Bona († 1674) dem Hermann Contractus († 1054) zugeschrieben (Rambach, Anthologie I, S. 247). Bona berichtet ferner, daß der h. Bernhard von Clairvaux, als er im Dome zu Speier das Kreuz predigen wollte, mit diesem Gesange empfangen worden sei, und zum Schlusse, ganz ergriffen, die Worte hinzugefügt habe: „O clemens, o pia, o dulcis virgo Maria". (Div. Psalm., 576 ff.) Durantus († 1296) nennt in seinem Rationale div. Officiorum (Lib. IV. cap. 22) einen gewissen „Petrus Compostellanus Episcopus" als Verfasser. Als sicher ist wol anzunehmen, daß die Antiphon im 11. Jahrhundert bereits bekannt war, da der Erzbischof Bernhard von Toledo, der im Jahre 1128 starb, Predigten über dieselbe gehalten hat. (Gerb. De cantu et musica sacra II, S. 37.)

In der Liturgie hat die Antiphon ihren Platz am Schlusse der Tageszeiten von der ersten Vesper des Dreifaltigkeitssonntages an bis zur Non des Samstages vor dem ersten Adventssonntage. Protestantischerseits wurde der Gesang, da Luther ihn bereits scharf tadelte (Ges. Werke XI, 3146, ed. Walch), umgeändert und auf Christum angepaßt: „Salve Rex aeternae misericordiae" ꝛc., und in dieser Form zuerst im Jahre 1525 in der Bartholomäuskirche in Erfurt gesungen (A. v. Dommer, Musikal. Lexicon, 1865. S. 741).

Die Antiphon ist im 15. und 16. Jahrhundert vielfach ins Deutsche übertragen und bearbeitet worden. Wir müssen uns hier damit begnügen, auf die betreffenden Texte bei Wackernagel hinzuweisen. Bd. II. Nr. 485, 670, 671, 672, 673, 764, 769, 772, 773, 801, 802, 867, 1220, 1262, 1407. Andere bei Mone, Hymnen Bd. II, S. 205 und 211. Die obige Uebertragung findet sich nach Wackernagel (II, 671) und Hoffmann (Gesch. des deutschen KL. No. 197) handschriftlich aus dem 15. Jahrhundert auf der Bibliothek zu München (cod. lat. 5023) und auf der Heidelberger Universitätsbibliothek in einer Handschrift Simprecht Krölls vom Jahre 1516 (cod. 109. 4°).

Die Melodie, welche die abgekürzte Weise der lateinischen Antiphon bildet, hat Meister aus der genannten Münchener Handschrift copirt und im I. Bande No. 5a unter die Facsimiles aufgenommen.

No. 2.
Gegrüsset seistu Edleste Königinn.
Salve Regina.
In seinem Kirchenthon.
(K. II, 374.)

Andernacher Gsgb. 1608; Paderborn 1617; Cöln (Brachel) 1619, 1623; Mainz 1628; Würzburg 1628; Cöln (Brachel) 1634; Psalteriolum 1642; Würzburg 1649; Prag 1655; Molsheim 1659; Erfurt 1666; Rheinfels. Gsgb. 1666; Nordstern 1671; Münster 1677; Mainz 1696.

Ge-grüs-set sei-stu Ed-le-ste Kö-ni-ginn, der Menschen vnd

Marienlieder. 71

Die Melodie ist, nach der Ueberschrift zu schließen, einer andern Choralmelodie des Salve Regina entnommen. Die # # stehen bereits im New-Mahntzischen Gesangbuche 1628.

No. 3.
Gegrüst seyst Maria.
Gulden Ave Maria.
(W. II, 607.)

Beuttner (1602) 1660.

Wackernagel setzt das Lied in das 15. Jahrhundert.

Andere Melodien zu diesem Text finden sich im Mainzer Cantuale 1605 und 1627, im Paderborner Gesb. 1609, im Hildesheimer Cantuale 1625, bei Corner 1631, auch bei Haym von Themar 1590. Wir haben dieser, als der schönsten, den Vorzug gegeben.

---

1) Die übrigen Gesangbücher außer dem Andernacher haben meist g statt b.

2) Im Würzburger Gesb. 1649 heißt der Schluß:

Im Rheinselsischen Gesb.: . Die über den Linien stehenden # # finden sich in einigen späteren Gesangbüchern.

No. 4.
Maria Königin.
Salve.

Rheinfelsisches Gsgb. 1666.

Das Salve Regina auff ein andre Weiß.

Münstersch. Gsgb. 1677.

No. 5.
So bitten wir Gott den Vatter.
Das Salve Regina teutsch.
(K. II, 377; W. II, 1220.)

Beuttner (1602) 1660.

Corner 1631 hat auch den Text im Ton: „Hettn wir so wahr Gotts Hulde". (I. Bd. No. 152.)

Diese lateinische Prosa von der Mutter Gottes fand ich ohne die Einschiebsel in deutscher Sprache mit derselben Melodie (in Hufnagelschrift) in einem Processionale aus dem ehemaligen Kloster Schonenberg (handschriftlich aus dem 15. Jahrhundert). Mone theilt den Text mit aus einer Handschrift des 15. Jahrhunderts in Karlsruhe (Hymnen II, No. 614). Der deutsche Text wurde vom Volke responsorisch gesungen.

No. 7.
Bis gegrüst du Meerstern.
(Ave maris stella.)

Am Fest Conceptionis Oder Empfengnus, vnd Natiuitatis oder geburt Mariae, ein andechtiger Gesang.

(D. V, 1351.)

(K. II, 394.)

Altkirchlicher Hymnus (bei W. I, 85), den Daniel (Thesaurus I, 204) ins 6. bis 9. Jahrhundert setzt, Mone aber später (II, No. 496). Von den Uebertragungen ins Deutsche erwähnen wir:

1. Ave meresterne, gotes muter heiligiv, aus dem 12. Jahrh. Kehrein, Kirchen- und religiöse Lieder 1853, S. 49.)
2. Heiliger meresterne, dinen friunde, die da verre. Bearbeitung vor dem 14. Jahrh. (Mone II, S. 227).
3. Ave meres sterne, aus dem 14. Jahrh. von Johann Mönch von Salzburg (W. II, 594).
4. Bis grüst, stern im mere, aus dem Jahre 1419 von H. von Loufenberg (W. II, 757).
5. Ave maris stella, bis grüst ein stern im mer, 1443 von demselben (W. II, 778).
6. Jesu muter, des mer ein stern, aus dem 15. Jahrh. (W. II, 688; Hoffmann, Geschichte des Kirchenliedes No. 277).
7. Got grüsse dich, lichter meresstern. 15. Jahrh. (W. II, 867).
8. Gegrüst seyst, möresstern, Ortulus Cmime. Strassburg 1501 (W. II, 1077).
9. Obegruet sijstu stern des meers. Niederländisch aus dem 15. Jahrhundert. (R. II, S. 218).
10. Pus grüest, ein stern des mörs, aus dem Hymnarius. Sigmundslust 1524 (W. II, 1357).

Der Text bei Leisentrit ist aus: „Das ander Theil Kirchisch Messen vnd Vespergesänge von R. Edingius", Cöln 1572.

Andere Uebertragungen, die in Gesangbüchern vorkommen, sind folgende:

„Gegrüst seist du Meerstern rodt, Zur Mutter dich erwehlet Gott" u. s. w. Cöln (Brachel) 1619, u. a. m.

Ferner:

„Meerstern ich dich grüsse, Gottes Mutter süsse" u. s. w. Münster 1677.

Die Melodie ist höchstwahrscheinlich gleichzeitig mit dem lateinischen Texte entstanden. Sie findet sich in der Fassung No. 2 im Gesangbuche der **Böhmischen Brüder** (1531) 1564 zu dem Liede: „O Gott Vatter gebenedeyt" (W. III, 359), sodann noch in folgenden katholischen Gesangbüchern:

Cöln (Brachel) 1619, 1634; (Quentel) 1619;   Geistl. Nachtigall. Erfurt 1666;
Würzburg 1628, 1649;   **Münster** 1677;
Mainz-Speier 1631;   **Fulda** 1695;
Molsheim 1659;   **Mainz** 1696.

Eine Erweiterung dieses Gesanges ist die Sequenz „Ave praeclara maris stella".

No. 8.
Das Ave praeclara, Lateinisch vnd Teutsch.
(K. II, 387.)

Behe 1537; Cöln (Quentel) 1599, 1613, 1619; Mainz-Speier 1631; Trier 1695.

A - ue praecla-ra ma-ris stel-la in lu-cem gen-ti-um
A - ue Ma-ri-a Fla-ter Meer Stern zum licht der Hei-den-schafft

Ma-ri-a di-ui-ni-tus or-ta. Eu-ge De-i por-ta
aus Got-tes ge-na-den auff-gan-gen. Ey du Got-tes por-ten,

quae non a-per-ta, ve-ri-ta-tis lu-men ip-sum so-lem
all-zeit ver-schlos-sen, so das licht der war-heit Christum die sonn

ius-ti-ti-ae in-du-tum car-ne du-cis in
b'ge-rechtig-keit mit fleisch be-klei-det, zur welt vns

or-bem. Vir-go de-cus mun-di Re-gi-na Cae-li
brin-get. Jungfraw der welt zier-de, Königin des him-mels,

prae-e-lec-ta ut sol pul-chra lu-na-ris ut ful-gor
du bist Fla-ter als die sonn, vil leuch-ten-der als des Monds glanz

ag-nos-ce om-nes te di-li-gen-tes. Te ple-nam
er-ken-ne al-le die dich hie lie-ben. Die Pa-tri-

fi-de vir-gam al-mae stir-pis Jes-sae nas-ci-tu-ram
ar-chen vnd Pro-phe-ten ha-ben lang be-gert, daß du Jungfraw

pri-o-res de-si-do-ra-ue-runt Pa-tres et Pro-
voll glau-bens du blü-endt Ruth, des ed-len stamms Jesse wirdst

No. 8.
Das Aue praeclara, Lateinisch vnd Teutsch.
(K. II, 367.)

Behe 1537; Cöln (Quentel) 1599, 1613, 1619; Mainz-Speier 1631; Trier 1695.

Marienlieder. 79

Im Cölner Gsgb. 1599 lautet die Ueberschrift: Autor est Hermanus contractus Comes a Veringen, qui vixit circa annum Domini, 1040. Diesem Hermann, dem Lahmen, schrieb man früher allgemein die Sequenz zu. Dagegen haben sich in neuerer Zeit einige andere Ansichten Geltung zu verschaffen gesucht. Ein um 1450 geschriebenes Collatienbuch der venerabilium fratrum Kalendarum ecclesiae B. Mariae Osnabrugensis nennt Albert den Großen als Verfasser (W. I, No. 235) und gibt zugleich folgenden Aufschluß über die Entstehung des Liedes. Albert habe einstens im Schlafe die allerseligste Jungfrau Maria, deren besonderer Verehrer er war, in königlicher Tracht in sein Zimmer eintreten sehen, ohne jedoch um ihn sich im geringsten zu bekümmern. Darüber sei er sehr betrübt geworden und habe nachgedacht, weshalb ihm dies wiederfahren sein möge. Darauf habe ihm die allerseligste Jungfrau den Bescheid gegeben, der Grund sei der, daß er ihr für eine empfangene Wohlthat nicht gedankt habe. Darauf hin sei Albert, um die h. Jungfrau Maria sich wieder gewogen zu machen, auf den Gedanken gekommen, die Sequenz: „Ave praeclara maris stella" zu dichten. A. Schubiger beruft sich in seinem Buche „Sängerschule von St. Gallen" (S. 88) auf das hohe Alter einer Handschrift im Kloster Einsiedeln (cod. 33 u. 36), der einen gewissen Heinricus Monachus (circa 1050) als Verfasser nennt. Aus diesem Codex werden sodann der Text und die Melodie der Sequenz, sowie auch ein Facsimile mitgetheilt (Monumenta 33 und Exempla No. 56). „Der Text", sagt Schubiger, „der Mutter unsers Herrn geweiht und in erster Zeit für das Fest Mariä Lichtmeß bestimmt, erscheint mit den herrlichsten Bildern geschmückt, voller Lieblichkeit und Anmuth". Ueber die Melodie sagt Glarean in seinem Dodecachordon (Basel 1547): „In ea prosa de coelorum Regina, Jesu Christi matre, plus musici ingenii ostendisse videtur, quam ingens aliorum grex sexcentis cautionum plaustris" die Sequenz habe musikalisch mehr Werth als 600 Wagen voll anderer Kompositionen. Deshalb darf es uns auch nicht auffallend erscheinen, daß dieselbe sich bald nach der Zeit ihres Entstehens einer allgemeinen Beliebtheit erfreute und nicht bloß in die Missalien überging (W. I, S. 147), sondern auch frühzeitig in die deutsche Sprache übertragen wurde. Wir führen folgende Uebersetzungen hier an:

1. Ave vil liebtir meris sterne. 12. Jahrh. (W. II, 37; Kehrein, Kirchen- u. religiöse Lieder 1853, S. 224).
2. Ich grueß dich gerne, meres sterne, von Johannes Mönch von Salzburg. 14. Jahrhundert (W. II, 566; Kehrein a. a. O. S. 160).
3. Biß grüst Maria, schöner Merstern, von Heinr. von Loufenberg, aus dem Anfang des 15. Jahrhunderts (W. II, 763).
4. Ave durchleuchte stern des meres, von Seb. Brant, aus dem Ende des 15. Jahrhunderts (W. II, 1333; K. II, 386).
5. Niederdeutsch: Maria gegrotet sestu vorschonende stern des meres, Anfang des 16. Jahrhunderts (Mone II, S. 358).
6. Biß gegrüsset, o Maria, du schöne Meerstern, von R. Edingius. (Das ander Theil Kirchischer Messen vnd Vespergesenge, Cölln 1572).
7. Ave Maria, klarer Meer Stern, Cölner Gsgb. (Quentel) 1599, u. a. m.

Diesen letzteren Text haben wir nebst der Melodie oben abgedruckt, nicht den von Seb. Brant im Behe'schen Gesangbuche, weil dieser in die späteren Gesangbücher nicht übergegangen ist. Im Gesangbuche der Böhmischen Brüder vom Jahre 1564 steht die Melodie unserer Sequenz mit verschiedenen Abkürzungen zu dem Liede: „Jesu, du verheißner Heiland".

Marienlieder.   81

No. 9.
Königin der Himele.

Das Regina coeli deutsch, auff die Osterliche zeit zu singen.

(K. I, 245; W. II, 971 ff.)

I. Leisentrit 1567 ꝛc.; Obsequiale, Ingolstadt 1570; München 1586; Cöln (Quentel) 1599; Constanz 1600; Beuttner (1602), 1660; Cöln (Quentel) 1619; Cöln (Brachel) 1619; Reyß 1625; Voglers Katechismus 1625; Würzburg 1626; Corner 1631; Mainz-Speier 1631; Würzburg 1649; Prag 1655; Molsheim 1659; Nordstern 1671; Corners Nachtigall 1676; Münster 1677; Fulda 1695; Trier 1695 u. s. w.

Das kathol. deutsche Kirchenlied. II.   6

82 Marienlieder.

Ein altes Lied, welches in alle Gesangbücher des 16. u. 17. Jahrhunderts übergegangen ist. Wackernagel theilt einen etwas abweichenden Text aus einer Handschrift des 15. Jahrhunderts mit. (Königl. Haupt-Staats-Archiv zu Dresden, Loc. 10297, No. 1.) Sodann steht der Text (ohne Noten) bereits im Gesangbuch von Vehe 1537, und im Psaltes eccl. von Witzel 1550. Dieser bemerkt ferner, daß unter dem Regina coeli „der Satz deutsch zu antworten pflege: Ein königin in dem Himel" ꝛc. Die oben angeführte Melodie ist aus Leisentrit 1567. Sie besteht aus Melodiephrasen des lateinischen Regina coeli. Protestantischerseits wurde die Melodie des deutschen Liedes verwandt zu einem Liede des E. Alberus: „Jesus Christus unser Heiland" im Straßb. Gesangbuch 1569 und bei Prätorius 1609. Gleichfalls findet sie sich zu dem Text: „Freu dich du liebe Christenheit" in Keuchenthals Gesangbuch 1573. Vgl. Böhme, Altdeutsches Liederbuch, No. 595.

No. 10.
Frew dich du Himmel Königin.
(K. I, 246 u. 395; W. II, 1120.)

Constanz. Gsgb. 1600; Andernach 1608; Cöln (Quentel) 1619; Cöln (Brachel) 1619, 1623; Reiß 1625; Mainzer Cantual 1627; Mainzer Gsgb. 1628; Würzburg 1628, 1649; Hildesh. Cantual 1625; Corner 1631; Mainz-Speier 1631; Psalteriolum 1642; Prag 1655; Molsheim 1659; Rheinfelsisches Gsgb. 1666; Nordstern 1671; Brauns Echo 1675; Corners Nachtigall 1676; Münster 1677; Fulda 1695; Trier 1695.

Das Lied schließt sich in seiner Melodiebildung an das vorige an. Die älteste Quelle, welche ich habe auffinden können, ist das Constanzer Gesangbuch vom Jahre 1600. Vgl. hiezu den Ruf: „Mein süßer Gott Herr Jesu Christ" No. 78 und „Auß meines Hertzen Grunde" No. 237.

Auch der Rueff von S. Benno:

    Ihr lieben Christen singet her
    Frew dich Sanct Benno. (Text bei W. V, 1455.)
  (Einzeldruck, München, Adam Berg, 1603.)

hat die obige Melodie.

Marienlieder.

No. 11.

Gegrüsset seistu allerheiligste Maria.

Ein sehr alt Christlicher Gesang von der Mutter Gottes
auff alle ihre Feste.
(K. II, 381.)

Leisentrit 1567 ꝛc.; Cöln (Quentel) 1599, 1613, 1619; Mainzer Cantual 1605; Andernach 1608; Cöln (Brachel) 1619, 1634; Mainz-Speier 1631; Prag 1655; Trier 1695.

Ge-grüs-set sei-stu al-ler-hei-lig-ste Ma-ri-a, du Mut-ter Got-tes, du Kö-ni-gin des Him-mels, Ein Pfort des Pa-ra-dies, ein fra-we die-ser wer-let, du bist ei-ne son-der-li-che Jung-frau rein, du hast em-pfan-gen Je-sum a-ne sün-de, du hast vns ge-bo-ren den Schöpffer vnd den Se-lig-ma-cher der wer-let, da-ran ich kei-nen zweif-fel trag. Bitt für vns, bitt für vns, Je-sum dei-nen lie-ben Son, das er vns be-hüt vor al-lem v-bel, A-men.

1) Das Andernacher Gsgb. 1608 und das Cölner 1619 haben hier f statt g.

Das Mainzer Cantual 1605 hat die Ueberschrift: „Das Antiphona Ave Sanctissima Teutsch". Die Melodie desselben hat verschiedene Abweichungen, die aber in andere spätere Gesangbücher nicht übergegangen sind. Höchstwahrscheinlich ist sie der lateinischen Antiphon entnommen.

No. 12.
Ich weiß ein Maget schone.
Noch ein sehr alt Gesang, von der lieben Mutter Gottes.
(K. II, 393; B. II, 1152.)

Mainzer Cantual 1627, 1605; Catholisch Cantual, Hildesheim 1625.

Ich weiß ein ma-get scho-ne, die tregt den höch-sten preiß: Wer ringt nach ih-rem lob-ne, sie ist der dien-sten weiß. Bey ihr seynd an-dre Fra-wen, wie Blüm-lein an der A-we, sie ist ein Li-lien-reiß.

Ein kürzerer niederdeutscher Text befindet sich in dem handschriftlichen Liederbuche der Nonne Cath. Tirs, geschrieben im Jahre 1588 im Nonnenkloster Niesing zu Münster (Hölscher, Niederdeutsche geistliche Lieder und Sprüche, Berlin 1854, No. 11). Die erste Strophe lautet:

> Ick weet eyne maget schone,
> de draget den hogesten prys,
> we rynget na eren lone,
> de is van dogeden wys,
> By er synt ander frouwen
> eyn dorneken an der ouve
> by eynen lilien rys.

Die Melodie hat Aehnlichkeit mit der Weise zu „Ave Maria klare" bei Leisentrit 1584, im Andernacher Gesangbuch 1608 und bei Corner 1631. Böhme, der das Lied in seine Sammlung (603) aufgenommen hat, erwähnt noch eine verstümmelte Lesart aus dem 18. Jahrhunderte, gedruckt im Wunderhorn I. 42 als „Hallorenlied" aus Halle.

Marienlieder.

No. 13.
Sancta Maria bitt Gott für vns.
Ein alt Gesang von vnser lieben Frawen.
(K. II, 384; W. II, 686.)

Mainzer Cantual 1627, 1605; Hildesheimer Cantual 1625; Geistl. Nachtigall, Erfurt 1666.

Sanc-ta Ma-ri-a bitt Gott für vns, Vnd laß vns nit ver-derben, wann vn-sers le-bens nicht mehr ist, so hilff vns Gnad er-wer-ben, vor der Hel-len vns be-wahr, ein rei-ne Magd Ma-ri-a. Vnd hilff vns an der lie-ben En-gel Schar, so sin-gen wir al-le-lu-ia, al-le-lu-ia sin-gen wir, Gott dem Her-ren zu lob vn zu ehr, dz er vns in sei-ner e-wig-keit, mit sei-ner Kron be-ga-be, Ky-ri-e-lei-son, Chri-ste, e-lei-son, Ky-ri-e e-lei-son, Ge-lobt sey Gott vnd Ma-ri-a.

Das Lied hat viele Melodiegänge gemeinsam mit dem Bittgesang in der Kreuzwoche: „Gott der Vatter wohn vns bey" und ist wol als eine Nachbildung anzusehen. Vgl. I. Br. No. 208 und das Lied des Hahm von Themar: „Maria, Gottesmutter, won vns bei", No. 405.

No. 14.
O Maria dich heben wir an zu loben.
(K. II, 385; W. II, 1222.)

Münchener Gsgb. 1566; Cöln (Quentel) 1599, 1600, 1613; Constanz 1600; Reutt 1625; Corner 1631; Mainz-Speier 1631; Rheinfels. Gsgb. 1666; Trier 1695.

No. 15.
Aue Maria klare.
Ein anders von dem Fest Conceptionis, Natiuitatis vnd Praesentationis Mariae.
(W. V, 1352.)

1. Leisentrit 1584; Andernach 1608.

---

1) Die in [ ] stehenden Noten fehlen in den meisten späteren Gesangbüchern.

Corner 1631.

2)

3) Die übrigen Gesangbücher haben ♭ vorgezeichnet.

Ein Andächtiger Gruß zu der Hochheiligen Jungfrawen Maria.
(K. II, 388.)

No. 16.
Ave Maria gegrüſt ſeyſt du von mir.
Ein ander ſchöner Gruß an die Mutter Gottes.
(K. II, 390.)

Corner 1631, deſſen Geiſtl. Nachtigall 1676; Prag 1655.

No. 17.
Dich Edle Königin wir ehren.
Ein anders von unſer lieben Frawen Lobgeſang.
(K. II, 392.)

I. Coln (Brachel) 1619, 1634; Geiſtl. Nachtigall, Erfurt 1666; Trier 1695.

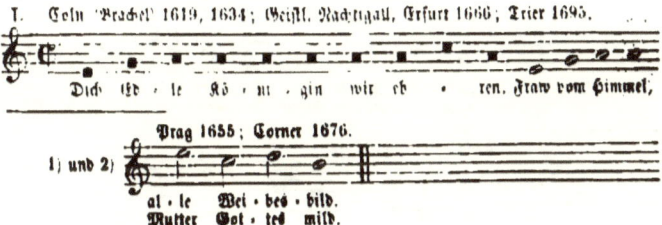

Marienlieder.

II. Würzburg 1628, 1649; Mainz 1628, 1696; Molsheim 1659.

Die # # stehen im Würzburger Gsgb. 1649.

Dieselbe Melodie um eine Quart tiefer findet sich im Gsgb. Cöln (Brachel) 1623, Mainz-Speier 1631, Nordstern 1671.

Uebersetzung des lateinischen Te Deum Mariae: „Te Mariam laudamus, te virginem confitemur". welches Mone (II, Nr. 501) aus einer Handschrift des 14. Jahrhunderts mittheilt. Ebendaselbst steht auch eine deutsche Uebertragung aus dem 15. Jahrhunderte:

Dich himmelkonigyn wir eren
von lob wir alleçyt meren,
dich loben und eren von rechte
aller creaturen geslechte.
u. s. w.

Die Melodie ist dem Te Deum laudamus (I. Bd. S. 464) entnommen.

No. 18.
Maria zart.
(K. II, 391; B. II, 1040.)

I. Cöln (Quentel, 1599, 1613; Constanz 1600; Cöln (Brachel) 1619, 1634; Neuß 1625; Mainz 1628; Würzburg 1628, 1649; Corner 1631; Mainz-Speier 1631; Molsheim 1659; Corners Nachtigall 1676; Münster 1677; Trier 1695.

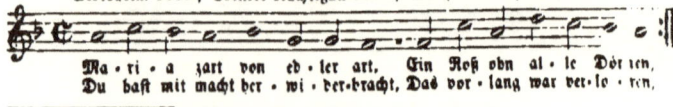

Geistl. Nachtigall. Erfurt 1666.

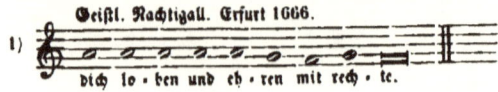

90   Marienlieder.

In den Gesangbüchern Cöln (Quentel) 1599, 1613, Constanz 1600, Mainz-Speier 1631, Trier 1695 findet sich die vorstehende Melodie zu dem Gesange von den sieben h. Sakramenten: „Es ist fürwar zu klagen gar, die groß einfalt der Christen" (K. II, 590; W. V, 1403).

Die Geistl. Nachtigal, Erffurdt 1666, hat noch eine andere Melodie und zwar die des Liedes: „Nun lob mein Seel den Herren". No. V.

Das Lied „Maria zart" ist ein Meistergesang aus dem Ende des 15. Jahrhunderts, der später in viele Gesangbücher überging. Die vorhandenen handschriftlichen Aufzeichnungen und Einzeldrucke stammen aus dem Anfange des 16. Jahrhunderts. Vgl. Hoffmann, Gesch. d. deutsch. K. L. Nr. 264 ff. Es wurde vielfach nachgedichtet und umgebildet, so z. B. von Hans Sachs: Das liet Maria zart verendert und christlich corrigiret: „O Jesu zart götlicher art" (W. III, 80). Im Gesangbuch der böhmischen Brüder 1544 steht dieselbe Melodie wie bei Leisentrit, mit dem Text „o Jesu zart, von newer art". Weitere Nachdichtungen siehe bei Hoffmann a. a. O. Nr. 264—270, bei Wackernagel II, 1035 ff. Eine Bearbeitung dieser letztgenannten Melodie für die Orgel steht bereits in „Tabulaturen etlicher lobgesang und lidlein uff die Orgeln und lauten" von Arnold Schlick. Mainz, P. Schöffer 1512 (neu abgedruckt in den Monatsheften für Musikgeschichte, Jahrgang 1869).

Ein ander sehr alt Liedt, Von der Mutter Gottes
auff alle Fest.

II. Leisentrit 1567 ıc. Andernach 1608.

Ma-ri-a zart, von Ed-ler art, ein Roß an al-le dor-nen;
Du hast mit macht, her-wi-der bracht, das vor lang war ver-lo-ren,

---

1) Das # steht im Würzb. Gsgb. 1649 und im Münsterschen 1677.

Das Andernacher Gesangbuch 1608 hat zum Text eine Umrichtung des obigen mit Beibehaltung der Strophenanfänge: „Maria zart, von edler art, du bist ein Kron der Ehren" (W. II, 1041) und die lateinische Uebersetzung: Maria virgo nobilis (vgl. I. Bd. S. 69, No. 11, oben).

W. II, 1039.

III. Beuttner 1602 (1660).

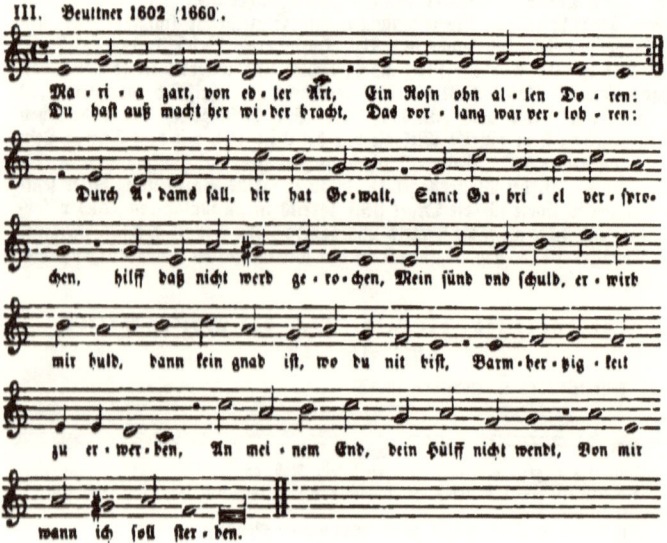

92 Marienlieder.

IV. Cöln, Quentel 1619 (Anhang); Mainz-Speier 1631; Trier 1695.

Mainz-Speier 1631 hat den Text:
Maria zart von edler Artb
Ein Roß ohn allen Doren.

V. Geistl. Nachtigall. Erfurt 1666.

Vergleiche das Lied: „Nun lob mein Seel den Herren" No. 290.

No. 19.
Omni die dic Mariae.
Alle Tage sing und sage.
(K. II, 396.)

I. **Corner 1631.**

II. **Cöln (Quentel) 1619, (Brachel) 1623, 1634; Mainz-Speier 1631; Trier 1695.**
(**Paradeißvogel 1613, um 1 Quart tiefer, als Baß eines 4stimmigen Satzes.**)

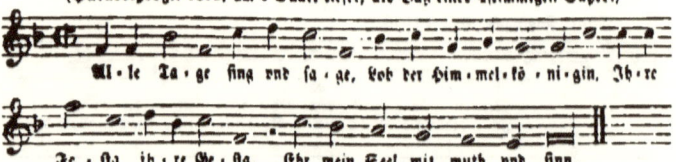

III. **Würzburg 1628, 1649; Molsheim 1659; Fulda 1695; Mainz 1696.**

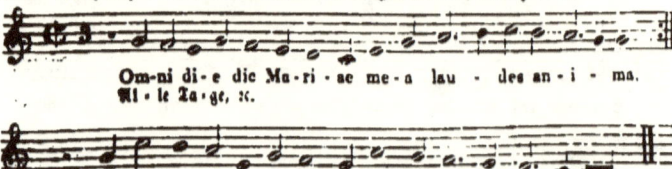

IV. Würzburg 1628, 1649; Mainz 1628; Molsheim 1659; Geistl. Nachtigall, Erfurt 1666; Münster 1677. (Paradeißvogel 1613, als Tenor des 4stimmigen Sases.)

Al - le Ta - ge fing vnd fa - ge Lob der Him - mel Kö - ni - gin,

ih - re Fe - sta ih - re Ge - sta, ehr mein Seel mit Muht vnd Sinn.

Würzb. Gfgb. 1649.

ehr mein Seel mit Muth und Sinn.

V. Brauns Echo 1675; Fulda 1695; Mainz 1696.

Om - ni di - e die Ma - ri - ae me - a lau - des an - i - ma,
Al - le Ta - ge, fing und fa - ge, Lob der Him - mel Kö - ni - gin,

E - jus fe - sta, e - jus ge - sta, co - le de - vo - tis - si - ma.
ih - re Fe - sta, ih - re Ge - sta, ehr mein Seel mit Muth und Sinn.

Ueber den Verfasser dieses Liedes gibt uns eine Notiz in Corners Gesangbuch 1631 Auskunft. Dort lautet die Ueberschrift:

„Ein ander andächtiger Hymnus an vnser lieben Frawen, welchn der heilige Casimirus, Königs Casimiri in Polen Sohn, selbst gemacht vnd täglich gesungen: Auch mit sich begraben lassen: Wie dann diß Gesang Lateinisch, im Jahr 1604, wann gemeltes heiligen Casimiri Grab eröffnet, auff seinem Hertzen gefunden worden."

Mone (II, S. 258 ff.) hat dargelegt, daß der Hymnus Omni die 2c. nicht vom h. Casimir, der 1484 starb, verfaßt sein könne. Er fand in einer Reichenauer Handschrift (No. 36, Bl. 135), die hundert Jahre älter ist, ein großes Gedicht: Soliloquium soliloquiorum s. Thomae de Aquino ord. praed. mit folgendem Anfang: Omni die die Mariae laudes mea anima, ejus gesta, ejus festa, cole splendidissima 2c. Der h. Casimir, sagt Mone, wählte einen Theil des großen Gedichtes zu seiner täglichen Andacht aus und gewann ihn so lieb, daß ihm eine Abschrift davon in's Grab mitgegeben wurde. Hiernach wurde der Abdruck in den Acta SS. Mart. I, 357 gemacht, den Daniel (Thesaur. 2, 372) wiederholte. Die Bollandisten haben nicht bewiesen, daß Casimir der Verfasser sei, wohl aber kann man nachweisen, daß einzelne Theile des großen Gedichtes als besondere Lieder in Handschriften vorkommen, was die Annahme, daß der h. Casimir auch ein solches Bruchstück ausgewählt habe, bestärkt.

Fulda 1695, Mainz 1696.

1)

Om - ni di - e die Ma - ri - ae, me - a lau - des an - i - ma.

Marienlieder. 95

No. 20.
Ave Maria voller Gnad.

Das Gülden Aue Maria der allerheiligsten Mutter Gottes.
(K. II, 397.)

I. Cöln (Quentel) 1619; Corner 1631; Mainz-Speier 1631; Trier 1695.

A - ue Ma-ri-a vol-ler gnad, Ge-grüßt sey-e-stu Ma-ri-a,
Ma-ri-a, du bist ge-be-ne-deit, Ü-ber al-le Frawen auff
Er-den weit, ge-be-ne-dey-et ist die Frucht dei-nes Lei-bes
Je-sus Christus, Ma-ri-a, Ma-ri-a, Ma-ri-a, Hei-lig-ste Jung-fraw
komm zu hilff, vnd ar-men Sün-dern.

II. Cöln (Brachel) 1623, 1634; Cöln (Quentel) 1619; Würzburg 1628, 1649; Mainz 1628; Mainz-Speier 1631; Corner 1631; Molsheim 1659; Geistl. Nachtigall, Erfurt 1666; Trier 1695.

A - ve Ma-ri-a vol-ler Ge-nad, Ge-grüßt sey-stu Ma-ri-a,
Ma-ri-a du bist ge-be-ne-deyt, Ü-ber al-le Frawen auff Er-den
weit, Ge-be-ne-dey-et ist die Frucht dei-nes Lei-bes Je-sus Chri-stus,
Ma-ri-a, Ma-ri-a, Ma-ri-a, Hey-lig-ste Jung-fraw komm zu hel-ffen
Das ar-men Sündern. Ma-ri-a ꝛc.

Die # #, welche nicht in allen Gesangbüchern stehen, sind über die Linie gesetzt worden.

No. 21.
Ein Jungfraw zart.

Ein andere Andacht zur Mutter Gottes, wie auch zu Christo ihrem lieben Sohn.
Im Thon: Am Weynacht Abend in der still, oder wie folgt:
(K. II, 398; W. V, 1529.)

I. Corner 1631, dessen Nachtigall 1676.

Ein Jung-fraw zart von ed-ler arth, ihrs glei-chen nie ge-boh-ren
ward, hat mir mein Hertz vmb-fan-gen, vnd mich be-hafft mit Lei-des
    Corner 1676 = Lie-des
Krafft. zu ihr steht mein Ver-lan-gen.

II. Cöln (Quentel) 1619; (Brachel) 1619, 1634; Mainz-Speier 1631; Psalteriolum 1642; Münster 1677; Trier 1695.

Ein Jung-fraw zart, von ed-ler art, Ihrs glei-chen nie ge-bo-ren
war, hat mir mein Hertz vmb-fan-gen, Vnd mich be-hafft, mit lie-des-
trafft, Zu ihr steht mein ver-lan-gen.

Wackernagel V, S. 1285 führt mehrere Einzeldrucke an u. a. einen aus dem Jahre 1638, der die Bemerkung hat: Im Thon: „Ich gieng mit lust durch einen Waldt". Ob eine von diesen beiden Melodien ursprünglich diesem weltlichen Liede zugehört habe, vermochten wir nicht zu ermitteln. Böhme in seinem „Altdeutschen Liederbuch" hat unter No. 432 ein Lied: „Ich ritt mit Lust durch einen Wald", aber ohne Melodie.

No. 22.
Ein edler Schatz der Menschen ist.
(K. II, 400.)

I. Würzburg 1628, 1649; Prag 1655; Molsheim 1659; Geistl. Nachtigall, Erfurt 1666; Nordstern 1671; Münster 1677; Fulda 1695; Mainz 1696.

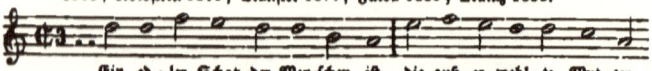
Ein ed-ler Schatz der Men-schen ist die auß-er-wehl-te Mut-ter

deß Her-ren Christ, die grü- ssen wir mit Lo- - be, sie ist

der Gött-li-chen Gna-den voll, die Him-me-li-sche Kö-ni-gin,

die Kro-ne al-ler eh-ren.

Ein mehrstimmiger Satz hierzu steht in Band I, Anhang II, 21.
Das folgende Lied hat fast dieselbe Melodie.

Lobspruch zu der Himlischen Königin.
(K. II, 426.)

II. Cöln (Brachel) 1623, 1634; Mainz 1628; Corner 1631.

Die Kö-ni-gin von ed- ler art, Die Fraw im Him-mel o- ben, Ma-ri-a zart, Die Jung-fraw rein wir lo- - ben,

---

1) Prag 1655, Molsheim 1659, Erfurt 1666 haben: d; Nordstern 1671 und Münster 1677: a.

2) Würzburg 1649 und andere: Erfurt 1666; Münster 1677.

die Kro-ne al-ler Eh- ren.   3) Eh- ren.

Das kathol. deutsche Kirchenlied. II.   7

Marienlieder.

Sie Kö-ni-gin im Him-mel ist, Die Mut-ter des Sohns Je-su
Christ, In Schmerzen, Trost der Her-zen.

Ein edler Schatz der Menschen ist.
Ein newes Gesang von vnser lieben Frawen.
(K. II, 400.)

III. Corner 1631.

Ein ed-ler Schatz der Men-schen ist, die auß-er-wehl-te
Mut-ter deß Her-ren Christ, die grü-ssen wir mit Lo-be, Sie ist
Gött-li-cher Gna-den voll, die Him-me-li-sche Kö-ni-gin, die Kro-ne
al-ler Eh-ren.

No. 23.
Mein süsser Gott Herr Jesu Christ.

Ein anders wiewol sehr langes, doch andechtiges Lied welches kan auff alle Fest Mariae entweder gesungen oder auch gebetet werden. Ist auff Christum, als vnsern Erlösern, vnd Mariam, als vnserer Vorbitterin, gerichtet, welches Ebenmessiger weis vnser Vhraltē, groß vñ H. Väter gebraucht vnd der Ketzer vnartigkeit spotten vnd verachtung keineswegs sich anfechten noch hindern lassen.

(K. II, 403; B. V, 1357.)

Leisentrit 1584; Andernacher Gsgb. 1608.

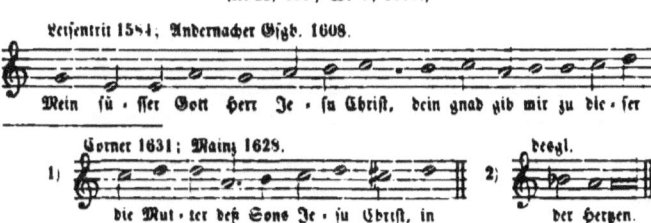

Mein sü-sser Gott Herr Je-su Christ, dein gnad gib mir zu die-ser

Corner 1631; Mainz 1628.   desgl.
1) die Mut-ter deß Sons Je-su Christ, in   2) der Herzen.

Marienlieder.

frist, daß ich mög lobn die Jungfraw sein, Mariam die werd Mutter dein.

Das Lied ist, wenige Textänderungen abgerechnet, das des Heinrich von Laufenberg: „Mein herr, mein got, o ihesu crist", bei Wackernagel II, 739. Bei Corner 1631 findet sich dasselbe Lied im Ton: „Jesu dulcis memoria". Der Anfang lautet hier: „Mein süsser Trost Herr Jesu Christ." Vgl. hierzu die Nr. 78.

No. 24.
Die erste Frewd die Maria empfieng.
Siben Frewd Mariae.
(W. II, 1029.)

Beuttner (1602) 1660.

Die erste Frewd die Maria empfieng, Du himmelische Königin, Bitt Gott für uns dein liebes Kindt.

Wackernagel setzt das Lied, seinem Texte nach, in das 15. Jahrhundert.

No. 25.
Maria auff Erden hett viel Leydt.
Die sieben Frewd der Mutter Gottes.
(K. II, 405.)

Corner 1631.

Maria auff Erden hett viel Leydt, Das ward ihr offt vermischt mit frewd, Dran dendt sie jetzt in der Ewigkeit.

No. 26.
In Gottes Namen heben wir an.

Ein anders Lied von den sieben geistlichen Frewden der Gebenedeyten Mutter Gottes.

(K. II, 406; B. V, 1530 und II, 1216.)

Corner 1631.

Beuttner hat das Lied ohne Melodie mit der Bestimmung „Im Thon: O Jesu du bist mild und bist gut". Der Anfang dieser Melodie hat auch Aehnlichkeit mit der vorstehenden (vgl. I. Bd. von Meister, No. 139).

No. 27.
Himmel vnd Erd kommt vnbeschwert.

Ein anders von vnser lieben Schmertzen.

(K. II, 409.)

Mainz 1628; Corner 1631.

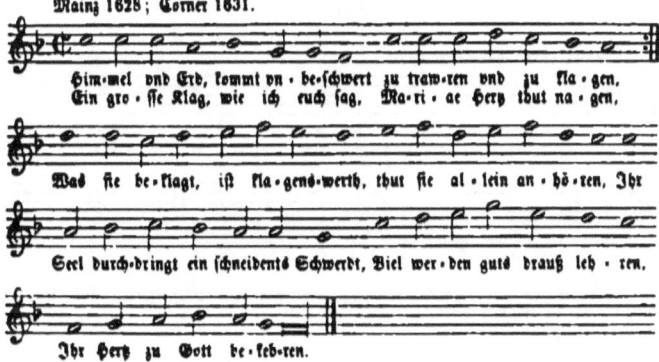

No. 28.
Mit Gott so wölln wir fangen an.

Ein schöner geistlicher Rüef von dem mittleiden vnd siben schmertzen der gebenedeiten himelküningin vnd junckfrauen, auch muetter Gottes Maria.

(W. V, 1425.)

Joh. Koler, Ruefbuechl 1601.

Mit Gott so wölln wir fan-gen an o kü-ni-gin der
hi-mel vn-ser fraun mit-lei-den zue sin-gen schon, Al-le-
lu-ia, bitt gott für vns.

Die Ueberschrift gibt uns über die Herkunft des Liedes weitere Auskunft. Die Fortsetzung derselben lautet: „Auß dem Hortulo vnd Planctu eiusdem Virginis durch Joan: Koler Ludi: Dachens: zusamen gezogenn vnd in folgender durch ihne gemachtter aigner darzue deputirter Melodia, oder in der Melodey folio 120 zu singen (dort steht der Ruf: „Mein süeßer gott Herr Jesu Christ").

Papierhandschrift, früher im Besitze von Clemens Brentano, jetzt von Ph. Nathusius. Vgl. S. 50.

No. 29.
Die Mutter stund hertzlich verwund.
Stabat mater.

Mainz 1628; Molsheim 1659.

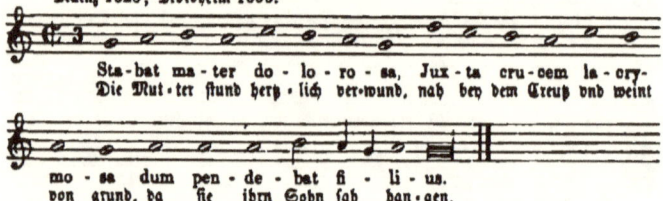

Sta-bat ma-ter do-lo-ro-sa, Jux-ta cru-cem la-cry-
Die Mut-ter stund hertz-lich ver-wund, nah bey dem Creutz vnd weint
mo-sa dum pen-de-bat fi-li-us.
von grund, da sie ihrn Sohn sah han-gen.

Das Molsheimer Gsgb. hat überall statt g: gis. Im Paradeißvogel 1613 steht zu diesem Texte die folgende Melodie.

Alte Choralmelodie. Nachtrag zu No. 142 und 143 im I. Bande.

No. 30.
Beym Creutz mit lieb vnd leyd verwund.

Das Stabat mater dolorosa, anders als oben verdeutscht.

(K. I, 197.)

Mainz 1628; Corner 1631; Paradeißvogel 1613.

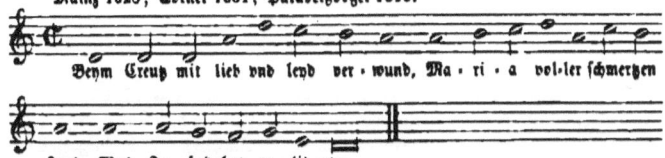

Beym Creutz mit lieb vnd leyd ver-wund, Ma-ri-a vol-ler schmertzen stund, Weil Je-sus hat ge-lit-ten.

Bei Corner ist ♭ vorgezeichnet.

Nachtrag zu Nr. 142 u. 143 im ersten Bande. Vgl. hierzu die Nr. 28.

No. 31.
Ave Maria Jungfraw zart.

Noch ein schön Gesang vom Leben vnd Leyden Christi vnd Schmertzen Mariae.

Münster 1677.

A-ve Ma-ri-a Jung-fraw zart, mit Klag und Leydt ver-wun-det hart, in die-sem Jam-mer-tha-len, ach wer-the Mut-ter laß dein Lob, in uns dir nicht ent-fal-len.

No. 32.
Maria wir verehren.

Vom Namen Mariae.

Maria Syriace Dominam, Hebraice Stellam maris significat.

(K. II, 410.)

Cöln (Brachel) 1623, 1634; Würzburg 1628, 1649; Mainz 1628; Psalteriolum 1642; Molsheim 1659; Erfurt 1666; Nordstern 1671.

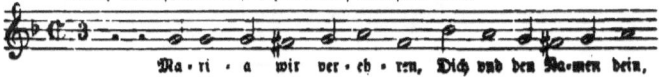

Ma-ri-a wir ver-eh-ren, Dich vnd den Na-men dein,

Marienlieder.

Den wol-len wir ver-eh-ren, Was vns wird müg-lich seyn.

Das New Mayntzische Gesangbuch 1628, Corner 1631, Nordstern 1671, Münster 1677 und Mainz 1696 haben zu dieser Melodie den Text:

Maria ist geboren,
Auß Königlichem Blut,
Ihr Stamm ist außerkohren,
Auß Patriarchen gut. (K. II, 428).

Im Gesangbuche „Het Prieel der Gheestelicker Melodiee, Antwerpen 1614 (Jesuitengesangbuch) steht diese Weise zu dem Liede „Rijck moeder Gots Marie" (Alma Redemptoris mater). Die Geistliche Nachtigall, Erfurt 1666, hat die obige Melodie mit dem Text:

Nun laßt uns alle loben, Sanct Bonifacium,
Den Gott hat hoch erhoben, zum Heyl dem Christenthum. (K. II, 463.)

No. 33.
Maria o Maria schon.
Von ihrer reinen vnbefleckten Empfängnuß.
(K. II, 411.)

Corner 1631; Cöln (Brachel) 1623, 1634; Molsheim 1659; Geistl. Nachtigall, Erfurt 1666.

Ma-ri-a, o Ma-ri-a schon, von kla-rem Gold¹ Got-tes Thron, Ohn Erb-sünd du em-pfan-gen bist, so gro-sse Gnad dir ge-ben ist, ohn Erb-sünd du in Mut-ter-leib, em-pfan-gen bist von eb-len Weib, Ohn al-le Dorn, O eb-le Ros, O eb-le Ros, ge-wach-sen auß Sanct An-nae Schoß.

Die Münster'schen Gesangbücher von 1663, 1674 und 1677 haben fast die nämliche Melodie zu dem Text:

„Sanct Ludgerus ein edler Frieß,
Die Welt mit allem luft verließ" :c.

---
1) Molsheim, Erfurt, Psalteriolum und Nordstern haben a statt g.

No. 33a.
Frölich so will ich singen.
Ain schöne Tageweis wie Maria ist Empfangen worden on Erbfünd.
(B. II, 1264.)

Frö-lich so will ich fin-gen mit luſt ain ta-ge-weis,
Wie ich zu ghör mög brin-gen Ma-ri-e lob vnd preis,
Wie's ist wor-ben em-pfan-gen die e-del jung-fraw fein,
das in die welt ſol lan-gen durch pre-dig vnd ge-ſan-gen tut
ſo mit bil-ſſe ſchein.

Einzeldruck aus dem Kloſter Tegernſee. Im Jahre 1506 mit andern in einen Band zuſammengebunden. Dieſer trägt die Aufſchrift „Iste liber attinet venerabili monasterio S. Quirini in Tegernsee. Inligatus anno d. 1506". Jetzt auf der Münchener Staatsbibliothek.[1]

Das Lied befindet ſich weiter in der Handſchrift Simprecht Krölls, Augsburg 1516 (Heidelberger Bibliothek No. 109, 4°) und in den Tegernſee'r Geſangbüchern von 1574 und 1577.

Von Liliencron (Töne zu ſeinen hiſtoriſchen Volksliedern Nr. 41) vermuthet in dieſer Melodie den ſpäteren hiſtoriſchen Ton vom König Ludwig aus Ungarn († 1526) „Frölich ſo wil ich ſingen, wol herr zu diſer friſt" ꝛc. Vgl. Böhme a. a. O. Nr. 392 und 602.

No. 34.
Niemals so schön und klar.
Maria unbefleckt empfangen.

Keusche Meerfräwlein, Würzburg 1664; Geiſtl. Nachtigall, Erfurt 1666; Münſter 1677; Fulda 1695; Mainz 1696.[2]

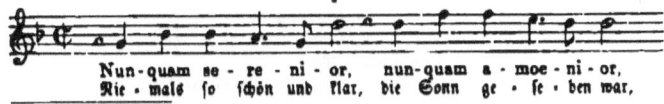

Nun-quam se-re-ni-or, nun-quam a-moe-ni-or,
Nie-mals ſo ſchön und klar, die Sonn ge-ſe-ben war,

---

1) Abſchrift vom Herrn Prof. Crecelius in Elberfeld.
2) o, wie im Original ſtebt, iſt Druckfehler. Die andern Geſangbücher haben alle d. Nordſtern 1671 hat eine andere Melodie zu dieſem Text.

Der lateinische Text, eine Dichtung aus der damaligen Zeit, steht in Sirenes Partheniae, 4. Aufl. Würzburg 1677. Aus diesem ist der deutsche übersetzt.

No. 35.
Aue Maria gratia plena.
(K. II, 415; D. V, 1564.)

I. Paderborn 1617; Cöln (Quentel) 1619, (Brachel) 1619, 1623, 1634; Mainz 1628; Würzburg 1628, 1649; Corner 1631; Mainz-Speier 1631; Psalteriolum 1642; Prag 1655; Molsheim 1659; Erfurt 1666; Rheinfelsisches Gsgb. 1666; Nordstern 1671; Corners Nachtigall 1676; Brauns Echo 1676; Münster 1677; Trier 1695; Fulda 1695; Mainz 1696.

Nach derselben Melodie:

Aue Maria gratia plena,
Dich vber vns Armen,
Laß hertzlich erbarmen,
Auff vns o Fraw
Vom Himmel schaw.
(K. II, 436, vergleiche auch daselbst Nr. 435 und 437.)

Corner 1625 hat die Ueberschrift: „Ein schöner alter Gruß an vnser lieben Frawen im Advent zu singen". Vgl. auch Hoffmann, Gesch. des deutschen Kirchenliedes Nr. 305.

II. Andernach 1608.

Ob der lateinische Text älter ist als der deutsche, vermögen wir nicht festzustellen. Vgl. Bd. I, S. 69.

No. 36.
Verbum bonum et suave.
Das Wort Aue süß vnd gute.
Auff Annuntiationis oder Verkündigung Mariae.

Andernach 1608.

Eine altkirchliche Sequenz aus dem 12. Jahrhundert, welche später in die Meßbücher überging (vgl. Wackernagel I, 208, Mone II, 75). Heinrich von Laufenberg übersetzte dieselbe ins Deutsche: „Ein verbum bonum et suaue sanb bir got, bz heisset aue" (W. II, 782). Eine andere Version steht im Hortulus animae, Basel 1520: „Das wort Aue sond vns singen" (Das. 1101.)

Die Melodie stammt ebenfalls aus dem 12. Jahrhundert; das Facsimile einer Handschrift aus dieser Zeit (Bibliothèque de Douai Ms. 124) siehe in Coussemakers Histoire de l'Harmonie au moyen âge, Paris 1852, Planche 24 et 25, wo die Unterstimme die vorstehende Melodie hat. Fétis (Histoire générale de la Musique, Paris 1874, Bd. IV, S. 220) hat ein Facsimile aus dem 12. Jahrhundert (Bibliothèque nationale de Paris n°. 778) mit unſerer Melodie zu dem Hymnus „Laudes crucis attollamus", von Adam von S. Victor. Auch die Melodie der Kopie No. 2, im Anhange I des erſten Bandes von Meiſter, mit dem Texte „Wjr süllen loben all dy raine" (Wiener Bibliothek 2856, fol. 229—237) iſt faſt dieſelbe, wie die obige. Eine auffallende Aehnlichkeit mit der Singweiſe des Lauda Sion Salvatorem von Thomas von Aquino († 1274) läßt ſich nicht verkennen. (Vgl. Bd. I von Meiſter, S. 505.)

No. 37.
Hodierna lux diei.
Dieſen tag wir ſeyren wollen.
Auff Verkündigung vnd andere Feſt Mariae.

Altkirchliche Sequenz, welche in den Handſchriften des 12., 13. und 14. Jahrhunderts vorkommt. (Vgl. W. I, 209 und Mone II, S. 53.)

No. 38.
Als Maria die Jungfrau rein.
Ein Geiſtlicher Geſang, auff das Feſt Anuntiationis, auch auff alle Feſt Mariae zu ſingen, auch im Advent.
(K. II, 417; B. IV, 33.)

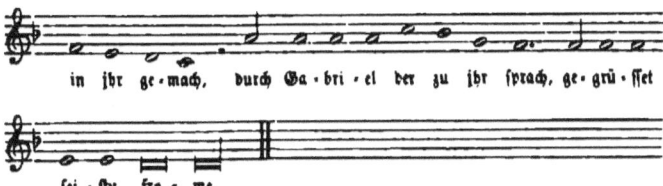

Das Lied steht bereits in Trillers Singebuch (1555) 1559 (vgl. die Beschreibung S. 45). Die Melodie ist nach der Angabe dort dem alten „Salve regina gloriae" (Mone II, 211) entnommen. Im Andernacher Gesangbuch finden sich nur einige unbedeutende Varianten. Der Schluß hat die Noten g f e d.

No. 39.
Es ritt ein Fürst in frembde Land.

Ein ander Gaystlicher Ruff, Von vnser Säligmachers Empfängknuß vnd Geburt.

(D. II, 1159.)

Das Lied ist aus: Schöne Christenliche Catholisch Weinnächt oder Kindtleßwiegen Gesang ꝛc. Durch Johannem Haymen von Themar, Thumbuicarier vnnd Priestern Hoherstifft Augspurg 1590.

Böhme (Liederbuch No. 123) meint, dem Liede liege eine weltliche Tageweise zu Grunde, hat aber den Urtext nicht aufgefunden.

Marienlieder.

No. 40.
Es flog ein Bögelein leyse.
Ein schön Gaiftlich Lied, Bon der Empfängknuß vud Säligen Geburt Chriftj.

(W. II, 683.)

I. Haum von Themar 1590.

Es flog ein Bö-ge-lein ley-se, zu ei-ner Jungkfraw rain, In ei-nes En-geld wey-se wol in ihr Cleüf-se-lein, Grüß dich Gott die auß-er-wöl-te Mayd, Du bift so wol ge-zie-ret, ge-seg-net ift dein Leib.

Vergl. Nr. 10 im I. Bde: "Es flog ein Täublein weiffe". Hoffmann theilt in seiner Geschichte des Kirchenliedes untr Nr. 245 das Lied aus einem fliegenden Blatte, Nürnberg durch Valentinum Newber (um 1550), mit, unter der Ueberschrift: „Im Ton: Es fleugt ein Bögelein leise". Es scheint demnach, daß wir hier die geistliche Umdichtung eines weltlichen Volksliedes vor uns haben. Bis jetzt ist es mir nicht gelungen, dieses letztere ausfindig zu machen. Das weltliche Lied: „Es fleugt ein kleins Waldvögelein", welches Hoffmann anführt, paßt weder dem Versbau noch der Melodie nach zu unserm Liede. Ein jüngerer Text, zum Theil sehr abweichend, ist der folgende:

Es flog ein Engel in eyle.

II. Würzburger Gsgb. 1649.

Es flog ein En-gel in ey-le, wol in deß Him-mels-thron, von Gott ge-sandt viel Mei-le, zu ei-ner Jung-fraw schon: grüß dich Gott Ma-ri-a, du auß-er-wehl-te Magd, du bift gar wol

110 Marienlieder.

ge - zie - ret, ge - seg - net ist dein Leib.

Das Lied habe ich auch noch gefunden in dem Buche: "Geistliche Gesänge der Ertz-Bruderschafft der Allerseligsten Jungfraw vnd Mutter Gottes Maria", Würtzburg 1639.

No. 41.
Vom Himmel ein Englischer Bot.
Mariae Verkündigung.

Geistl. Nachtigall, Erfurt 1666.

Vom Him-mel ein Eng - li - scher Bot, schnell durch die Wol - cken
kömt ge - sandt von dem Höch - sten Gott, und gu - te Zei - tun-

der bringt,
ge bringt, der Engel ein Ertz En - gel ist, sein Nam heißt

Ga - bri - el, bringt Zei - tung daß der wah - re Christ, wer - de

seyn Em - ma - nu - el.

Dieselbe Melodie ist noch einmal abgedruckt zu dem Liede: "Als Maria nach dem Gesetz" (vgl. No. 59 im I. Bande). In den "Pseaumes mis en Rime françoise par Clement Marot et Th. de Beze", Lion 1562, steht sie beim Psalm 42: "Ainsi qu'on oit le cerf bruire". In den Cornerschen Gesangbüchern findet sich diese Melodie zu dem Liede: "Mensch thu offt vnd viel bedenken, wie die edle Zeit zerrinnt" (K. I, 15). Auch dem protestantischen Sterbeliede: "Freu dich sehr o meine Seele" hat man die obige Weise zugeeignet.

---

1) Pseaumes 1562 haben f statt e.

Marienlieder. 111

No. 42.
Mit Gott so wölln wir singen.

Ein geistlicher Rüef von der verkündigung Mariae vnnd englischem Gruß
in volgender Melodia zußingen.
(W. V, 1309.)

J. Koler, Ruefbuechl 1601.

Mit Gott so wölln wir sin-gen, Ma-ri-a du rai-ne:
von Ma-ri-a vnd ih-rem Kin-de, Al-le-lu-ia.
Al-le-lu-ia Ge-lobt sei gott vnd Ma-ri-a.

Papierhandschrift aus der Bibliothek Clemens Brentanos in den Besitz von Ph. Nathusius übergegangen. Vgl. S. 50.

No. 43.
Da gott der Herr mensch wolt werden.

Ein schöner Rüef von der verkündigung vnd haimsuechung Mariae, auch von ihrem lobgesang das Magnificat genant, auß dem euangelisten Luca am 3 capittel genummen vnd mit vleiß durch Joan: Carbornarium zusamengebracht in folgender Melodia zu singen.
(W. V, 1426.)

J. Koler, Ruefbuechl 1601.

Da gott der herr mensch wolt wer-den in di-sem Ja-mer-
thal _____ vnd wollt her-wi-der brin-gen des er-sten men-schen
fahl _____, Al-le-lu-ia.

Papierhandschrift aus der Bibliothek Clemens Brentanos, jetzt im Besitz von Ph. Nathusius. Vgl. S. 50.

No. 44.
Der Welt Frewd, Jesus vnd Maria.
Maria vom Engel gegrüst.

Keusche Meerfräwlein, Würzburg 1664; Molsheimer Gsgb. 1659; Geistl. Nachtigall, Erfurt 1666; Brauns Echo 1675; Fulda 1695; Mainz 1696.

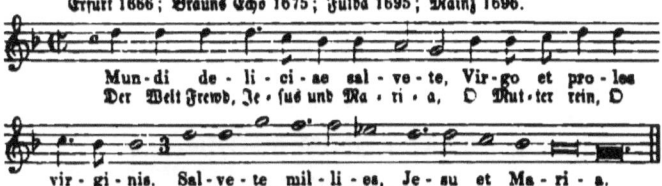

Mun-di de-li-ci-ae sal-ve-te, Vir-go et pro-les vir-gi-nis. Sal-ve-te mil-li-es, Je-su et Ma-ri-a.
Der Welt Frewd, Je-sus und Ma-ri-a, O Mut-ter rein, O Kind-lein klein, Ich grüß euch tau-sent-mahl, Je-su und Ma-ri-a.

Der lateinische Text, eine Dichtung aus der Mitte des 17. Jahrhunderts, ist aus dem Büchlein „Sirenes Partheniae" 4. Aufl. Würzburg 1677. Der deutsche, aus diesem übersetzt, in „Keusche Meerfräwlein" 1664.

No. 45.
Maria sey gebenedeyt.

Voglers Catechismus 1625.

Ma-ri-a sei ge-be-ne-beyt Un-ter den Wei-bern al-le-zeit Die-weil fruchtbar dein Jungfraw-schafft, In wel-cher hafft die Mut-ter-schafft. Die Gött-lich Krafft hat dich ge-macht, Ein Mut-ter Got-tes hoch ge-acht.

No. 46.
Maria gieng geschwind.
Mariae Liechtmeß.

Geistl. Nachtigall, Erfurt 1666.

Ma-ri-a gieng ge-schwind, mit ih-rem lie-ben Kind, sie gieng von Beth-le-hem, zur Stadt

Je-ru-sa-lem und trug zum Tem-pel ein, das zar-te Je-su-lein.

Die Melodie ist ein Auszug aus dem 97. Psalm des französischen Psalters von Marot und de Beza: „Toutes gens, louez le Seigneur". Ausgabe vom Jahre 1562.

No. 47.
Quem terra, pontus et aethera.
Dem alle Ehr vnd Lob gebürt.

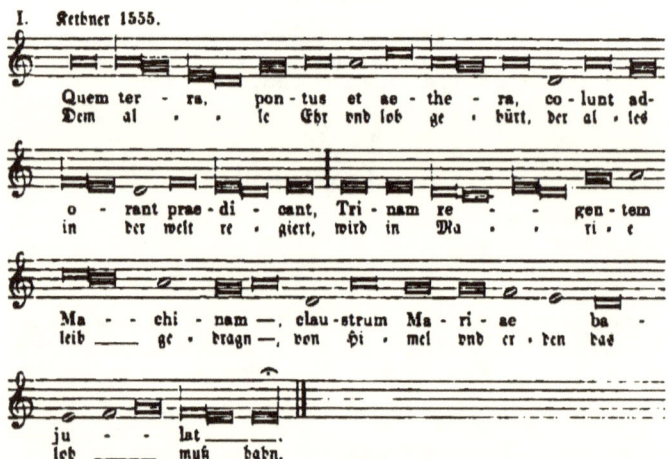

I. Kethner 1555.

Quem ter-ra, pon-tus et ae-the-ra, co-lunt ad-
Dem al - - le Ehr vnd lob ge - bürt, der al - les

o - rant prae-di-cant, Tri-nam re - - gen-tem
in der welt re - giert, wird in Ma - - ri - e

Ma - - chi - nam —, clau-strum Ma-ri - ae ba-
leib —— ge-bragn —, von Hi-mel vnd er-den das

ju - - lat ———.
lob muß habn.

Kethner[1] hat nur den deutschen Text mit der lateinischen Ueberschrift. Noch ältere Uebersetzungen dieses altkirchlichen Hymnus, der dem Venantius Fortunatus zugeschrieben wird (W. I, No. 81; M. II, S. 128), finden sich in: Hortulus animae, Straßburg 1501: „Den erde mer vnd himmel all" (W. II, 1076) und im Hymnarius von Sigmundslust 1524: „Den Erd, Mör vnd des hymlsthron" (W. II, 1377). Handschriftlich aus dem 15. Jahrhundert: „Den die erde, das mere vnd der himel" (bei Mone II, 129); aus dem 12. Jahrhundert: „Den erde mer vnd loft" (Kehrein, Kirchen- und religiöse Lieder, 1853, S. 84). Die obige Melodie ist die im Cistercienserorden gebräuchliche.

---

1. Siehe I. Bd. S. 41 No. 46.

Mariae Liechtmeß.
In seinem Kirchen-Thon oder wie folgt.

II. Andernach 1608.

Quem ter-ra pon-tus ae-the-ra, Co-lunt, ad-o-rant, prae-
Den Him-mel Erd vnd tief-fes Meer, Ihn bit-ten, ge-ben groß-

di-cant, Tri-nam re-gen-tem Ma-chi-nam, Clau-strum
se Ehr, Der da re-giert die gan-tze Welt. Ma-ri-

Ma-ri-ae ba-iu-lat.
ae Leib be-schlof-fen helt.

Die 6., 7. und 8. Strophe dieses Hymnus bildet das:

O gloriosa Domina.
O Glorwürdig Fraw hoch von ehrn.

III. Andernach 1608.

O Glo-ri-o-sa Do-mi-na, Ex-cel-sa su-per si-de-ra,
O Glor-wür-dig Fraw hoch von ehrn, Er-ha-ben v-ber al-le Stern,

Qui-te cre-a-uit pro-ui-de, Lac-ta-sti sa-cro v-be-re.
Der dich weißlich er-schaf-fen hat, Dein heil-ge Brüst ge-so-gen hat.

(K. II, 393.)

IV. Paderborn 1609, 1617; Corner 1631.

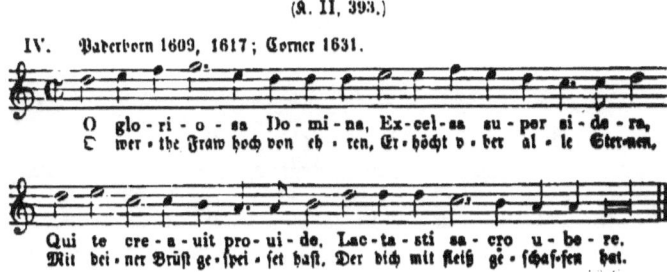

O glo-ri-o-sa Do-mi-na, Ex-cel-sa su-per si-de-ra,
O wer-the Fraw hoch von eh-ren, Er-höcht v-ber al-le Sternen,

Qui te cre-a-uit pro-ui-de, Lac-ta-sti sa-cro u-be-re.
Mit dei-ner Brüst ge-spei-set hast, Der dich mit fleiß ge-schaf-fen hat.

No. 48.
Maria Mutter Gottes.
Zu Mariae Lichtmeß.

Ulenberg, Pfalmen Davids 1582; Andernach 1609.

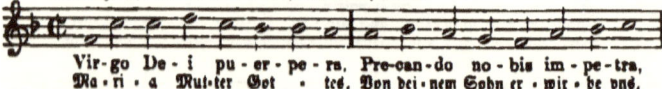
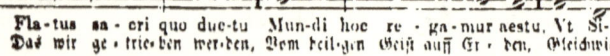
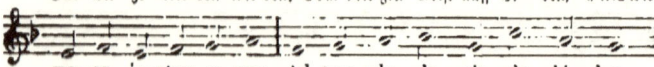
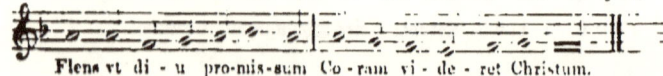

Vir-go De-i pu-er-pe-ra. Pre-can-do no-bis im-pe-tra,
Ma-ri-a Mut-ter Got-tes, Von dei-nem Sohn er-wir-be uns,

Fla-tus sa-cri quo duc-tu Mun-di hoc re-ga-mur aestu. Ut Si-
Das wir ge-trie-ben wer-den, Vom heil-gen Geist auff Er-den, Gleichwie

me-on iu-stum se-nem, Ad tem-pla du-xit de-bi-lem,
der al-te Si-me-on, Hat in den Tem-pel müf-fen gahn,

Flens vt di-u pro-mis-sum Co-ram vi-de-ret Christum.
Den Her-ren be-vmb-fan-gen, Nach fei-nem lengst ver-lan-gen.

Der lateinische Text ist eine Uebersetzung des deutschen Liedes. Vgl. Meister I. Band S. 69. Die Melodie steht bereits in den „Pfalmen Davids in allerlei Teutsche gesangreimen bracht, durch Casparum Vlenbergium. Cöln 1582" zu den Pfalmen:

59: Do haft vns nu verstoffen Herr. (K. III, 185).
107: Mein hertz vnd mut, mein ehrenzier (K. III, 233).
117: Nv lobet Got mit freiem mut (K. III, 243).
145: Eia du liebe seele mein, sollst willig (K. III, 271).

No. 49.
In Gottes Namen heben wir an.
Liechtmeß Gesang.

Daß man von den Kertzen singt, vnd darbey absamblet.

(W. II, 924.)

Beuttner (1602) 1660.

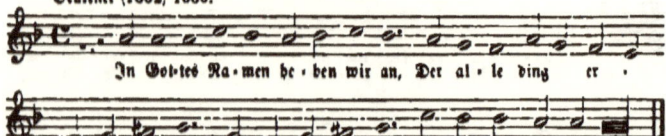

In Gottes Ra-men he-ben wir an, Der al-le ding er-
hal-ten kan, Ge-lo-bet sey Gott vnd vn-ser lie-be Fraw.

Bei Wackernagel steht der Ruf unter den Liedern des 15. Jahrhunderts.

No. 50.
Maria gieng hinauß.
Von Mariae Heimsuchung.
(K. II, 418.)

Cöln (Brachel) 1623, 1634; Mainz 1628; Würzburg 1628; 1649; Corner 1631; Mainz-Speier 1631; Molsheim 1659; Münster 1663, 1677; Nordstern 1671; Fulda 1695; Mainz 1696.

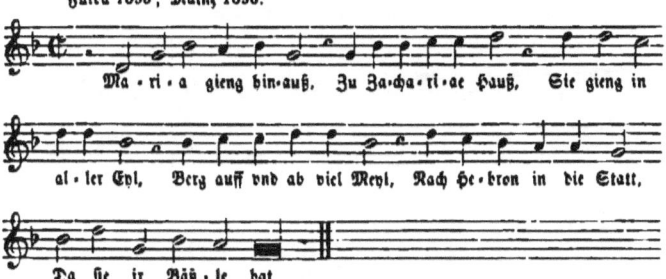

No. 50a.
Maria gieng hienauß.
(K. II, 418.)

Geistl. Nachtigall, Erfurt 1666.

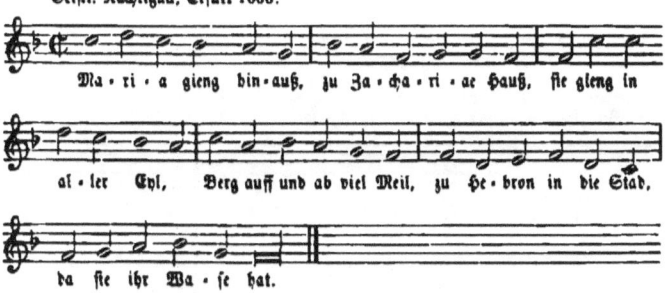

Die Melodie steht im französischen Psalter von Marot und de Beza, 1562, zu dem Lobgesange Simeons „Or l'aisse, createur".
Vergleiche die Beschreibung auf S. 47.

Marienlieder. 117

No. 51.
Mein sele macht den Herren groß.
Vff das Fest Visitationis Marie, vnd zu andern zeytten.
(K. II, 420; W. V, 1173.)

I. Behe 1537; Leisentrit 1567 ꝛc.; Paderborn 1609; Cöln (Quentel) 1599, 1613; Mainzer Cantuale 1605, 1627; Hildesheimer Cantuale 1625; Würzburg 1628, 1649; Mainz-Speier 1631; Molsheim 1659; Trier 1695.

Ein ander Melodey.

II. Behe 1537; Leisentrit 1567 ꝛc.

---

1) Leisentrit 1567 ꝛc. und die übrigen Gesangbücher haben f statt a. Der Text ist eine Uebersetzung des bekannten Lobgesanges der Mutter Gottes „Magnificat anima mea Dominum" von Caspar Querhamer. Vgl. W. V, S. 941 und Meister I. Bd. S. 51.
2) Leisentrit 1584 hat f f statt d d.

Ein ander Lobgesang Mariae.
Magnificat anima mea Dominum.
(W. V, 1347.)

III. Leisentrit 1584; Rheinfelf. Gsgb. 1666.

Text von Ebingius in „Das ander Theil Kirchisch Messen u. s. w." Cöln 1572. Die Melodie ist der sogenannte tonus peregrinus, in welchem gewöhnlich der Psalm „In exitu Israël de Aegypto" gesungen wird.

IV. Andernach 1608.

Melodie des I. Psalmentons.

Im Rheinfel. Gsgb. 1666, Nordstern 1671, Münster 1677 steht zu dem Texte „Mein Seel mach groß den Herren" noch eine andere Melodie, welche dem 130. Psalm des französischen Psalters von Marot und de Beza entnommen ist (siehe das Lied: „Nu lafft in Fried Herr faren" No. 389).

No. 52.
O der süssen gnaden gros.
Ein Prosa vornemlich Visitationis Mariae zu gebrauchen.
(K. II, 421; W. V, 1290.)

Leisentrit 1567 ıc.

¹) Leisentrit 1584 hat h statt g.

120 Marienlieder.

Der Text ist, so lange sich eine ältere Quelle nicht nachweisen läßt, dem Valentin Triller zuzuschreiben, denn er steht in dessen „Schlesisch singebüchlein" Breslaw 1555 und 1559. Wackernagel bringt in seinem Werke über das Kirchenlied denselben zweimal, zuerst (IV, 81) unter den Liedern Trillers und später (V, 1290) unter den Liedern der römisch katholischen Kirche aus Leisentrit. Triller hat eine andere Melodie als Leisentrit mit der Ueberschrift: „Ein Prosa, auff eine alte Melody, Uterus Virgineus". Die Melodie, welche Leisentrit hier bringt, ist die, welche der Sequenz de S. Martyribus: „O beata beatorum martyrum certamina" (W. I, 254) angehört. R. Schlecht theilt diese letztere mit in seiner Geschichte der Kirchenmusik, S. 236 aus einem Codex in 8° des 12. oder 13. Jahrhunderts (in der fürstlich Wallersteinischen Bibliothek). Auch Triller hat diese letztere verwerthet zu seinem Liede: „Laßt uns alle frölich leben" (W. IV, 51).

---

1) Leisentrit 1584 hat g g statt e e.

Marienlieder. 121

No. 53.
Maria Gottes muetter die thett.
(W. V, 1438.)

Papierhandschrift früher im Besitze Clemens Brentanos, jetzt dem Ph. Nathusius zugehörend. Siehe S. 50.

No. 54.
Es frewn sich der Engel schar.
Die Prosa von der auffnemung Marie.
Congaudent angelorum chori.

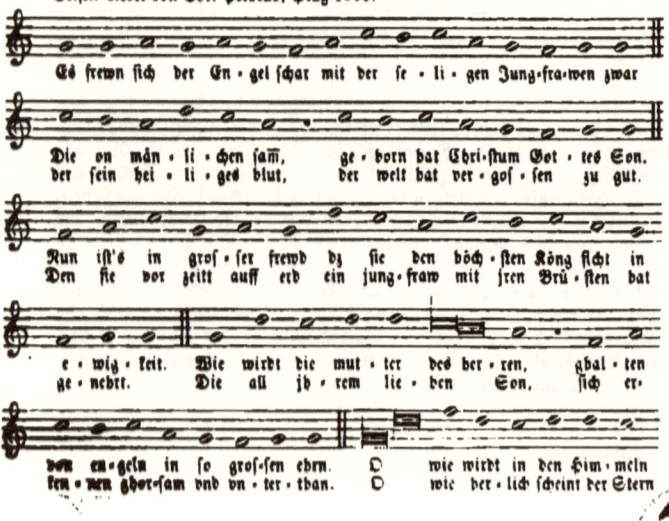

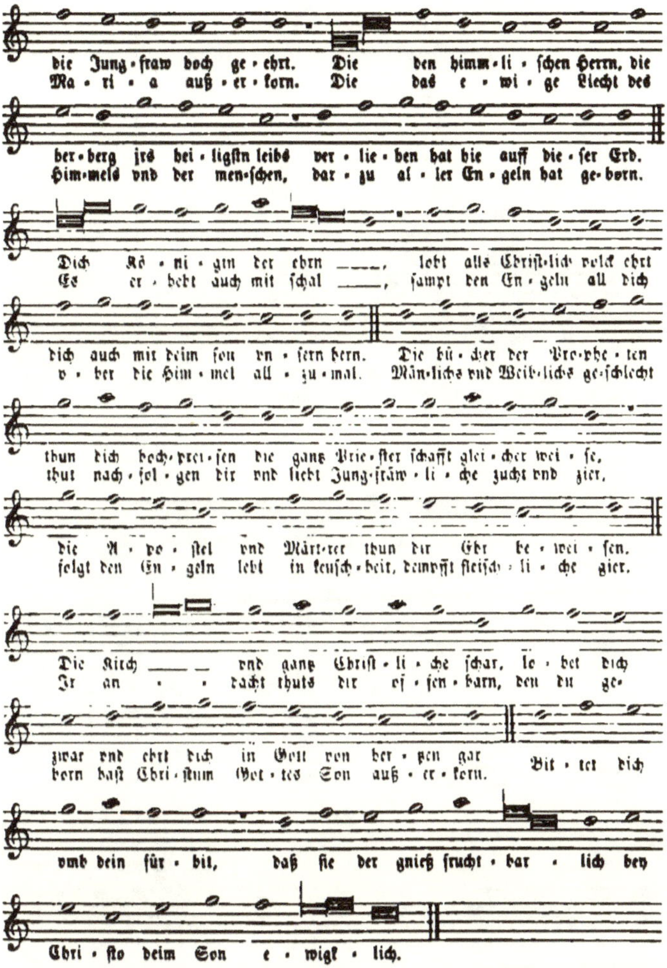

Marienlieder.

(Notenzeilen mit Text:)

die Jung-fraw hoch ge-ehrt. Die   den himm-li-schen Herrn, die
Ma-ri-a auß-er-korn. Die   das e-wi-ge Liecht des

ber-berg jrs hei-ligstn leibs ver-lie-ben hat die auff die-ser Erd.
Him-mels vnd der men-schen, dar-zu al-ler En-geln hat ge-born.

Dich Kö-ni-gin der ehrn ____, lobt alle Christ-lich volck ehrt
Es er-hebt auch mit schal ____, sampt den En-geln all dich

dich auch mit deim son vn-sern kern. Die bü-cher der Pro-phe-ten
o-ber die Him-mel all zu-mal. Män-lichs vnd Weib-lichs ge-schlecht

thun dich hoch-prei-sen die gantz Prie-ster schafft glei-cher wei-se,
thut nach-fol-gen dir vnd liebt Jung-fräw-li-che zucht vnd zier,

die A-po-stel vnd Märt-rer thun dir Ehr be-wei-sen.
folgt den En-geln lebt in keusch-heit, dempfft fleisch-li-che gier.

Die Kirch ____ vnd gantz Christ-li-che schar, lo-bet dich
Jr an-dacht thuts dir of-fen-barn, den du ge-

zwar vnd ehrt dich in Gott von her-tzen gar. Bit-tet dich
born hast Chri-stum Got-tes Son auß-er-korn.

vmb dein für-bit, daß sie der gnieß frucht-bar-lich bey

Chri-sto beim Son e-wigt-lich.

Uebersetzung der lateinischen Sequenz: „Congaudent angelorum chori" von Notker Balbulus († 912). Den lateinischen Text mit der Melodie hat Schubiger in seinem Werke „Die Sängerschule St. Gallen" (Beispiele Nr. 27) mitgetheilt. Einige Varianten in der Melodie möge man dort vergleichen.

Im Gesangbuche der böhmischen Brüder (1531, 1544, 1564) steht die Melodie zu dem Liede: „O Jesu zu aller zeyt, vn in ewigkeyt gebenedeyt" (W. III, 339).

Marienlieder.

No. 55.
Die Engel singen süssen sang.
Mariae Himmelfahrt.
(W. II, 1197.)

Andernach 1608.

Die En-gel sin-gen süs-sen sang, Das es
Per-en-ne car-men An-ge-li, Di-cant

im ho-hen Him - - mel flang.
Ma-ri-ae Vir - - gi-ni.

Der lateinische Text ist eine Uebersetzung des deutschen, der dem Liede: „Es sungen drei Engel" (Meister I, 226) nachgebildet ist.

No. 56.
Wir sollen all banck sagen Gott.
Ein Geistlich Liedt von Mariae Himmelfahrt.
(K. II, 422; W. V, 1176.)

Leisentrit 1567 ic.; Cöln (Quentel) 1613; Trier 1695.

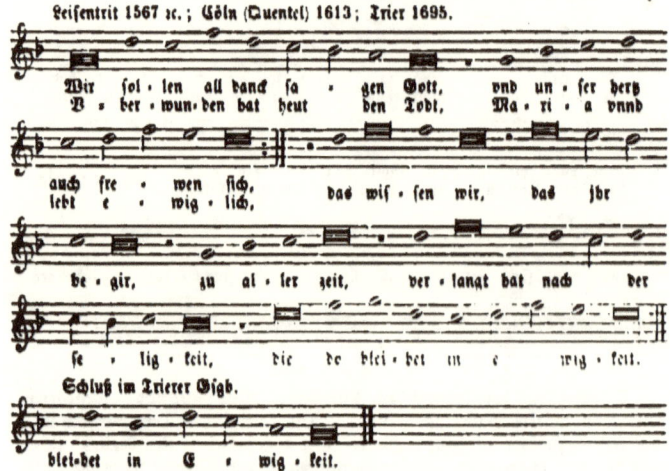

Wir sol-len all banck sa - gen Gott, vnd un-ser hertz
B - ber-wun-den hat heut den Todt, Ma-ri-a vnnd

auch fre - wen sich, das wis-sen wir, das jhr
lebt e - wig-lich,

be-gir, zu al-ler zeit, ver-langt hat nach der
se - lig-keit, die de bleibet in e wig-keit.

Schluß im Trierer Gsgb.

blei-bet in E - wig-keit.

Wackernagel schreibt den Text dem Caspar Querhamer zu (V, S. 942). Vgl. Meister, I. Bd. S. 51.

Die andere Melodie, welche bei Behe und Leisentrit zu biesem Texte steht, ist die des Liedes: „Dich Fraw vom Himmel". No. 61.

No. 57.
O Mutter Gottes außerkorn.
Ein newes Gesang an vnser liebe Frawen.
(K. II, 402.)

Corner 1631; 1676 (Nachtigall).

No. 58.
Maria rein o Jungfraw zart.
Himmelfahrt Mariae.
(K. II, 424; B. V, 1419.)

Geistl. Nachtigall, Erfurt 1666.

Die Melodie ist dem französischen Psalter entnommen, und zwar ist es die erste Hälfte des 60. Psalms: „Dieu qui nous as debouté" aus „Les Pseaumes de David, mis en Rime française, par Cl. Marot et Th. de Beze. Lion 1562", welche hier notengetreu herübergenommen ist.

Die andere Melodie, welche im Cölner Gesb. (Quentel) 1599, 1613, Constanzer 1600, Mainz-Speierer 1631 und Trierer 1695 steht, ist schon im I. Bande von Meister abgedruckt zu dem Texte: „Gegrüßt seistu Meerstern" (S. 149).

---

1) Corner 1676: g f statt a g.
2) Im Original steht e, was natürlich ein Druckfehler ist.

No. 59.
Mariam die Jungfraw werthe.
Himmelfahrt oder Verschiebung Mariae.
(K. II, 425; W. II, 1217.)

Beuttner (1602) 1660.

Corner (1631) hat das Lied mit Angabe der Melodie „Singet zu Gott mit Lobesschall". Vgl. Meister I, Nr. 267.

No. 60.
Mitt Gott so wöllen wir heben an.
Ein neuer Catholischer Rüef, unser frauen schiebung genanb.
(W. V, 1427.)

J. Koler, Ruefbuechl 1601.

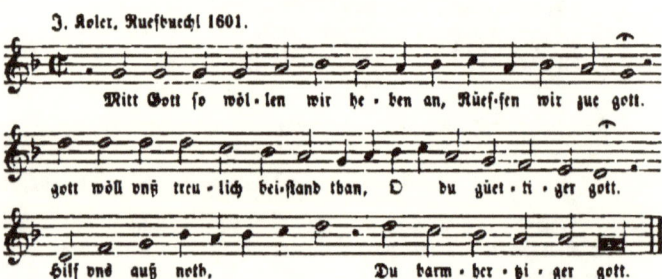

Die Ueberschrift lautet weiter: „in welchem glaubwürdig angezaigt würdt, was sich vor, inn vnd nach dem ableiben auch begrebnus Mariae der muetter Gottes begeben, vnd zuegetragen. Auß den heiligen vättern vnd lehrern der kirchen, alß Jeronimo, Augustino, Dionysio Areopagita vnd approbirtem hystorischreiber Nicephoro genummen vnd durch Joan: Koler gemacht. Melodia sequente."

Papierhandschrift aus der Bibliothek Clemens Brentanos, jetzt Phil. Nathusius zugehörig.

No. 61.
Dich fraw vom hymmel ruff ich an.
Bff das fest Natiuitatis Marie, Auch zu andern zeytten.
(K. II, 427; W. II, 1032.)

I. Behe 1537; Leisentrit 1567 ꝛc. ;¦ Cöln (Quentel) 1599; Constanz 1600; Mainz-Speier 1631; Trier 1695.

Dich fraw vom hym-mel ruff ich an. in die-sen gros-sen
Gegen Gott ich mich ver-schul - det han, sprich das ich sey der

nöt - ten mein,
die - ner dein,   Von dei - nem kyndt   Ma - ri - a wend

sein   zorn   von mir. Tröst-lich zu-flucht hab ich

zu dir, Hilff bald ich forcht der tobt kom schyr.

Dieselbe Melodie steht bei Behe, Leisentrit u. a. zu dem Liede: „Wir sollen all danck sagen Gott" auf das Fest der Himmelfahrt Mariae. Das Lied „Dich fraw vom hymmel" ist ein alter Meistergesang und wurde in der vorstehenden Form von drei Gesätzen schon vor der Reformation viel und gern gesungen. Hoffmann gibt als Quelle an ein handschriftliches Vorsetzblatt des 15. Jahrhunderts, zum Parcival von 1477, in Seitenstetten. Später erfuhr das Lied allerlei Zusätze. Auf einem Druckblatte mit Singnoten aus dem Jahre 1515 (bei Uhland No. 317) ist es schon um vier Strophen erweitert. Ebenso in der Brentano'schen Handschrift um 1524. Weitere handschriftliche Aufzeichnungen finden sich zu Heidelberg mit der Jahreszahl 1516, zu Würzburg, vierstimmig aus dem 16. Jahrhundert. Eine zweite vierstimmige Bearbeitung findet sich auf der Münchener Staatsbibliothek (Mus. pract. 156, 13.) auf einem Blatte aus dem 15. Jahrhundert. Eine Papierhandschrift der königl. Bibliothek in Berlin (No. 659. 4°.), um 1529 geschrieben, hat unser Lied mit der Ueberschrift: „Ain hübsch gaistlich Lied ym thon: „Was man mir guts in eeren gan". Ob damit unsere obige Melodie gemeint sei, läßt sich nicht bestimmen, da dieses Lied mir unbekannt ist.

Die Reformation nahm das Lied mit Umdichtungen des Textes: „Christum von himel ruf ich an" (Hans Sachs) und „Dich Gott vom Himmel ruf ich an" (Val. Triller) herüber. Vgl. Hoffmann Gesch. d. K². No. 68. Wackernagel II, 1030—1032, ferner III. 81 und IV, 99. Böhme, Altdeutsches Liederbuch No. 593.

Ein ander Gesang von der reinen ausserwelten Mutter Gottes im vorgehenden Thon, oder wie hernach notirt.

II. Leisentrit 1567 ꝛc.; Andernach 1608; Erfurt 1666; Cöln (Brachel) 1619, 1634.

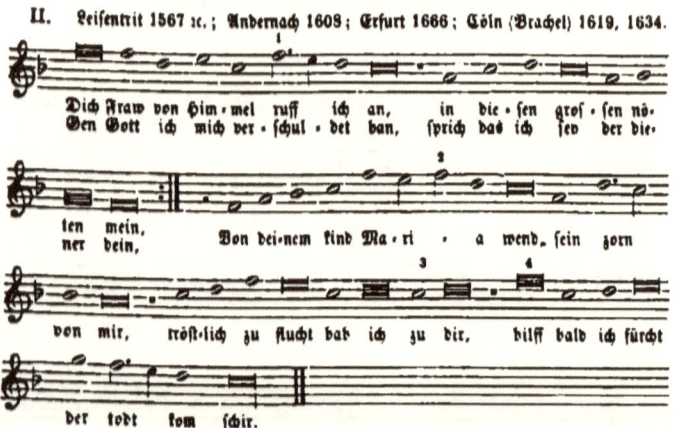

Dich Fraw von Him-mel ruff ich an, in die-sen gros-sen nö-
Gen Gott ich mich ver-schul-det han, sprich das ich sey der die-
ten mein,
ner dein, Von dei-nem kind Ma-ri-a wend sein zorn
von mir, tröst-lich zu flucht hab ich zu dir, hilff bald ich fürcht
der todt kom schier.

Zur Erklärung der Ueberschrift bemerke ich, daß bei Leisentrit das Lied: „Wir sollen all dancksagen Gott" voraufging, welches die Melodie des: „Dich Fraw vom Himmel" bei Behe trägt.

No. 61a.
Dich mutter gottes rueff wir an.
(B. II, 1034.)

Eglins Liederbuch 1512.

Dich mut-ter got-tes rueff wir an, bitt für uns Ma-ri-
a, thun uns in ang-sten nit ver-lan, Ihe-sum dein sun der not

Varianten: Cöln 1619, 1634; Geistl. Nachtigall, Erfurt 1666.
Geistl. Nachtigall hat: e.

1) ru-ffe ich an, in die-sen grö-sten Nöh-ten mein.
2) Diese Note fehlt.
3) e f statt c d.
4) Hilff bald ich fürcht der Todt kompt schier.

128   Marienlieder.

er-man die er umb menſch-lich geſchlecht welt han, bitt für uns Ma-ri-a.

Ein altes Marienlied aus dem 15. Jahrhundert. Text und Melodie aus dem vierſtimmigen Liederbuche von Erhard Oeglin, Augsburg 1512. Daſſelbe enthält 49 deutſche Lieder, theils weltlichen theils geiſtlichen Inhalts. Die vierſtimmige Faſſung des Originals und die übrigen Textſtrophen ſtehen im Anhang II zum I. Bande von Meiſter Nr. 1. Der Text ſteht etwas verändert auch in Corners Geſangbuch 1631 (bei Kehrein II, 404).

No. 62.
Maria iſt gebohren.
Mariae Geburt.
(K. II, 428.)

Würzburg 1628, 1649; Cöln (Brachel) 1623, 1634; Molsheim 1659; Geiſtliche Nachtigall, Erfurt 1666.

Ma-ri-a iſt ge-boh-ren auß Kö-nig-li-chem Blut, ihr Stamm iſt auß-er-koh-ren, auß Pat-ri-ar-chen gut.

No. 63.
Jungfraw außerkohren.
Mariae Geburt.
(K. II, 430.)

Würzburg 1628; Molsheim 1659; Corner 1631; Fulda 1695.

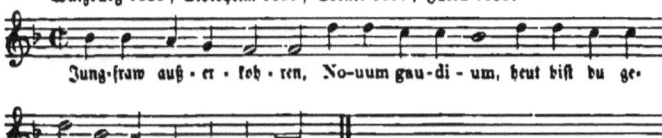

Jung-fraw auß-er-koh-ren, No-uum gau-di-um, heut biſt du ge-boh-ren vir-go vir-gi-num.

Marienlieder.

No. 64.
Aue Maria du Himmel Königin.
Am Festag der Geburt Mariae.
(K. II, 431; W. II, 1219.)

Cöln (Quentel) 1599, 1613, 1619; Constanz 1600; Mainzer Cantual 1605, 1627; Andernach 1608; Paderborn 1609; Reuß 1625; Hildesheim 1625; Mainz-Speier 1631; Corner 1631.

Wackernagel bringt das Lied aus dem Insbrucker Gesangbüchlein vom Jahre 1588. Dasselbe findet sich in fast allen Gesangbüchern, mit mehr oder weniger Varianten. Außer in den obengenannten noch in folgenden Gesangbüchern: Cöln (Brachel) 1619, 1623, 1634; Vogler's Catechismus 1625; Mainz 1628; Würzburg 1628, 1649; Psalteriolum 1642; Prag 1655; Molsheim 1659; Geistl. Nachtigall, Erfurt 1666; Nordstern 1671; Münster 1677; Trier 1695; Mainz 1696.

No. 65.
Hertzliches bildt Maria klar.
Ein anders nicht allein auff den tag Praesentationis Mariae, sondern auch auff alle Fest Mariae, in wolbekanten Thon Gelobet seistu Jesu Christ, etc. oder folgenderweis zu singen.
(W. V, 1316.)

----
1) Das Mainzer Cantual 1605 hat noch: f.
2) Das Constanzer Gesb. 1600 hat noch: f.
3) Das Mainzer Cantual hat g statt a.

Das kathol. deutsche Kirchenlied. II. 9

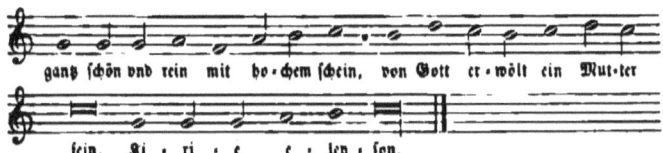

Derselbe Text steht im Tegernseer Gesb. 1577, Bl. 189. Der Anfang des Liedes ist derselbe wie in No. 48 des I. Bandes: „Es kam ein Engel hell und klar".

II. Das Andernacher Gesb. 1608 hat folgende Melodie:

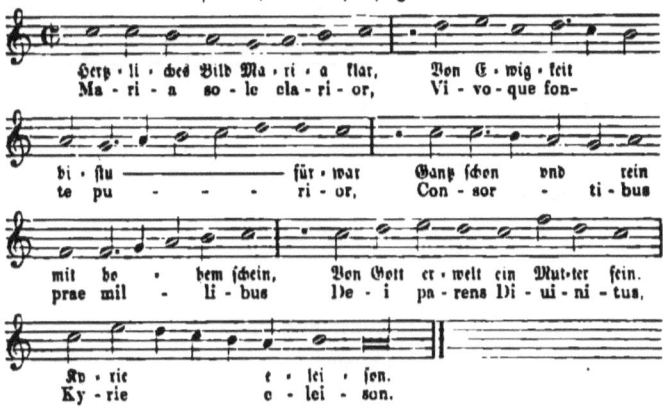

Inbetreff des lateinischen Textes vgl. I. Band, Seite 69.

No. 66.
Maria jung vnd zart.
Von Mariae Auffopfferung.
Duae voces, vel vna praecin.

(K. II, 434; B. V, 1504.)

Cöln (Brachel) 1623, 1634; Mainz 1628; Würzburg 1628, 1649; Corner 1631; Mainz-Speier 1631; Psalteriolum 1642; Molsheim 1659; Geistl. Nachtigall, Erfurt 1666; Nordstern 1671; Münster 1677; Mainz 1696.

Marienlieder.

No. 67.
Nun trett herbey.
Maria im Tempel auffgeopffert.

Keusche Meerfräwlein 1664; Geistl. Nachtigall, Erfurt 1666; Fulda 1695; Mainz 1696.

Huc ten-di-te, at-ten-di-te, coe-les-tis au-lae Cho-ri.
Nun trett her-bey, in schö-ner Rey, ihr Himmels-Chör, und se-het,

Di-vi-ti-as, de-li-ci-as, cas-ti spec-ta-te to-ri.
Mit was für Pracht, ein rei-ne Magd und Braut zur Kirchen ge-het.

Der lateinische Text, eine Dichtung der damaligen Zeit ist aus „Sirenes Partheniae" (4. Aufl.) 1677; der deutsche, eine Uebersetzung daraus in „Keusche Meerfräwlein" 1664.

No. 68.
Wir fallen nider auff vnsere Knie.
Ein rueff zu vnser lieben Frawen.
(K. II, 547; B. II, 1174.)

Münchener Gsb. 1586; Cöln (Quentel) 1599, 1613; Andernach 1608; Mainz-Speier 1631; Trier 1695.

Wir fal-len ni-der auff vn-se-re Knie, Ma-ri-am

an-zu-ruef-fen die ─── , Al-le - lu - ia.

Die älteste gedruckte Quelle für das Lied ist nach Wackernagel (II, S. 941): „Schöne alte, Catholische Gesang vnd Rüff". Tegernsee 1577.

Dieselbe Melodie steht noch einmal im Münchener Gesangbuch, sodann im Cölner (Quentel) 1599 und 1613, im Constanzer 1600, Paderborner 1609 und Neyßer 1625 zu dem Osterliede: „Es frewet sich billich Jung vnd Alt".

Der Rueff von S. Benno „Wir kommen wider zu dir her", München bei Adam Berg 1603, hat auch die vorstehende Melodie. Sie findet sich ferner noch bei Corner 1631, 1649 und 1676, sowie im Rheinfelsischen Gesangbuch

132 Marienlieder.

1666, zu dem Gesang in der Kreuzwoche: „Wir fallen 2c., den wahren Sohn Gottes bitten wir hie", endlich in der Geistl. Nachtigall von Corner 1649 u. 1676 zu dem Ruf von den h. zehn Geboten: „Wir sagen Gott viel Lob vnd Ehr".

No. 69.
Gegrüßt seistu Maria rein.

Ein ander Lied von der Hochgebenedeiten Junckfrawen Maria Gottesgebererin, in der Melodey, Da Maria in Kindelbet, oder Barmhertziger ewiger Gott, Item Allmechtiger gütiger Gott. Oder auff die folgenden Noten, kan an allen Festen Mariae, besonders im Aduent gesungen werden.

(K. II, 576; W. II, 1160; V, 1211.)

I. Leisentrit 1567 2c.

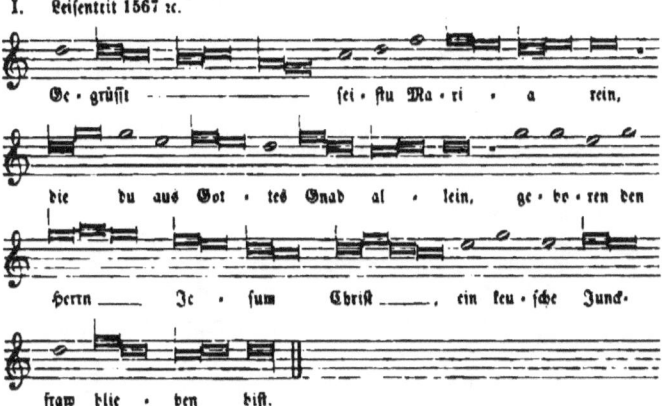

Dieselbe Melodie steht bei Leisentrit zu dem Lied auf den h. Johannes den Täufer „Wir wollen singn ein lobgesang", sodann im Cölner Gesb. (Quentel) 1599, 1613, im Trier'schen 1695 zu dem Gesang von den sieben h. Sakramenten: „O Herr wir preyßen dein güttigkeit".

(W. V, 1210.)

II. Gesb. von Hecyrus, Prag 1581.

Dieselbe Melodie findet sich in Trillers Singebuch zu dem Liede: „Es sprach Christus des Menschen Son" (W. IV, 92) mit der Ueberschrift „Auff

Marienlieder.

eine alte Melody Aue fuit prima salus". Im Gesangbuch der böhmischen Brüder (1531) 1564 steht sie zu dem Morgenliede: „Der Tag bricht an vnd zeyget sich". Auch noch andere protestantische Lieder, z. B. „Kehr um, kehr um du junger Sohn" von M. Weiße (W. III, 392) und das Dreifaltigkeitslied: „Gott Vater Herr, wir danken dir", haben die obige Melodie.

III. Cöln (Brachel) 1619, 1634.

Die Melodie hat Aehnlichkeit mit der von Psalm 6 bei Ulenberg (1582): „Straff mich Herr nicht in eiffermut". Siehe No. 363.

IV. Geistl. Nachtigall, Erfurt 1666.

Dieselbe Melodie steht in diesem Gesangbuche zu dem Liede: „Ach bey dem Creutz Maria stehr".

No. 70.
Gegrüßt seistu Maria rein.

Mainzer Cantuale 1605, 1627; Constanz 1600; Andernach 1608; Hildesheimer Cantuale 1625.

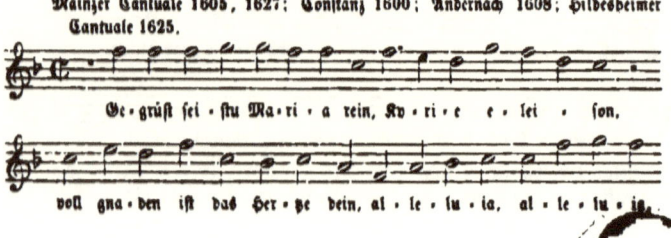

134   Marienlieder.

Ge - lobt sey Gott vnd Ma - ri - a.

Eine alte Rufmelodie, welche noch in folgenden Einzeldrucken vorkommt:
1) Ein andechtiger Rüff von dem Heyligen Beichtiger vnd Nothelffer S. Leonhart:

"In Gottes Namen heben wir an,
wir rieffen all S. Leonhart an". (W. V, 1415.)

Getruckt zu Thierhaupten 1598.

2) Schöner Catholischer Ruff von vnser lieben Frawen vnd vralten Capellen zu alten Oettingen:

"Nun laßt vns frölich heben an,
zu singen alls was singen kan". (W. V, 1417.)

Ingolstatt 1599 und 1613.

3) Andächtiger Ruff von dem H. Leben vnd Marterkampff der glorwürdigen Jungfrawen S. Barbara:

"Zu Gottes Namens Lob vñ Ehr,
sein wir zusammen kommen her". (W. V, 1481.)

NB. Die in der Einleitung, S. 50, mit No. 70a bezeichnete Melodie steht auf der vorigen Seite als No. 69, III.

No. 71.
Ach Herre Gott.

Ein ander gemein doch köstlich andechtig Gesang, von Mariae der heiligen Mutter Gottes lob.

(W. V. 1143.)

Leisentrit 1584.

Ach Her - re Gott, köndt ich aus mei - nes hertzengrund ge-
win - - nen, Ein Lob von wei - - sen sin - nen, von
Ma - ri - a der hoch-ge - lob-ten Kö - ni - gin, die da Hi - mel
vnd er - den gar schön vmb - fan - gen hat.

Die Ueberschrift lautet weiter "welches ein jeder Christ vor sich selbst in vñ ausserhalben seins Hauses durchs gantze jahr teglich singen vnd gebrauchen mag in seinem alten oder hieraus folgendem Thon". Leisentrit hat den Text

Marienlieder.

aus: „Bergkreyen. Etliche Schöne gesenge, newlich zusamen gebracht, gemehret vnd gebessert 1536" (W. V, S. 923). Bergkreyen (Bergreihen) sind ursprünglich Lieder zum Singen und Tanzen der Bergleute. Der Inhalt ist aber kein bestimmter, sondern alle Liederarten umfassend; am allerwenigsten darf man das Besingen des Bergbaues darin suchen, sagt Böhme in der Einleitung zum „Altdeutschen Liederbuch" (S. XLII). „Wie sich die Noten den verschiedenen Sätzen anbequemen sollen, ist unverständlich", bemerkt bereits Wackernagel. Ich habe versucht den Text, so gut als es ging, den Noten zu appliciren.

No. 72.
Gott der hieß der Wasser Hauffen.
Meerstern.
Maria, Heyl der Schiffbrüchigen Seelen.

Würzburger Evangelien 1656; Psalmen Davids, Mainz 1656; Keusche Meerfräwlein, Würzburg 1664; Sterbekunst, Breslau 1664; Geistl. Nachtigall, Erfurt 1666; Nordstern 1671; Brauns Echo 1675; Fulda 1695; Mainz 1696.

Der lateinische Text, eine Dichtung der damaligen Zeit aus „Sirenes Partheniae" (4. Aufl.) Würzburg 1677, wurde später ins Deutsche übertragen.

---

1) Die Würzburger Evangelien u. a. haben c statt d.
2) und f statt g.

136   Marienlieder.

Die Melodie (bis zum *) fand ich zuerst in den Catholischen Sonn- vnd Feyertäglichen Evangelia. Wirtzburg 1656 anderer Theil Nr. V: „Jesus zu den Pharisaeern, Seinen Feinden vnd Verschmähern" vnd Nr. XIV: „Jesus sagt den Pharisaeern, Die sich thäten zu jhm nähern" sodann in dem Buche: „Die Psalmen des Königlichen Propheten Davids", Mainz 1658, zu Psalm 76: „Zu dem Herrn im Himmel droben" vnd zu Psalm 149: „Vnserm Gott, vnd vnsrem Herren".

No. 73.
Maria ist ein liechter Stern.
Stern Rueff Mariae.
(W. II, 1212.)

Beutner (1602) 1660.

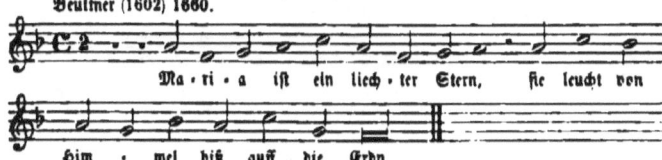

Ma-ri-a ist ein liech-ter Stern, sie leucht von Him-mel biß auff die Erdn.

Bei Wackernagel steht der Text unter den Liedern des 15. und 16. Jahrhunderts.

No. 74.
Gegrüsset seystu Jungfraw zart.
Ein anders von vnser lieben Frawen.

Prag 1655.

Ge-grüs-set sei-stu Jung-fraw zart, ein Mut-ter bist vns ge-ben, ge-born von Kö-nig-li-cher Art, rein im Le-ben, mit tu-gen-den vmb-ge-ben.

No. 75.
Frew dich Maria.
Gaude Maria.
Gesang auff alle Fest.

Andernach 1608.

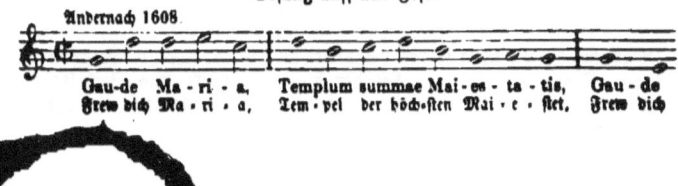

Gau-de Ma-ri-a, Templum summae Mai-es-ta-tis, Gau-de
Frew dich Ma-ri-a, Tem-pel der höch-sten Mai-e-stet, Frew dich

Ma - ri - a, Spe - cu - lum vir - gi - ni - ta - tis, Al - le - lu - ia.
Ma - ri - a, Du Spie-gel al - ler keu - schen Mädt, Al - le - lu - ia.

Ein lateinischer Gesang „De domina nostra", dessen vollständigen Text Mone (II, 200) und Wackernagel (I, 420) aus einer Handschrift des 15. Jahrhunderts und einem Lübecker Missale mittheilen. Melodie wahrscheinlich gleichzeitig.

No. 76.
Süsser als Honig ist dein Nam.

Boglers Catechismus 1625.

Sü - sser als Ho - nig ist dein Nam Ma - ri - a Jung - fraw
Ein Fraw heist er erst - lich sehr fein Der Men-schen vnd der

Tu - gend - sam Ein Kö - ni - gin der gan - zen Erd Vnd
En - gel rein:

Him - mel, bist Ma - ri - a werd.

No. 77.
Aue mundi spes Maria.
Der Welt hoffnung Maria schon.

Andernach 1608.

A - ue mun - di spes Ma - ri - a, A - ue mi - tis a - ue
Der Welt hoff - nung Ma - ri - a schon, Ge-grüßt sei-stu mild gut

pi - a, Au - e tu ple - na gra - ti - a Aff - lic - tis das so -
Pa - tron, Die du vol - ler ge - na - den bist, Du tröst be - trüb-ten

la - ti - a.
je - - der frist.

Das Lied kommt schon in den Handschriften des 14. und 15. Jahrhunderts vor (Mone II, 324) und hat den h. Bonaventura zum Verfasser. Wackernagel theilt dasselbe in Abtheilungen von je 4 Versen mit aus

Psalterium beatae Mariae virginis a s. Bonaventura editum. Editio vltima. Antwerpiae 1626 (I, 229). Eine Uebersetzung aus dem Ortulus Anime, Straßburg 1501, beginnt:

"Gegrüset sıest, der welt hoffnung
Maria, sanft vnd ouch milt" (daselbst II, 1075).

No. 78.
Ein schöner rüef zue der
gewenebeiten junckfraum vnd muetter gottes Maria.

(W. V, 1358.)

Vgl. No. 10 und 23.
Papierhandschrift, früher im Besitze Clemens Brentanos, jetzt Eigenthum von Ph. Nathusius. (S. Seite 50.)

No. 79.
Mutter Gottes in ewigkeit.
Ein anders auff all vnser Frawen Fest im Thon wie folget.

(W. V, 1354.)

gib vns dein kindt zu schaw-en.

Wackernagel gibt im II. Bde No. 1250 noch zwei ältere Texte, einen aus der Papierhandschrift zu Kloster-Neuburg No. 1228, 8⁰ und den andern aus dem Tegernseer Gsgb. 1577 Bl. 200 b.

No. 80.
Maria aller Jungfraw kron.
Ein anders von der Mutter Gottes.

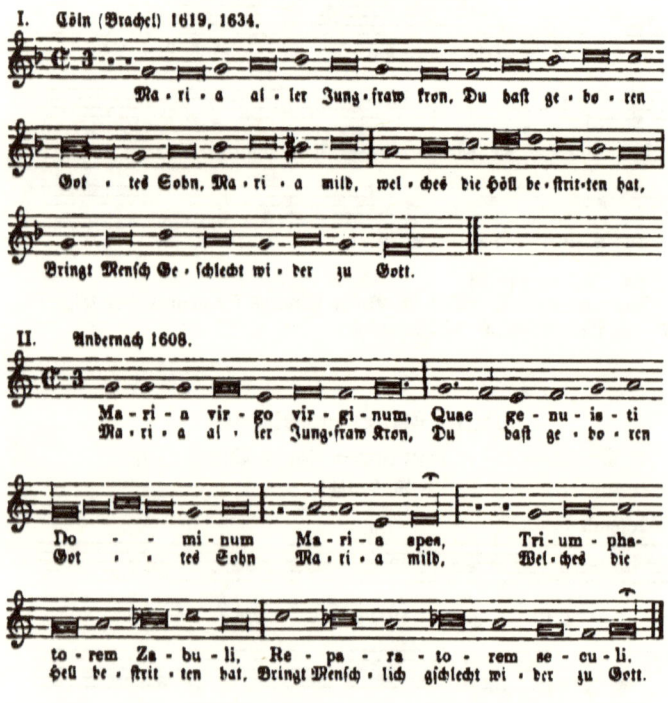

Woher der lateinische Text stamme, haben wir nicht ermitteln können.

No. 81.
Mariae Bild sampt ihrem Kind.
Von vnser L. Frawen zu Höchberg.

Würzburg 1628, 1649; Molsheim 1659.

Het Prieel Der Gheestelicker Meldiie, Antwerpen 1614 hat diese Melodie zu dem französischen Texte von den zehn Geboten: "Mon Dieu donne moy".

No. 82.
Sehet doch was für ein Zeichen groß.
(Kommt her ihr Kreaturen all.)

Fulda 1695.

Die Melodie ist ähnlich der, welche zu dem obengenannten Sakraments-liede in vielen neueren Gesangbüchern verzeichnet steht. Die erste Zeile gleicht der Weise des alten Volksliedes: "Ich weiß mir eine Mülnerin" Böhme No. 43.

---

1) Molsheimer Gsgb. hat c statt d.

Marienlieder. 141

No. 83.
Vnd unser lieben Frawen.
Vnser lieben Frawen Traum.
(W. II, 1213.)

Beuttner (1602) 1660; Corner 1631.

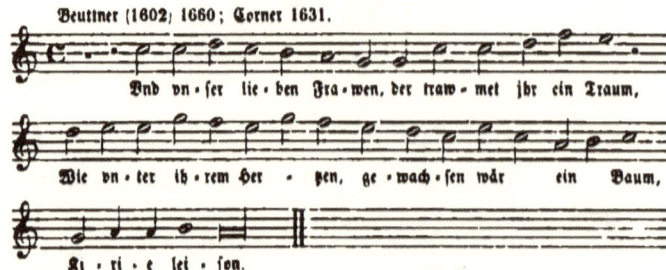

Vnd vnser lieben Frawen, der trawmet jhr ein Traum,

Wie vnter ihrem Hertzen, gewachsen wär ein Baum,

Kirie eleison.

Die Melodie ist zur Hälfte die Weise: „Es flog ein Täublein weisse" (Bd. I von Meister, No. 10). In Corners Gesangbuch 1631 stehen zu dieser Melodie die letzten Strophen des Liedes bei Beuttner: „Zu Ehren vnser Frawen, gehn wir in jhr Bethauß" (K. II, 534).

No. 84.
Vnser lieben frawen Rosenkrantz
in hertzog ernsts melodey.
(W. II, 1062; K. II, 439.)

Triller (1555) 1559.

Die geschrifft gibt vns wenß vnd ler, wie maria psalter
Götliche weißhait rief wir an, maria wölle vns bej ge-

wär, daruon will jch euch singen. Maria hat jr außerwölt
stan, so mag vns nicht misselingen.

die jren psalter betten, hatt so in jr pruderschafft gezelt,

so will so gen got vertreten: Es seyen frawen oder

Das Mainzer Cantual 1605 und Corners Gesangbuch 1631 haben nur den Text. Corner hat die Ueberschrift: „Unser lieben Frawen Psalter oder Rosenkrantz, Gesangsweiß gestellt, durch F. Sixt Buchsbaum, Anno 1500 von der Brüderschaft des H. Rosenkrantz offt zu singen in Hertzog Ernsts Melodey."

Diese Melodie ist, wie Böhme bemerkt, eine Spielmannsweise des 13. Jahrhunderts, jedenfalls eine der ältesten uns aufbewahrten Singweisen des weltlichen Heldengesanges und der Meisterdichtung; sie wurde vom 13. bis 17. Jahrhundert herab zu zahlreichen epischen Gesängen, zu weltlichen und geistlichen Texten, zu historischen und Kirchenliedern vielfach gebraucht. Näheres über die Texte bei Böhme a. a. O. S. 21 ff. Die älteste Melodie ist uns erhalten worden durch Valentin Trillers Singebuch (1555) 1559. Dieser gibt das Lied „vom reichen manne vnd Lazaro: Es war einmal ein reicher man" mit der Ueberschrift „auff ein alte melody des Meistergesangs „die Schrifft gibt vns weiß vnd leer" mit den Noten. Die letzteren habe ich unverändert herübergenommen. Nur an den Stellen, wo die Bindestriche stehen hat Triller eine ganze Note statt der beiden halben. Den Text habe ich unterlegt nach einem Einzeldruck um 1500 bei Wackernagel (f. Ueberschrift). Eine spätere Ueberarbeitung dieser Melodie in Werlins Handschrift (1646) hat Böhme unter No. 594 abgedruckt. Eine andere aus dem Bamberger Gesangbuche 1628 (4stimmig) siehe Anhang No. 1. Ueber die alten Drucke dieses Rosenkranzliedes findet der Leser Näheres in Wackernagels Bibliographie zur Geschichte des deutschen Kirchenliedes No. XXI, ferner in Hoffmanns Geschichte des Kirchenliedes No. 281. Im Folgenden theilen wir ein späteres Rosenkranzlied mit.

Die Schrifft gibt vns bericht vñ Lehr.

Gesänge von dem H. Rosenkrantz vnser lieben Frawen, vnd dessen Geheimnussen.

Corners Nachtigall 1676, 1649.

No. 85.
In Gotts Nam wolln wir singen.

Die Geheimbnuß des Rosenkrantzes vom Leben Christi vnd Maria, auß vnterschidlichen alten Gesängern in ein Rueff zusammen getragen.

(K. I, 195.)

Corners Nachtigall 1676, 1649.

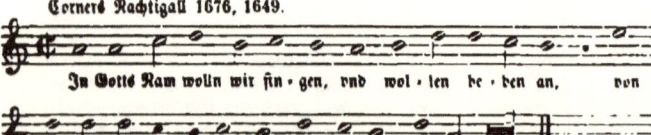

Corner 1631 hat den Text mit Angabe der Melodie: „Hettn wir so war Gotts Hulde"; diese ist ähnlich. Vgl. I. Band, No. 152.

No. 86.
O Jungfraw zart Maria schon.
Der gülden Rosenkrantz.

(K. II, 438.)

Corner 1631; Prag 1655.

Das Prager Gsgb. 1655 hat die vorstehende Melodie mit dem Text: „Wir loben die heilig Catharein, ein Jungfraw rein".

No. 87.
Wolts auff jhr Mann vnd auch jhr Weib.
Rosenkrantz.
(K. II, 526.)

Beuttner (1602) 1660.

Böhme, der das Lied in sein „Altdeutsches Liederbuch" aufgenommen (No. 549), hält die Melodie für eine Variante vom sog. Jakobstone. Vgl. unsere Bemerkungen zu dem Liede: „Wer Gott verlobt ein Pilgerfahrt", No. 184.

No. 88.
Ich weiß ein schöns Lustgärtelein.
Geistlicher Rosenkrantz von vnser L. Frawen.
In der Kinderlehr zu singen.
(K. II, 565.)

Bamberg 1628; Corner 1631; dessen Geistl. Nachtigall 1676; Geistl. Nachtigall, Erfurt 1666.

Marienlieder.

No. 89.
Das ist Mariae Guldner Rosenkrantz.
Gantzer Rosenkrantz Mariae.
(W. II, 1218.)

No. 90.
Wir wollen dich allein o Herr Gott loben.
Ein ander gesang vom Creutze, auff die noten des alten Rosenkrantz zur zeit der verfolgung.
(W. IV, 110.)

Diese Weise, nach der man den Rosenkranz sang, ist uns durch Triller überliefert worden. Ich gebe, da ich den Text des alten Liedes nicht kenne, den von Triller verfaßten.

No. 91.
Wir wollen alle singen dem Herrn von ewigkeit.
Ein Gesang auff die Weise des newen Rosenkrantz.
(B. IV, 89.)

Trillers Singebuch (1555) 1559.

Wir wol-len al-le sin - gen dem Herrn von e-wig-keit,
der geb das es ge-lin-ge zu sei-ner Herr-lich-keit.

Die Melodie ist eine andere Weise, nach der man dem Rosenkranz sang. Sie ist uns ebenfalls durch Triller erhalten worden. Da ich den Text des Rosenkranzliedes nicht ausfindig machen konnte, so gebe ich den Triller'schen.

Lieder von den hh. Engeln, vom h. Johannes dem Täufer, dem h. Joseph und den hh. Aposteln.
(No. 92—112.)

No. 92.
In Gottes nahmen hebn wir an.

Ein ander altglaubiges Catholisches lied von allen heiligen Engeln Gottes, besonder auch von S. Michael vnd seiner Historien oder geschichten.

I. Leisentrit 1584.

In Got-tes nah-men hebn wir an, hebn wir an, vnd ruf-fen all Gotts En-gel an.

Ein ander Melodey.

II.

In Got-tes na-men hebn wir an, vnd ruf-fen all Gotts En-gel an.

In Gottes Namen heben wir an.
Ein schöner Ruff von allen lieben heyligen Englen Gottes.
(K. II, 545; W. V, 1317.)

Münchener Gsgb. 1586; Cöln (Quentel) 1599; Beuttner (1602) 1660; Andernacher Gsgb. 1608; Neyß 1625; Würzburg 1628; Mainz-Speier 1631; Cöln (Brachel) 1634; Molsheim 1659.

III. (#: Würzb. 1628 u. Molsh. 1659)

In Got-tes na-men hebn wir an, Ky - ri - e - lei - son.

148   Lieder von den hh. Engeln 2c.

1) Bei Beuttner schließt das Lied an dieser Stelle.

Eine alte Rufmelodie mit vielen Varianten. Dieselbe steht auch bei dem Ruf von S. Benno, München, Adam Berg 1603 (Einzeldruck): „Wir grüessen dich von Hertzen sehr, Heiliger Benno, souil wir sehen kommen her" (W. V, S. 1202) mit folgender Variante:

Molsheim 1659, Würzburg 1628 haben bei 1) bei 2)

Das folgende Marienlied hat fast dieselbe Melodie.

IV. Cöln (Quentel) 1619; (Brachel) 1619, 1634; Mainz-Speier 1631; Corner 1631; Trier 1695.

Corner 1631 hat nach dieser Melodie das Vaterunser-Lied: „Ach Vater vnsr ins Himmelsthron" (K. II, 571) mit folgenden Varianten:

Lieder von den hh. Engeln ıc.   149

No. 93.
Herr Gott dich loben alle wir.

Ein schöner Hymnus vnd lobgesang, am tage Michaelis, von den lieben
Engeln, In dem vorhergehenden * Thon, O Jesu Christe Gott, Item Wir
wollen singen, Oder wie folget.
(K. II, 451; W. IV, 1.)

I. Leisentrit 1567, 1573; Constanz 1600; Cöln (Quentel) 1599, 1613; Neyß 1625; Mainz-Speier 1631; Trier 1695.

Herr Gott dich lo-ben al-le wir vnd sol-len bil-lich
dan-cken dir, für dein ge-schöpff der En-gel schon, die vmb dich
schwe-ben in beim Thron.

* Das vorhergehende Lied hieß: „Christus in diese Welt ist kommen".

In den obengenannten Gesangbüchern außer dem Leisentrit'schen steht zu dieser Melodie der Text: „Wir bitten euch Engel klar" (K. II, 453; W. V, 1420). Wackernagel bringt das Lied nach einem Einzeldruck des 16. Jahrhunderts: „Ein schön New Geistlich Lobgesang. Im Thon: „Es fleugt ein Vögelein leise" gedruckt zu Nürnberg durch Friderich Gutknecht. o. J. Das älteste Gesangbuch, in welchem dasselbe vorkommt, ist das J. Eichhorn'sche, Frankfurt a. d. Oder 1561. Hier heißt es: „Ein schöner Hymnus im Thon: Beatus autor saeculi, Philippus Melanchton". Dieser hat einen lateinischen Hymnus De S. Angelis verfaßt, beginnend mit den Worten „Dicimus grates tibi summe rerum etc." (W. I, 453), der seinem Inhalte nach mit unserm deutschen Liede übereinstimmt. Daraus kann man gerade nicht schließen, daß der deutsche Text eine Uebertragung aus dem lateinischen sei. Es könnte auch das Gegentheil der Fall sein. Der Name Paul Eber, dem Wackernagel das deutsche Lied zuschreibt, kommt erst in Seth Calvisius' „Harmonia Cantionum Eccles., Leipzig 1597," vor, (vgl. Mützel No. 264). In den protestantischen Gesangbüchern fehlen die Strophen, welche eine Anrufung der h. Engel enthalten. Woher die obenstehende Melodie stamme, vermögen wir nicht zu sagen. Es ist nicht die des Volksliedes: „Es fleugt ein Vögelein leise" und auch nicht die des alten Hymnus „Beatus autor saeculi". Die protestantischen Gesangbücher haben eine andere Melodie, welche das Rheinfelsische Gesangbuch 1666 aufgenommen hat. Wir lassen dieselbe unter No. III folgen.

II. 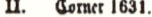 Corner 1631.

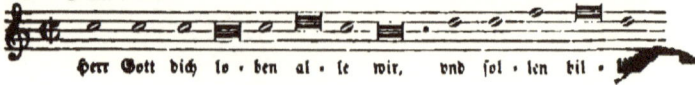

Herr Gott dich lo-ben al-le wir, vnd sol-len bil-

150 Lieder von den hh. Engeln ꝛc.

dan-cken dir, für dein Ge-schöpff der En-gel schon, die vm̄ dich schwebt in deim Tron.

In der Einleitung S. 45 ist das folgende Lied mit No. 93 b bezeichnet.

Von denen HH. Engeln.

III. Rheinfels. Gsgb. 1666; Erfurt 1666.

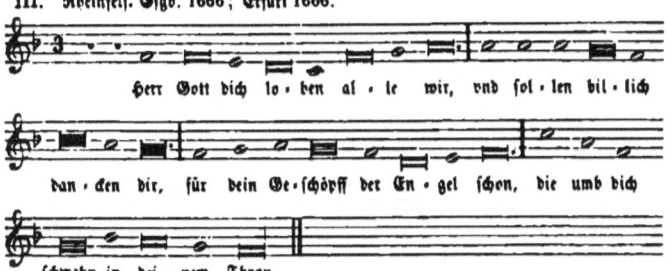

Herr Gott dich lo-ben al-le wir, vnd sol-len bil-lich dan-cken dir, für dein Ge-schöpff der En-gel schon, die umb dich schwebn in dei-nem Thron.

Vgl. No. 18, v vnd 290.

Die Melodie steht bereits im französischen Psalter von Marot und de Beza, Lyon 1562 zu dem Psalm 134: „Or sus serviteurs du Seigneur". Die geistl. Nachtigall, Erfurt 1666, hat zu dieser Weise den Text: „Da kommen solt der Welt Heyland" (I. Bd. No. 4).

No. 94.
Heut singt die liebe Christenheit.

Ein ander lieblicher vnd Christlicher Gesang an S. Michaelstag von den lieben Engeln.

(K. II, 452; B. III, 1379.)

Leisentrit 1584; Paderborn 1609; Corner 1631; dessen Nachtigall 1676.

Heut singt die lie-be Chri-sten-heit, Gott lob vnd preis in e-wig-keit vn danckt — jhm für sein güt-te, das er der

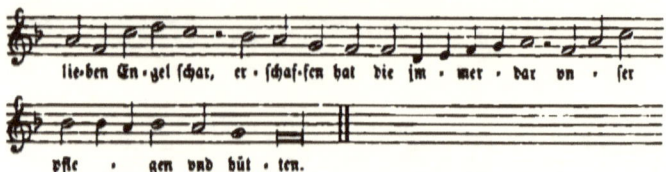

Die älteste Quelle des Liedes ist eine protestantische. Es findet sich mit einigen wenigen Abweichungen in: „Die Sontags Euangelia ober das gantze Jar, In Gesenge verfasset, Für die Kinder vnd Christlichen Haußveter, durch Nicolaum Herman in Jochimsthal ꝛc., Wittenberg 1560".

No. 95.
Frewd euch jhr Christen vberall.
Ein ander Rueff von allen Heiligen Englen.
(K. II, 454; W. V, 1318.)

Cöln (Brachel) 1619, 1634; Münchener Gsgb. 1586 (nur Text).

No. 96.
O vnüberwindlicher Held S. Michael.
Vom Erzengel Sanct Michael.
(K. II, 455.)

Cöln (Brachel) 1623, 1634; Vogler's Catechismus 1625; Mainz 1628; Würzburg 1628, 1649; Corner 1631, Psalteriolum 1642; Prag 1655; Molsheim 1659; Rheinfels. Gsgb. 1666; Geistl. Nachtigall, Erfurt 1666; Nordstern 1671; Braune Echo 1675; Corners Nachtigall 1676, Münster 1677, Fulda 1695; Mainz 1696.

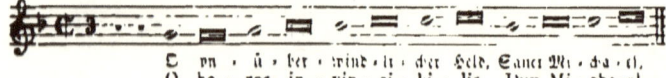

O vn - ü - ber - wind - li - cher Held, Sanct Mi - cha - el,
O he - ros in - vin - ci - bi - lis, Dux Mi - cha - el.

Komm vns zu Hülff, zieh mit zu Feldt, Hilff vns die temp-ffen,
a - des - to nos - tris prae - li - is, o - ra pro no - bis,

die Fein - de demp-ffen, Sanct Mi - cha - el.
pug - na pro no - bis, Dux Mi - cha - el.

Den lateinischen Text habe ich aus dem Psalteriolum 1642 hinzugefügt. Dieser ist wahrscheinlich der ursprüngliche, weil er sich den Noten besser anschmiegt.

In Het Prieel der gheestelicker Melodiie, Antwerpen 1614, steht diese Melodie bei einem französischen Weihnachtsliede: „Graces au bon petit Jesus". Corner 1631 hat den Text: „Wir ruffen an den thewren Mann Sanct Kilian" (K. II, 490). Prag 1655: „Sanct Vrsula ach steh' vns bey" (K. II, 513; W. V, 1539).

No. 97.
Sanct Gabriel, O edler Geist.
Von S. Gabriel.
(K. II, 456.)

Mainz 1628; Cöln (Brachel) 1623, 1634; Corner 1631; Würzburg 1628, 1649; Psalteriolum 1642; Prag 1655; Molsheim 1659; Münster 1677; Fulda 1695; Mainz 1696.

Sanct Ga - bri - el, O ed - ler Geist, Dein ed - ler Nam stärk

Got - tes heist, Sanct Ga - bri - el, Sanct Ga - bri - el, O star - ker Geist,

Geist, Vns bey - standt leyst.

Das Gesangbuch Cöln (Brachel) 1623, 1634 hat zu dieser Melodie den Text: „Ignatius recht fewrig heißt". Vgl. die Melodie: „O ihr Heiligen Gottes Freund", No. 114, II.

Lieder von den hh. Engeln ꝛc.   153

No. 98.
Tröſt die Betrangten.
Von S. Raphael.
Raphael, Medicina Dei, etc. S. Gregorii hom. 34. in Euang.
(K. II, 457.)

Cöln (Brachel) 1623, 1634; Mainz 1628; Würzburg 1628, 1649; Corner 1631; Psalteriolum 1642; Prag 1655; Rheinfelſ. Gſgb. 1666; Geiſtl. Nachtigall, Erfurt 1666; Münſter 1677; Mainz 1696.

Tröſt die Be-trang-ten, Vnd   hilff den Krancken, Sanct Ra-pha-el,

Gre-ſten vnd Schaden, Vns v-ber-la-den, O hilff O hilff Sanct Rapha-el.

Der Textanfang iſt in den Geſangbüchern verſchieden. Im Würzburger Geſangbuch lautet derſelbe: „Im Land zu Francken", im Molsheimer: „Im Elſäſſer Thal hilff den Krancken all".

Het Prieel der gheestelicker Melodiie, 1614, hat die vorſtehende Melodie mit einigen Varianten zu dem Text: „In Jeſus name, Broeders eerſame". Auch in Wilm's „Oude Vlaemsche Liederen", Gent 1848, ſteht dieſes Lied unter No. 197.

No. 99.
O Ihr Schutzengel alle.
Von den H. Schutzengeln.
Purgant, illuminant, perficiunt. S. Dionysius Ariopag.

Cöln (Brachel) 1623, 1634; Würzburg 1628, 1649; Molsheim 1659; Geiſtl. Nachtigall, Erfurt 1666; Nordſtern 1671; Fulda 1695; Mainz 1696.

O Ihr Schutz En-gel al - - le,   hüt vns für

al - lem Fal - - le.   Vnd füh - ret zu Gott, durch Got-tes

---
1) Das Fuldaer Gſgb. 1695 hat hier die Noten f e f ſtatt e d c.
   Nordſtern   „   „   „   „   f e d   „

Die Melodie hat Aehnlichkeit mit dem Liede: „Mit diesem Newen Jahre" (I. Bd. von Meister, Nr. 113).

No. 100.
Jesus thut das Hertz gewinnen.
Die lieben Engelen umbgeben Jesum.

Nordstern 1671; Münster 1677; Liebliche Kinder-Cyther, Cöln (Brachel) 1632.

Die Kinder Cyther hat einige Varianten, welche aber die Melodie verschlechtern und deßhalb hier nicht angeführt werden.

No. 101.
O heilger Christ, Prediger vnd Teuffer.
Praeco praeclarus.
De S. Joanne Baptista.

Andernach 1608.

Di - ri - ge cal - lem.
Nach seim be - ge - ren.

Das lateinische Gedicht hat die Sapphische Strophenform, die bei Horaz öfter vorkommt, u. a. bei dem bekannten Integer vitae. Höchstwahrscheinlich hat der Herausgeber des Andernacher Gesangbüchleins die obige Ode gedichtet.

No. 102.
Den lieben S. Johannes loben wir.
S. Joannis deß Tauffers.
(K. II, 472.)

Beuttner (1602; 1660.

Den lie-ben Sanct Jo-han - nes lo-ben wir, Vnd sei-ner Ge-na-den be - ge - ren wir —, Ki-ri-e e-lei - son.

No. 103.
Lob, ehr vnd preise.

Chr. Hecyrus, Prag 1561.

Lob, ehr vnd prei-se, sey hertz-li-cher wei-se, vn-sern e-wign Gott, für sein gros-se guthat, der Jo-an-nem gsandt, das er der Welt Hei-land, solt ma-chen be-kandt.

No. 104.
Joseph Ernehrer Jesu Christ.
Zu dem H. Joseph Nehr-Vatter Christi.

Brauns Echo 1675.

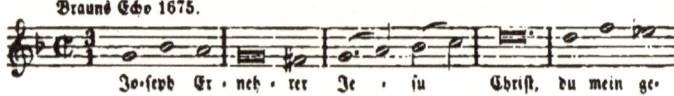

Jo-seph Er-neh-rer Je - su Christ, du mein ge-

156

lieb - ter Vat-ter bift: laß mich auch feyn bein lie - bes
Kind, und hilff daß ich ver - meid die Sünd. O Jo-feph
rein, O Vat-ter mein.

No. 105.
Mit Frewd heb ich zu loben an.
Von vnfer lieben Frawen Bräutigam dem H. Joseph.

Corners Geiftl. Nachtigall 1649, 1676.

Mit Frewd heb ich zu lo - ben an, den Al - ler-glück - see - lig - ften
Mann, wel - li - cher Jo - ferb heift, den Gott der Vat-ter hat er-kohrn,
voll deß Hei - li - gen Geifte.

No. 106.
O Jesu Chrifte Gott vnd Herr.
Vff die Feft der heyligen Apofteln, soll das lied gesungen werden.
(R. II, 456; W. V, 1177.)

Bebe 1537; Leifentrit 1567 ic.; Cöln (Quentel) 1599, 1613; Andernach 1608;
Revß 1625; Mainz-Speier 1631; Cöln (Brachel) 1634; Trier 1695.

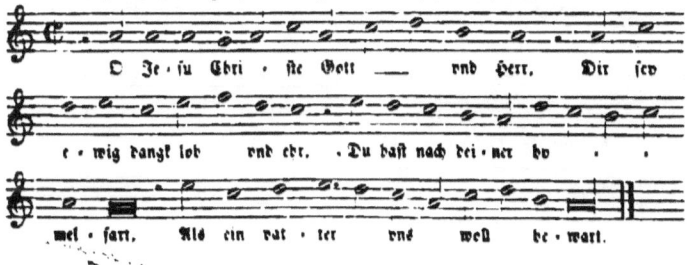

O Je - fu Chri - fte Gott vnd Herr, Dir fey
e - wig dangl lob vnd ehr. Du haft nach dei - ner ho -
mel - fart, Als ein vat - ter vns weß be - wart.

Das Antwerpner Gsb. 1608 hat zu dieser Melodie den Text: „Exultet coelum laudibus", deutsch: „Der Himmel jetzt frolocken soll". Wackernagel schreibt das Behe'sche Lied dem Caspar Querhamer zu. (Vgl. I. Bd. S. 51.)

No. 107.
Als Jesus Christus vnser Herr.
Ein ander Lied von den heyligen Aposteln.
(K. II, 459; W. V, 1178.)

Wackernagel schreibt das Lied dem Caspar Querhamer zu (vgl. I. Bd. von Meister S. 51).

No. 108.
Sanct N. lieber Herre mein.
Von H. lieben Aposteln.
(K. II, 460.)

No. 109.
Exultet coelum laudibus.
Der Himmel jetzt frolocken soll.
(K. II, 461.)

I. Geistlicher Triumphwagen, Cöln (Brachel) 1622, Gsgb. 1623, 1634; Mainz 1628; Würzburg 1628, 1649; Mainz-Speier 1631; Psalteriolum 1642; Prag 1655; Molsheim 1659; Rheinfels. Gsgb. 1666; Geistl. Nachtigall, Erfurt 1666; Brauns Echo 1675; Münster 1677; Julba 1695; Trier 1695; Mainz 1696.

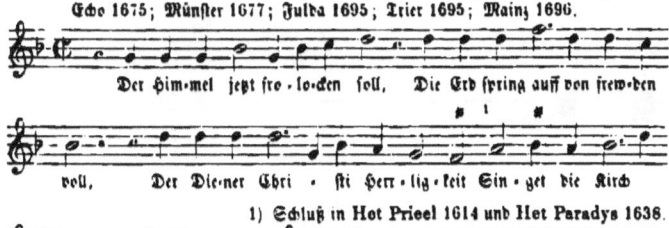

1) Schluß in Hot Prieel 1614 und Het Paradys 1638.

Das Würzburger Gesangbuch 1628, 1649, die Geistl. Nachtigall, Erfurt 1666, und das Molsheimer Gsb. 1659 haben einen verschlechterten Ableger dieser Melodie.

Die vorstehende Weise war eine vielgesungene. Sie kommt in den Gesangbüchern des 17. Jahrhunderts mit den verschiedensten Texten vor. Den obigen Text haben: das Würzburger Gesangbuch 1628, 1649, das Molsheimer 1659, die geistliche Nachtigall, Erfurt 1666, und das Münster'sche Gesangbuch 1677.

Der geistl. Triumphwagen, Cöln (Brachel) 1622, ferner das daselbst 1634 erschienene Gesangbuch und das Mainz-Speierer 1631 haben den Text:

> O Ignati du Edler Heldt,
> Erfrewen thust die gantze Welt,
> Mit deiner Lehr vñ Wunderzeichen,
> O der dein Tugent künt erreichen.

Das Cölner Gesangbuch (Brachel) 1623, Mainz-Speier 1631 und viele andere haben die Melodie eine Quart tiefer mit dem Text:

> Kommt her, kommt her all Land vnd Leuth,
> Ignatium laßt loben heut,
> Ignatium laßt preysen,
> Jhm Ehr vnd Danck erweisen.

Im „Het Prieel Der Gheestelicker Melodie", Antwerpen 1614, und in „Het Paradys der Gheestelycke en Kerckelycke Lof-Sangen", Antwerpen 1638, steht die Melodie zu dem Texte: „Als Jesus in sijn Majestet". Das letztgenannte Gesangbuch gibt uns auch Auffschluß über die Herkunft der Melodie. Sie ist einem Volksliede entnommen, wie wir aus der Bemerkung: „Op de wijse: 't was een Ridder een konighs kint etc."

erſehen können. Uebrigens hat unſere Melodie Aehnlichkeit mit dem ſogenannten „Bruder Veitston", einem Landsknechtsgeſang aus dem Anfange des 16. Jahrhunderts. Man vergleiche in Böhme's „Altdeutſchem Liederbuche" die Nrn. 394 und 399. Schließlich bemerken wir noch, daß auch der Pſalm 101 aus dem Münchener Geſangbuch 1586: „Erhör o Gott die Klage mein" zu Anfang eine ähnliche Melodie hat.

Ein Geſang von den heiligen Apoſteln.

II. Cöln (Quentel) 1619, (Brachel) 1619, 1634; Corner 1631.

Der Him - mel jetzt fro - lo - cken ſoll, die Erd ſpringt auff von freu - den voll, der Jün - ger Chri - ſti herr - lich - keit. Sin - get die Kirch mit groſ - ſer freud.

Die Melodie iſt jedenfalls eine derjenigen, welche dem Hymnus

    Exultet coelum laudibus
    Resultat terra gaudiis
    Apostolorum gloria
    Sacra canunt solennia

aus dem 12. Jahrhundert angehören (W. I, 200; Mone III, 59). Eine zweite Melodie zu dieſem Liede, welche im Mainz-Speirer (1631) und Trierſchen Geſangbuch 1695 ſteht, wolle man im I. Bande von Meiſter S. 494 nachſehen. Es iſt diejenige des alten Hymnus: „Verbum supernum".

Eine dritte findet man daſelbſt S. 31: „Exultet coelum laudibus". Leiſentrit hat in der Ausgabe von 1584 dieſen Noten eine Ueberſetzung von Evingius unterlegt:

   „Es frolock was im Himel iſt,
   die erd ſpring auff von fröligkeit,
   weil man dis heilige feiers feſt,
   Zu ehren des Apoſteln bgheit.

(Der ander Theil der Kirchiſch Meſſen vnd Veſpergeſenge, Cöln 1572. Vgl. W. V, 1359.)

No. 110.
Nun laſt vns Gott den Vater ſamentlich.
Ein ander Geſang von den heiligen Apoſteln.
(K. II, 462; W. V, 1291.

I. Leiſentrit 1567 ꝛc.

Nun laſt vns Gott den Va - ter ſa - ment - lich, mit Mund vnd mit

160 Lieder von den hh. Engeln ꝛc.

her-zen ein-mü-tig-lich, im Geist vnd in der war-heit, lo-ben vnd prei-sen all-zeit. für sein gros-se barm-her-zig-keit.

Den Text hat Leisentrit von Hecyrus bekommen, ehe dieser seine Lieder selbst herausgab. Vgl. die Beschreibung von Hecyrus Gesangbuch. S. 49.

In der Einleitung S. 6 ist das folgende Lied mit 110a bezeichnet.

II. **Chr. Hecyrus, Prag 1581.**

Laßt vns all Gott den Vat-ter sam-ent-lich, mit Mund vnd mit her-zen ein-mü-tigk-lich, im geist vnd in der wahr-heit, lo-ben vnd prei-sen all-zeit, für sein gros-se barm-her-zig-keit.

Die Melodie ist eine alte, sie steht im Gesangbuch der böhmischen Brüder (1531) 1564 zu dem Liede von M. Weiße
„Alzeyt ist sehr gut vnd doch von nöten" (B. III, 417).

No. 111.
Laßt vns Sanct Peter ruffen an.
Von Sanct Peter.
(K. II, 463.)

Cöln (Brachel) 1623, 1634; Mainz 1628; Mainz-Speier 1631; Corner 1631, 1676; Prag 1655.

Laßt vns Sanct Pe-ter ruf-fen an, Die Him-mel er auff-schlies-sen kan, Die Schlüs-sel jhm sein an-vertrawt, Auff jhn auch ist die Kirch ge-bawt.

---
1) Der französische Psalter hat f statt e.

Lieder von den hh. Engeln :c.   161

Die Melodie stammt aus dem französischen Psalter: „Les Pseaumes de David mis en Rime françoise par Cl. Marot et Th. de Beze, Lion 1562." Sie steht dort um eine Quart tiefer zum 9. Psalm „De tout mon coeur t'exalteray". In katholischen Gesangbüchern ist sie allerlei Texten angepaßt worden.

Cöln (Quentel) 1613; Mainz-Speier 1631; Corner 1631; Rheinfelss. Gsgb. 1666; Nordstern 1671; Corners Geistl. Nachtigall 1676; Münster 1677 haben als Text den 116. Psalm nach Ulenbergs Uebersetzung:

> Nu lobet Got im hohen thron,
> Ihr beiden aller nation,
> Preiset ihn mit frewdenschalle,
> Ihr völcker auff erden alle
> u. s. w. (K. III, 242.)

Eine vermehrte Auflage des Ulenbergischen Psalters, Cöln (Quentel) 1613, hat zu unserer Melodie den Lobgesang Zachariae:

> Gebenedeiet sey der Herr,
> Ihm sey vnendlich preiß vnd ehr,
> Der sich dem Israel vor jaren,
> Hat waren Gott thun offenbaren.

Im Würzburger Gesangbuch 1628 und 1649, im Molsheimer 1659 und in der Geistlichen Nachtigall, Erfurt 1666, trägt die Melodie den Text: „Vor allen Dingen sündig nicht" (K. II, 636).

No. 112.
Lasset uns singen ein kleines Liedgen.
Ein anders von S. Peter.

Cöln (Brachel) 1619, 1634; Mainz-Speier 1631.

Las-set vns sin-gen ein klei-nes Lied-gen Auß Her-tzen-grundt vn-serm Pa-tro-nen, zu eh-ren vnd from-men, an die-sem Ort, zu die-ser stundt.

Lieder von den Heiligen im Allgemeinen.
(No. 113—129.)

No. 113.
O wie groß ist die seligkeyt.

Ein Geystlich Lied zu singenn off aller heyligen tag, vnd auch die tag der heylgen so von der kirchen gefeyert werden.

(K. II, 445; W. V, 1191.)

Behe 1537; Leisentrit 1567 rc.; Paderborn 1609.

Den Text setzt Wackernagel unter die Lieder Querhamers (vgl. Meister I. Bd. S. 51). Dieselbe Melodie gibt Behe an zu dem Lied:

    O Ihr heyligen Gottes frundt
    Wie hoch hat euch der Herr geehrt rc. (K. II, 446).

No. 114.
O ihr Heiligen Gottes freundt.

Von den lieben Heiligen in gemein.

(K. II, 446; W. V, 1192.)

I. Cöln (Quentel) 1599, 1613; Andernach 1608; Neyß 1625; Hildesheim 1625; Mainz 1627; Mainz-Speier 1631; Geistl. Nachtigall, Erfurt 1666; Trier 1695.

Lieder von den Heiligen im Allgemeinen. 163

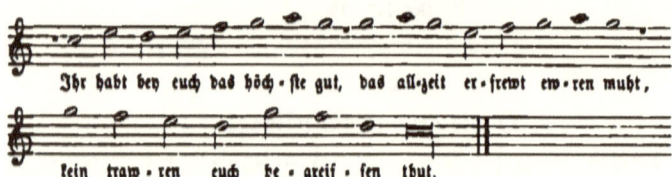

Der Text, von Caspar Querhamer, steht schon im Behe'schen Gesangbüchlein 1537 und bei Leisentrit 1567 ꝛc.

Die Gesangbücher Cöln (Brachel) 1619, 1634; Würzburg 1628; Mainz 1628, 1696; Prag 1655; Molsheim 1659; Nordstern 1671; Münster 1677 haben dieselbe Melodie um eine Quart tiefer transponirt. Das Prager Gesangbuch 1655 hat den Text:

S. Ursula ein Schiff regiert
mit Engelreinem Blut geziert u. f. w. (K. II, 515).

Das Gesangbuch Cöln (Brachel) 1623 hat den Text:

O Ihr Heyligen außerwehlt,
Was Gnaden hat euch Gott erzeigt u. f. w. (K. II, 447).

Im I. Bande von Meister, S. 33, ist die Melodie als diejenige des Hymnus „Jesu corona celsior" bezeichnet. Wir fanden jedoch in den Choralbüchern, die uns zu Gebote standen, diese Melodie nicht.

II. Corner 1631 und Geistl. Nachtigall 1649, 1676.

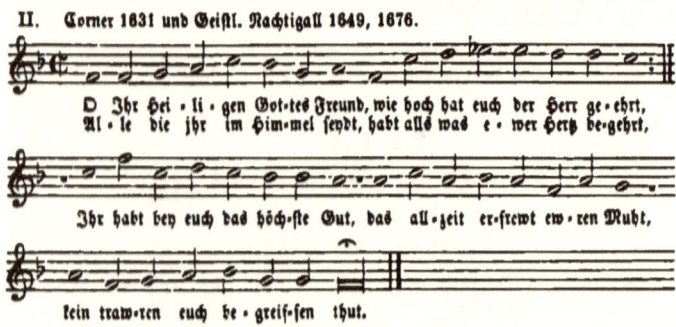

No. 115.
Jesu der welt behalter from.

Der Hymnus: Jesu saluator seculi etc.
(W. V, 1373.)

Leisentrit 1584.

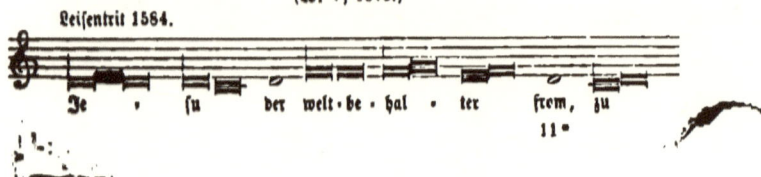

Diese Uebertragung des lateinischen Hymnus „Jesu salvator saeculi" aus dem elften Jahrhundert (W. I, 181) ist dem Buche des Evingius: „Das ander Theil Kirchisch Messen vnd Vespergesenge, Cöln 1572", entnommen und den Choralnoten applicirt worden. Im folgenden Liede theilen wir eine andere Uebersetzung und Melodie mit.

(K. II, 449.)

II. Mainz-Speier 1631; Trier 1695.

Diese Melodie findet sich in alten Choralbüchern z. B. Holthusius J., Compendium cant. eccl. Augsb. 1567, auch im Trierer Antiphonale (herausgegeben nach alten Codices von M. Hermesdorff 1864) bei dem Hymnus „Hostis Herodes impie" auf das Fest der Erscheinung des Herrn.

No. 116.
Von einem jeglichen Märter.

Andernach 1608.

In betreff des lat. Textes vgl. I. Bd. von Meister, S. 69.

No. 117.
Wacht auff ihr Christen alle.

Im Thon: Wacht auff ihr Christen alle.

Andernach 1608.

Om - nes ad - ui - gi - la - te, Pi - i Chri - sti -
Wacht auff ihr Chri-sten al - le, Wacht auff mit gan -

co - lae, Vos se - du - li ser - ua - te
tzem fleiß, Das nit in den Schaff - stal - le

Lu - pi ty - ran - ni - de.
Ein ketz - risch Wolff in - reiß.

Der Text ist dem Volksliede nachgebildet:

 Wacht auf, ir Christen alle,
 wacht fleißig in dem Streit.
 In diesem Jammerthale,
 wacht auff, ist mehr den zeit.

Vgl. Böhme, Altdeutsches Liederbuch, No. 396. Die dort mitgetheilte Melodie ist nicht die vorstehende.

No. 118.
Die ersten Menschen Gott der Herr.

Von den heiligen Merthrern Christi, Im Thon wie die sieben Wort, oder wie folget.

(K. II, 464; W. V, 1212.)

Psalter Ulenbergs 1582; Cöln (Quentel) 1599, 1613; Neyß 1625; Mainz-Speier 1631; Trier 1695.

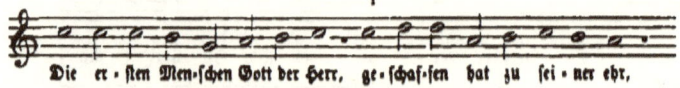

Die er - sten Men-schen Gott der Herr, ge-schaf-fen hat zu sei-ner ehr,

Variante im Trier'schen Gsgb. 1695.

1) ge-schaf-fen hat zu sei-ner Ehr.

vnd zur e-wign se-lig-keit, das sie ge-hor-sam sei-ner lehr,

2

möch-ten lebn in e-wig-keit.

Variante im Trier'schen Gsgb. 1695.

2) in E-wig-keit.

Die Melodie steht bereits im Psalter Ulenbergs von 1582 zu Psalm 110: „Ich will aus ganzem hertzen mein" (K. III, 135).

Das Lied ist gedichtet von Chr. Hecyrus und steht in dessen Gesangbuch vom Jahre 1581 ohne Melodie, auch bei Leisentrit 1567 ꝛc. Vgl. die Beschreibung des Gesangbuches von Hecyrus. S. 49.

No. 119.

Sanct N. du heiliger Martyr groß.

Beuttner (1602) 1660.

Sanct N. du hei-li-ger Mar-tyr groß: O Her-re Gott:

Bitt Gott für vns arm Sün-der bloß: hilff vns auß Noth.

No. 120.

Ehrwirdiger der Martyrer, König.

Am tag Exaltationis Crucis, Creutzerhöhung, Item an der Beichtigern oder H. Bischoffen vnd Martyrer tag.

Rex gloriose Martyrum.

(M. V, 1367.)

I. Leisentrit 1584; Cöln (Brachel) 1619; Cöln (Quentel) 1619.

Ehr - wir-di-ger der Mar-ty-rer, Kö-nig der Con-fes-so-ren Kron, der

Lieder von den Heiligen im Allgemeinen. 167

du fürst zu des Hi-mels ehr, die das ir-disch
ver-schme-hen thun.

Die Uebersetzung des lateinischen Hymnus „Rex gloriose martyrum" aus dem fünften Jahrhundert (W. I, 70; Mone III, S. 143) hat Leisentrit dem Ebingius (Das ander Theil Kirchisch Messen vnd Vespergesänge, Cöln 1572) entnommen vnd unter die alte Choralmelodie gesetzt. In den Gesangbüchern Cöln (Brachel vnd Quentel) 1619 steht diese Weise bei dem Texte „Jesu salvator saeculi, Jesu Seligmacher der Welt".

II. Eine andere Melodie hat das Andernacher Gesangbuch 1608.

Rex glo-ri-o-se mar-ty-rum, Co-ro-na con-fi-ten-ti-um,
Kö-nig der heil-gen Mär-ty-rer, der Con-fes-so-ren Kron vnd Ehr,
Qui re-spu-en-tes ter-re-a Per-du-cis ad coe-les-ti-a.
Du füh-rest zu der See-lig-keit, die da verschmehn Ey-tel-keit.

No. 121.
Gott der du deiner Ritter Kron.

Ein anders Am tag der Enthauptung S. Johannis des Teuffers Christi kan auch dieser Hymnus in gemein am Tag eines Martyres füglich gesungen werden. Deus tuorum militum sors, corona, praemium etc.

(W. V, 1375.)

Leisentrit 1584.

Gott der du dei-ner Rit-ter Kron,
bist dar-zu jhr theil heil vnd
lohn____, schaff vns der sün-den bür-den ab,

die wir — jṗt fein ——— deins Mar - tres — lob.

Die Ueberſetzung dieſes lateiniſchen Hymnus „Deus tuorum militum" aus dem ſechſten Jahrhundert (W. I, 107; Mone III, S. 150) hat Leiſentrit dem R. Ebingius (Das ander Theil Kirchiſch Meſſen vnd Veſpergeſenge, Cöln 1572) entnommen und den alten Choralnoten angepaßt.

No. 122.
Güttigſter Herr Jeſu Chriſt.
Am feſt der heiligen Biſchoffe vnd Gottes Beichtiger.
(K. II, 467; M. V, 1213.)

Leiſentrit 1567 ꝛc.

Güt-tig-ſter Herr Je-ſu Chriſt ———, des
e-wi-gen——— Got-tes Sohn, dir
ſey lob, danck, ehr vnd preis, herṗ-li-cher weis,
von vns — beim Ge-ſchöpff mit höch-ſtem fleis.

Das Lied iſt gedichtet von Chr. Hecyrus und ſteht in deſſen Geſangbuch, Prag 1581, mit der Ueberſchrift „im Thon: En è mola typica"; ob dieſes lateiniſche Lied die obige Melodie habe, konnten wir nicht ausfindig machen.

No. 123.
Güttigſter Herr Jeſu Chriſt.
Am Feſt der heiligen Biſchoffen vnd Gottes Beichtigern, auch H. Chriſtlicher Kirchen Lehrer.

Cöln (Quentel) 1599, 1613; Reyß 1625; Mainz-Speier 1611; Trier 1695.

Güt-tig-ſter Herr Je-ſu Chriſt, des e-wi-gen Got-tes Sohn,

1) Reyßer Gſgb. 1625.

Güt-tig-ſter Herr Je-ſu Chriſt.

No. 124.
Herr Jesu Christ, Gottes Son.
An den tagen der H. Jungfrawen vnd Martrerin.
(K. II, 468; W. V, 1214.)

I. Hecyrus, Prag 1581.

Böhme (Altdeutsches Liederbuch No. 19) glaubt in dieser Melodie die alte Volksweise:

> "Es wonet lieb bei liebe,
> darzue groß herzeleid, zc.

gefunden zu haben. Die Beweisführung stützt sich hauptsächlich auf die Uebereinstimmung der ersten Melodiezeilen unseres Liedes mit einem Fragment des Volksliedes bei Schmeltzel, Quodlibet 1544 No. 6.

Herr Jhesu Christ, Gottes Sohn.
Am Fest der heiligen Jungfrawen.
(K. II, 468; W. V, 1214.)

II. Leisentrit 1567 zc.

Der Text ist von Chr. Hecyrus gedichtet. Siehe die Beschreibung S. 49.

III. Cöln (Quentel) 1599, 1613; Neyß 1625; Corner 1631; Mainz-Speier 1631; Corners Geistl. Nachtigall 1676; Trier 1695.

IV. Cöln (Brachel) 1619.

Die Melodie klingt auffallend modern. Möglicherweise ist dieselbe einem weltlichen Liede der damaligen Zeit entnommen.

No. 125.
Jesu du Kron der Jungfrawen.

An S. Agnetis, Caeciliae, Catharinae, auch gemeiner weis an jeder
andere heiligen Jungfrawen tagen der Hymnus, Jesu corona
uirginum, etc. Sancti Ambrosii gesungen wirdt.

Leisentrit 1584.

Die Uebersetzung dieses Hymnus vom h. Ambrosius hat Leisentrit dem
R. Eringius „Das ander Theil Kirchisch Messen vnd Vespergesänge" Cöln
1572 entnommen. Vgl. auch die Melodie im I. Br. von Meister. S. 32
unten. Auffallend ist die Aehnlichkeit der Melodie mit der Weise des „Pange
lingua gloriosi."

No. 126.
O Christliche Jungfrawen schon.
Christlicher Jungfrawen Labschafft.
(K. II, 470.)

I. Corner 1631; dessen Nachtigall 1649, 1676.

Eine andere Melodie, welche eine weitere Verbreitung gefunden, ist die
folgende:

Von der Jungfrawschafft.
(K. II, 470.)

II. Cöln (Brachel) 1623, 1634; Voglers Catechismus 1625; Mainz 1628, Würzburg 1628; Psalteriolum 1642; Molsheim 1659; Geistl. Nachtigall, Erfurt 1666; Nordstern 1671; Münster 1677; Fulda 1695; Mainz 1696.

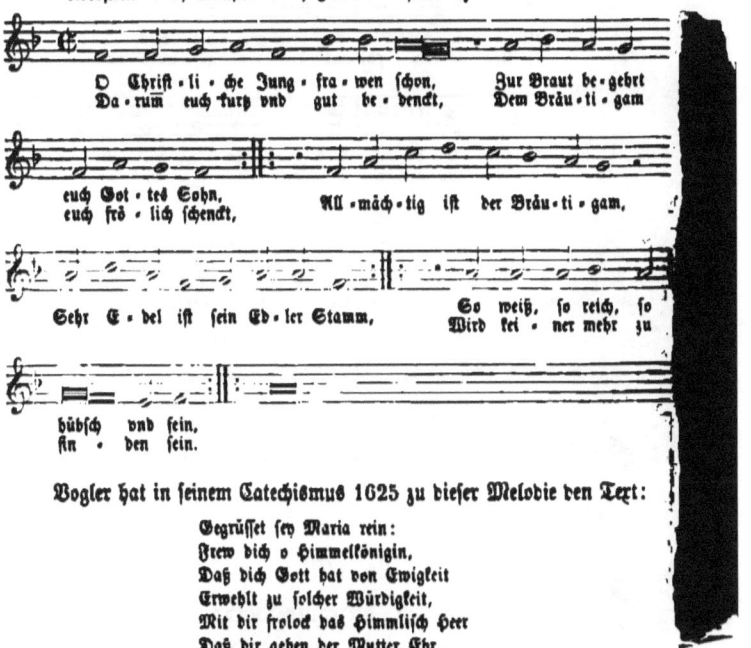

O Christ-li-che Jung-fra-wen schon,   Zur Braut be-gehrt
Da-rum euch turz vnd gut be-denckt,   Dem Bräu-ti-gam

euch Got-tes Sohn,   All-mäch-tig ist der Bräu-ti-gam,
euch frö-lich schenckt,

Sehr E-del ist sein Ed-ler Stamm,   So weiß, so reich, so
                                     Wird kei-ner mehr zu

hübsch vnd fein,
sin-den fein.

Vogler hat in seinem Catechismus 1625 zu dieser Melodie den Text:

Gegrüsset sey Maria rein:
Frew dich o Himmelkönigin,
Daß dich Gott hat von Ewigkeit
Erwehlt zu solcher Würdigkeit,
Mit dir froloct das Himmlisch Heer
Daß dir geben der Mutter Ehr.

Andere Gesangbücher: Mainz 1628, Würzburg 1628 und 1649, Psalteriolum 1642, Molsheim 1659, Erfurt 1666, Nordstern 1671, Münster 1677 haben als Text:

O ihr Freund Gottes allzugleich,
Ihr Engel all im Himmelreich,
Helfft vns in diesem Jammerthal,
Daß wir durch Gottes Gnaden wahl,
Zum Himmel kommen allzumahl ꝛc. (K. II, 446,.

Lieder von den Heiligen im Allgemeinen. 173

No. 127.
Es ist in Himmels Throne.

Von S. Catharinen, Caecilien, Ursulen, Dorotheen, Barbaren, vnd allen Jungfrawen.

Andernach 1608.

Es ist in Him-mels Thro-ne, Ein wun-der-schön ge-stalt,
-m-plo Cho-rus su-per-no Est vir-gi-num sa-cer,

Pro-ces-si-o-ne, Von Junck-fern Jung vnd alt, Welch
pa-ra-tus mi-ro Pe-cu-li-a-ri-ter, Et

v-ber-wun-den, Ihr Fleisch vnd Blut all stun-den,
-cal-ci-tran-tem, Quant sub-ac-tam car-nem

-mel mit ge-walt.
-do for-ti-ter.

einische Text ist wol eine Uebersetzung des teutschen.

No. 128.
Sanct N. du reine Mayd.

Ein Ruff an eine heilige Jungfraw.
(K. II, 471.)

Corner 1631.

Sanct N. — du rei-ne Mayd, Er-barm dich

v-ber die Chri-sten-heit.

No. 129.
Heiliger Herr Sanct N.
Einen Heiligen haimbsuchen.

Beuttner (1602) 1660.

Hei‐li‐ger Herr Sanct N. —— Hab vns in dei‐ner
Hei‐li‐ge Jung‐fraw N. ——

Huet, Be‐hüt vns vor der Höl‐le, Vnd von der

Höl‐len Gluet.

Lieder von den Heiligen im Besonderen.
(No. 130—177.)

No. 130.
Heiliger Herr Sanct Lorentz.
Von Sanct Laurentio.
(K. II, 476; W. II, 1237.)

Beuttner (1602) 1660.

Hei-li-ger Herr Sanct Lo-rentz, wir bittn dich all zu gleich,
Daß du für vns wöllst bit-ten, Gott Vat-ter im Him-mel-reich.

Die Melodie ist, wie Böhme bereits bemerkt (Liederb. 615ᵃ), eine Variante von: „Es wollt gut Jäger jagen". Vgl. I. Bd. von Meister No. 11.

No. 131.
Sihe des Martres Laurenti.

Es mag auch dieser Hymnus Ecclesiasticus de S. Laurentio aus dem Prudentio, En Martyris Laurenti armata pugnauit fides, etc. Gesungen vnd gebraucht werden.
(W. V, 1344.)

Leisentrit 1584.

Si-he des Mart-res Lau-ren-ti, ge-wa-pffend glaub ge-strit-ten hat, dann mit dem tobt den tobt brach hie, vnd an-kla-get sich selbst ge-rakt.

176 Lieder von den Heiligen im Besonderen.

Die Uebersetzung des lateinischen Hymnus „En Martyris Laurenti" von Aurelius Prudentius (W. I, 47) hat Leisentrit dem Edingius (Das ander Theil Kirchisch Messen vnd Vespergesenge, Cöln 1572) entnommen und den Choralnoten applicirt.

Die Melodie hat große Aehnlichkeit mit dem Hymnus „Jam lucis orto sidere" zur Prim an Ferialtagen. Vgl. Compendium Responsoriorum et Antiphonarum. Cöln 1743.

No. 132.
So hebn wir auch zu loben.
Von dem heiligen Ritter Sanct Jörgen.
(K. II, 481.)

Beuttner (1602) 1660.

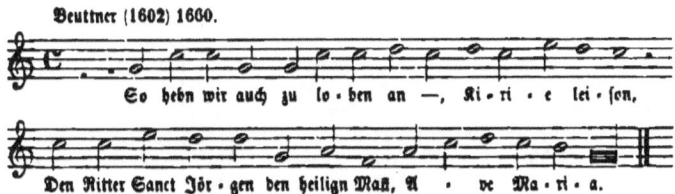

Der Text steht auch in Corners Gesangbuch 1631.

No. 133.
Zu Gottes Lob b'gehret würd.
Rueff von dem heyligen Ritter Sanct Gergen.
(W. V, 1491.)

Einzeldruck, Augsburg 1621; Voglers Catechismus 1625.

Bei Vogler und in Corners Gesangbuch 1631 fängt der Ruf mit der vierten Strophe an „Sanct Georg auff seinem elend Pferd" (K. II, 480).

No. 134.
Nachdem die gschrifft außtruckhenlich lerth.
(W. V, 1323.)

Rolers Ruefbuechl 1601.

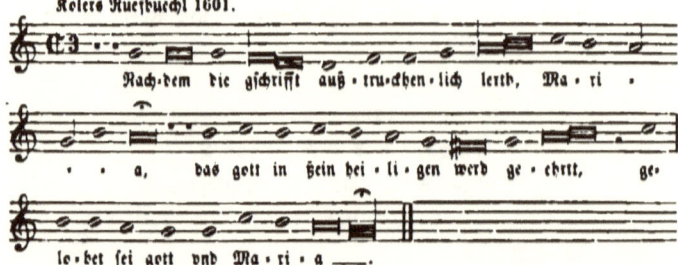

Die vollständige Ueberschrift lautet: Ein Neü catholisch creützgesang von der glaubwürdigen historien, wie der ritter S: Geörg in Libien bei ainer hairnischen statt, ainen scheblichen trachen vmbgebracht. Daturch sich der künig desselben landts sampt seinem gantzen hofgesindt vnd sonst vil taußent menschen zum christlichen glauben betert, vnd sein tochter vom trachen erlöset hat. Durch einen catholischen priester Joannem Haym, Augustanum gemacht in folgender melodia.
Handschrift, früher im Besitze von Clemens Brentano, jetzt Phil. Nathusius zugehörend. (Siehe S. 50.)
Das Gedicht ist in Birlingers Alemannia IX, S. 48 ff. vollständig abgedruckt. Verkürzt und verändert in „Des Knaben Wunderhorn" I, 151.

No. 135.
Sanct Georg dem Ritter.
Gesang von dem Ritter S. Georgio.

Hülff in der Noth, Glatz 1693.

Im Choralbuche zu dem Gesangbuche von J. Frantz, Breslau und Hirschberg 1778, steht die Melodie etwas verändert zu dem Texte: „Wir preisen Laurentii herrliche Thaten".

No. 136.
Zu ehren deß ewigen Vatters Sohn.
Von S. Christophoro.
(K. II, 479.)

Mainz-Speier 1631; Cöln Brachel, 1634.

No. 137.
Dionysium muß preisen.
Gesang vom S. Dionysio.

Hülff in der Noth, Glaß 1693.

No. 138.
Dich heiligen Alban grüßen wir.
Von S. Albano Meyntzischen Martyrer.
(K. II, 485.)

Mainz 1628; Corner 1631.

No. 139.
Blutzeug Christi Quintine.
Von S. Quintin dem H. Märtyrer.
(K. II, 486.)

Mainz 1628; Corner 1631.

No. 140.
Nicolai solemnia.
Sant Nicolasen heiligs Fest.

Andernach 1608.

Der lateinische Text ist der ältere. Die Melodie steht mit wenigen Abweichungen schon bei Triller 1555 zu Psalm 146: „O meine Seele lobe Gott den Herrn, so dich geschaffen hat, auff die Noten Nicolai solemnia".

No. 141.
S. Martin laß vns singen.
Von dem H. Bischoff S. Martino.
(K. II, 482.)

Corner 1631; Mainz 1628.

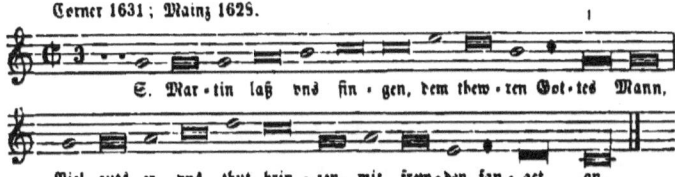

No. 142.
Das walte Gott inn seinem Thron.
Andächtiger vnd Catholischer Ruff, von dem H. Regenspurgischen
Bischoff S. Wolffgango.
(W. V, 1479.)

Einzeldruck 1613.

Die Ueberschrift lautet weiter: Als sein Heylthumb, Nach sechshundert Jahren, von dem Hochwürdigen Fürsten vnd Herrn, Herrn Wolffgango, Bischoffen zu Regenspurg, Probsten vnd Herrn zu Ellwangen ꝛc. Anno sechzehenhundert vnd dreyzehene den fünfften Maij, inn S. Emmerani Kloster allda, andächtig vnd herrlich erhaben worden. Neben Etlichen tröstlichen Gebettlein zu obgemeltem Heiligen, vnd einer Letaney. Anno 1613. Getruckt zu Ingolstatt, durch Andream Angermayer.

No. 143.
Der heilig Herr Sanct Wolffgang.
S. Wolffgang Rueff.
(W. II, 1242.)

Beuttner (1602) 1660.

---
1) Das New-Mayntzisch Gesangbuch 1628 hat hier a statt g.

No. 144.
Ein newes licht ist entsproffen.
Von S. Francisco vnd seiner hochuerwunderlichen vnd allein Gott möglicher Stigmatizatione.
(D. V, 1369.)

Leisentrit 1584.

No. 145.
Dort oben in deß Himmels Thron.
Von S. Francisco Stifftern Barfüsser Ordens.
(K. II, 496.)

Molsheim 1659; Mainz 1628; Würzburg 1628, 1649; Corner 1631; Mainz-Speier 1631; Cöln (Brachel) 1634; Trier 1695.

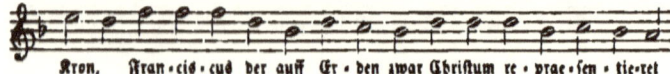

No. 146.
Recht vnd billich zu loben ist.
Von S. Dominico Stifftern Prediger Ordens.
(K. II, 495.)

Würzburg 1628, 1649; Mainz-Speier 1631; Molsheim 1659; Trier 1695.

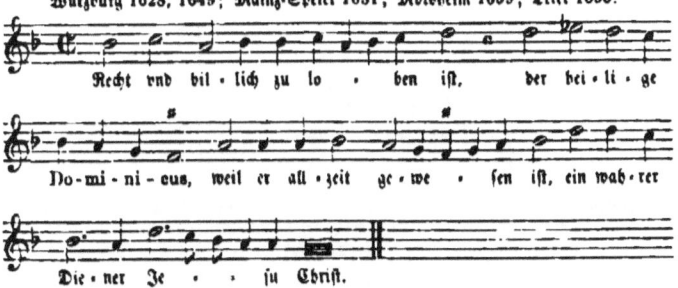

No. 147.
Zu ehren des ewigen Batters Sohn.
Ein schons Gesang von H. Cuniberto gewesenen Bischoff zu Cölln.

Cöln (Brachel) 1619.

Lieder von den Heiligen im Besonderen. 183

No. 148.
Xaverius mit Schmerzen.
Ein anders von H. Franziscus Xaverio.
(K. II, 499.)

Corner 1631; Mainz 1628; Corners Nachtigall 1649, 1676.

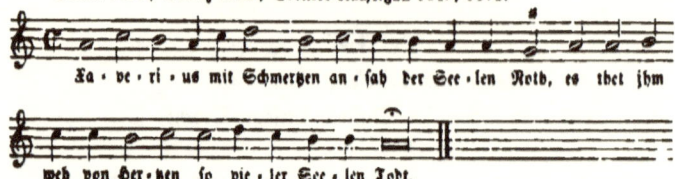

Xa-ve-ri-us mit Schmertzen an-sah der See-len Noth, es thet ihm weh von Her-tzen so vie-ler See-len Todt.

No. 149.
Singt ihr Heyden seyt alle froh.
Von dem H. Xaverio.
(K. II, 498.)

Geistlicher Triumphwagen, Cöln (Brachel) 1622; Mainz 1628; Würzburg 1628; Mainz-Greier 1631; Corner 1631; Prag 1655; Molsheim 1659; Erfurt 1666; Geistl. Nachtigall Corners 1676; Münster 1677; Trier 1695.

Singt — ihr Hey-den seyt al-le froh, Ihr Völ-cker klingt Xa-ve-ri-o, Dem newen stern, der scheint von fern Auß In-di-en. Thut eh-ren prey-sen vnd lo-ben der im Him-mel hoch da-ro-ben, Fro-lo-cket mit Gott al-le-zeit, vnd prey-set ihn in E-wig-keit.

No. 150.
Heiliger Franzisce, liecht der Heidenschafft.

Ein newes Geistliches Gesang, von dem H. Francisco Xaverio, der Societet Jesv Priester, der Indianer Apostel genannt, vnd Lehrer der Heyden. In einer aigenen beygesetzten Melodey, Chorweiß lieblich zu singen. Getruckt zu München bey Cornelio Leysserio. Anno 1633.

(W. V, 1563.)

Der Melodie ist noch ein Baß beigegeben.

No. 151.
O Ignati, o Edler Held.

Von dem H. Ignatio.

Geistlicher Triumphwagen, Cöln (Brachel) 1622; Cöln (Brachel) 1634; Mainz-Speier 1631.

No. 152.
Groß ist meiner Seel verlangen.
Abschied-Gesang von den heiligen vierzehen Nothhelffern.

Fulda 1695.

Groß ist mei-ner Seel ver-lan-gen, vm noch nicht zu scheiden ab,
Stund vnd Zeit so seyn ver-gan-gen, Sa-gen all ver-lan-gen ab,

Sa-gen daß ich ge-he fort, von dir gna-den-rei-ches Orth.

No. 153.
Sanct ANN die Edle Fraw.
Von Sanct Anna, der Mutter Mariae.

(K. II, 501; W. V, 1507.)

Cöln (Brachel) 1623, 1634; Mainz 1628; Würzburg 1628, 1649; Corner 1631; Molsheim 1659; Erfurt 1666; Fulda 1695; Mainz 1696.

Sanct ANN die Ed-le Fraw, Sehr hoch ge-boh-ren, Wol au-ßer-

koh-ren, Sie als ein Spie-gel schaw, Ist al-ler Fra-wen,

Ein Spie-gel von Chri-stal, Da-rin die Fra-wen all, Sich kön-nen

Variante. Mainz-Speier 1631 und Cöln 1634.

1) scha-wen.   Ist al-ler Frau-en.

No. 154.
O Anna zart, zu dieser fart.
Wiederumb ein altes Lied, von der heiligen Mutter Anna, Im vorgehenden Thon, wie Maria zart von Edler art, zc. Oder auff die weis wie hernach Notirt.

(W. II, 1257.)

Leisentrit 1584.

O An-na zart, zu die-ser fart, Las vns auffs new an-
Ein Lob-ge-sang zu ehr vnd danck, dei-nem ge-schlecht dar-

Bei Wackernagel (siehe oben) steht das Lied in niederdeutscher Sprache aus einem Gebetbuche „Ghedruckt tho Brunßwygk dorch Hans Doren ynt iar 1507" mit dem Bemerken: „Das Lied wird ursprünglich hochdeutsche Sprache gehabt haben und zwar zeitländische rc."

Zur Melodie vergleiche die Weise „Maria zart". No. 18.

No. 155.
Nun helfft uns alle Gott ruffen an.
S. Anna Rueff.
(W. II, 1255.)

Der Text steht auch abgekürzt bei Corner 1631 (K. II, 500).

No. 156.
Von Gottes grosser Gütigkeit.
Ein newes Gesang von S. Maria Magdalena.
(K. II, 505.)

Cöln (Brachel) 1634.

Von Got-tes gros-ser Gü-tig-keit, die al-le Ding gebt o-ben,
Diß ne-we lied wir seind be-reit, zu sin-gen Gott zu lo-ben,
Da-mit der Sün-der werd ge-tröst, zu Chri-sto werd ge-lei-tet, der
vns von der Höll hat er-löst, das Hi-mel-reich be-rei-tet.

No. 157.
Merckt auff ihr Sünder alle.
Maria Magdalena Rueff.
(W. II, 1227.)

Beuttner (1602; 1660.

Merckt auff ihr Sün-der al - - le, Ir Fra-wen vnd
auch ihr Mann, Von ei-ner hei-li-gen Fra - wen, haißt
Ma-ri-a Mag-da-len mit Nam.

Ein ähnlicher Ruf in Corners Gesangbuch 1631 K. II. 504).

No. 158.
Was wöllen wir aber singen.
Ein schöner geistlicher ruef von der heiligen frauen vnd grossen büeßerin
Maria Magdalena. In nachfolgender aigner Melodie zu singen.
(W. V, 1445.)

J. Koler, Ruefbuechl 1601.

Was wöl-len wir a-ber sin-gen, was wöl-len wir be-ten an?

von ei-ner hei-li-gen frau-en vn die haist Ma-ri-a Mag-da-len.

Handschrift aus der Bibliothek Cl. Brentano's, jetzt in den Besitz von Ph. Nathusius übergegangen. (Siehe S. 50.)

No. 159.
Sanct Agnes O Jungfraw zart.
Von S. Agnes.
(K. II, 508; W. V, 1535.)

Cöln (Brachel) 1623, 1634; Würzburg 1628; Mainz 1628; Corner 1631; Prag 1655; Molsheim 1659.

Sanct Ag-nes O Jung-fraw zart, O schö-ner Lust-gart al-ler Tu-gendt, O du schö-ner Ro-sen-gart ———, Vol Ro-sen, vol Tu-gendt, vol ju-gendt.

No. 160.
Caecilia die Jungfraw zart.
Ein Spiegel aller Jungfrawen S. Caecilia.
(K. II, 509; W. V, 1536.)

Cöln (Brachel) 1623, 1634; Würzburg 1628; Mainz 1628; Corner 1631; Mainz-Speier 1631; Würzburg 1649; Molsheim 1659.

Caec-ci-li-a die Jungfraw zart, Die Jungfraw zart, Ein Rö-me-rin von Ed-ler Art, Von Ed-ler Art, { Wie hoch zu prey-sen, Ist wol zu wei-sen, } Auch wol zu mer-cken auß jh-ren Wer-cken.

Het Prieel Der Gheestelicker Melodiie, Antwerpen 1614, hat diese Melodie zu dem Marienliede: „Weest ghegroet Maghet Maria", Molsheim 1659 auch zu dem Texte: „Otilia die Jungfraw zart".

Lieder von den Heiligen im Besonderen.

No. 161.
Wir lobn die Heilig vnd die rein.
Von der H. Jungfrawen vnd Martyrin Catharina ein alter Rueff.
(K. II, 506; W. V, 1533.)

Corner 1631; dessen Nachtigall 1649, 1676.

Wir lobn die Hei-lig vnd die rein, Die
1) Variante. Corner 1631.
Hei-lig Jung-fraw Ca-tha-rein. Ca-tha-rein.

No. 162.
Als Sancta Cathrina ein Christin worden war.
(W. II, 1230.)

Andernach 1608.

Als Sanc-ta Ca-thri-na ein Chri-stin wor-den war, Das ward
ei-nem Heid-ni-schen Key-ser of-fen-bar, Der sand zu fan-gen
auß ein grof-se Krie-ges-schar.

No. 163.
Was wölln wir abr nun heben an.
Sanct Catharina Rueff.
(W. II, 1229.)

Beuttner (1602, 1660.

Was wölln wir abr nun he-ben an, Was wölln wir abr nun
he-ben an, Von Sanct Ca-thri-na wölln wir singn schon.

No. 164.
Es war Sanct Catharina.
Von S. Catharina.

Münster 1663, 1677; Psalteriolum 1642.

Es war Sanct Ca-tha-ri-na, von Key-ſer-li-chem Blut, voll Weiß-heit vnd Doc-tri-na, ſehr reich an Ehr vnd Gut.

No. 165.
O Jeſu Chriſt du ſüſter Herr.
Von der heiligen Jungfrawen vnd Martyrin Margaretha.
(K. II, 510; W. V, 1537.)

Mainz 1628; Corner 1631; Prag 1655; Corners Nachtigall 1676.

O Je-ſu Chriſt du ſü-ſter Herr, wir ſin-gen dir Lob, Preiß vnd Ehr, daß du S. Mar-ga-re-tham ſchon er-ho-ben haſt zur Him-mel Cron.

No. 166.
Die Hayliz Jungkfraw S. Barbara.
Volgt hernach ein Letaney, von allen Hayligen vnd Jungfrawen zu ſingen, wann man mit dem Creutz geht.
(W. II, 1233.)

Hayn von Themar 1590.

Die Haylig Jungkfraw S. Bar-ba-ra, die vil tre-we, er-werb vor vn-ſerm En-de, ein wa-re Re-we. Das vn-ſer

Lieder von den Heiligen im Besonderen.

Nota. Also kan man die gantze Letania von allen Heyligen Jungfrawen vnd Heyligen Frawen vnd Wittwen singen.

Aus „Schöne Christenliche Catholisch Weinnächt oder Kindtleßwiegen Gesang 2c. durch Johannem Hahmen von Themar", Augspurg 1590.

No. 167.
Dein keusches Jungfrawliches Leben.
Von der H. Jungfraw Barbara.

Eine andere Melobie zu diesem Liebe in den Gesangbüchern: Cöln (Brachel) 1623, 1634; Würzburg 1628; Mainz 1628; Würzburg 1649; Molsheim 1659, ist im I. Bande von Meister zu No. 112 „Hochselig voll Gnad vnd heilig" zu finden.

No. 168.
Zur zeit deß Keysers Deci.
Von der H. Jungfraw vnd Martyrin Apollonia.

192   Lieder von den Heiligen im Besondern.

No. 169.
Schöpffer Himels vnd aller ding.
Am tag der herrlichen Königin Sanct Helenen ein Hymnus Ecclesiasticus.
Factor orbis et omnium in orbe subsistentium.
(W. V, 1345.)

Leisentrit 1584.

Schöp-ffer Hi-mels vnd al-ler ding. So in
der welt be-schlos-sen sein, gib
das vn-ser stim stets er-kling, vnd vn-ser
ge-mütt dich lo-be sein.

Diese Uebersetzung des lat. Hymnus ist von N. Ebingius: „Das ander Theil Kirchisch Messen vnd Vespergesänge", Cöln 1572, woher sie Leisentrit entnommen haben mag.

No. 170.
Last vns loben mit süssem Thon.
Von S. Theresa Leben vnd Wunderzeichen.
(K. II, 517; W. V, 1542.)

Corner 1631.

Last vns lo-ben mit süs-sem thon, vnd prei-sen herr-lich die-ser
Den lie-ben Gott im ho-hen Thron, dann er freund-hold vnd gü-tig
vnd wird die gü-tig-keit deß Herrn in E-wig-keit vnendlich wehrn
The-re-sam last vns auch ver-ehrn.

Eine andere Melodie zu diesem Liede, welche in einem Einzeldruck 1622 und in den Gesangbüchern Cöln (Brachel) 1634 u. 1631, ist bei dem Liede „All Augen hoffen in dich Herr".

Lieder von den Heiligen im Besonderen. 193

No. 171.
Nun laßt vns all frölich singen.

Ein anders. Von Sanct Theresa. Auff die weiß, O Ignati du Edler Heldt, Erfrewen thust die gantze Welt. Oder wie folgt.

Einzeldruck. Cöln (Brachel) 1622.

No. 172.
Sanct Brigida vns Patron.

Ein anders von S. Brigida.

Cöln (Brachel) 1619, 1634; Mainz-Speier 1631.

Das kathol. deutsche Kirchenlied. II.

No. 173.
Laſt vns ſingen ein newes Liedt.

Ein ſchon Geiſtlich Lied von S. Columba.

(K. II, 516; W. V, 1506.)

Cöln (Brachel) 1619, 1634; Corner 1631; Mainz-Speier 1631; Corners Nachtigall 1649, 1676.

No. 174.
Es was ein Gottfürchtiges vnd Chriſtliches Jungfrawlein.

Ein ander Melodey auff den Hymnum S. Hyeronimi appliciret vnd verordent zu ſingen.

(K. II, 511; W. III, 1372.)

Leiſentrit 1584.

Die erſte Melodie, welche Leiſentrit zu dieſem Liede abgedruckt hat, iſt die des Hymnus: „Feſtum nunc celebre". Dieſelbe ſteht im I. Band von Meiſter, No. 244.

Die älteſte Quelle für den Text iſt Nicolaus Hermans Geſangbuch: „die Sontags-Euangelia ober das gantze Jar" ꝛc. Wittemberg 1560". Die Ueberſchrift lautet hier: „Im thon In Dorotheae feſto congaudete". Auch hat der Text einige wenige Varianten. Herman dichtete das Lied für ſeine Tochter, die Dorothea hieß.

Lieder von den Heiligen im Besonderen.

No. 175.
Bionetus in Engelland.
Ein newes Lied von S. Ursula.
(K. II, 512; W. V, 1538.)

I. Mainz-Speier 1631; Cöln (Brachel) 1634.

Deonotus in Engelandt.
Von der H. Jungfrawen vnd Martyrin Ursula, sambt jhrer Gesellschafft.
(K. II, 512; W. V, 1538.)

II. Corner 1631; dessen Nachtigall 1649, 1676.

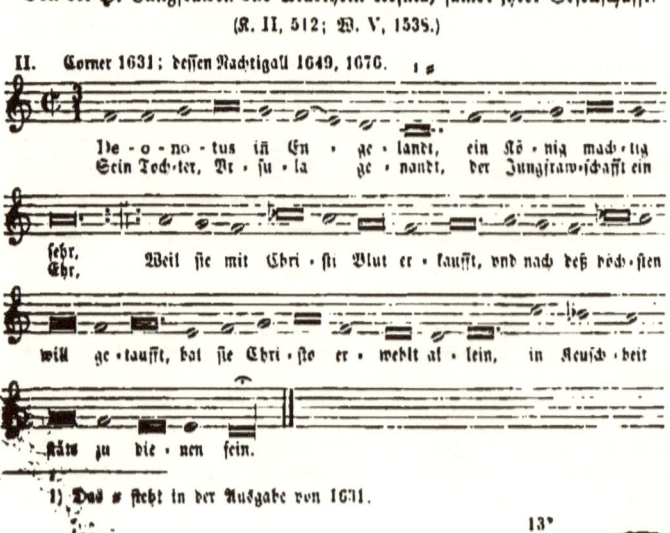

1) Das ♯ steht in der Ausgabe von 1631.

No. 176.
O Cöllen du heilige Statt.
Von S. Ursula.

No. 177.
Es war eins Heydens Tochter.

Ein gar schönes Lied von der heiligen Jungfrawen Regina, ex pia sed incerta traditione, vel potius pius Apologus de attractione mentis per creaturas ad agnitionem Dei.

(K. II, 520; W. II, 1142.)

Der Text steht bereits in Corners Gesangbuch v. J. 1631, doch ohne Melodie.

Lieder bei Processionen und Wallfahrten.
(No. 178—185.)

No. 178.
Der Fried vnsers Herren Jesu Christ.

Ein gemeiner Segen von Kirchfarten, im ein- vnd außgehen, wie auch sonst Morgens oder Abends zu singen.

(K. II, 538; W. II, 1171.)

I. Corner 1631.

Der Fried vn-sers Her - ren Je - su Christ, be-hüt vns all zu die - ser frist. :|:

II. Corners Nachtigall 1676, 1649.

Der Frid vn-sers Her - ren Je - su Christ Be-hüt vns all zu di - ser frist.

No. 179.
So bitten wir vnsern Herren.

Ein schöner Ruff auff der Kirchfahrt, sonderlich frü zu singen, in der folgenden Melodey.

(K. II, 539.)

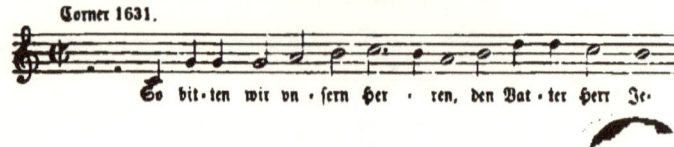

Corner 1631.

So bit-ten wir vn-sern Her - ren, den Vat-ter Herr Je-

No. 180.
Von deinetwegen seynd wir hie.

Ein ander schöner Ruff, wann man heimgeht vnd von eim Gotthauß vrlaub nimbt.

(K. II, 540; W. II, 1176.)

Corner 1631; Rheinfelf. Gfgb. 1666; Corners Nachtigall 1649, 1676.

No. 180 a.
So fallen wir nider auff unsere Knie.

Ein schöner Rueff, den man pfleget zu singen nach vollbrachter Kirchfahrt, vm Behütung von allem vbel, vnd glücklicher heimkunfft.

(K. II, 541; W. II, 1170.)

I. Cöln (Brachel) 1619; Münchener Gsgb. 1586 (nur Text).

Lieder bei Proceſſionen und Wallfahrten.

II. **Koler, Ruefbuechl 1601.**

Papierhandſchrift früher im Beſitze Cl. Brentanos, jetzt Ph. Nathu
ſius zugehörend. (Siehe S. 50.)

No. 181.
Vatter vnſer der du biſt.

Das Vatter vnſer, bey Kirchfärten auch in der Kirchen zuſingen.

(K. II, 567; W. II, 1165.)

I. **Chriſtenliche Catholiſche Creutzgeſang, Augſpurg 1584; Münchener Gſgb. 1586.**

Dieſer altkatholiſche Vaterunſergeſang, deſſen älteſte gedruckte Quelle
die von Hahm von Themar herausgegebenen Creutzgeſänge (1584) ſind, ſteht
faſt in allen katholiſchen Geſangbüchern des 17. Jahrhunderts mit den ver
ſchiedenſten Melodienvarianten. Wir geben im Folgenden die bedeutendſten.
Die proteſtantiſche Faſſung in Val. Bapſt'ſchen Geſangbuch 1545 iſt, wie
Hoffmann bereits bemerkt, nur eine neuere Bearbeitung des altkatholiſchen
Vater unſers (Geſch. d. K.L., S. 523).

O Vatter vnſer der du biſt.

Das heylig Vatter vnſer: Mag auch von der H. Dreyfaltigkeit an biß zum
Advent geſungen werden.

II. **Beuttner (1602) 1660.**

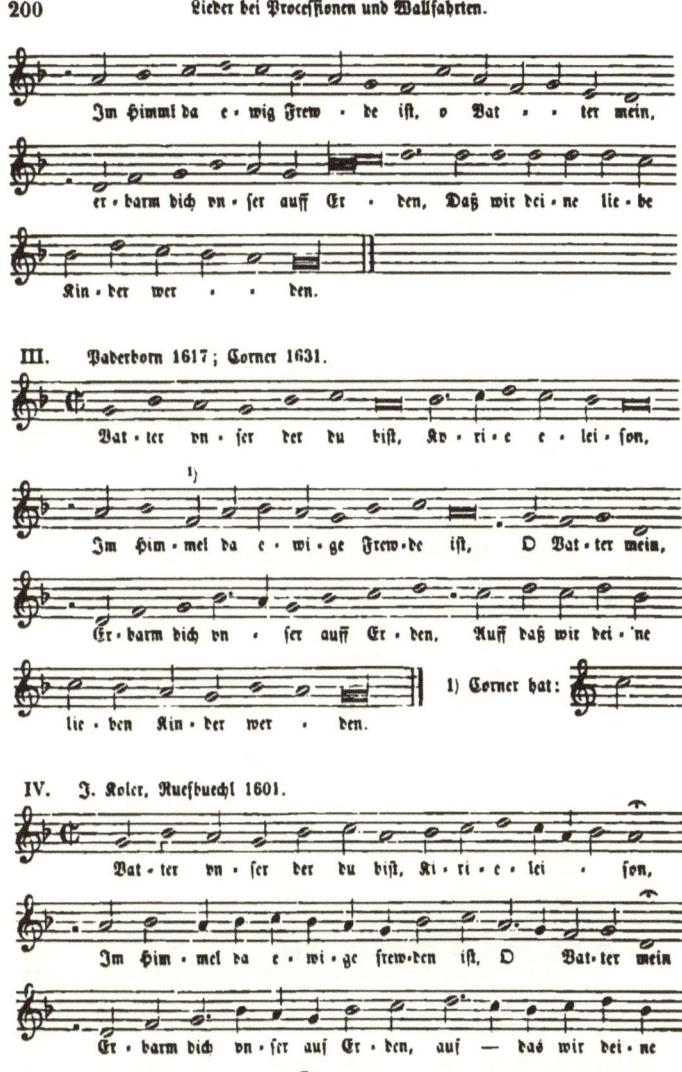

No. 182.
O liebe fromme Christen.

Ein newer Geistlicher Catholischer Rueff, Creutz oder walfart Gesang. Von dem grossen Mirackel, das sich im Jar 1125 zu Bettbrunn in Bayrn, mit dem allerheyligisten Sacrament des Altars, wahrhafftig zugetragen, vnd ein vrsach gewest, das an ermeldtem orth, das herrlich vnd Gnadenreiche Gotshauß Saluatoris erbawt worden.

(K. II, 548; W. V, 1392.)

Münchener Gsgb. 1586.

O lie-be from-me Chri-sten, Weil wir Kirch-far-ten gohn, Wie ihr es selbst werd wif-sen, Jetzt zum Sal-ua-tor schon, So wölln wir gleich von sol-chen din-gen sin-gen, Die do sein gscheh-hen, Hilff du das vns ge-lin-ge, O Je-fu der gan-tzen Welt Hey-landt.

Die Anfangsbuchstaben der Strophen ergeben den Namen: Oswald Bschenhauser pfarher zu Stamham.

No. 183.
Nun ist die Himmelfahrt also heilig.
Nu ist die bettevart so her.

Geißlerlied (1349).

Geistl. Nachtigall, Erfurt 1666.

Nun ist die Him-mel-fahrt al-so hei-lig, Christ reit sel-ber gen Je-ru-sa-lem, Er führt ein Creutz in sei-ner Hand, das helff uns Gott der Hey-land Ky-ri-e-leis.

Hier haben wir höchstwahrscheinlich die Melodie zu dem bekannten Wallfahrtsliede der Geißler (Flagellanten), welche im 13. und 14. Jahrhunderte in großen Scharen in Italien und Deutschland auftraten und, trotz der gegen sie von der weltlichen und geistlichen Obrigkeit ergriffenen Maßregeln, zur Zeit der großen Pest (1349) in einzelnen Haufen das Land durchzogen, um durch die Geißelbuße die Strafgerichte des Himmels abzuwenden. Wir besitzen darüber den Bericht eines Zeitgenossen, Fr. Closener, Vicar an dem großen Chor der Domkirche zu Straßburg. Dieser schreibt in seiner Chronik, die er am 8. Juli 1362 beendete: „Da man zählte 1349, vierzehn Tage nach St. Johannstag, da kamen gen Straßburg wol 200 Geißler, die hatten Leben und Weise an sich, als ich hier ein Theil beschreibe. Zum ersten, sie hatten die kostbaren Fahnen von Sammettüchern, rauh und glatt, und von Baldachin, die besten die man haben mochte; derer hatten sie vielleicht zehn oder acht oder sechs und vielleicht eben so manche gewundene Kerzen, die trug man ihnen vor, wo sie in die Städte oder Dörfer gingen, und stürmte mit allen Glocken ihnen entgegen, und gingen den Fahnen nach je zween und zween mit einander und hatten alle Mäntel an und Hütlein auf mit rothen Kreuzen, und sangen zween oder vier einen Leis vor und sangen ihn die andern nach. Der Leis war also:

    1) Nu ist die bettevart so der,
       Christ reit selber gen iherusalem,
       Er fürt ein krütze an siner hant,
       nu helf uns der heilant.

    2) Nu ist die bettevart so gut,
       hilf uns, herre, durch din heiliges blut,
       Daz du an dem kruze vergoßen hast,
       vnd vns in dem ellende geloßen hast.

    3) Nu ist die stroße also breit,
       die vns zu vnserre lieben frouwen treit,
       in vnserre lieben frouwen lant,
       nu helfe vns der heilant.

    4) Wir sullent die buße an vns nemen,
       daz wir gote deste baz gezemen
       Alvort in seines vatters rich,
       des bitten wir dich sünder alle gelich.

    5) So bitten wir den vil heiligen Crist,
       der alle der welte gewaltig ist.

Wenn sie so in die Kirche kamen, so knieten sie nieder und sangen:
    Ihesus wart gelabet mit gallen,
    des sullen wir an ein krütze vallen.

Bei dem Worte fielen sie alle kreuzweis auf die Erde, daß es klapperte. Wenn sie eine Weile also lagen, so hub ihr Vorsänger an und sang:
    Nu hebent of die ůwern hende,
    daz got diz groze sterben wende.

Dann standen sie auf. Das thaten sie dreimal. Wenn sie zum dritten Male aufstanden, so luden die Leute die Bruder, eins lud zwanzig, eins zwölf oder zehn, jegliches nach seinen Verhältnissen, und führten sie heim und boten es ihnen wohl." Weiteres über die Regeln dieser Bruderschaften siehe bei Wackernagel II, S. 333 ff. Hoffmann a. a. O. S. 136 ff.

No. 184.
Wer Gott verlobt ein Pilgerfahrt.
In Peregrinationibus.

I. Andernach 1608.

Des folgenden Vergleiches halber habe ich die Melodie, welche im transponirten Dorisch stand, um eine Quart tiefer ins Dorische gesetzt. Melodie und Text sind dem sog. Jakobsliede nachgebildet, d. h. jenem Gesange, den die Pilger, welche im Mittelalter zum Grabe des h. Jakobus nach Compostella in Spanien wallfahrteten, auf ihrer Reise zu singen pflegten.

Wer das elend bawen wil.

II. Forster, Frische Liedlein V, 1556. No. 44 (nach Böhme).

Variante in Trium vocum. Nürnberg bei Joh. Petreius I, No. 50 (nach Böhme).

Ein anderes geistliches Lied im Jakobstone ist: „Wolts auff ihr Mann vnd auch ihr Weib" No. 87.

No. 185.
So bald der mensch erschaffen war.

Ein gehstlich Lied von der erschaffung vñ erlösung menschlichs geschlechts. Mag gesungen werden zur zeit der gemehnen Bitfart.
(R. I, 173; W. V, 1186.)

Behe 1537; Leisentrit 1567 ff.

So bald der mensch er-schaf-fen war Ein seel hat ihm Gott
Ge-recht macht er ihn gantz vnd gar Vn-sterb-lich war sein

— ge-ben,
— le-ben, Er satzt ihn in das pa-ra-dehß, Gab ihm
kunst vñ macht ihn gantz weiß, Al-le ding zu er-ken-nen.
Er stelt ihm auch in sein ge-walt sey-ne ge-schöpff so ma-
nig-falt, Ihr na-men kondt er nen-nen.

Nach Wackernagel ist das Lied von Caspar Querhamer. Vgl. I. Bd. von Meister S. 51.

Katechismus-, Predigt- und Evangelienlieder.
(No. 166—231.)

Vorbemerkung.

Außer den Liedern vor und nach der Predigt haben viele alte Gesangbücher namentlich die in Cöln bei Quentel gedruckten, von 1599 an, das Mainzer Cantual v. J. 1605, das Paderborner Gesangbuch 1609, das Trier'sche 1675 u. a. m. auch Katechismuslieder oder vielmehr einen Katechismus in Liedern. Derselbe enthält die gewöhnlichen Gebete und Hauptstücke der christlichen Lehre als Gesänge eingerichtet, aber nicht in gereimten Versen, sondern in Prosa. Im Mainzer Cantual 1605 sind es folgende: 1) Der Apostolische Glaube. 2) Das Heilige Vatter vnser. 3) Das Aue Maria. 4) Die Zehen Gebott Gottes. 5) Die fünff Gebott der Catholischen Kirchen. 6) Die Heiligen sieben Sacrament. 7) Die sieben Todtsünd. 8) Die vier Sünd, so in den Himmel schreyen. 8a) Die vier letzte ding. 9) Die sechs Sünd in den H. Geist. 10) Die neun frembde Sünd. 11) Die drey fürnembste gute Werck, vnd die drey Evangelische Räthe. 12) Die sieben Leibliche vnd Geistliche Werck der Barmhertzigkeit. 13) Die acht Evangelische Seligkeiten, sodann am Schluß einige wirkliche Lieder vom Glauben und den guten Werken.

Diese Gesänge sollten nach folgender Anordnung benutzt werden:

„Welcher Pfarrherr oder Catechista diesen Catechismum in der Kirchen gedenckt zu singen, der muß jhn auch behalten vnd gebrauchen im lehren vnd lesen, ja nicht ein wort darin verändern, viel weniger 'einen andern Catechismum lesen, vnd einen andern singen, sonst werden seine Schäfflein keinen recht lernen. Es kan aber im singen der Catechismus also abgetheilet werden, daß man die fürnembsten oder nothwendigsten Stück alle drey Wochen, oder auch den gantzen Catechismum alle Monat gar absoluiren vnd außsingen mag.

Den ersten Sontag singt man den Glauben, Vatter vnser, Aue Maria. Den andern, die Zehen Gebott Gottes, vnd die fünff Gebott der H. Kirchen.

Den dritten, die H. sieben Sacrament, die sieben Todtsünd, die neun frembde Sünd, die sieben leibliche Werck der Barmhertzigkeit, die vier letzten ding.

Will aber jemand alle Stück deß Catechismi Monatlich repetiren vnd widerholen, der singe die erste Wochen, wie zuuor gemeldet.

Die ander Wochen, die Zehen Gebott Gottes, die fünff Gebott der H. Kirchen, die H. sieben Sacrament.

Die dritt, die sieben Todtsünd, die sechs Sünd in den H. Geist, die vier Sünd so in den Himmel schreyen, die neun frembde Sünd, vnd die vier letzten ding.

Die Viertt, die drey fürnembste gute Werck, sampt den drey Euangelischen Rähten, die leibliche vnd Geistliche werck der Barmhertzigkeit, vnd die acht Euangelische Seligkeiten.

Wenn aber ein Pfarrherr nach mittags den Catechismum nicht kan lehren vnd singen, so kan er denselben singen an statt der andern Teutschen Gesäng, welche sub sacrosancto Missae officio sonst gesungen werden.

Ein jeder Pastor aber, der diesen Catechismum will gebrauchen, wird solche bescheidenheit hierin zu halten wissen, daß er nicht alle Gesäng deß Catechismi zugleich, sondern die notwendigsten erst, vnd also eins nach dem andern allgemach einführe, auch kein anders anhebe, biß seine Zuhörer das vorige gar wol gefasset vnd gelernet haben. Vnd so viel vom Catechismo auff dißmal."

Wir haben im Folgenden e i n i g e Katechismusgesänge mitgetheilt, alle abzudrucken, schien uns nicht zweckmäßig zu sein.

No. 186.
Im Namen des Vatters vnd des Sohns.

I. Cöln (Quentel) 1599, 1613; Andernach 1608; Mainz-Speier 1631; Trier 1695.

Im Ra - men des Vat-ters vnd des Sohns, vnd des Hei - li - gen Geists.

II. Mainzer Cantuale 1627; Paderborn 1609; Mainz 1628; Hildesheim 1625.

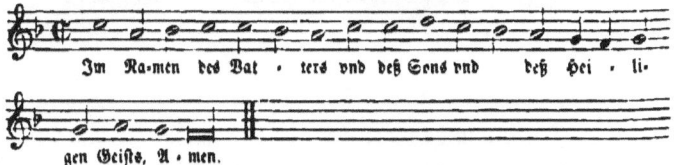

Im Ra-men des Vat - ters vnd deß Sons vnd deß Hei - li - gen Geists, A - men.

III. Cöln (Quentel) 1599, 1613; Mainz-Speier 1631; Trier 1695.

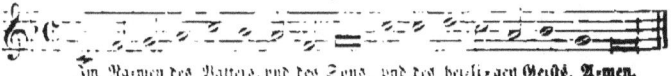

Im Namen des Vatters, vnd des Sons, vnd des hei-li-gen Geists. Amen.

No. 187.
Beidt heupt vnd Leib.

Ein recht Geiſtlich Liedt, von beſtendiger einigkeit der algemeinen Catholiſchen Chriſtlichen Kirchen, Welches inhalt ihiger zeit ſehr vonnöten iſt zu wiſſen vnd an vnterlaß, doch vornemlich vor oder nach der Predigt zu ſingen, auff nachfolgende Melodey.

(K. II, 549.)

No. 188.
Der Glaub iſt ein beſtendig Hab.

Ein geſang von des Chriſtlichen Glaubens Orterung.

(K. II, 550; W. V, 1268.)

No. 189.
Der bloſſe buchſtab ſchafft den todt.

Ein anders von des bloſſen Buchſtabens vnd Gottes Geiſtes vormögen.

(K. II, 551; W. V, 1269.)

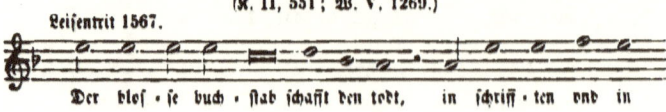

wor-ten, durch sei-nen Geist wo nit vns Gott, auff-thut der

sin-nen Pfor-ten.

No. 190.
Der Glaub in Lieb so tetig ist.

Ein recht andechtig lied, Vom rechten gantz gemainen Christlichen Glauben, in dem Thon Christum hat Gott zum Sacrament, Oder das Sacrament ein geheimnis ist, oder aber wie folget.

(R. II, 552; W. V, 1270.)

Leisentrit 1567 ꝛc.

Der Glaub in Lieb so te-tig ist, nach Got-tes wort vnd

wil-len, vor-mag al-lein in Je-su Christ, des Va-ters zorn

zu stil-len.

No. 191.
Wer Gottes wort wil recht verstan.

Ein ander warhafftiges Lied aus heiliger Schrifft.

(R. II, 554; W. V, 1272.)

Leisentrit 1567.

Wer Got-tes wort wil recht — ver-stan, wies die Zwelff-boten

ge-lert han.

No. 192.
Last uns all mit junigkeit.
Das Vater vnser.
(Vor vnd nach der Predigt.)
(K. II, 556; W. V, 1274.)

No. 193.
Reicher Gott ewiger Vater.
Das heilige Vater vnser auff ein andere weiß doch eines inhalts.
(K. II, 557.)

Text von R. Eringius: „Das ander Theil Kirchisch Messen vnd Vespergesenge, Cöln 1572".

No. 194.
Laßt vns loben Gott.

Ein gesang von betrachtung Göttlicher wolthaten vnd Christlicher Pflicht.

(K. II, 559; W. V, 1276.)

Leisentrit 1567 ff.

Laßt vns lo-ben Gott, vor all sein wol-that, die er vns er-zei-get hat, on all vn-sern ver-dienst aus lau-ter Gnad.

No. 195.
Barmhertziger ewiger Gott.

Ein schön Lied zur dancksagung vor die wolthaten Gottes, auff die weis, Vorley vns fried gnediglich oder volgender weis.

(K. II, 560; W. V, 1277.)

Leisentrit 1567 ff.

Barm-her-tzi-ger e-wi-ger Gott, vns danck-bar zu be-wei-sen, Vor-leyh vns dein Gött-lich — ge-nad, vnd dich hertz-lich zu prei-sen, für dein vn-aus-sprech-lich — wol-that.

No. 196.
Vatter im höchsten Throne.

Ein Gesang vor der Predigt.

(K. II, 561.)

Corner 1631; Rheinfels. Gsgb. 1666; Corners Nachtigall 1649, 1676.

Vat-ter im höch-sten Thro-ne, mit-theil vns dei-ne Gnad, Da-mit
Mit deim Geist bei vns woh-ne, zu ler-nen dein Ge-bot.

Die Melodie ist eine echt volksthümliche. Der Anfang stimmt mit dem alten Volksliede: „Es stet ein lind in jenem Thal" (Böhme, No. 176). Auch hat sie manche Gänge gemeinsam mit dem Liebesliede „Mein frewd möcht sich wol meren, wollt glück mein Helfer sein" im Locheimer Liederbuch, No. 7 (Handschrift aus der Mitte des 15. Jahrhunderts, neu herausgegeben von W. Arnold in den „Jahrbüchern für Musikalische Wissenschaft" von Chrysander 1867, S. 101). Fernerhin ist eine Aehnlichkeit nicht zu verkennen mit dem Volksliede: „Ich hört ein frewlein klagen, fürwar ein weyblich bild" (Böhme No. 117). Wer die Vergleiche anstellen will, mag die genannten Lieder im „Altdeutschen Liederbuche" nachsehen. Wir müssen darauf verzichten, sie hier zu reproduciren.

Die geistlichen Texte, zu welchen unsere Melodie in katholischen Gesangbüchern vorkommt, sind folgende:

1) Das obige katholische Predigtlied bei Corner 1631 ff.
2) Das protestantische Kirchenlied: „Herr Christ der einig Gottes Sohn" im Rheinfelsischen Gesangbuche 1666; protestantischerseits zuerst im Erfurter Enchiridion 1524, sodann in vielen protestantischen Gesangbüchern. Katholischerseits noch in Brauns Echo 1675 (ohne Melodie).
3) Das protestantische Tischlied: „Herr Gott nun sey gepreiset, wir sagn dir großen Danck" im Rheinfelsischen Gesangbuch 1666, bei Corner 1631 ff.; protestantischerseits zuerst im Erfurter Gesangbuche 1550, sodann in den meisten Gesangbüchern.

No. 197.
Vnser zuflucht o Gott du bist.
Ein ander Melodey.

(K. II, 563; W. V, 1158.)

I. Behe 1537; Leisentrit 1594.

———————
1) Variante bei Leisentrit: h statt a.

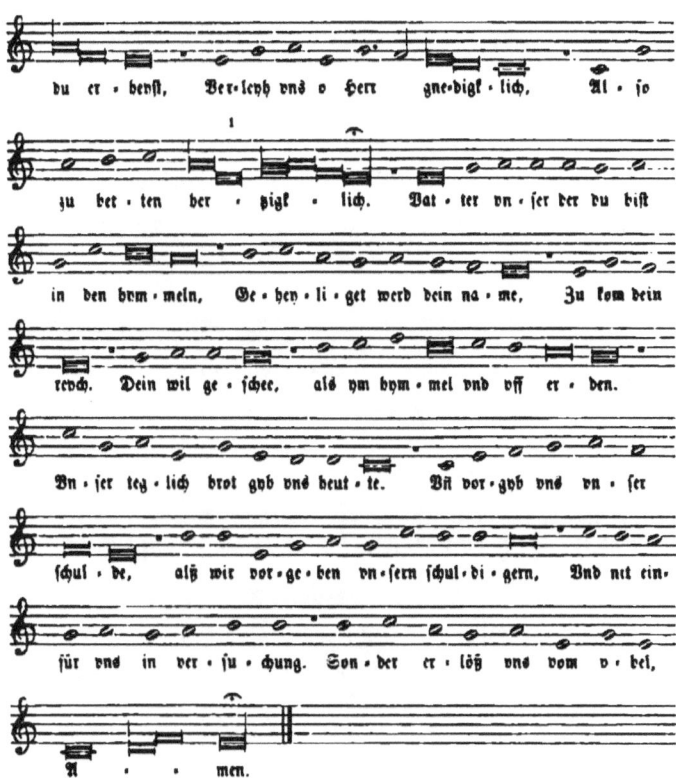

Leisentrit hat nur die Melodie bis zum „Vater vnser". Er fährt fort wie folgt:

Vater vnser im Himmelreich.
Matth. 6.

Ein ander Vater vnser sambt dem Engelischen grus auff ein andere vnd hernachfolgende weise vnd Melodey.

II. Leisentrit 1564.

1) Variante bei Leisentrit: d statt e.

Katechismus-, Predigt- und Evangelienlieder. 213

Vorher geht: „Vnser Zuflucht o Gott du bist" (Melodie h c h h h wie bei Behe 1537). In der Einleitung, Seite 6 ist das folgende Lied bezeichnet mit No. 197b.

Vnser zuflucht o Gott du bist.

Vff alle heylige tage vor dem Anfang der predig sol das Vatter vnser gesungen werden.

(K. II, 563; W. V, 1158.)

III. Behe 1537; Leisentrit 1584.

Varianten bei Leisentrit 1584: 1. e statt f. 2) g statt a.

214　Katechismus-, Predigt- und Evangelienlieder.

Vat-ter vn-ser der du bist in den hym-meln. Ge-hey-
li-get werd dein na-me. Zu-khom dein reych. Dein wil ge-sche-he
als ym hym-mel vnd vff er-den. Vn-ser teg-lich brot gyb vns
heut - te. Ver-gyb vns vn-se-re schul-
den, als wir vor-ge-ben vn-sern schul-di-gern.
Für vns nit in ver-su-chung. Son-der er-löß vns vom
v-bell, A - - men.

Die Melodie des erſten Theils unſeres Liedes bis zu dem Abſatze, wo das Vater unſer beginnt, iſt die des proteſtantiſchen Pſalmliedes (130): „Aus tiefer Noth ſchrei ich zu dir" (Text von Luther). Sie findet ſich zuerſt im „Teutſch Kirchenampt, mit lobgeſengen vnd göttlichen pſalmen ꝛc. Straßburg bei Wolf Köpphel" 1524; ſodann in den meiſten proteſtantiſchen Geſangbüchern. Aus dieſen ging das Luther'ſche Lied auch in das Rheinfelſiſche Geſangbuch 1666 über. Auch Corner 1631 hat die Melodie um eine Quint höher, mit den Varianten bei Leiſentrit, zu dem Tiſchliede (Benedicite) „O trewer Gott vom Himmelreich, allein wir dich thuen ehren" (K. I, 29).

Die Melodie des „Vater unſers" findet ſich mit verſchiedenen Abweichungen im Mainzer Cantual 1605, 1627 und im Hildesheimer Cantual 1625.

Varianten bei Leiſentrit 1584: 1) c ſtatt b. 2) g ſtatt f. 3) d ſtatt c. 4) g ſtatt f. 5) a ſtatt g.

No. 198.
Ich glaub in Gott vatter.

Vff die heyligen tag nach der Predig sol der Glaub gesungen werden.

Behe 1537.

Ich glaub in Gott vat-ter al-mech-ti-gen, schöp-per hom-mels vñ der er-den, Vnd in Je-sum Chri-stum sei-nen ei-ni-gen son vn-sern her-ren, Der ent-pfangen ist von dem hey-li-gen geyst, Ge-born auß Ma-ri-a der jung-fra-wen, Ge-lit-ten hat, Vn-der Pon-ti-o — Pi-la-te, ge-kreu-zi-get, ge-stor-ben vñ be-gra-ben, Ni-der ge-sty-gen zu den hel-len, Am drit-ten ta-ge auff er-stan-den ist von den thot-ten, Auff-ge-sty-gen zu den hi̅meln, sitzt zu der rech-ten Gotts des al-mech-ti-gen vat-ters, Von dan er zu-kunff-tig ist zu rich-ten die le-ben-di-gen vnd thot-ten, Ich glaub in den hey-li-gen geyst.

216 Katechismus-, Predigt- und Evangelienlieder.

Der Gesang ist nach einem Choral-Credo im V. Ton bearbeitet. Die andere Melodie bei Vehe und Leisentrit siehe im I. Bande No. 264.

No. 199.
Ich glaub in Gott den Vater mein.
Christlich vnd Catholisch Glaub.
(K. II, 564; W. V, 1159.)

Constanz 1600.

Text von Caspar Querhamer, bereits in Vehes Gesangbüchlein 1537.

No. 200.
Ich glaub in den Allmechtign Gott.
Der Apostolisch Glaub.

Chr. Hecyrus, Prag 1581.

Ich glaub in den All-mech-tign Gott, den Vat-ter der be-schaf-fen hat, Him-mel vnd Erd vnd alls er-helt, was da ist in der gan-tzen welt.

No. 201.
In Gott dem Vatter glaube ich.
Der Christliche Glaub in einem kurtzen Begriff.

Münster 1677; Nordstern 1671.

In Gott dem Vat-ter glau-be ich, auß gan-tzem Her-tzen fe-stig-lich, daß er den Him-mel sambt der Erd, er-schaf-fen hat, mein Glaub be-wehrt, hat mein Glaub be-wehrt.

1) Schluß im Nordstern.

No. 202.
Vater vnser der du bist.
(W. III, 592; K. II, 569.)

I. Obsequiale Ecclesiae Ratisbonensis, Ingolstadt 1570.

Va-ter vn-ser der du bist im Him-mel-reich hoch ober
Dein heiliger nam werd auß-ge-brait ge-wal-tigk-lich ge-ehrt

vns da-rumb im Gaist, wilt an-ge-bet-tet wer-den.
in vns und v-ber-all, im Him-mel vnd auff Er-den.

Das Reich der gna-den komm vns zu, vnd thue in vns be-

lei-ben, vnd was dir nit ge-fel-lig ist, das wölst in

vns auß-trei-ben auff das wir mö-gen e-wigt-lich

in dei-nem Reich be-lei-ben.

Wackernagel bringt den Text aus dem protestantischen Zwickauer Gesangbüchlein vom Jahre 1525, wo das Lied ohne Angabe des Autors steht. Jedenfalls ist dasselbe vorreformatorisch, denn Triller (vgl. die Bemerkung zur folgenden No.) nennt es das **alte Vaterunser**. Diese Bezeichnung wendet er nur bei vorreformatorischen Liedern an. In dem protestantischen Dresdener Gesangbuch vom Jahre 1595, durch H. Schütz, wird Ambrosius Moibanus (geb. 1494, gest. als Prediger an der Elisabethkirche in Breslau 1554) als Autor genannt. (Näheres über diesen bei Wetzel, Historische Lebensbeschreibung der berühmtesten Liederdichter. 1721. II, S. 180; und Koch, Geschichte des Kirchenliedes. Dritte Aufl. I, S. 367.)

Ach Vatter vnser der du bist.
Das heilige Vatter vnser auff Regenspurgische Melodey.
(K. II, 568.)

II. Reyß 1625; Corner 1631; dessen Nachtigall 1649, 1676.

Ach Vat-ter vn-ser der du bist, im Him-mel-reich, hoch v-
Dein heil-ger Nam werd auß-ge-breit, ge-wal-tig-lich, ge-ehrt

der vns, da-rumb im geist, wilst an-ge-be-tet wer-den:
in vns, vnd v-ber-all, im Him-mel vnd auff er-den: das reich

der — gnadn kom vns zu, vnd thu in vns auch blei-ben, vnd was

Katechismus-, Predigt- und Evangelienlieder. 219

dir nicht ge-fel-lig ist, das wolst in vns auß-trei-ben, auff daß wir

mö-gen e-wig-lich, in dei-nem Rei - che blei-ben.

Dieselbe Melodie steht im Singebuch von Bal. Triller (1555) 1559 zu dem Liede: „O Herre Gott vnd Vater mein im Himmelreich" mit dem Bemerken „auff die noten des alten Vater vnsers".

Vatter vnser der du bist.
(K. II, 568.)

III. Constanz 1600.

Vat-ter vn - ser der du bist im hi-mel-reich,
Dein heil-ger Nam werd auß ge - breit ge - wal-tig-lich,

hoch v - ber vns da - rumb im Geist, willt an - ge - bet-tet
ge - ehrt in vns vnd v - ber all im hi-mel vnd auff

wer - den. Das reich der gna-ben kom vns zu vnd thu in vns
Er - den.

be - lei - ben, vnd was dir nit ge - fel-lig ist, das wölst in

vns auß-trei - ben, auff daß wir mö-gen e - wig - lich in

dei-nem Reich be - lei - ben.

---

1) Variante bei Triller.

220 Katechismus-, Predigt- und Evangelienlieder

Ein anders Vatter unser, kan auch zu der Kinder Lehr gesungen werden.

IV. Beuttner (1602) 1660.

O Vat-ter un-ser der du bist im Him-mel-reich,

Hoch v-ber uns da-rumb im Geist, wilt an-ge-bet-tet

wer-den, Dein heil-ger Nam werd auß-ge-brait ge-wal-

tig-leich, Ge-ehrt in uns vnd v-ber all, im Him-

mel vnd auff Er-den: das Reich der gna-den zu

vns komm, vnd thu in vns be-lei-ben, Vnd was dir

nicht ge-fäl-lig ist, das wölst in vns auß-trei-ben,

Auff daß wir mö-gen e-wig-leich, in dei-nem Reich

be-lei-ben.

No. 203.
Gegrüffet seyst du Maria.

Vff alle heylige tag vor dem anfang der Predig soll auch der Engelisch Gruß gesungen werden.

I. Behe 1537; Cöln (Quentel) 1599, 1613; Mainz-Speier 1631; Trier 1695.

Ge-grüf-set seyst du Ma-ri-a, voll der gna-den.

Katechismus-, Predigt- und Evangelienlieder. 221

In den Gesangbüchern außer Behe wird nach den Worten: „Jesus Christus" also fortgefahren:

Aue, Aue Maria.
Gegrüßet seiestu Maria.
Auff Annuntiationis oder Verkündigung Mariae Fest Prosa.

II. Andernach 1608.

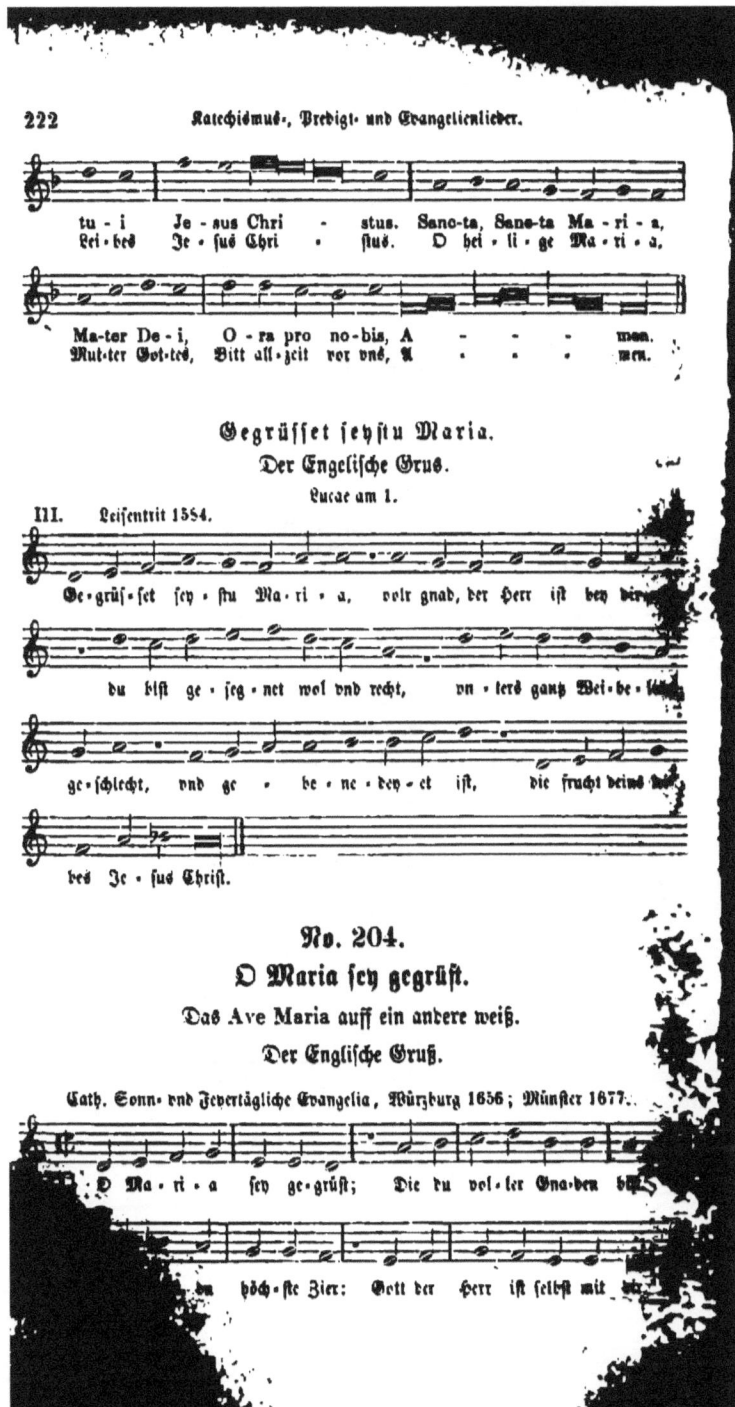

No. 205.
Nun mercket auff jr lieben kind.
In diebus Rogationum.

Die Zehen Gebott.

(W. II, 1127. Aehnlich K. II, 581.)

Obsequiale Ecclesiae Ratisbonensis. Ingolstadt 1570.

Nun mer-cket auff jr lie-ben kind, Ky-ri-e — — — ley-son,
die ze-ben Ge-bott die wöl-len wir sin-gen, Al-le-lu-ia,
Ge-lo-bet sey Got vnd Ma-ria.

No. 206.
Das synt die heyligen X gebot.

Vff die heyligen tag sollen die zehen gebott nach der Predig zu etlichen zeitten an stat des glaubens gesungen werden.

(K. II, 584; W. II, 1134.)

Bebe 1537.

Das synt die hey-li-gen ze-ben ge-bot, Die got der Herr
vns ge-ben hat, Vff das wir wis-sen sei-ne knecht, Wie wir vor
ihm soln le-ben recht, Ky-ry-e — — — ley-son.

Eine andere Melodie bei Leisentrit 1567 siehe im I. Bande von Meister, No. 213.

224 Katechismus-, Predigt- und Evangelienlieder.

No. 207.
Das seynd die heiligen Zehen Gebott.
(K. II, 582; W. II, 1131.)

I. Corner's Nachtigall 1649, 1676.

Das seynd die hei-li-gen Ze-ben Ge-bott, du solt glau-ben an ei-nen Gott, nicht ei-tel schwer bey sei-nem Nam, die Fest vnd Feyr-tåg hal-ten schon, Ky-ri-e e-ley-son.

II. G. Rhaw 1544. 4 vocum. Arnoldus de Bruck. No. 35. Tenor:

Dis sind die heil-gen ze-ben ge-bot, du solt gleu-ben, du solt gleu-ben an ei-nen Gott. Du sollt nicht schwö-ren bei sei-nem na-men, den Feir-tag heil-gen recht und schön. Ky-ri-e-lei-son.

Im Original stehen die Noten eine Quart tiefer. * Diese Stelle ist ein Einschiebsel im Interesse des mehrstimmigen Satzes, wie schon aus der Textwiederholung hervorgeht.

Der Text steht in Corners Gesangbuch 1631, mit Hinweisung auf die Melodie „Da Gott der Herr zur Marter trat" (Bd. I von Meister No. 140) und bei Beuttner (1602) 1660: „O Herre Gott das seynd dein Gebott". Bei beiden hat das Lied fünf Strophen. Die ersten drei finden sich schon in dem Liederbuche Rhaw's: „Newe deutsche Geistliche Gesenge CXXIII. Mit Vier vnd Fünff Stimmen, Für die gemeinen Schulen. Wittemberg 1544", zu No. 35, mit einem vierstimmigen Tonsatze des Arnold von Bruck. Wackernagel sagt darüber in seinem Buche „M. Luthers geistliche Lieder mit den zu seinen Lebzeiten gebräuchlichen Singweisen", Stuttgart 1848, S. 137: „Es ist auffallend, daß Georg Rhaw, von dem wir wissen, daß er die tiefste Verehrung für Luther besaß, unter dessen Augen an die Stelle eines seiner Lieder ein anderes setzen konnte und zwar an die Stelle eines Katechismusliedes und in einem Schulgesangbuche". Das ist aber ein Irrthum. Rhaw bringt unter No. 35 zunächst den vierstimmigen Satz von Arnoldus de Bruck, dem der oben mitgetheilte Tenor zu Grunde liegt. Dieser repräsentirt das bekannte ältere Lied. Gleich darauf unter No. 36 folgt das Lied von den zehn Geboten mit dem Texte von Luther: „Dis sind die heilgen zehen gebot, die uns gab unser Herre Gott, durch Mosen seinen Diener treu, hoch auf dem Berg Sinai. Kyrieleison. u. s. w." und einem vierstimmigen Tonsatze von Balthasar Resinarius. Die Melodie (im Tenor) ist hier die des bekannten alten Wallfahrtsgesanges: „In Gottes Namen fahren wir" (I. Bd. No. 213).

No. 208.
O Herr wir preisen dein gütigkeit.
Von den H. sieben Sacramenten.
(K. II, 589; W. V, 1396.)

Corner 1631; Reyß 1625.

Das ist die Melodie des Hymnus „Veni redemptor gentium". Siehe im I. Bde. von Meister S. 148. Eine andere Melodie zu diesem Texte in den Gesangbüchern Cöln (Quentel) 1599, 1613 und Trier 1695: d d c h c beginnend, haben wir bereits zu dem Liede: „Gegrüßt seist du Maria rein" (No. 69, I) notirt.

Der Text (ohne Melodie) steht bereits im Münchener Gesangbuch 1586.

No. 209.
Da Gott der Herr auff Erden gieng.
Acht Seeligkeit.

Beuttner (1602; 1660.

No. 210.
Wo Gott zum Hauß nit gibt sein Gunst.
Vom H. Ehestand.

Rheinfelsisches Gesangbuch 1666.

Wo Gott zum Hauß nit gibt sein Gunst, so ar-beit je-der-mann vmb-sonst, wo Gott die Statt nicht selbst be-wacht, so ist vmb-sonst der Wäch-ter Macht.

Varianten in protestantischen Gesangbüchern.
1) Im Val. Bapst'schen Gsgb. 1545: c statt b.

2) Bonner Gsgb. 1579 Schluß:

Der Text dieses Liedes findet sich nach Wackernagel in den frühesten protestantischen Gesangbüchern: Zwickau 1525 und Erfurt 1527 anonym. Seit dem Beginne des 17. Jahrhunderts wird ein gewisser Johann Kolrose (vgl. Wetzel a. a. O. II, 42) als Dichter angeführt, dessen Autorschaft aber fraglich ist. Die obige Melodie steht im Klug'schen Gesangbuche vom Jahre 1535; im Magdeburgischen von 1540, im Bapst'schen von 1545 und im Bonner Gesangbuche von 1579. Das Gesangbuch der böhmischen Brüder vom Jahr (1531) 1564 hat zu derselben den Text: "Wer Gottes Diener werden will".

No. 211.
Gott Vatter der barmhertzigkeit.

Chr. Hecyrus, Prag 1581.

Gott Vat-ter der barm-her-tzig-keit, Brunn al-ler gnad vnd gü-tig-keit, O gne-dig-ster Herr vnd Schöpffer sey gnä-dig er-barm dich vn-ser.

Ueber dem Liede steht die Bemerkung:

Das Kyrie eleyson vnd Gloria in excelsis. Welches alle Fest vnd Feyertag vber das gantze Jar gesungen wirtt, Aber das Gloria wirtt im Aduent vnd vom Sontag Septuagesima biß auff Ostern nit gesungen, denn an grossen Festen.

No. 212.
Als Jesus Christ geboren war.

Das Evangelium auff den h. Weyhnacht Tag.

Ingolstadt 1635.

Fünff geistliche Lieder vnd Kirchengesänger. Jedes in beygestellt eigner Melodey. Durch A. M. von newem Componiert. Gedruckt zu Ingolstatt durch Wilhelm Eder. Anno 1635.

No. 213.
Im Anfang war das göttlich Wort.

Am Heiligen Christag im Hohen Ambt, Evangelium, Johannis am I. Cap.

Würzburger Evangelien 1656; Mainzer Psalter 1658; Nordstern 1671.

In den Würzburger Evangelien steht die Melodie noch einmal zu dem Liede am Feste der h. Maria Magdalena: „Ein Pharisäer damals trat" (III. Theil, No. 14).

Im Mainzer Psalter hat der Psalm 115: „Ich hab deß Herren Worten glaubt" diese Melodie erhalten.

No. 214.
Die Hirten sprachen in der Zeit.
An der H. Weyhenacht, in der andern Meß, Evangelium, Lucae am 2. Cap.

Würzburger Evangelien 1656; Münster 1677.

Würzburger Evangelien I. Theil No. 6. Im dritten Theil No. 1 steht die Melodie nochmals zum Text: "Als Jesus gienge an den Strand".

No. 215.
Acht Tag waren schon gelitten.
Am Newen Jahrstag, oder am Fest der Beschneidung onsers Herrn, Evangelium, Lucae am 2. Cap.

Würzburger Evangelien 1656; Mainzer Psalter 1658; Nordstern 1671; Münster 1677.

Katechismus-, Predigt- und Evangelienlieder.   229

In den Evangelien steht die Melodie außer zum obigen Texte I. 12 noch zu folgenden anderen I, 13 „Als Herodes gestorben war".
III, 6 „Jesus sich zun Jüngern wendet".
Im Mainzer Psalter ist sie folgenden Psalmen applicirt:
Psalm 67 „Gott der Herr wöll sich erheben".
Psalm 96 „Gott der alle ding regiert".
Psalm 148 „Alle Creaturen loben"
Psalm 150 „Gott in seinem Heylgthumb ehrt" oder
„Gott in seinen Heiligen ehrt" (Münstersches Gsgb.).

No. 216.
Damals sprache unser HErre.
Am Sonntag Septuagesimae. Evangelium, Matthaei am 20. Cap.

Würzburger Evangelien 1656.

Da-mals spra-che un-ser Her-re zu der Jün-
Als die-sel-be, zu der Leh-re, Umb jhn ber

ger tre-wen Schar,
ver-samb-let war: Meines Vatters Him-mel-reich Ist eim

from-men Hauß-herrn gleich.

No. 217.
Als nun vollendet.
Am heiligen Charfreytag, Kurtzer Inhalt deß bittern Leidens vnd Sterbens vnsers Herrn Jesu Christi, gezogen auß den Evangelien, Matthaei am 26.
Marci 14. Lucae 22. Johannis 18.

Würzburger Evangelien 1656; Mainzer Psalter 1658; Molsheim 1659; Nordstern 1671; Münster 1677.

Als nun voll-en-det,   Vnd sich ge-en-det,

Deß Her-ren Tisch vnd A-bend-mahl,   Gieng er

Evangelien I, No. 34. Im Mainzer Psalter trägt Psalm 132 „O wie bequehmlich vnd hochannehmlich" die obige Melodie. Nordstern 1671 und das Münsterische Gsgb. 1677 haben zu dieser Weise das Weihnachtslied: „O wie annehmlich, o wie beqemlich" mit der lateinischen Uebersetzung „O ter jucundas, o ter foecundas".

No. 218.
Frewt euch ihr Christen allzugleich.
Das Euangelium auff den heiligen Ostertag.

Ingolstatt 1635.

Fünff Geistliche Lieder vnd Kirchengesänger. Jedes in beygestellt eigner Melodey. Durch A. M. von newem Componiert. Gedruckt zu Ingolstatt durch Wilhelm Eder. Anno 1635.

No. 219.
Als der Pfingstag kommen war.
Ankunfft deß heiligen Geists. Act. 2.

Würzburger Evangelien 1656; Mainzer Psalter 1658; Nordstern 1671; Münster 1677.

Die Melodie steht in den Würzburger Evangelien Theil II No. 12. Der Text einige Seiten weiter.

Im Mainzer Psalter haben die Psalmen 47 „Gott ist groß vnd Lobens werht" vnd 124 „Der auff Gott sein Hoffnung setzt" die obige Melodie.

No. 220.
Zun Jüngern Jesus sagt.

Ein ander Evangelium an gemeldtem Fest der heiligen Dreyfaltigkeit, Matth. am 28. Cap.

Würzburger Evangelien 1656; Mainzer Psalter 1658; Nordstern 1671; Münster 1677.

Evangelien Theil II, No. 16.
Mainzer Psalter No. 99 mit dem Texte: „Es lobe Gott alle Welt".

No. 221.
Ein Mensch hieß Nicodem.

Am hohen Fest der heiligsten Dreyfaltigkeit. Ev. Joh. am 3. Capitel.

Würzburger Evangelien 1656.

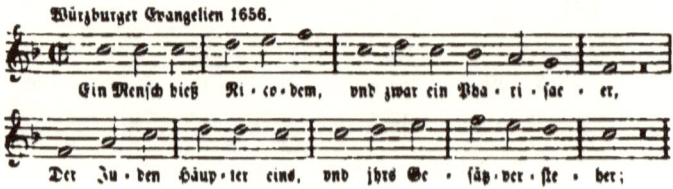

232 Katechismus-, Predigt- und Evangelienlieder.

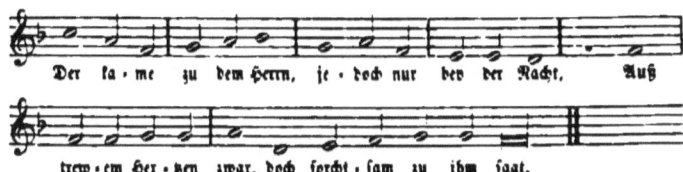

Der la-me zu dem Herrn, je-doch nur bey der Nacht, Auß trewem Herßen zwar, doch forchtsam zu jhm sagt.

Die Melodie findet sich außerdem noch zu folgenden Evangelienliedern: „Wann ihr zusammenkombt, das Nachtmahl einzunehmen" (am Grünen Donnerstag). Ferner:
„Als in der Zeit viel Leut zu vnserm Heyland trungen" (am 5. Sontag nach der H. Dreyfaltigkeit).

No. 222.
Jesus zu seinen Jüngern sprach.
Ein Sonderlich Gesang. Von S. Laurentio dem heiligen Martyrer.
(B. III. 1378.)

Leisentrit 1584.

Jesus zu sei-nen Jün-gern sprach, So mir je-mandt wil fol-gen nach, sein Creuß er auf sich faf-fe, vnd folg mir nach ge-dul-dig-lich, viel gut-ter tag er-weg er sich, vnd der welt frembd ver-laf-fe.

Der Text findet sich zuerst in „Sontags Evangelia ober das gantze Jar. Für die Kinder vnd Christlichen Haußveter. Durch Nicolaum Herman in Jochimsthal. Wittemberg 1560". Hier heißt die Ueberschrift: „Im thon wie man pflegt zu singen an S. Michaelistag von den lieben Engeln, oder Kompt her zu mir spricht Gottes Son". Die obige Melodie ist eine andere.

No. 223.
Zur selben Zeit hat Gott gesendet.
Am hohen Fest der Verkündigung Mariae, Evangelium, Lucae am I. Cap.

Würzburger Evangelien 1656.

Zur sel-ben Zeit hat Gott ge-sen-det, Von sei-ner höch-sten Stell,

No. 224.
Ich armer Sünder seufftz vnd klag.
Die gemeine Beicht.

Würzburger Evangelien 1656; Nordstern 1671; Münster 1677.

In den Würzburger Evangelien steht die Melodie viermal zu folgenden Texten:
1) „Da es deß Sabbats Abend war". II. No. 4.
2) „Zun Jüngern sprach Herr Jesus Christ". II. No. 9.
3) „Es war ein stolzer reicher Mann". II. No. 18.
4) „Ich armer Sünder" (wie oben) IV. No. 8.
    Im Mainzer Psalter 1658 zu
Psalm 21: „Ach Gott, mein Gott ich bitte dich".
Psalm 139: „Mein Herr und Gott, errette mich".

No. 225.
Saulus vmbs gsetz eyuert gar sehr.

Am Tag der hochverwunderlichen Bekerung S. Pauli. Kan vnd mag der Hymnus, Exultet coelum laudibus, wie oben von S. Andrea vnd andern Apostolischen Festen, da man nichts besonders findet, nicht vnfüglich, in gemein gesungen, vornemlich aber an diesem Tag der Bekerung, das 9 Capitel aus der Apostelgeschichten genommen, vnd folgender gestalt gebraucht werden.

(W. V, 1360.)

Das folgende Lied bei Leisentrit an S. Matthiae des H. Apostels tag, aus dem Euangelio Matth. XI. Capitel: „Als Johannes zu Christo sandt" (W. V, 1361) hat eine Melodie, welche schon im I. Bande (No. 119) zu dem Hymnus „Ex more docti mystico" steht. Das zweitfolgende Lied „Christ der Engel zier vnd leben der heiligen" (W. V, 1362), dessen Text Leisentrit dem Eringius (Das ander Theil Kirchisch Messen vnd Vespergesenge, Cöln 1572) entnommen, hat die Melodie der No. 181 des I. Bandes.

No. 226.
Do Jesus jetzt in Tod gehn solt.

Wiederumb ein anders, vnd sonderliches an Sanct Philippi vnd Jacobi tag. Aus Johan. 14.

(W. V, 1363.)

Das folgende Lied bei Leisentrit: „Christ der Herr seine Jünger fragt" (W. V, 1364) am tag Petri vnd Pauli, aus dem Euangelio Matth. 16 hat die Melodie der No. 12 des I. Bandes: „Vox clara ecce intonat".

No. 227.
Die schrifft zeigt vns an klar vnd hell.

Ein sonderlich Gesang an S. Jacobitag, aus dem Euangelio Matth. am 20.

(W. V, 1365.)

No. 228.
Jesum Christum der welt Heylandt.

Ein besonders auch von Sanct Matheo, aus seinem Euangelio am 9. Capitel.

(W. V, 1366.)

No. 229.
Da Christ sein Jünger warnen thet.

Ein löblich recht Euangelisch Liedt von den Zehen Jungfrawen,
auß Matth. 25. Capitel.

(K. II, 648; W. V, 1370.)

Leisentrit 1584.

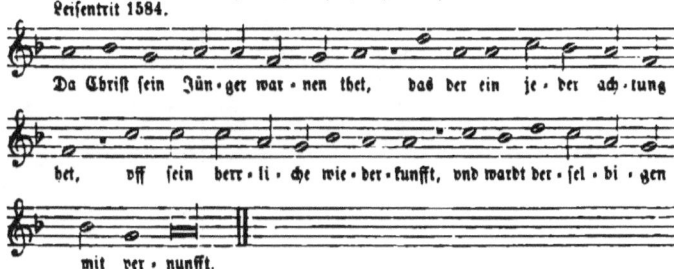

Da Christ sein Jün-ger war-nen thet, das der ein je-der ach-tung bet, vff sein herr-li-che wie-der-kunfft, vnd wardt der-sel-bi-gen mit ver-nunfft.

No. 230.
Da Jesus Schöpffer aller ding.

Ein Geistlich liedt am tage Mariae Magdalenae, auß dem Euangelio Lucae
7. Capitel. In dem vorhergehenden (Wir wollen singen ein lobgesang)
oder im folgenden thon.

(K. II, 503.)

Leisentrit 1567.

Da Je-sus Schöp-ffer al-ler ding, Im fleisch al-hie auff er-den gieng, Na-men viel sün-der an sein lahr, von der we-gen er kom-men war.

No. 231.
Christus in diese welt ist kommen.

Ein ander Gesang von der Sünderin Lucae am 7. Cap.

(K. II, 502; W. IV, 83.)

Leisentrit 1567.

Chri-stus in die-se welt ist kom-men, al-len sün-dern

Der Text ist von Bal. Triller. Er steht in dessen „Schlesisch singebüchlein" (1555) 1559.

Die Melodie dort ist aber eine andere: Sie trägt die Ueberschrift „Felici peccatrici". Vgl. die Beschreibung. S. 44.

Morgen-, Abend- und Tischlieder.
(No. 232—255.)

No. 232.
Jam lucis orto sidere.
Dieweil des tages liecht hergeht.

I. Ketbner, Hymni 1555.

Uebersetzung des lateinischen Hymnus „Jam lucis orto sidere" aus dem fünften Jahrhundert mit der bei den Cisterciensern üblichen Choralmelodie.

Deß Tages Liecht kommt jetzt herfür.
Der Hymnus: Jam lucis orto sidere, verdeutscht.
(K. I, 1.)

II. Corner 1631; Nevß 1663.

Jam lucis orto sidere. Dieweil die Sonn jetzt tringt heran.
In seiner Choral-Melodey oder wie folgt.

III. Andernach 1608.

No. 233.
Jesu du süsser Heyland mein.
Ein ander andächtig Morgengesang.
(K. I, 2.)

Corner 1631; Prag 1655; Corners Nachtigall 1649, 1676; Nordstern 1671.

240 Morgen-, Abend- und Tischlieder.

Die Melodie findet sich bereits in dem protestantischen Gesangbuche: "Die Sonntags Evangelia, oder das gantze Jar ꝛc. durch Nicolaum Herman in Jochimsthal, Wittemberg 1560", zu dem Liede: "Erschienen ist der herrliche Tag, dran sich niemand gnug freuen mag". Im Prager Gesangbuch 1655 und Nordstern 1671 steht sie mit einigen Abänderungen zu dem Texte: "Am Sabbath früh Marien drei".

No. 234.
Im Namen meins Herrn Jesu Christ.
Ein ander Morgensegen.
(K. I, 3; W. V, 1454.)

Corner 1631; dessen Nachtigall 1649, 1676.

Im Na-men meins Herrn Je-su Christ, steh ich arme Sün-der
auff, auff den der für mich Creu-tzigt ist, mit seim Blut hat er taufft —,
glaub ich vnd bin ge-taufft.

No. 235.
O du Gütigster Herr vnd Gott.
Ein andechtiger Gesang wann man des Morgens auffstehet in dem Thon, Barmhertziger ewiger Gott, oder wie volget.
(K. I, 4; W. V, 1285.)

Leisentrit 1567 ꝛc.

O du Gü-tig-ster Herr vnd Gott, wir sa-gen danck deiner
ge-nad vor dei-ne wol-tha-ten so groß, die du er-zeigst
ohn vn-ter-las.

Morgen-, Abend- und Tischlieder. 241

No. 236.
Auff, auff mein Kind.
Weck vnd Morgenglöcklein Christlicher Jugendt.
(K. I, 5.)

Beglers Catechismus 1625; Corner 1631.

Auff, auff mein Kind, die Bett-lad brinnt, So bald der Han die Flü-gel schwingt Vnd dir von vier vnd fün-ffen kreht, Der kompt zu spath, der sich erst drehet; Vnd wel-tzet in den Fe-dern rumb, Faulentzt nur hie vnd dort ein trumb.

Die Melodie ist aus dem französischen Psalter: Les Pseaumes de David etc. par Clement Marot et Th. de Beze. Ausgabe von 1562, Psalm 105: „Svs, qu'vn chacun des nous sans cesse".

No. 237.
AVß meines Hertzen Grunde.
(K. I, 6; W. V, 248.)

Rheinfelsisches Gsgb. 1666.

AVß mei-nes Her-tzen Grun-de, sag ich dir Lob vnd Danck,
In di-ser Mor-gen-Stun-de, dar-zu mein Le-ben lang,
HErr Gott in dei-nem Thron, dir zu Lob, Preyß vnd Eh-ren,
durch Chri-stum vn-sern HERren, dein ein-ge-bohr-nen Sohn.

Das Lied ist, soviel ich habe erforschen können, protestantischen Ursprungs, kommt aber sowohl in katholischen, wie protestantischen Gesangbüchern vor. Bei Corner 1631 steht es ohne Melodie, Brauns Echo 1675 gibt den Text mit dem Bemerken: „In seinem bekannten Thon zu singen". Selbst in den drei katholischen Gesangbüchern variiren die Texte. Corner hat sieben Strophen, das Rheinfelsische Gesangbuch und Brauns Echo haben deren acht. Das Lied wurde früher allgemein dem Joh. Matthesius († 1565 als protestantischer Prediger in Joachimsthal) zugeschrieben. Es steht aber, wie Fischer bemerkt (Lexikon S. 57), weder in dessen bisher bekannt gewordenen

Originalwerken, noch in den später veranstalteten Sammlungen seiner Lieder. In den ältesten protestantischen Drucken, von 1592 an (siehe Wackernagel V, 248 ff.), erscheint dasselbe anonym. Der Name Matthesius findet sich erst in M. Prätorius' Musae Sioniae 1610. Die obige Melodie steht zuerst in Wolters Catechismus-Gesangbüchlein. Hamburg 1598. Vgl. dazu die Melodie von No. 10.

No. 238.
Nun singet lob mit innigkeit.
Ein anders in dem vorgehenden oder volgendem Thon.
(K. I, 7; W. IV, 119.)

Leisentrit 1567 ic.

Text aus Valentin Trillers Singebuch (1555) 1559. Dieser hat eine andere Melodie: „Telluris ingens conditor". Die Melodie, welche Leisentrit hier gesetzt hat, ist die des Hymnus: „Te lucis ante terminum" an den Ferialtagen. So im Compendium Responsoriorum, Cöln 1743. Das vorhergehende Lied bei Leisentrit (vgl. Ueberschrift) ist das Morgenlied: „O du Gütigster Herr vnd Gott". No. 235.

No. 239.
Ich wider sage dir Sathan.
Ein ander schönes Morgenlied aus dem heiligen Augustino vnd andern H. Vätern.
(K. I, 8.)

Leisentrit 1584.

Text aus R. Edingius: Das ander Theil der Kirchisch Messen vnd Vespergesenge. Cöln 1572.

No. 240.
O Gott Vater im Himelreich.
Ein Hymnus Frue vnd spatt, in dem vorhergehenden oder folgenden
Thon zu singen.
(K. I, 12; W. IV, 117.)

Leisentrit 1567 ꝛc.; Andernach 1608.

Text aus Valentin Trillers Singebuch (1555) 1559. Dieser hat die Melodie „Fit porta Christi pervia".

Das Andernacher Gesangbuch 1608 hat zur vorstehenden Melodie den Text: „Maria Magdalena zwar, der Welt erstlich ein Dienerin war".

Der vorhergehende Ton (vgl. Ueberschrift) ist „Christ der du bist liecht vnd tag". No. 246.

No. 241.
Mein Seel dem Herren sing Lobsang.
Ein sehr altes Abendt Liedt.
(K. I, 13.)

Leisentrit 1584.

Text aus R. Edingius: Das ander Theil der Kirchisch Messen ꝛc., Cöln 1572.

No. 242.
So offt mir klingt in meinen Ohren.
Todts Gedächtnuß, wan die Uhr schlägt.
(K. I, 14.)

Corners Nachtigall 1649, 1676; Nordstern 1671; Münster 1677; Mainz 1886.

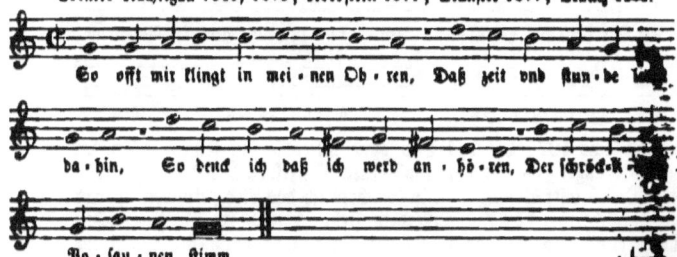

Die ## stehen bei Corner.

No. 243.
So offt ich schlagen hör die Stund.
Das Catechetisch Uhrwerck, auff alle Stund in gemein.
(K. I, 16; W. V, 1515.)

Voglers Catechismus 1625.

Corner 1631 hat den Text ohne Melodie.

No. 244.
Ich danck dir lieber Herre.
Morgen Gesänge.
(W. III, 114.)

Brauns Echo 1675 hat das Lied ohne Melodie „in seinem bekannten Thon". Wackernagel gibt den Text nach einem Einzeldruck, Nürnberg 1535, und sagt: „Das älteste Gesangbuch, in welchem ich das Lied gefunden, ist das V. Schumann'sche von 1539". Außerdem steht es noch im V. Bapst'schen Gesangbuche 1545 und in vielen andern (Fischer a. a. O. S. 326). Der Name des Dichters Joh. Kolrose († 1560 zu Basel) findet sich zuerst im Straßburger Gesangbuche von 1568. Der Text ist also protestantischen Ursprungs. Die Melodie ist die des Volksliedes: „Entlaubet ist der Walde" (bei Böhme No. 257, auch im I. Bd. von Meister S. 509).

No. 245.
Danck sey Gott in der Höhe.
(W. V, 697.)

Protestantisches Kirchenlied von Johann Mühlmann † 1613 (Wetzel a. a. O. II, 189). Wackernagel gibt den Text aus einem Nürnberger Gesangbuch von 1618. Melodie in Barth. Gesius, Geistl. deutsche Lieder, Frankfurt a. d. O. 1607, dritter Theil. Bl. 74 b: „Gedult die solln wir haben"; sodann in vielen protestantischen Gesangbüchern des 17. Jahrhunderts.

Nr. 246.
Christ der du bist liecht vnd tag.

Ein Abend Gesang: Der Hymnus S. Ambros. Christe qui lux es et dies. Teutsch.

(K. I, 18; W. II, 566.)

I. Münchener Gsgb. 1586; Leisentrit 1567 ꝛc.; Cöln (Quentel) 1599, 1613, 1619; Constanz 1600; Andernach 1608; Paderborn 1609; Cöln (Brachel) 1619, 1634; Reyß 1625; Würzburg 1628; Corner 1631; Mainz·Speier 1631; Molsheim 1659; Rheinfelsisches Gsgb. 1666; Nordstern 1671; Brauns Echo 1675; Corners Nachtigall 1676; Münster 1677; Trier 1695; Fulda 1695.

Die Melodie ist dem alten Hymnus „Christe qui lux es et dies" entnommen. Derselbe ist nach dem Muster der Ambrosianischen Lieder gerichtet und stammt nach Wackernagel (I, No. 121) aus dem siebenten, nach Mone (I, No. 70) aus dem achten Jahrhundert. Von den vorreformatorischen deutschen Bearbeitungen nennen wir folgende:

1. Christ du der leoht pist inti take dera naht finstri intdechis etc. aus dem 8. Jahrhundert (Grimm, Jac., Hymnorum veteris ecclesiae XXVI interpretatio theotisca, 1830, bei Kehrein, Kirchen· und religiöse Lieder, Paderborn 1853, S. 210.)
2. Christ dv liebt bist vn tach der naht vinster entekebest etc. aus dem 12. Jahrhundert (daselbst S. 11).
3. Christe du pist liecht vnd der tag du deckest ab dy vinstern nacht etc. von Johann Mönch von Salzburg im 14. Jahrhundert. (Daselbst S. 186 und W. II, 563.)
4. Christe du byst dach vnde licht, vor deme sol kan vorberghen nicht ꝛc., aus einem handschriftlichen Gebetbuche in niederdeutscher Sprache, 15. Jahrhundert (W. II, 564).

Varianten bei Leisentrit:
1) f statt e.

Morgen-, Abend- und Tischlieder.   247

5. Chriſte, der du biſt liecht vnd tag, der nacht finſtrin bedecken mag ꝛc., aus einer Stuttgarter Handſchrift des 15. Jahrhunderts (W. II, 565).
6. Chriſt, der du biſt das liecht vnd tag, die vinſternuß der nacht verjag ꝛc., aus dem Salus anime, Nüremberg 1503 (W. II, 566).
7. Chriſte, der biſt das liecht vnd tag, der nacht finſterin endecken mag ꝛc., aus dem Ortulus Anime, Straßburg 1501 (W. II, 1096).
8. Der du bꝩ liecht piſt vnd der tag Chriſte, die vinſter nacht vernꝛach, aus dem Hymnarius, gedr. zu Engmundsluft 1524 (W. II, 567).

Christe qui lux es et dies.
Chriſte der du biſt tag vnd liecht.
(W. III, 160.)

II. Kethner, Hymni 1555.

Chri-ſte der du biſt ___ tag vnd liecht, vor dir iſt Herr ver-
bor-gen nichts, du vä-ter-li-ches liech-tes glanz, lehr vns
den weg der war-heit gantz.

Die bei den Ciſtercienſern übliche Choralmelodie. Der Text ſteht bereits im Enchiridon geiſtl. geſenge. Erffurt, Joh. Loerſſelt. 1526.

No. 247.
Te lucis ante terminum.
Wir bitten Dich o trewer Hirt.
In ſeiner Choral-Melody oder wie folgt.

I. Andernach 1608.

Te lu-cis an-te ter-mi-num, Re-rum cre-a-tor pos-
Wir bit-ten dich, o tre-wer Hirt, Die-weil es jetz-undt A-
ci-mus, Vt so-li-ta cle-men-ti-a, Sis prae-sul
bend wirdt, Das du durch dei-ne gü-tig-keit, Vns zu be-
ad cu-sto-di-am.
wa-ren ſeiſt be-reit.

Ueberſetzung des Hymnus „Te lucis etc." vom hl. Ambroſius (W. I, 8).

Eh das vergeht deß Tages schein.
Der Hymnus S. Ambrosii, Te lucis ante terminum verdeutscht.
(K. I, 19.)

II. Corner 1631.

Te lucis ante terminum.
O Schöpffer gros dich bitten wir.

III. Kethner, Hymni 1555.

Die bei den Cistercienfern übliche Choralmelodie.

No. 248.
Ich danck dir Herr du trewer Gott.
Ein ander Abendlied.
(K. I, 21.)

Corner 1631.

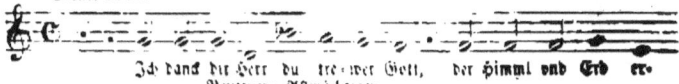

Beuttner. Allmächtiger.

Beuttner hat das Lied ohne Noten, aber mit der Angabe: „Im Thon: Ich weiß mir ein Blümlein ist hübsch vnd fein". Vgl. No. 284.

No. 249.
Bey guter zeit dich schlaffen leg.
Schlaff vnnd Nachtglöckle Christlicher Jugend.

Melodie aus dem französischen Psalter: Les Pseaumes de David etc. par Cl. Marot et Th. de Beze, Ausgabe 1562, Psalm 24: „La terre au Seigneur appartient".

No. 250.
Herr Gott Vater im Himelreich.
Ein gesang vor dem tisch an statt des Benedicite.
(K. I, 25; W. III, 1100.)

I. Leisentrit 1567 zc.

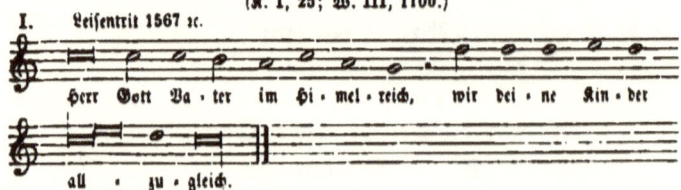

Den Text (6 Strophen) bringt Wackernagel aus dem „Klainen Catechismus von Caspar Huberinus, Augspurg 1544". Die älteste Quelle ist also eine protestantische.

---

1) Variante im franz. Psalter: d e statt f.

250 Morgen-, Abend- und Tischlieder.

Herr Gott Vatter im Himmelreich.
Benedicite vor dem Essen.

II. Beuttner (1602) 1660.

Noch zehn solcher Strophen.

No. 251.
All Augen hoffen in dich Herr.

Das Benedicite. Auff den Thon: „Singen wir auß herzen grund"
(K. I, 27; W. V, 1421.)
* (K. I, 38; W. IV, 785.)

I. Dillinger Gsgb. 1589; Cöln (Quentel) 1599, 1613; Paderborn 1617; (Göchel) 1623, 1634; Neyß 1625; Mainz-Speier 1631; Rheinfels. Gsgb. Münster 1677; Trier 1695.

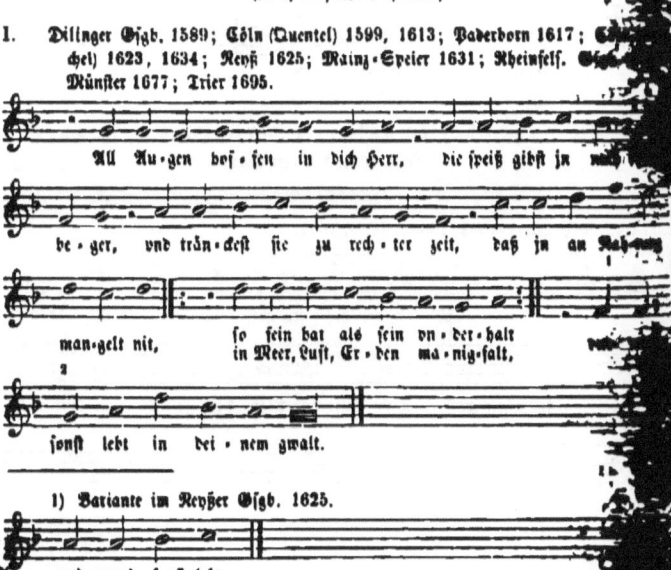

1) Variante im Neyßer Gsgb. 1625.

und was sonst lebt.
2) Cöln 1599, 1613 und Trier 1695 haben a statt g.

Das Rheinfelsische Gesangbuch bringt das in der Ueberschrift genannte Lied, welches zuerst in dem (prot.) Eichornschen Gesangbuch, Frankfurt a. d. O. 1568, vorkommt.

Die Gesangbücher: Cöln (Brachel) 1623 und 1634, Mainz-Speier 1631 haben zu dieser Melodie als Text das Lied von der h. Theresia: „Laßt uns loben mit süßen thon" (K. II, 517). In Bezug auf die Melodie, welche die Weise „In natali Domini" ist, vergleiche No. 41 und Anhang, II, 31 im I. Bande.

All Augen hoffen auff dich Herr.
Tisch Gesang.

II. Corner 1631; Fulda 1695; Mainz 1696.

All Augen hoffen auff dich Herr, Herr Jesu Christ.
Ein anders Benedicite.
(K. I, 26.)

III. Beuttner (1602) 1660; Corner 1831.

No. 252.
O Herr wir sagen dir lob vnd danck.
Das Gratias oder dancksagung zu Tisch, so man gessen hat.
(K. I, 32; B. III, 1101.)

Leisentrit 1567 ic.

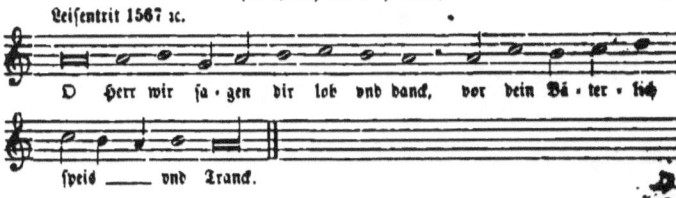

Leisentrit hat 6 solcher Strophen, wie bei Huberinus (siehe das "Herr Gott Vater" No. 250). Corner 1631 hat 12 Strophen mehr.

No. 253.
Ehr sey Gott in der höhe.
(K. I, 34; B. V, 1452.)

Beuttner (1602) 1660; Corner 1631.

No. 254.
Dancket dem Herren, denn er ist sehr freundlich.
Nach dem Essen.
(K. I, 36; B. III, 445.)

Rheinfelsisches Gsgb. 1666.

1) Schluß im Gsgb. der böh. Brüder 1564.

Corner 1631 hat den Text ohne Melodie. Die ersten sechs Strophen des achtstrophigen Liedes stehen bereits mit der obigen Melodie im Gesangbuch der böhmischen Brüder (1544) 1564 und in Val. Bapst's Gesangbuch, Leipzig 1545. Die beiden Zusatzstrophen finden sich zuerst im Baseler (prot.) Gesangbuche von 1581 (vgl. Fischer a. a. O. S. 85).

No. 255.
In Gottes Nahmen so fahren wir.
Abendessen Rueff.

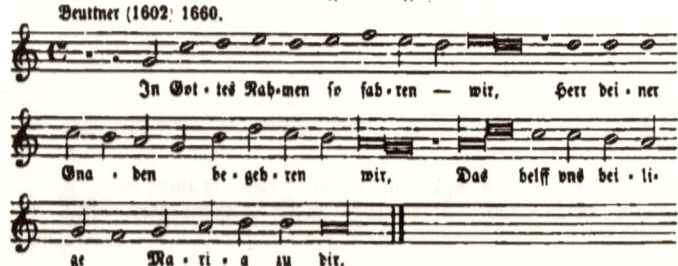

Beuttner (1602) 1660.

In Got-tes Rah-men so fah-ren — wir, Herr dei-ner Gna-den be-geh-ren wir, Das helff uns bei-li-ge Ma-ri-a zu dir.

Bußlieder und Gesänge um Vergebung der Sünden.

(No. 256—270.)

No. 256.
Ach hülff mich leidt vnd senlich klag.
(W. II, 1314.)

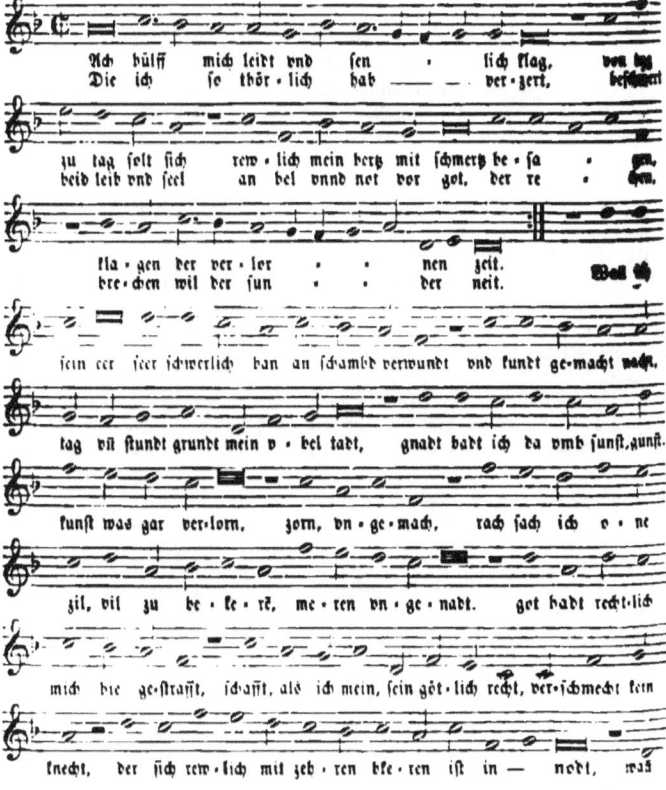

Bußlieder und Gesänge um Vergebung der Sünden. 255

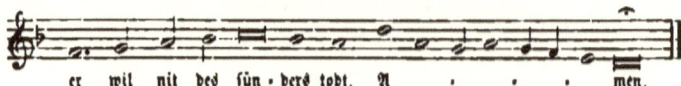

er wil nit des sün - ders todt. A · · · men.

Die Melodie habe ich mitgetheilt nach einer Handschrift der Münchener Staatsbibliothek aus dem 16. Jahrhundert (Cod. 210 = Mus. Ms. 3156, Tenorstimme). Sie findet sich ebenfalls in Glareans Dodecachordon, Basel 1547 als Tenor zu der vierstimmigen Composition „O vera lux et gloria". Vom Texte stehen in der Münchener Handschrift nur die Anfangsworte. Ich habe denselben ergänzt aus einem weltlichen Liederbuche. „Gedruckt zu Mētz (Mainz) durch Peter Schöffern. Bū volendt Am ersten tag des Mertzen. Anno 1513" (bei Wackernagel II, 1314).

Das Lied ist also vorreformatorisch.

Der älteste Druck aus protestantischer Zeit steht im Zwickauer Enchiridion 1528, ein anderer im Val. Bapst'schen Gesangbuche 1545 u.a.m. (W.II, 1315). Vgl. auch Fischer (a. a. O. S. 17), der die protestantische Umdichtung ein reformatorisches Rechtfertigungslied nennt. Text und Melodie sind von Adam von Fulda, einem Dichter und Componisten, der einen Tractat „De musica" (bei Gerbert III, 329 ff.) verfaßte (1490), und außerdem ein Gebet- und Gesangbüchlein, gedruckt zu Wittenberg 1512 (siehe I. Band von Meister S. 38 No. 21, ferner Wackernagels Bibliographie S. 458). Er wird als Autor genannt in den (protestantischen) Gesangbüchern Rostock 1531, Magdeburg 1534 u. s. w. Ob der Text einem weltlichen Liede nachgedichtet sei, läßt sich aus der Ueberschrift im Zwickauer Enchiridion 1528: „Das lied „Ach hülff mich sehr" gehstlich vnnd Christlich verendert" nicht schließen, da diese Bemerkung sich auf die protestantische Umarbeitung beziehen kann.

Das (vierstimmige) Lied wird in Glareans Dodekachordon 1547, S. 261 dem Adam von Fulda zugeschrieben und dabei bemerkt, daß es in ganz Deutschland viel gesungen worden sei. Der lateinische Text dort „O vera lux et gloria" scheint von Glarean herzurühren.

In der Münchner Handschrift (siehe oben) lautet die Ueberschrift „Marggraf Friderichs, Tompropsts zu Wurtzburg lied"; darnach ist die Möglichkeit nicht ausgeschlossen, daß dieser der Dichter des Textes, Adam dagegen der Autor der Melodie und des mehrstimmigen Satzes sein könnte.

No. 256 a.
Der Mensch ist recht selig vnd from.

Ein Geistlich Lied von vergebung der sünden von denen alles vbel kompt, das wir dieselben erkennen, Gott vmb gnad vnd vergebung bitten, vnd vns aller gerechtigkeit befleissen sollen, aus dem 31. Psalm, Beati quorum remissae sunt 2 c.

(K. II, 616; W. IV, 96.)

Leisentrit 1567 ꝛc.

Der Mensch ist recht se - lig vnd from, dem die sünd ist ver - ge - ben.

256 Bußlieder und Gesänge um Vergebung der Sünden.

Repetitio auff alle Verse.

Text aus Bal. Trillers Singebuch (1555) 1559. Die Melodie dort ist eine andere.

No. 257.
Wem schmertz vnd elend ist vmbs hertz.

Psalteriolum 1642; Münster 1663, 1678.

Das niederländische Gesangbuch „Het Paradys 1638" hat zur obigen Melodie das Lied vom h. Geist: O Gheest, die ons kunt albermeest zc.; das ist nach der Ueberschrift die Weise des weltlichen Liedes „Ick lijd' in 't hert pijn" zc.

---
1) Het Paradys 1638 hat d statt f.
2) „ „ „ hat g statt h.

Bußlieder und Gesänge um Vergebung der Sünden. 257

No. 258.
Es kommen vber vns geferlich zeit.

Ein Christlicher gesang, vnd vermanung, zur buß vnd besserung des lebens.
(K. II, 601; W. V, 1278.)

Leisentrit 1567 ꝛc.

No. 258a.
Durch Adams Fall ist gantz verderbt.
(W. III, 71.)

Rheinfelsisches Gesangbuch 1666 ꝛc. Siehe unten.

Protestantisches Kirchenlied von Lazarus Spengler, einem Freunde Luthers † 1534, zuerst in Johann Walthers „Gehstliche gesangk Buchleyn. Wittemberg 1524.", sodann im Klug'schen Gesangbuch 1535, im Magdeburger 1540, bei Bal. Bapst 1545 ꝛc. Die Melodie ist, wie Böhme (a. a. O. S. 484 ff.) nachgewiesen hat, keine andere, als die des einst so beliebten Liedes von der Schlacht vor Pavia (1525):

> „Was wöll wir aber heben an, ein newes Lied zu singen,
> Wol von dem könig aus Franckreich, Mailand wolt er bezwingen,
> Das gschach da man zelt tausend-fünf-hundert jar,
> im fünfvndzwantzigsten ists gscheben,
> er zog daher mit heereskraft,
> hat mancher landsknecht gseben.

Das kathol. deutsche Kirchenlied. II.   17

258 Bußlieder und Gesänge um Vergebung der Sünden.

In folgenden Gesangbüchern steht die Melodie des Pavierliedes zu dem Texte:

Der grimmig todt mit seinem Pfeil
thut nach dem Leben zielen ꝛc. Vgl. No. 329.

Paderborn 1617, Mainz 1628, Würzburg 1628, 1649; Molsheim 1659, Nordstern 1671.

Das Bonner (protestantische) Gesangbuch von 1579 hat den Pavierten zu dem Liede: „Maria das Jungfrewlein zart". Hier lautet der Schluß folgendermaßen:

No. 259.
Barmhertziger ewiger Gott.

Ein ander andechtig klag vnd Bitt Gesang eines büssenden Sünders auff die weis, Beh beiner Kirch erhalt vns oder wie volget.

(K. II, 602; W. V, 1202.)

Leisentrit 1567 ꝛc.; Chr. Hecyrus, Prag 1581.

Das Lied ist von Hecyrus, der es seinem Freunde Leisentrit überlassen, bevor er seine Lieder drucken ließ. Siehe die Beschreibung, S. 49.

Varianten bei Hecyrus 1581:

No. 260.
Aller barmhertzigster Herre Gott.

Ein ander Bittslied vmb verzeihung der Sünden, aus dem heiligen Euangelisten Lucae am 15. Capitel.

(K. II, 603.)

Leisentrit 1584.

Al-ler barm-her-zig-ster Her-re Gott, dir klag ich mein trüb-sal vñ not, mich bschwern mein grof-se — schult vnd sünd, on dich kein hülff noch trost ich find.

Text aus N. Edingius: Das ander Theil Kirchisch Messen und Vespergesenge, Cöln 1572.

No. 261.
Wie sehr betrübt ist mir mein Hertz.
Gesang eines betrübten Sünders.

(K. II, 605.)

Neuß 1625; Corner 1631.

Wie sehr be-trübt ist mir mein herz, ach weh der grof-sen pein,
Wie leidt mein Seel so grof-sen schmerz, we-gen der sün-den mein,
O Sün-der groß wie bist so bloß, O Sün-der arm, dich deinr er-barm, vnd kehr wie-der zu Gott.

No. 262.
Ach Gott wie viel seynd meine Sünd.
Ein andere Klag eines betrübten Büßenden Sünders.
(K. II, 606.)

Corner 1631; deſſen Nachtigall 1649, 1676.

Ach GOtt wie viel seynd mei-ne Sünd, kein Mensch di-sel-ben nen-nen kund,
kein Mund möcht sie auß-spre-chen, kein En-gel schrei-bet ih-re
zahl, es ist viel hun-dert tau-sent mal, das thut mein
Gwiſ-ſen schwä-chen.

In Corners Gesangbuch 1631 steht die Melodie um eine Quart erhöht.

No. 263.
O Gott mein Erlöſer.

Rheinfelſiſches Gſgb. 1666.

O Gott mein Er-lö-ſer, JE-ſu du mein Trö-ster, hö-re
zu von was für din-gen, ich diß Lied-lein wer-de sin-gen, laß es in dein
Oh-ren klin-gen, hilff vns o JE-ſu.

No. 264.
Ach Gott vnd Herr.

Protestantisches Kirchenlied von Martin Rutilius † 1618 als Diaconus zu Weimar. Melodie zuerst in Schein's Cantional oder Gesangbuch Augspurgischer Confession. Leipzig 1627 (vgl. Wetzel a. a. O. I, 329, ferner Fischer, Lexikon S. 7 ff.).

No. 265.
Ihr bringet zu die edle Zeit.
Gaudetis voluptatibus.

Der deutsche Text ist eine Uebersetzung aus dem Lateinischen: Sirenes Parthoniae sive Hymni etc. Herbipoli 1677 (4. Auflage).

No. 266.
Ein Schäflein außerkorn.

Rheinfelf. Gsgb. 1666; Nordstern 1671; Münster 1677; Fulda 1695.

Ein Schäf-lein auß-er-korn, such ich so man-chen Tag, hat sich so
gar ver-lorn, daß mans nit fin-den mag, will ruf-fen laut mit hel-ler
Stimm, wer weiß, ob ichs nicht bald ver-nimb: Schäf-lein, Schäf-lein,
wo hast ver-kro-chen dich, Ach fol-ge mir, hülff sel-ber mir,
nicht lang laß su-chen mich.

Der Text ist aus dem „Gülden Tugendbuch" von Spee. Cöln 1649.

No. 267.
O HERre Gott begnade mich.
(B. III, 120.)

Rheinfelfisches Gesangbuch 1666.

O HER-re Gott be-gna-de mich, nach dei-ner Güt er-bar-
Und wasch mich wol O Her-re Gott, von al-ler mei-ner Mif-
me dich, Tilg all mein B.-ber-tret-tung, nach gro-ffer deiner Er-
fe-that, vnd mach mich rein von Sün-den, dann ich thu der er-
bar-mung, vnd mei-ne Sünd ist stets vor mir, ich hab
pfin-den,

1) Variante in Bapst Gsgb. 1545

nach dei-ner

Bußlieder und Gesänge um Vergebung der Sünden.

al-lein gsün-digt an dir, vor dir hab ich ü-bels ge-than, in dei-nen Wor-ten wir-stu be-stahn, so man dich Rechts er-su-chet.

Wackernagel bringt den Text aus: „Teutsch Kirchenampt mit lobgesengen vnd götlichen psalmen. Getruckt zu Straßburg 1525"; später steht das Lied mit der Doxologie im Augsburger Gesangbuch 1533. Einen etwas abweichenden Text hat das B. Bapst'sche Gesangbuch 1545. Ein gewisser Matth. Greiter wird im großen Straßburger Gesangbuch 1560 als Verfasser genannt. Die Melodie ist vermuthlich auch von Greiter, der zuerst Mönch und später Musiker in Straßburg war († 1550). (Näheres bei Fischer a. a. O. S. 168.) In katholischen Gesangbüchern habe ich das Lied weiter nicht vorgefunden.

No. 268.
Allein zu dir HErr JESU Christ.
(W. III, 201.)

Rheinfelsisches Gesangbuch 1666.

Al-lein zu dir Herr Je-su Christ, mein Hoff-nung steht auff Er- wer- den,
Ich weiß, daß du mein Trö-ster bist, kein Trost mag mir sonst

Kein Men-schen-kind war je ge-bohrn, wie auch kein En-gel auß-er-kohrn, der mir auß Nö-then hel-ffen kan, dich ruff ich— an, zu dem ich mein Ver-trau-en han.

1) Variante in Bapst Gsgb. e statt d.
2) Daselbst:
Wor-ten wirst be-stan, so man die re-de rich-tet.

3) Das B. Bapst'sche Gesangbuch hat noch die Note d.

Das Lied habe ich nur noch in protestantischen Gesangbüchern vorgefunden. In den ältesten Drucken erscheint es anonym. So in einem Einzeldruck. Nürnberg bei Wachter (vor 1540), im Magdeburger Gesangbuch 1542, im V. Bapst'schen Gesangbuche 1545, im Straßburgischen 1545. Dagegen wird in dem großen Straßburger Gesangbuch 1560 ein gewisser C. Humbert und in dem kleinen bei C. Acker 1568 erschienenen Büchlein Conrad Hubert als Verfasser genannt. Andere (Olearius, Ev. Lieberschaß III, 36) schreiben es dem Joh. Schnesing (Chiomusus) zu. (Näheres hierüber bei Fischer a. a. O. S. 34; Wackernagel Kirchenlied III, S. 174 ff.; Rambach, Anthologie II, S. 90.)

No. 269.
Sulamitis laß fahren.
Gott rufft dir zu.

Kehr wieder, Sulamitis (Iant. 6:12).

Nordstern 1671.

Su - la - mi - tis laß fah - ren Der eit - len Sün - den Lust;

Seynd fau - le Wah - ren, Voller gros - ser Ge - fahren, Seynd voller Wust.

Thu Buß: gehst sonst ver - lohren; Fewr vnd Flamm dir ge - schwoh - ren.

Ach! mit seinn Pfei-len Möcht dich der Todt üb(e)r-ei - len Su - la-mi-tis!

Su - la - mi - tis! Greiff zur Buß ohn ver - wei - len.

Melodie eines italienischen Volksliedes. Im „Paradys der Gheestelycke en Kerckelycke Lof-Sangen (1621) 1638" steht die obige Weise zu dem Texte: „Sulamite keert weder" mit der Ueberschrift op de wyse: „Amarillida bella".

Die # # stehen im Nordstern, im Paradys nicht; dagegen findet sich hier folgende Variante:

Su - la - mi - tis! Su - la - mi - tis, Greiff 2c.

No. 270.
Thu auff, thu auff du schönes Blut.

Trutznachtigall 1649; Rheinfelsisches Gsgb. 1666; Nordstern 1671; Brauns Echo 1675.

Text von Spee.

Die Melodie steht in „Nordstern 1671" zu dem Liede: „Wach auff zum Heil o Mensch wach auff" und im Münster'schen Gesangbuche 1677 zu dem Texte „Steht auf ihr Todten allzumahl".

Bitt=, Dank= und Loblieder.
(No. 271—309.)

No. 271.
Mein wort O Herr zu oren nym.

Ein geystlich Bitlied gezogen auß den Psalmen, Verba mea auribus ꝛc.
(K. II, 608; W. V, 1160.)

Behe 1537; Leisentrit 1567 ꝛc.

Text von Caspar Querhamer.

No. 272.
O heylger Gott erbarm dich mein.

Ein geystlich Bitlied gezogen auß dem Psalmen, Miserere mei deus ꝛc.
(K. II, 610; W. V, 1162.)

Behe 1537; Leisentrit 1567.

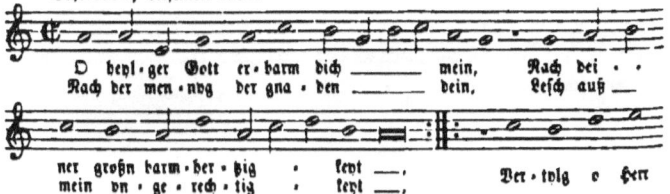

Bitt-, Dank- und Loblieder. 267

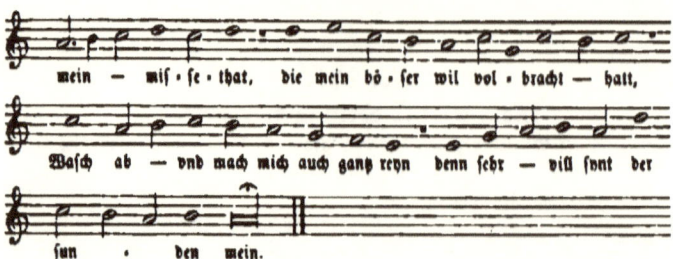

Text nach Wackernagel von Caspar Querhamer. Vgl. I. Band von Meister, S. 53.

No. 273.
Auß hertzem grundt schrey ich zu dir.

Ein geystlich Bitlied gezogen aus dem Psalmen, De profundis clamaui ab te dom.

(K. II, 618; W. V, 1167.)

I. Bebe 1537.

(No. 274.)
Auß hertzen grundt schrey ich zu dir.

Ein ander Geistlich bittlied vmb vergebung der sünden vnnd trost des gewissens, aus dem 129. Psalm, De profundis, auff die weiß Verba mea auribus oder:

II. Leisentrit 1567 ec.

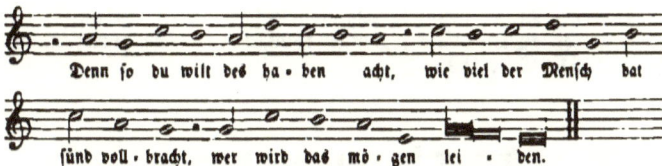

Denn so du wilt des ha-ben acht, wie viel der Mensch hat sünd voll-bracht, wer wird das mö-gen lei-ben.

Den Text setzt Wackernagel unter die Lieder des Caspar Querhamer (vgl. I. Band von Meister, S. 53). Die letztere Melodie bei Leisentrit ist die zweite Weise des bekannten Luther'schen Liedes: „Aus tiefer Noth schrei ich zu dir". Sie steht zuerst in Joh. Walther's Gesangbuch vom Jahre 1524.

Corner's Nachtigall von 1649 ff. hat diese Melodie zu dem Liede wider die Türken „O gütiger Gott in Ewigkeit" (K. II, 676; W. III, 614), welches bereits in den Gesangbüchern von Leisentrit, Corner 1631 und dem Neyßer 1625 ohne Melodie vorkommt. Wackernagel hat dieses letztere abgedruckt aus einem 1526 zu Nürnberg erschienenen Zweiliederdruck. Es trägt hier die Ueberschrift „Ein schön gehstlich lied, Zu Gott, in aller not, trübsal vnd verfolgung. Im thon auß tieffer nott schrey ich zu dir, Oder nu frewt euch lieben Christen gemein". Die Val. Bapst'schen Gesangbücher von 1553 und 1555 setzen über das Lied die Buchstaben D. W. L., spätere machten daraus D. M. L. und so schreiben es dann andere ausdrücklich dem D. M. Luther zu, während Wenzeslaus Linck † 1547 als Pfarrer der Kirche z. h. Geist in Nürnberg der Verfasser ist. (Vgl. die Notizen Wackernagels III, S. 565 und Fischer a. a. O. S. 161.)

No. 275.
Ach Herr dein ohren neyg zu mir.

Ein gehstlich Bittlied gezogen aus dem Psalm Inclina domine (auf die weis Als Jesus Christus vnser Herr oder :)

(K. II, 619; W. V, 1163.)

Behe 1537; Leisentrit 1567 zc.

Ach Herr dein oh-ren neyg zu mir, Dan ich gantz arm vnd
Mich zu er-hörn er-zeyg dich schyr, Be-war meyn seel vnd
el-end byn, Denn hey-lig byn ich wie du weyst, Dein knecht
auch mein fill,
Herr Gott dein hul-ffe leyst, Der sich ver-lest all-zeyt off dich.

Text nach Wackernagel von Caspar Querhamer (vgl. I. Band von Meister, S. 53). Nach dieser Melodie singt man das andere Lied des genannten Dichters: „Ewiger Gott wir bitten dich, gyb fryden in vnsern tagen"

(K. II, 653; W. V, 1190) in folgenden Gesangbüchern: Behe 1537 (der nur den Ton angibt), Cöln (Quentel) 1599, 1613; Neyß 1625; Mainz-Speier 1631; Trier 1695.

No. 276.

Erbarm sich vnser Gott der Herr.

Ein gehstlich Bitlied gezogen auß dem Psalmen, Deus misereatur nostri.
Ein ander Melodey.

(K. II, 620; W. V, 1164.)

Behe 1537; Leisentrit 1567.

Er-barm sich vn-ser Gott der Herr, Vnd geb vns sei-nen se-gen,
Seins antliß schein er zu vns kere, In die-sem ar-men le-ben,
Er woll vns auch ge-ne-dig sein, Vnd sei-ne weg an zei-gen, Das wir vom Dr-sal bley-ben rein Vnd vns zur war-heyt ney-gen, Sein Heyl-land auch er-ken-nen.

Die erste Melodie, welche bei Behe und Leisentrit zu diesem Liede von Caspar Querhamer angeführt ist, steht bereits im I. Bande von Meister zu No. 8 „Auß hartem weh klagt menschlichs gschlecht". Die erste Zeile der zweiten hier mitgetheilten Melodie findet sich im Bonner (protestantischen) Gesangbuch von 1579 bei dem Psalm 1: „Wohl dem Menschen, der wandelt nit ic."

No. 277.

ACh hilff vns O HErr Jesu Christ.

Ein Bitt durch das Creutz vnd Leyden Christi.

Geistl. Nachtigall, Erfurt 1666; Cöln (Brachel) 1623.

ACh hilff uns O Herr Je-su Christ, Ky-ri-e e-ley-son. Hilff nun und hilff zu al-ler Frist, Chri-ste e-ley-son. Hilff nun und hilff zu al-ler Frist, Ky-ri-e e-ley-son.

270

No. 278.
Gnade güttiger HErre GOtt.

Ein alt gesang zur zeit der Pestilentz vnd sterbens gefar zugebrauchen, mit anruffung der Mutter Gottes vnd etzlicher heiligen Vorbitte vor vns arme Sündere.

(W. V, 1374.)

Leisentrit 1584.

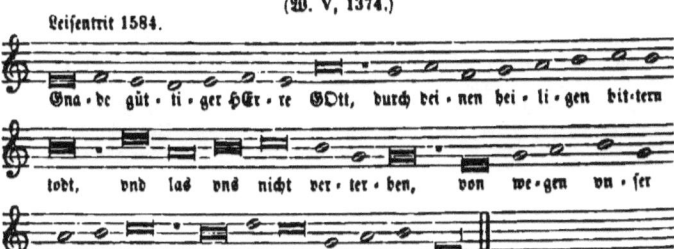

No. 279.
Vnglück sampt seinem bösen Heer.

Ein Tröstlich Lied vom Creutz oder verfolgung.

(K. II, 625; W. IV, 112.)

Leisentrit 1567 ꝛc.; Constanz 1600; Paderborn 1617; Nerß 1625.

Die in ( ) stehenden Noten fehlen bei Triller.

Text und Melodie in Val. Trillers Singebuch (1555) 1559. Hier trägt das Lied die Ueberschrift: „Ein tröstlich gesang, auff die noten, Mag ich vnglück nicht widerstan". Dieses letztere Lied, welches fast in allen lutherischen Gesangbüchern des 16. Jahrhunderts zu finden ist (W. III, 156—158), wird sowohl in Einzeldrucken seit 1526 als auch in den alten Gesangbüchern das Lied der Königin Maria von Ungarn und Böhmen, der Schwester Kaiser Karls V. und der Gemahlin des in der Schlacht bei Mohacz gefallenen ungarischen Königs Ludwig, genannt. Andere behaupten, Luther habe dieses Lied gemacht und es der Königin zugeeignet, diese habe dasselbe mit Vorliebe gesungen (Scultetus, Annalium evangelii decas II, 1620 und Seckendorf, Historia Lutheranismi 2. fol. 58 u. a. m., bei Fischer, Liederlexikon S. 55 ff.). Doch sind das nur Vermuthungen. Das Lied ist, wie Böhme (a. a. O. No. 637) bereits gezeigt hat, nur eine Umdichtung des alten Meistersingerliedes: „Mag ich vnglück nit widerstan, doch hoffnung han, es sol nit alzeit weren. Mancher treibt jetzund grossen pracht, wirt doch geacht, gschicht als mit kleinen eren, Wenn er die gnad von got nit hat, das er gedecht wz jm entspricht, all ding thun sie verkeren" (noch zwei Strophen); bei Forster „Auszug guter alter und newer teutscher Liedlein 1539 No. 102. Die Melodie, welche Böhme abgedruckt hat, stimmt, einige kleine Varianten abgerechnet, mit der obigen.

No. 280.
Vorley vns Frieden gnediglich.
Ein Bitlied vmb Frieden.
(K. II, 652; W. III, 37.)

Leisentrit 1567 ꝛc.; Nevß 1625; Würzburg 1628, 1649; Corner 1631; Rheinfels. Gsgb. 1666; Erfurt 1666; Corners Nachtigall 1649, 1676.

Vor-ley vns frie-den gne-dig-lich, Herr Gott zu vn-sern zei-ten,

Es ist doch hie kein an-der nicht, der für uns kön - de

strei - ten, Ohn dich vn - ser Gott al - lei - ne.

(Vgl. No. 208.)

Die Melodie ist dem Ambrosianischen Hymnus „Veni redemptor gentium" entnommen. Den Beweis dafür hat Meister im I. Bande S. 34 geliefert. Zum Text bemerken wir Folgendes: Das ursprünglich einstrophige Lied steht im Gesangbuche „Geistliche lieder auffs new gebessert zu Wittemberg, 1531", unter Luthers Namen mit folgendem Zusatze:

Gott, gib fried in deinem lande,
Glück vnd heil zu allem stande.

Gleichzeitig erscheint das Lied in einem zu Nürnberg 1531 gedruckten Gesangbuche „Kirchengesenge, mit vil schönen Psalmen vnnd Melodey" ꝛc. in vier Strophen, von denen die erste, dritte und vierte inhaltlich mit dem Liede bei Leisentrit übereinstimmen. Textlich stimmt das Lied bei Leisentrit mit keinem protestantischen überein (vgl. Wackernagel III, 36 bis 38; Fi[

272 Bitt-, Dank- und Loblieder.

a. a. O. S. 297 ff.), auch nicht mit dem Triller'schen (W. IV, 103), abgesehen von der ersten Strophe, die überall dieselbe Fassung hat. Sie bildet die Uebersetzung der alten Antiphon: „Da pacem Domine in diebus nostris, quia non est alius qui pugnet pro nobis, nisi tu Deus noster" von Luther (?) und wurde verschiedentlich erweitert aus dem Inhalte der auf die Antiphon folgenden Oration: „Deus a quo sancta desideria, recta consilia et justa sunt opera: da servis tuis illam quam mundus dare non potest pacem, ut et corda nostra mandatis tuis dedita et hostium sublata formidine tempora sint tua protectione tranquilla. Per Dominum nostrum etc."

No. 281.
Wann ich in Angst vnd Nöthen bin.
(W. III, 779.)

Protestantisches Kirchenlied von Burkhard Walbis († 1544 als Pfarrer zu Abterode in Hessen). Es steht in dessen Werk „Der Psalter, In Newe Gesangsweise vnd künstliche Reimen gebracht", Frankfurt a. M. 1553. Sodann in den protestantischen Gesangbüchern Straßburg 1560, Bonn 1561, Frankfurt 1569 ꝛc. (Fischer a. a. O. S. 350).

No. 282.
Wann wir in höchsten Nöthen seyn.
(Das Gebet Josaphats, II. Paralip. XX.)
(W. IV, 6.)

Das Lied erschien bereits 1560 als Einzeldruck bei Fr. Gutknecht in Nürnberg. Wackernagel bringt den Text aus „New Betbüchlein, Gedruckt zu Dreßden durch M. Stöckel 1564". Hier sowie in den übrigen älteren Drucken ist ein Verfasser nicht angegeben. In den Meditationes Sanct. Patrum durch M. Mollerum, Görlitz 1584, und den späteren Gesangbüchern: Leipzig 1586, Hamburg 1592 und 1598 etc. wird Paul Eber, ein Freund Luthers, (†1569) genannt. Die Melodie ist dem französischen Psalter entnommen. Ausgabe Lyon 1562. Sie findet sich dort zum Liede von den 10 Geboten „Leue le cueur, ouure l'aureille" und zum 140. Psalm „O Dieu donne moy deliurance". Brauns Echo gibt diese Melodie an zu dem Liede: „Der liebe Tag kommt nun herbey".

No. 283.
Warum betrübstu dich mein Hertz.
(K. II, 656; W. IV, 190.)

Rheinfelsisches Gesangbuch 1666; Geistl. Nachtigall, Erfurt 1666; Prag 1655. ec.

Bei Corner 1631 steht das Lied ohne Melodie mit der Angabe „incerti authoris". Im Prager und Rheinfelsischen Gesangbuche fehlt die Strophe 6 des Textes bei Corner; ebenso in Brauns Echo 1675. Wackernagel theilt den Text mit nach einem Nürnberger Einzeldruck o. J. und dem Johann Eichorn'schen (protestantischen) Gesangbuche vom Jahre 1569. Dieser stimmt überein mit dem Texte bei Corner und in der Geistl. Nachtigall. Der Autor des Liedes ist unbekannt. Hans Sachs, den man gewöhnlich nennt, ist es nicht. (Vgl. W. IV, S. 129 und Fischer a. a. O., S. 321 ff.) Die Melodie findet sich in „Harmonia Cantionum Ecclesiasticarum 1597", von Seth Calvisius; auch in „Cantica sacra Eleri, Hamburg 1588", und in vielen andern protestantischen Gesangbüchern. In katholischen Gesangbüchern kommt sie erst im 17. Jahrhundert vor. Sie ist dem Liebesliede „Frölich bin ich auß hertzen grund" oder „Dein gsund mein frewd" (Böhme, a. a. O., No. 638) entnommen und den verschiedensten Texten applicirt worden:

1. „O Gottes Sohn Herr Jesu Christ, der du der Welt ein Richter bist" (K. II, 657). Cöln 1623 ff.; Mainz 1628; Würzburg 1649; Geistliche Nachtigall, Erfurt 1666.
2. „Betracht mit Fleiß o frommer Christ" (K. II, 676 und
3. „Schäm dich, Schäm dich du fauler Christ". Cöln (Brachel) 1619, 1623, 1634, Mainz 1628; Würzburg 1628 ff.; Molsheim 1659; Fulda 1695; Mainz 1696.
4. „O Christ hab acht der lieben Zeit" (K. II, 673). Andernach 1608; Cöln (Brachel) 1619, 1634; Mainz-Speier 1631; Nordstern 1671.

Varianten: 1) c b statt b a: Prag 1655; Erfurt 1666.
2) a statt c: Cöln 1623 ff.; Mainz 1628; Würzburg 1629 ff.; Prag 1655; Nordstern 1671 u. a.
3) c d statt a g: in demselben.

Vergleiche dazu die Lieder No. 319 und 320.

No. 284.
Ich hab mein Sach Gott heimgestellt.
(W. IV, 712.)

Rheinfelsisches Gesangbuch 1666.

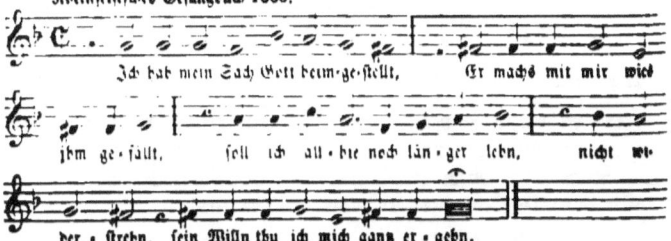

Ich hab mein Sach Gott heim-ge-stellt, Er machs mit mir wies ihm ge-fällt, soll ich all-hie noch län-ger lebn, nicht wi-der-strebn, sein Willn thu ich mich ganz er-gebn.

Der Text, den Wackernagel aus dem protestantischen Gesangbuche: „Psalmen, Geistliche Lieder vnd Kirchengesänge, gedruckt zu Nürnberg bei Kath. Gerlachin 1589", gibt, ist eine Verbindung von Strophen, welche in zwei Schriften von Joh. Leon († 1597 als Prediger in Wölfis) einzeln vorkommen, und stimmt mit dem Texte im Rheinfelsischen Gesangbuche überein. Das Lied ist übrigens schon älter. In einer handschriftlichen Ergänzung zu Lucas Lossius Psalmodia 1553 (v. J. 1580) finde ich: „Folgt Im thon: Ich habe mein sach Gott heimgestellt: Ich weiß mir ein Blümlein hübsch vnd fein, es thut mir wohlgefallen" (8 Strophen). Ohne Zweifel existirt also ein altes geistliches Volkslied mit den Anfangsworten „Ich hab mein Sach Gott heimgestellt". Dieses Volkslied war ein weitverbreitetes, denn man findet es in niederdeutscher Sprache im Liederbuche der Catharina Tirs, geschrieben im Jahre 1588 im Nonnenkloster Niesing in Münster (Hölscher, Dr. B., Niederdeutsche geistliche Lieder und Sprüche aus dem Münsterlande, Berlin 1854, No. 58):

Ich habe mein sache zu godt gestelt,
der wert es wal machen, wi es om gefeldt etc.

Hochdeutsch kommt ganz dasselbe Lied bereits um 1554 vor (bei Wackernagel III, 1242). Später wurde dasselbe textlich vielfach bearbeitet und erweitert, so z. B. im „Gassenhawer, Reuter vnd Bergliedlein, Christlich moraliter, vnnd sittlich verendert ꝛc. durch Henrich Knausten. Franckfort am Meyn 1571" (W. III, 1243). Eine andere Bearbeitung ist die von Joh.

Leon in dem genannten Nürnberger Gesangbuche. Hier wird als Melodie angegeben: „Es ist auff erden kein schwerer leiden". Dieses Volkslied (Böhme a. a. O. No. 266) trägt dieselbe Melodie wie „Ich weiß ein Blümlein hübsch und fein" (Böhme No. 585). Demnach ist unsere oben mitgetheilte Melodie dreien Volksliedern eigen:

   1. „Ich habe mein Sach zu Gott gestellt".
   2. „Ich weiß ein Blümlein hübsch und fein".
   3. „Es ist auf Erden kein schwerer Leiden".

Vergleiche No. 248. * Exemplar der Königl. Bibliothek in Berlin.

No. 285.
Von Gott wil ich nicht lassen.
(W. IV, 903.)

Rheinfelsisches Gesangbuch 1666.

Von Gott wil ich nicht las-sen, denn er läßt nicht von mir,
Führt mich auff rech-ter Stras-sen, da ich sonst ir-ret sehr,
rei-chet mir sei-ne Hand, den A-bend als den Mor-gen, thut er
mich wohl ver-sor-gen, sey wo ich woll im Land.

Wackernagel bringt den Text aus „Gassenhawer ꝛc., Frankfurt a. M. 1571". Derselbe ist von Ludwig Helmbold († 1598 als Prediger zu Mühlhausen in Thüringen). Der erste Druck erschien im Jahre 1563. Die Melodie ist dem geistlichen Volksliede: „Ich gieng einmal spacieren ein weglein das war klein" angehörig. Siehe Böhme a. a. O., No. 641, 642. Dieser hält das Lied hinwiederum für eine Parodie des weltlichen Jägerliedes: „Einmal thet ich spatzieren, sunderbar allein". Ueber den Text findet man Ausführliches bei Fischer a. a. O., S. 308.

No. 286.
Das Gulden A. B. C.
(W. V, 516.)

Rheinfelsisches Gesangbuch 1666.

Al-lein auff Gott — setz dein Ver-trawen, auff Men-schen Hilf; solt
du nicht bawn, Gott ist al-lein der Glau-ben hält,
hält — , sonst ist kein Glau-be in der Welt.

Das Lied ist ursprünglich plattdeutsch und steht schon in dem handschriftlichen Liederbuche der Nonne Cath. Tirs, geschrieben im Jahre 1588 im Nonnenkloster Niesing in Münster. Hier lautet die erste Strophe:

> Allene up godt hope und truwe,
> up menschen hulpe gants nicht en bouwe;
> godt is eth allene, de geloven holt,
> sunst vynt men gyn gelove mer in der werlt etc.

noch 23 Strophen.

Die Ueberschrift heißt: Hyr begynt eyn suverlick leet geheiten dat gulden A. B. C. [Hölscher, Niederdeutsche geistliche Lieder und Sprüche ꝛc. Berlin 1854, No. 54, auch bei Wackernagel (V, 730) nach einem Einzeldrucke aus dem Jahre 1612.]

Eine Uebertragung ins Hochdeutsche mit theilweiser Beibehaltung der plattdeutschen Anfangsworte des A. B. C. z. B. „Ock merck: so einer führt ein klag" und „Quabt von niemandt gedenck noch sprich" findet sich zunächst im Greifswalder (protestantischen) Gesangbuche von 1597 (W. V, 516), sodann in vielen andern (Fischer a. a. O. S. 32). Erst in der Praxis piet. melic., von Joh. Crüger 1656, wird Barth. Ringwald († 1598 als protestantischer Prediger zu Langfeld, bei Sonnenburg in der Neumark) als Verfasser genannt. Nach den obigen Ausführungen müßte die Autorschaft vielleicht auf eine Uebertragung ins Hochdeutsche beschränkt werden. In katholische Gesangbücher scheint das Lied nicht übergegangen zu sein. Wir fanden es nur noch im Münsterschen Gesangbuche von 1677 mit einigen textlichen Abweichungen.

In dem ältesten plattdeutschen Drucke 1612 und im Greifswalder Gesangbuch 1697 ist dem Liede der Ton „Christe du bist der lichte dach" (No. 246) vorgeschrieben. Die obige Melodie ist nicht diejenige, welche in den protestantischen Gesangbüchern vorkommt; das Münstersche Gesangbuch hat wieder eine andere Melodie.

No. 287.
Ach lieben Christen seyd getrost.
(W. IV, 257.)

Rheinfelsisches Gsgb. 1666.

Ach lie-ben Chri-sten seyd ge-trost, wie thut ihr so ver-za-gen,
Weyl uns der Herr heim-su-chen thut, laßt uns von Her-tzen sa-gen,

die Straff wir wol ver-die-net han, das muß be-kenn ein je-der mann,

nie-mand darff sich aus-schlief-sen.

Protestantisches Kirchenlied von Joh. Gigas (eigentlich Heune), Schüler Justus Jonas, † 1581 als Pfarrer in Schweidnitz.

Wackernagel bringt den Text aus dem Joh. Eichornschen Gesangbuch, Frankfurt a. d. O. 1561, wo der Name des Verfassers genannt ist. Dasselbe geschieht in einem Nürnberger Gesangbuche „Geistliche Lieder und Psalmen" 1566.

Die Melodie ist dem ebenfalls protestantischen Liede: „Wo Gott der Herr nicht bei uns hält" (W. III, 62) von Justus Jonas entnommen. Sie steht zuerst im Joseph Klug'schen Gesangbuche von 1535. (Näheres über die Texte bei Fischer a. a. O. S. 19 und 404).

No. 288.
Meine Seel verlangt nach dir, O Herre Jesu Christ.
Neyß 1625.

No. 289.
Der Herr ist mein getrewer Hirt.
Von frommer Christen Trost vnd Wolthaten Gottes.
(W. III, 162.)

Rheinfelsisches Gesangbuch 1666.

Der vorliegende Text findet sich mit Ausnahme der Schlußstrophe: „Ehr sei dem Batter vnd dem Sohn" 2c. zuerst im protestantischen Augsburger Gesangbuche von (1530) 1533, sodann in Bal. Bapst'schen Gesangbuche von 1545. Die Angabe des Nürnberger Gesangbuches von 1601, wonach Wolfgang Meuslin der Verfasser sein soll, bezweifelt Wackernagel (III, S. 122).

Im Bapst'schen Gesangbuche wird die Melodie „Nu frewt euch lieben Christen gemein" angegeben. Unsere obige Melodie (nebst Text) steht im Straßburger Gesangbüchlein (bei Th. Berger) 1566, dagegen finden wir sie im Bonner Gesangbuch 1579 zu den Texten „Ach Gott vom Himmel sieh darein" und „Gott stande auff zerstrew die Feinde", im Dresdener Gesangbuche 1656 zu dem Liede des Seb. Heyden († 1561) „Wer in dem Schutz des Höchsten ist".

In den übrigen katholischen Gesangbüchern haben wir das Lied nicht gefunden.

No. 290.
Nun lob mein Seel den Herren.
(W. III, 968.)

Das Prager Gesangbuch hat 1) f statt d.

Wackernagel hat drei Texte abgedruckt, den ersten aus einem Dreiliederdruck, Nürnberg durch G. Wachter o. J., den zweiten aus Joh. Kugelmanns „News Gesang 2c. Augsburg 1540", den dritten niederdeutschen aus „Ein schön

„Gehſtlich Sangböck". Magdeburg (1542). Derſelbe Text ſteht mit wenigen Varianten in den kath. Geſangbüchern; im Prager Geſangbuch 1655 und in Brauns Echo 1675 mit der Zuſatzſtrophe „Sey Lob vnd Preiß mit Ehren", die auch in proteſtantiſchen Geſangbüchern (Wolffs Kirchengeſänge, Frankfurt a. M. 1569, Harmonia des Calviſtus 1598 ꝛc.) vorkommt. Im Rheinfelſiſchen Geſangbuch fehlt die Strophe „Die Gottes Gnad allein ꝛc." Als Dichter wird Joh. Gramann (Polianter), † 1541 als Prediger in Königsberg (i. Pr.), angeführt.

Die Melodie findet ſich zuerſt in dem genannten Kugelmann'ſchen Geſangbuche und hat die verſchiedenſten Varianten aufzuweiſen. Wir führen nur diejenigen an, welche in katholiſchen Geſangbüchern vorkommen.

Man vergleiche die Melodie No. 148 im I. Bande, ferner das Lied „Maria zart" S. 92 und „Herr Gott dich loben alle wir" S. 150 in dieſem Bande.

Näheres über den Text in proteſtantiſchen Geſangbüchern bei Fiſcher a. a. O. S. 122.

No. 291.
Allein Gott in der Höh ſey Ehr.
(W. III, 616.)

Reyß 1625; Corner 1631; Rheinfelſiſches Gſgb. 1666; Corners Nachtigall 1676.

In den Corner'ſchen Geſangbüchern ſteht als Text das Vatter vnſer: „O Vatter liebſter Vatter mein" (K. II, 569).

Der Text dieſes teutſchen Gloria in excelsis Deo wird von Wackernagel u. A. dem Nicolaus Decius oder Hoveſch, zuerſt Mönch im Kloſter Steterburg in Braunſchweig, ſodann Prediger in Stettin † 1541, zuge-

Varianten im Rheinfelſiſchen Geſangbuch 1666.
1) Die Note a fehlt.   Corner 1631 ff.

schrieben. Die älteste Quelle ist das B. Schumann'sche (protestantische) Gesangbuch, Leipzig 1539. Ein niederdeutscher Text kommt schon 1526 in „Eyn gantz schone vnde seer nutte ghesangk Boek" vor. (Vgl. Wackernagel III, S. 565 ff., Fischer a. a. O. S. 33.) Beweise dafür, daß N. Decius der Autor sei, finden wir nicht vor. Rambach (Anthologie II, S. 62) schreibt darüber: „Mehrere Bekannte von Decius, unter andern ein gewisser Autor Steinmann, haben, wie in einem handschriftlichen Verzeichnisse der Braunschweigischen Prediger gemeldet wird, bestimmt versichert, daß er die Lieder: „Allein Gott in der Höh rc.", „O Lamm Gottes" und „Heilig ist Gott der Vater" verfertigt und componirt habe". Die Melodie ist einem Gloria des Gregorianischen Chorals entnommen. Bekanntlich stimmt der Priester nach dem Kyrie in der h. Messe diesen Lobgesang mit den Worten an „Gloria in excelsis Deo", der Chor fährt dann fort:

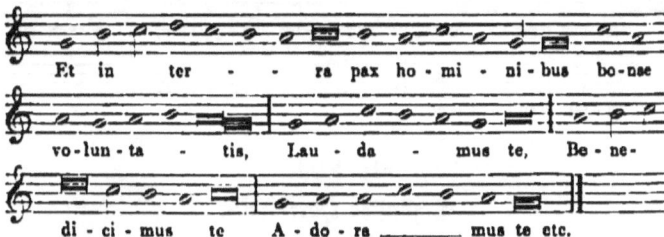

Graduale Romanum, Regensburg 1865, Seite 320. (Ausgabe für die Erzdiöcese Cöln.) Vgl. den Aufsatz A. Jacobs in der Musikzeitschrift Euterpe 1855, S. 80 ff. und die Abhandlung Bliets in der Musica sacra 1877, S. 54, welche beide den Nachweis geführt haben. Schließlich sei noch bemerkt, daß der Text dieses Liedes sich noch im Prager Gesangbuch von 1655, in Brauns Echo 1675 und im Münster'schen Gesangbuch 1677 vorfindet.

No. 292.
Der Hymnus Angelicus, Gloria in Excelsis Deo. Deutsch.
(D. V, 1350.)

Leisentrit 1584.

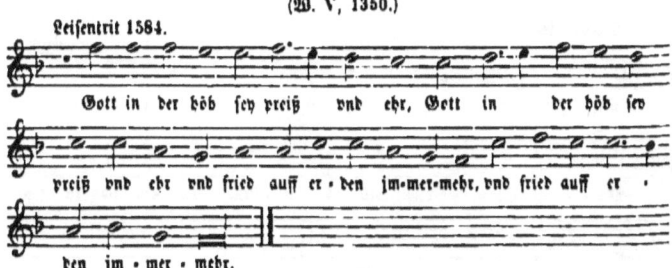

Text von N. Ctingius in dem Buche: Das ander Theil der Kirchisch Messen und Vespergesänge. Cöln 1572.

Die Melodie hat Aehnlichkeit mit der Weise des Liedes „Am Sabbath frue Marien drei" im I. Band von Meister No. 169.

No. 293.
Gott in der Höh sey Preyß vnd Ehr.

Münster 1677.

Gott in der Höh sey Preiß vnd Ehr, zu al-ler Zeit je mehr und mehr, auch Fried auff Er-den ins-ge-mein, de-nen die gu-tes Wil-lens seyn.

No. 294.
Schönster Herr Jesu.
New. Jahresgesänger.

I. Fulda 1695.

Schönster Herr Je-su Schö-pffer al-ler Din-gen, Got-tes und Ma-ri-ae Sohn, Dich will ich lie-ben, Dich will ich eh-ren, mei-nes Her-tzens Frewd und Wohn.

II. Münster 1677.

Schön-ster Herr Je-su, Her-scher al-ler Her-ren, Got-tes und Ma-ri-ae Sohn, dich will ich lie-ben, dich will ich eh-ren, mei-ner See-len Frewd und Wonn.

Eine andere in der Grafschaft Glatz übliche Melodie findet man bei Hoffmann und Richter, Schlesische Volkslieder, Leipzig 1842, No. 287.

No. 295.
Nun frewt euch lieben Christen gmein.
(D. III, 2.)

Rheinfelsisches Gesangbuch 1666.

Bekanntes Lied von Martin Luther zuerst im Erfurter Enchiridion 1524, sodann in fast allen protestantischen Gesangbüchern. Die obige Melodie steht zuerst in dem 3. Klug'schen Gesangbuch, Wittenberg 1535. Das Val. Bapst'sche Gesangbuch 1545 hat folgende Varianten: 1) d c statt a g. 2) c (unten) statt g. 3) e statt c. Wie Erk (Choralbuch No. 197) bereits bemerkt, hat die Melodie große Aehnlichkeit mit der alten Tageweis: „Wach auf mein Herzen schone, zart allerliebste mein". Man vergleiche diese Weise bei Böhme No. 118. In späteren protestantischen Gesangbüchern steht sie zu dem Liede: „Es ist gewißlich an der Zeit" und im Bonner Gesangbuch 1579 zu dem Texte: „Der Herre ist mein trewer Hirt". In Brauns Echo 1675 stimmt der erste Theil der Melodie des Liedes: „Kommt her ihr Kinder allesamt" mit der obigen überein.

No. 296.
Wie schön leuchtet der Morgenstern.
(D. V, 394.)

Rheinfelsisches Gsgb. 1666; Würzburger Evangelien 1656; Mainzer Psalter 1658.

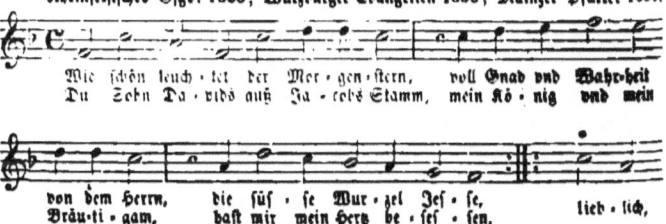

Bitt-, Dank- und Loblieder.

freund-lich, schön vnd herr-lich, groß vnd ehr-lich, reich von Ga-ben, hoch vnd sehr präch-tig er-ha-ben.

Varianten in kathol. Gesangbüchern. Würzburger Evangelien 1656 und Mainzer Psalter 1658: 1) f statt g. 2) f statt g. 3) c statt e.

Münster 1677.

lieb-lich ꝛc.

Text und Melodie (protestantischen Ursprunges) von Ph. Nicolai in dessen „Frewdenspiegel des ewigen Lebens ꝛc." Frankfurt a. M. 1599. Die Ansicht von Winterfelds (Der evangelische Kirchengesang I, 90), daß dieses Lied eine Nachdichtung des Liebesliedes: „Wie schön leuchten die Aeugelein der Schönen und der Zarten mein" sei, ist nach den neuesten Forschungen Wackernagels nicht mehr haltbar (W. I, S. 617 ff.), da umgekehrt das um die Mitte des 17. Jahrhunderts auftauchende Liebeslied eine Parodie des geistlichen Liedes ist.

Die Melodie unseres Liedes war eine sehr beliebte und verbreitete. Im Münster'schen Gesangbuche 1677 steht sie zu dem Morgenliede „Herr Gott von Herzen ich dir dank" mit der Ueberschrift „in der Melodey des Morgensterns". Brauns Echo hat den Text mit dem Bemerken „In seinem bekannten Thon". In den Würzburger Evangelien 1656 steht sie zweimal zu den Texten: „Wach auff mein Seel zu Gott dem Herrn" (IV, No. 11) und „Wohlan mein lieber Ackersmann" (IV, No. 16); im Mainzer Psalter 1658 zu Psalm 62: „Mein Gott vnd Herr zu dir ich wach"; im Nordstern 1671 zu: „O Gott, mein Gott zu dir ich wach".

Noch größere Verbreitung fand die Melodie in protestantischen Gesangbüchern. Sie hat viele Anklänge an das alte Weihnachtslied: „Resonet in laudibus" (siehe im I. Bd. S. 186).

No. 297.
Mit hertz vnd mundt ich loben wil.

Ein geystlich Lobgesang gezogen aus dem Psalmen, Benedicam dominum in omni tempore.

(K. II, 609; W. V, 1161.)

Behe 1537; Leisentrit 1567 ꝛc.

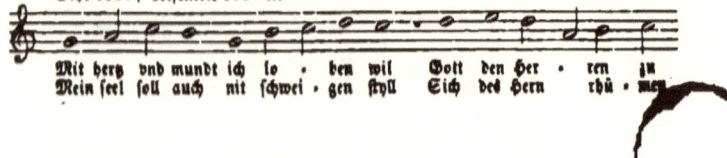

Mit hertz vnd mundt ich lo-ben wil Gott den Her-ren zu
Mein seel soll auch nit schwei-gen styll Eich des Hern thu-

al·ler zeyt,
weyt vñ breyt
Mit freu·den das hö·ren sol·len, Die

recht sanfft·müt·tig sein — wol·len. Macht groß den Herrn zu al-

ler — stund. Thut das — mit mir auß her·tzens grundt.

Wackernagel schreibt das Lied dem Caspar Querhamer zu. Vgl. I. Bd.
von Meister, S. 53.

No. 298.
Ich preise Gott mein lebenlang.

Ein Geistlich Lied vnnd Lobgesang der almechtigkeit Gottes der allein hülff
thun kan vnd will, denen so jhn darumb ansuchen. Aus dem 145. Psalm
Lauda anima mea &c.
(K. II, 611; W. V, 1260.)

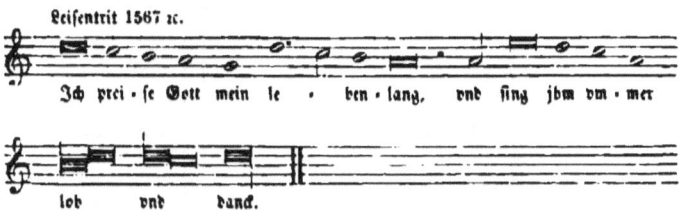

Leisentrit 1567 ꝛc.

Ich prei·se Gott mein le · ben·lang, vnd sing jhm vm·mer

lob vnd danck.

No. 299.
O Gott Vater im höchsten Thron.

Ein Geistlich lied, Von der Glori, herrligkeit vnd ewigem reich vnsers sieg-
hafften Königs Christi, darzu vom Rach wider seine feinde, aus dem 20. Psalm.
Domine in uirtute tua lactabitur Rex &c.
(K. II, 612; W. IV, 105 und V, 1261.)

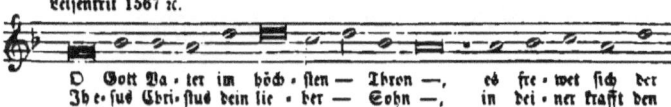

Leisentrit 1567 ꝛc.

O Gott Va·ter im höch·sten — Thron —, es fre·wet sich der
Jhe·sus Chri·stus dein lie·ber — Sohn —, in dei·ner krafft den

Bitt-, Dank- und Loblieder.

Text im Singebuch von Triller (1555) 1559, der eine andere Melodie hat. Wackernagel führt das Lied zweimal auf, einmal unter den Liedern Trillers und dann unter den Liedern der römisch-katholischen Kirche (siehe oben). Vgl. die Beschreibung, S. 44.

No. 300.
Gottes namen solt jr loben.

Ein Geistlich Lied und dancksagung vor die wolthaten Gottes, vnd errettung von den Feinden vnd Abgöttereyen, aus dem 134. Psalm, Laudate nomen Domini &c. Im Thon wir Christen allzeit frölich sind, oder wie folget.
(K. II, 614; W. IV, 99.)

Text aus dem Singebuch von Triller (1555) 1559, der eine andere Melodie hat. Siehe die Beschreibung, S. 44.

No. 301.
Nu laft vns im glauben.

Ein Geiftlich Lied zu lob vnd dancksagung Gottes der alle ding ficht vnd Regiert, vnd alles nach seinem willen vnnd gefallen ändert ꝛc. aus dem 112. Pfalm: Laudate pueri &c.

(K. II, 615; W. IV, 97.)

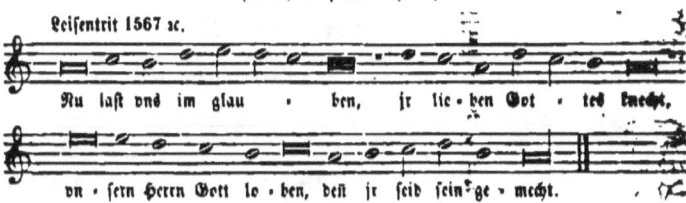

Text aus V. Trillers Singebuch (1555) 1559. Die Melodie dort ist eine andere. Vgl. die Beschreibung, S. 44.

No. 302.
Wer da wonet vnd sich enthelt.

Ein gehstlich Lobgesang gezogen aus dem Pfalmen Qui habitat in adiutorio altissimi.

(K. II, 621; W. V, 1165.)

Wackernagel setzt das Lied unter die des Caspar Querhamer (vgl. I. Br. u Meister, S. 53).

Bitt-, Dank- und Loblieder. 287

No. 303.
Die menschen warlich selig synt.

Ein geystlich lied gezogen aus dem Psalm Beati omnes qui timent.
(K. II, 622; W. V, 1166.)

Behe 1537; Leisentrit 1567.

Text nach Wackernagel von Caspar Querhamer (vgl. I. Br. von Meister, S. 53).

No. 304.
O Gott vatter dangk sag ich dir.

Ein geystlich Dancklied, vor die Göttlichen gutthat, mag zu allen zeytten gesungen werden.
(K. II, 624; W. V, 1179.)

Behe 1537; Leisentrit 1567 2c.

288

Die Note in ( ) hat Leisentrit nicht.

Text nach Wackernagel von Caspar Querhamer (vgl. I. Bd. von Meister, S. 53).

No. 305.
Wer Ohren hat zu hören.
Ein Catholisch Liedt von der Tugendt der Demut.
(K. II, 630; W. V, 1550.)

Cöln (Brachel) 1619; 1634.

Die Melodie ist jedenfalls eine Volksweise. Ich halte sie für eine Variante des ältesten deutschen Volksliedes: „Ich wil zu land ausreiten, sprach sich Meister Hildebrant" (Böhme, Altdeutsches Liederbuch No. 1). Auch das Fragment bei Schmelzel, Quodlibet 1544, No. 6: „Es wonet lieb bei liebe" (Böhme, No. 19) hat Aehnlichkeit mit dem Anfange unserer Melodie.

No. 306.
Kind wiltu selig werden.
Von der Demuth.
(K. II, 631.)

Cöln (Brachel) 1623, 1634.

Blut, Ohn De-mut al-les thu, Bleibt doch der Him-mel zu.

Dieselbe Melodie (in die Unterquint transponirt) steht zu dem Texte: „Wer Ohren hat zu hören" in folgenden Gesangbüchern: Neyß 1625, 1663; Würzburg 1628, Mainz 1628, Corner 1631, Molsheim 1659, Erfurt 1666, Corners Nachtigall 1649 ff.; dagegen um eine Quart tiefer, also in der sog. mixolydischen Tonart im Würzburger Gesangbuch von 1649 und Nordstern 1671. Hier mit dem Text: „Wan du ein Kind des Herren, Willt hie auff Erden seyn".

No. 307.
Wo kompt es here.
Ein anders gleichen Inhalts (von der Welt Eytelkeit).
(K. II, 638.)

Mainz 1628; Corner 1631; Würzburg 1628, 1649; Prag 1655; Molsheim 1659; Erfurt 1666; Nordstern 1671; Münster 1677; Fulda 1695; Mainz 1696.

Wo kompt es he-re, das ey-tel Eh-re, so hoch stol-zieret in — die-ser Welt, weil doch nach Frewden, in kur-zen zei-ten, das glück zum lei-den, sich gantz ver-stellt.

Het Paradys der Gheestelijcke en kerckelijcke Lof-Sangen (1621) 1638 hat die obige Melodie zu dem Texte: „Ic wil de valsche wereit" mit der Ueberschrift „op de wijse: Mijn ooghskens weenen etc. Ofte: Galiard' Itali. Wir haben also hier die Melodie eines Tanzliedes vor uns.

No. 308.
Hüt dich, hüt dich für Lästerwort.
Wider die Lästerzungen.
(K. II, 649.)

Cöln (Brachel) 1623, 1634; Mainz 1628; Würzburg 1628; Corner 1631, 1649 ff.; Molsheim 1659.

Hüt dich, hüt dich für Lä-ster-wort, Sie strafft sie Gott vnd e-wig

1) Variante, Paradys 1638.

dort, Der Hey-li-gen bey leib nit spott,
Viel we-ni-ger red wi-der Gott,
Schaw wie Gott sol-che
Mäu-ler schlag, Vnd al-le Lä-ster-zun-gen plag.

No. 309.
Groß Lob vnd Ehre.

Ein new schönes Dancklied, vmb die Gaben vnd Wolthaten Gottes.

(K. II, 660.)

Corner 1631, dessen Nachtigall 1649, 1676.

Groß Lob vnd Eh-re, sag mein Seel dem Her-ren, für so viel
Ga-ben die wir von jm ha-ben, Der vns das Le-ben, Leib vnd Seel
gar e-ben, Gnä-dig hat ge-ben.

Die Melodie findet sich mit unbedeutenden Abweichungen im Gesangbuche der böhmischen Brüder, vom Jahre 1566, zu dem Liede „Die Nacht ist kommen, drin wir ruhen sollen" von Petrus Herbert († 1571). Text bei Wackernagel IV, No. 613.

Varianten in Corners Nachtigall:
1 und 2: h statt g.

Lieder von der Kirche und wider die Feinde der Christenheit.

(No. 310—326.)

No. 310.
Es war einmal ein grosser Herr.

Aus dem Evangelio Lucae am 14. von der einladung vnd beruff in die Christliche Kirch.

(K. II, 647; W. IV, 88.)

Text in Val. Trillers Singebuch (1555) 1559. Die Melodie daselbst ist eine andere. Vergleiche die Beschreibung, S. 46.

No. 311.
Urbs Jerusalem beata.
Von der Christlichen gemeine.

Ein andechtiges Lied von der Kirchen vnd Braut Christi, so man pflegt in der Kirchweyhe zu singen.

(K. II, 663; W. IV, 75.)

292 Lieber von der Kirche und wider die Feinde der Christenheit.

rüh-men al-le gleich, Die da ist die Braut al-lei-ne, Unsers HErrn im Him-mel-reich, lieb-lich schön ge-ziert, vnd rei-ne, hei-lig vnd gantz tu-gent-reich.

Text und Melodie stehen bereits in Val. Trillers Singebuch (1555) 1559, mit der Ueberschrift „Urbs beata". Diesem Hymnus zum Feste der Kirchweihe aus dem siebenten Jahrhunderte (W. I, No. 124, Mone, I, S. 319) ist die obige Melodie entnommen. Leisentrit (1584) hat sie noch einmal zu dem Liede: „Jerusalem du selge Statt, drin der frid sein wonung hat" (K. II, 661), eine Uebersetzung aus dem Lateinischen von R. Edingius (Das ander Theil der Kirchisch Messen vnd Vespergesenge. Cöln, 1572). Dieser scheint hinwiederum die Uebertragung Witzels in „Odae christianae" 1541: „Jerusalem du selig Statt" bei Leisentrit 1567 ff. (K. II, 662; W. V, 1152) benutzt zu haben.

Jerusalem du selige Statt.
Das new Jerusalem: Oder die Christliche Kirch.

II. Beuttner (1602) 1660.

Je-ru-sa-lem du seli-ge Statt, drinn der Frid sein Wohnung hat, Welche Gott thut herr-lich er-schei-nen, Auß den le-ben-di-gen Stai-nen, Vmb dich seynd al-le En-gel Scha-ren, die dich als ein Braut be-wah-ren.

Jerusalem du seelig Stadt.

Der Hymnus Urbs Jerusalem beata verdeutscht, welcher beydes von Kirchweyh vnd der Himmelsfrewd kan gesungen werden.

(K. II, 661.)

III. Corner 1631.

No. 312.
Von edler art.

Ein ander andechtiger gesang von der heiligen Kirchen vnd Christo jhrem Breutigam, im thon O Gütigster HErr Jesu Christ, oder wie volget.

(K. II, 664; W. IV, 79.)

Leisentrit 1567 ꝛc.

294 Lieder von der Kirche und wider die Feinde der Christenheit.

Der Text steht bereits in Trillers Singebuch (1555) 1559, jedoch mit einer anderen Melodie. Vergleiche die Beschreibung, Seite 46.

No. 313.
Wir wollen Lobpreiß sagen.

Allhie haben wir das Benedicamus zur Kirchwey beygesetzt.

Andernach 1608.

Das ist die Melodie des „Benedicamus Domino" an den höchsten Festen, aus dem Gregorianischen Choralgesange.

No. 314.
Wir solln heut loben.

Am Feste der Kirchweihung.

Chr. Hecyrus, Prag 1581.

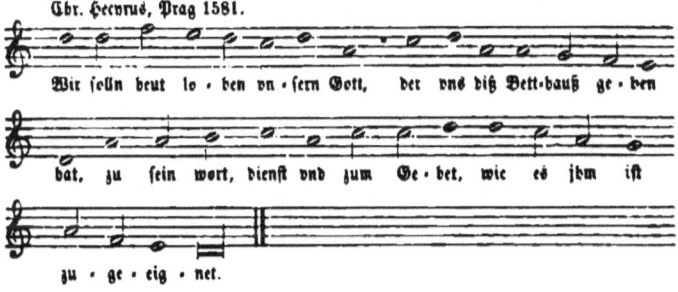

No. 315.
Ein Knecht ders Herren willen weis.
Gesang von einem nachlessigen Knecht.
(K. II, 665; W. V, 1265.)

Leisentrit 1567.

Ein Knecht ders Her-ren wil-len weis, vnd thut nicht was er schaf-fet, der wird ent-lich in angst vnd schweiß, mit viel schle-gen ge-straf-fet.

Der Text bildet die vorletzte Strophe des Liedes: „Beidt heupt ꝛc." No. 187.

No. 316.
Bey deiner Kirch erhalt vns Herr.
Ein Kinder Liedt zusingen wider die zwene Erbfeindt der heiligen Algemeiner Christlichen Kirch, Als den Ketzer vnd Türcken.
(K. II, 666; W. V, 1266.)

I. Leisentrit 1567 ꝛc.

Bey dei-ner Kirch er-halt vns Herr, be-hüt vns vor all sec-ten lehr, dein Kirch ist ei-nig vn-zer-trent, Bey dei-nem Rock man sie er-kent.

(316 a.)
Ein ander wolbekante Melodey.

II. Leisentrit 1567 ꝛc.; Reyß 1625; Corner 1631; Rheinfelsisches Gesangbuch 1666.

Bey dei-ner Kirch er-halt vns Herr, be-hüt vns vor all sec-ten lehr, dein Kirch ist ei-nig vn-zer-trent, Bey dei-nem Rock man sie er-kent.

Das ist die bekannte Melodie des Luther'schen Liedes: "Erhalt uns Herr bei deinem Wort und steur des Papsts und Türken Mord ic.". Das Rheinfelsische Gesangbuch hat die ersten drei Strophen dieses Liedes mit der Melodie und einigen Aenderungen z. B. "und steur der Ketzer Trug und Mord" herübergenommen. Ueber die Verwandtschaft der Melodie mit der Weise des alten Hymnus "Veni redemptor gentium" siehe Näheres im I. Bande von Meister, S. 34.

No. 317.
O du ewiger Gott, zurstöre die macht.

Das Contere teutsch wider den Feind Christlicher Kirchen.

(K. II, 668.)

Leisentrit 1567 ic.; Corner 1631.

Text und Melodie stehen bereits in Val. Trillers Singebuch (1555) 1559. Sie gehören beide der lateinischen Antiphon an: Contere Domine fortitudinem inimicorum Ecclesiae tuae et disperge illos virtute tua, ut cognoscant, quia non est alius qui pugnet pro nobis nisi tu Deus noster: bei Corner 1631.

No. 318.
Betracht mit fleiß o frommer Christ.

Ein anders vom Glauben vnd guten Wercken, wie man daturch selig werde, auch in gewisse theil abgetheilet.

(K. II, 672.)

Mainzer Cantual 1605, 1627; Paderborn 1609; Hildesheimer Cantuale 1625.

No. 319.
O Christ hab acht der lieben zeit.

Andernach 1608.

Der lateinische Text rührt wahrscheinlich vom Herausgeber des Andernacher Gesangbüchleins her. Die Melodie gehört dem Volksliede an: „Frölich bin ich aus hertzengrund" oder „Dein gsund mein frewd". Vgl. No. 283.

No. 320.
O Christ hab acht der lieben zeit.

Ein anders auff vnderschiedtliche zeit deß gantzen Jahrs nützlich zu singen.

(K. II, 673; W. V, 1473.)

Cöln (Brachel) 1619, 1634; Mainz-Speier 1631.

Dieselbe Melodie steht im Cölner Gesangbuch (Brachel) 1619 zu dem Liede: „Betracht mit Fleiß o frommer Christ" (K. II, 672). Die Melodie ist eine Moll-Bildung aus der Dur-Weise des vorigen Liedes. Vgl. No. 283.

No. 321.
O Gütiger Gott in Ewigkeit.

Wiennerischer Rueff zur zeit beß Kriegs vnd Pestilentz.

Cornerd Nachtigall 1649, 1676; Rheinfelsisches Gesangbuch 1666.

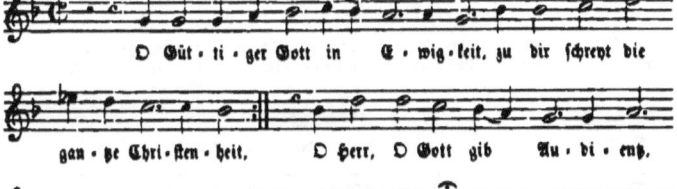

O Gü-ti-ger Gott in E-wig-keit, zu dir schreyt die gan-tze Chri-sten-heit, O Herr, O Gott gib Au-di-entz, bhüt vns vor Krieg vnd Pe-sti-lentz.

Ein anderes Lied wider die Türken mit gleichem Textanfang siehe unter No. 274 in der Anmerkung.

No. 322.
O Gott streck auß dein milde Hand.

Umb gnädige abwendung der Pest, Hunger, Krieg vnd anderer Plagen.

Münster 1677; Psalteriolum 1642.

O Gott streck auß dein mil-de Hand, und be-ne-deh-e Leuth und Land, auch hal-te nach der Gü-te dein, die wol-ver-dien-te Pla-gen ein, Er-barm dich un-ser Hei-li-ger Gott, O un-sterb-li-cher, O star-cker Gott.

No. 323.
Ach Gott von Himel sich darein.

Von heiliger Chriſtlicher Kirchen der II. Pſalm Saluum me fac, im Thon Verba mea auribus oder wie De profundis, oder aber wie volget:

(K. II, 674; W. V, 1264.)

Leiſentrit 1567 ꝛc.; Neyß 1625; Corner 1631.

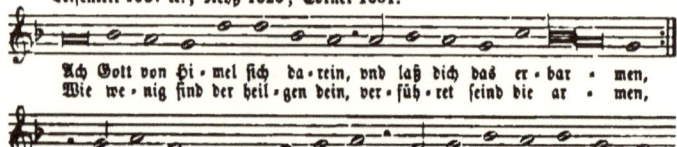

Gegenlied zum Luther'ſchen Texte „Ach Gott vom Himmel ſieh darein", welcher mit der obigen Melodie zuerſt im Erfurter Enchiridion 1524 und „Teütſch Kirchenampt" Straßburg 1525, erſchien. Eine andere Umdichtung ſteht im Rheinfelſiſchen Geſangbuche 1666. Triller (1558) 1559 hat zu dieſer Melodie den Text: „Aus groſſer Angſt und tiefer Not".

No. 324.
Ihr Predicanten ſchreyet all.

Obs wahr ſey, daß der Pabſt von Gottes Wort abgefallen, vnd daſſelbige vndertruckt habe?

(K. II, 679; W. V, 1553.)

Rheinfelſiſches Geſangbuch 1666.

Bei Corner 1631 ſteht der Text ohne Melodie, in deſſen Nachtigall 1649 ff. eine andere als die obige. Als Verfaſſer wird hier Herman Joſeman angegeben.

Lieder von der Kirche und wider die Feinde der Christenheit.

No. 325.
Es ist nit gnug, kan ich dir sagn.
Die Christlich Gerechtigkeit.
(W. V, 1405.)

Constanz 1600; Paderborn 1617.

Es ist nit gnug kan ich dir sagn, al-lein den Glau-ben im Maul tragn,
Son-der must auch die ge-recht'g-keit, jm Werk er-zei-gen je-der-zeit,
der eht-len hoff-nung si-cher sein, Must mei-den die Sünd jm-mer-dar,
Gott lie-ben vnd den nech-sten dein,
so dein Seel brin-gen in ge-fahr ein Kind deß zorns sie ma-chen dich
Ver-dam-mung brin-gen e-wigk-lich: da-rumb feer nit, son-dern wol bhent
was sünd-lich ist von dir ab-wend.

Wackernagel bringt das Lied aus einer ältern Quelle: Catholisch Gesangbüchlein bey dem Catechismo ꝛc. Zu Jnßprugg Truckts Hans Paur, 1586.

No. 326.
Zanck, haber, gros vneinigkeit.

Von dem zwispalt der Alten vnd newen Ketzern, auch von Christlicher gestalt der altglaubigen Catholischer Kirchen, welche jetzer zeit, notwendig ist zu wissen, wa dieselbe anzutreffen sey, ꝛc. Aus dem H. Hylario neben teglicher erfahrung gezogen, kan auff die weis wie das negste vnd dergleichen eines so im Ersten vnd in diesem andern theil wol zubefinden vnd auff zwen Rhtmos gerichtet sein, hirneben auch mag nicht vnfüglich genommen vnd gebraucht werden, das Ach Gott von Himmel sich darein, ꝛc. So im Ersten theil Folio 263 zubefinden ist.
(W. V, 1390.)

Leisentrit 1584.

Zanck, ha-der, gros vn-ei-nig-keit, in lehr vnd
glauben vn-be-stän-dig-keit.

Sterbelieder. Von den letzten Dingen des Menschen.
(No. 327—358.)

No. 327.
Wir Menschen bawen alle vest.

Der Geistlich Schell oder nützlich Betrachtung deß Todts.

Ingolstadt 1635.

Wir Men-schen ba-wen al-le vest, vnd seind doch hie nur frem-be gäst, deß bes-sern theils ver-gessn wir sein, daß wo wir sol-len E-wig seyn, da ba-wen wir gar we-nig ein.

Fünff Geistliche Lieder vnd Kirchen Gesänger. Jedes in beygestellt eigner Melodey. Durch A. M. von newem Componiert. Getruckt zu Ingolstatt durch Wilhelm Eder. Anno 1635.

No. 328.
Parendum est.

Es muß nur seyn, ich gib mich drein.

Schwanenlied vor dem Tode. Die gute Letz eines Sterbenden.

Keusche Meerfträwlein; Würzburg 1664; Nordstern 1671; Brauns Echo 1675; Fulda 1695.

Pa-ren-dum est, cre-den-dum est; clau-den-da vi-tae sce-na est. Jac-ta sors, me vo-cat mors, haec ho-ra
Es muß nur seyn, ich gib mich drein: der Todt will mit mir rin-gen. Mein Le-bens-lauff hört bey mir auff, ich kans nicht

302 Sterbelieder. Von den letzten Dingen des Menschen.

est Post - re - ma, va - le - te res, a - ve - te spes sic fi - nit can - ti - le - na.
wei - ter brin - gen, das Lied ist auß, ein lan - ge Pauß, muß ich ins künff - tig sin - gen.

Der lateinische Text, ein Produkt der damaligen Zeit, steht in Sirenes Partheniae (4. Auflage) Würzburg 1677. Der deutsche Text ist eine Uebertragung. In Brauns Echo steht diese Melodie zu dem Weihnachtsliede: „Hebt an und singt, daß alles erklingt".

No. 329.
Der grimmig Todt mit seinem pfeil.

Ein sehr schön Geistliches Lied vnd Vorbereitung zu dem Todt.

(K. II, 696; W. V, 1557.)

L. Cöln (Brachel) 1619, 1634.

Der grim-mig Todt mit sei - nem pfeil, Thut nach dem Le - ben zie - len, Das Le - ben gschwindt, wie Rauch im Wind, kein Fleisch mag jhm ent - rin - nen, kein gut noch Schatz, Beym Todt findt platz, du mußt mit jhm von hin - nen.
Sein Bo-gen scheußt er ab mit eil, Vnd lest mit sich nit spie - len,

Im Corner'schen Gesangbuche 1631 hat der Text zu Anfang noch vier Strophen mehr. Die erste Strophe beginnt dort mit den Worten: „O Sonnen schön, edler Planet". Als Verfasser wird in der Ueberschrift der Jesuit Petrus Franziskus genannt. Die Melodie ist jedenfalls einem weltlichen Liede entnommen. In Brauns Echo findet man sie bei dem Marienliede: „Nach Gott zu dir Maria rein".

Der grimmig Todt mit seinem Pfeil.

II. Rheinfelsisches Gesangbuch 1666.

Der grim-mig Todt mit sei-nem Pfeil, thut nach dem Le-
Den Bo-gen schießt er ab in eyl, vnd läßt mit sich nicht
zie-len, das Le-ben ver-schwind, wie Rauch im Wind, kein Fleisch
spie-len,
mag jhm ent-rin-nen, kein Gut noch Schatz beym Tod findt platz, du
muß mit jhm von hin-nen.

No. 330.
O Ewigkeit, o Ewigkeit.
Bedenckung der Ewigkeit. Psalm 76.

Ich hab die ewige Jahren in meinem Sinn gehabt, vnd habs bey nächtlicher weile bewachtet: hab mich geübet, vnd vnterfucht, meinen Geist: Solte mich etwan Gott in Ewigkeit verwerffen.

(B. V, 1509.)

I. Münster 1677; Nordstern 1671.

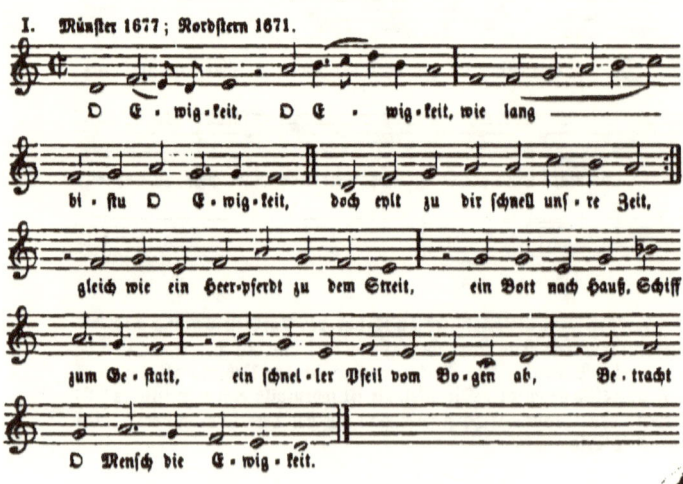

O E-wig-keit, O E-wig-keit, wie lang
bi-stu O E-wig-keit, doch eylt zu dir schnell unf-re Zeit,
gleich wie ein Heer-pferdt zu dem Streit, ein Bott nach Hauß, Schiff
zum Ge-statt, ein schnel-ler Pfeil vom Bo-gen ab, Be-tracht
O Mensch die E-wig-keit.

Das 18 strophige Lied steht mit einer anderen Melodie im Cölner Gesangbuche (Brachel) vom Jahre 1623; seit 1648 auch in protestantischen Gesangbüchern (Fischer a. a. O. S. 144).

O Ewigkeit, o Ewigkeit.
Beschluß in vnd von der Ewigkeit.

II. Prag 1655; Geistl. Nachtigall, Erfurt 1666; Brauns Echo 1675.

O E-wig-keit, o E-wig-keit, wie lang bi-stu o E-wig-keit,
doch eilt zu dir schnell vn-ser Zeit, gleich-wie ein Heer-pferd zu dem Streit,
nach Haus der Bott, das Schiff zum Gstad, der schnel-le Pfeil vom Bo-gen ab,
be-tracht o Mensch die E-wig-keit.

No. 331.
O güttiger vnd süsser Gott.

In todes not vnd gefertigkeit, Ein gar lieblich, andechtig, vnd fruchtbar geticht, vnd lied ꝛc. In dem Thon. Christum hat Gott zum Sacrament ꝛc. Item, das Sacrament ein geheimnis ist oder der Glaub in lieb oder auff die volgende weiß.

(K. II, 680; W. V, 1279.)

Leisentrit 1567 ꝛc.

O güt-ti-ger vnd süs-ser Gott, Se-lig-ma-cher Je-su
Chri-ste, In wel-ches Na-men son-der spott, All kny sich beugt
an — frif · · ꝛc.

No. 332.
Wenn mein stündlein vorhanden ist.

Ein recht Christlich Gesang vnd bitlied, wann sich der mensch fület, Auch ane das von hinnen tötlich (doch Christlich vnd bedechtiglich) zu scheiden vormeinet, Auff die weis, Ach lieber Herre ich bitte dich, Vnd auff andere mehr so daselbst vorzeichnet, oder wie folget.

(K. II, 681; W. III, 1414.)

I. Leisentrit 1567 ıc.; Andernach 1608.

Der Text (4 Strophen) steht bereits in dem Buche: „Die Historien von der Sindflurt, Joseph, Mose, Helie ıc. auch etliche Psalmen vnd geistliche Lieder, zu lesen vnd zu singen in Reyme gefasset ıc. durch Nicolaum Herman in Jochimsthal. Gedruckt zu Wittemberg durch Georgen Rhawen Erben 1562". Die Melodie, welche in den protestantischen Gesangbüchern zu diesem Liede vorkommt, haben das Neysser und Rheinfelsische Gesangbuch mit herübergenommen.

(No. 232a.)
Wenn mein stündlein vorhanden ist.

II. Neyß 1625; Rheinfelsisches Gsgb. 1666.

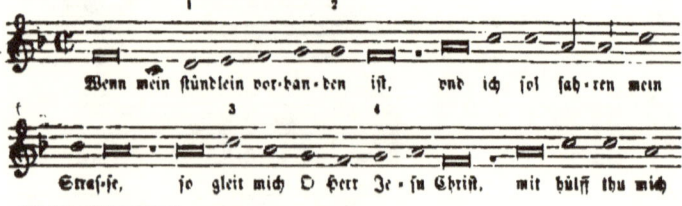

Varianten im Rheinfelsischen Gesangbuch:
1) f statt d; 2) a statt g; 3) b statt c; 4) a statt g.

Die Melodie mit den Varianten im Rheinfelf. Gesangbuche findet sich zuerst in dem protestantischen Gesangbuche: „Kirchengesäng gedruckt zu Frankfurt a. M. durch Joh. Wolffium 1569". Der Text zählt im Neyßer Gesangbuch fünf Strophen, im Rheinfelfischen dagegen neun. In betreff dieser Erweiterungen vergleiche man W. III, S. 1212 und Fischer Lexikon, S. 352.

No. 333.
O Vatter der Barmhertzigkeit.

Ein anders sehr andächtiges kräfftiges Gesang zu GOtt vnd seinen Heiligen, vmb ein seliges Ende.
(K. II, 683.)

Corner 1631; dessen Nachtigall 1649, 1676.

No. 334.
O Mensch sich was du redst vnd thust.

Ein christliche Betrachtung vnsers elenden lebens vnd seliglichen sterbens ꝛc.
(W. V, 1359.)

Leisentrit 1584; Paderborn 1609.

Varianten im Rheinfelfischen Gesangbuch:

1) b statt c.   2) a statt g.   3)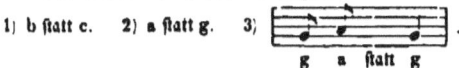

No. 335.
O Herr ich klag das ich mein tag.
In Todesnöthen.

Ein Christliches vnd andechtiges Lied, wann der Sünder fürchtet das gericht vnd vrtheil Gottes.

(K. II, 685; W. III, 1469.)

I. Leisentrit 1567 ꝛc.

O Herr ich klag das ich mein tag, so hab vor-zehrt, tödt-lich
vor-sert, leib Seel be-schwert, da-rumb sich ne-bet, zu dir mein
stim, ach Herr ich schrey, ich bitt vor-zey, mein miss- se-
that, ich bit vmb gnad, vnd nit umb recht, Du bist mein Herr,
vnd ich — dein Knecht.

Wackernagel führt als älteste Quelle einen Dreiliederdruck aus dem Jahre 1534 (o. Ort) an. Hier lautet die Ueberschrift „Zum andern ein new Gehstlich Lied, Ach Herr ich klag, das ich mein Tag so hab verzert ꝛc. Im Thon: Ich rew vnd klag" (III, 1467 und Bibliographie No. 320). Sodann folgt die Fassung aus: „Schöne außerlesene lieder, des hoch berümpten Heinrici Findens, Nürnberg 1536". Schließlich wird noch ein dritter Text nach einem besondern Druck durch Hannsen Khol, Regensburg, mitgetheilt. Das Leisentrit'sche Lied ist, ganz unbedeutende Varianten abgerechnet, dasjenige, welches in der Sammlung von Finck steht. Die Melodie dort ist aber weder die obige noch die folgende. Auch dem weltlichen Liede „Ich rew vnd klag, daß ich mein tag" im Liederbuche des Arnt von Aich 1519, in den „Gassenhawerlin, Franckfurt a. M. 1535", und bei Forster „Außzug guter alter vnd newer Teutscher lieblein" Nürnberg 1539 ist weder die Melodie bei Leisentrit noch bei Beuttner entnommen.

Klaglied.

II. Beuttner (1602) 1660.

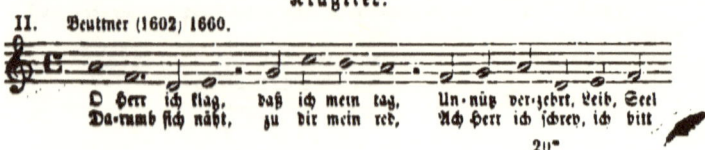

O Herr ich klag, daß ich mein tag, Un-nütz ver-zehrt, Leib, Seel
Da-rumb sich näht, zu dir mein red, Ach Herr ich schrey, ich bitt

20*

Sterbelieder. Von den letzten Dingen des Menschen.

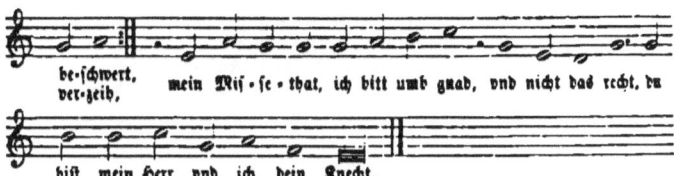

Der Text hat nur die ersten beiden Strophen des dreistrophigen Liedes bei Leisentrit, ist dagegen um fünf weitere Strophen vermehrt worden.

No. 336.
Herr Jesu Christ, mein trost du bist.
In Todesnöthen.
Ein anders wan der sünder durch die gnad, vnd barmhertzigkeit Gottes erquicket wird.

(K. II, 686; W. V, 1282.)

No. 337.
Christus der ist mein Leben.
(W. V, 666.)

Die älteste Quelle für Text und Melodie ist bis jetzt eine protestantische: „Ein schön geistlich Gesangbuch" rc. durch Melchiorem Vulpium Jena 1609". Zu den sieben Strophen daselbst hat das Rheinfelsische Gesangbuch eine Schlußstrophe mit der Doxologie hinzugefügt. Näheres über die Textvarianten bei Fischer a. a. O., S. 77.

No. 338.
Mein lieber Gott, der ist mein Hirt.

Wiederumb ein anders, Ebenmessiger weis zuuollenden, Besonder wann der Mensch zeit vnd weil darzu hat.

(K. II, 668; W. IV, 675.)

Leisentrit 1584.

Der Text ist von dem protestantischen Prediger Johann Leon, † 1597 in Wölfis. Es steht in einem Zweiliederdruck: Erffurdt, durch Conradum Dreher bey S. Michael o. J. Darunter die Angabe „gestellet durch Johann Leon, Pfarrherr zu grossen Möllhausen, in seiner Krancheitt, Anno 1575, den tag Magdalenae. Im thon, Nv frewt euch lieben Christen gemein". Die obige Melodie ist eine andere, von Leisentrit hinzugefügte.

No. 339.
Gott Vater mein im höchsten thron.
Jam moesta quiesce querela.

Ein anders in Todes nöten, welches ein jeder Christ vor sich selbst vmb ein glückseliges ende kegen Gott mit worten oder gedancken, gebrauchen mag vnd soll.

(K. II, 687; W. IV, 674.)

Leisentrit 1584; Corner 1631.

Varianten bei Corner: 1) zwei halbe Noten g g. 2) zwei halbe Noten f f. 3) wie bei 1. 4) zwei halbe Noten b b.

310 Sterbelieder. Von den letzten Dingen des Menschen.

Das ist das erste Lied aus dem in der vorigen Nummer genannten Zweiliederdruck. Die Melodie, welche nicht näher bezeichnet wird, gehört dem Hymnus des Aurelius Prudentius an:

> Jam moesta quiesce querela,
> Lachrymas suspendite matres,
> Nullus sua pignora plangat,
> Mors haec reparatio vitae est etc.

bei Corner 1631. Vergl. W. I, 40 und 42.

No. 340.
Nu höre zu jeder Christen man.
In Todesnöthen.

Ein ander andechtig lied, wie sich der seelsorger vormög seines ampts gegen den Krancken mit trost, der Krancke aber, (welchen der Sathan anficht) mit bestendigkeit des Glaubens vorhalden solle.

(K. II, 689; W. V, 1253.)

Leisentrit 1567.

No. 341.
Nu höret zu ihr Christenleut.

Geistliches vnd durch die tegliche erfahrung ein wol bewertes, warhafftiges Liedt, von dem Leib vnd der Seel, wie sie gegen vnd mit einander, vnd also das Fleisch wider den Geist, vnd der Geist wider das Fleisch hefftig streiten.

(W. III, 195.)

I. Leisentrit 1584; Paderborn 1609, 1617; Geistliche Nachtigall, Erfurt 1666.

Sterbelieder. Von den letzten Dingen des Menschen. 311

Wackernagel bringt den ältesten Text aus einem Zweiliederdruck, Nürnberg durch Jobst Gutknecht (um 1526) mit dem Titel: „Der geystlich Buchsbaum, Von dem strepte des fleyschses wider den gepst, Gedicht durch Hans Witzstat von Wertheim (Wiedertäufer). Im thon des Buchsbaums." Dieses weltliche Gedicht behandelt den Streit zwischen dem Buchsbaum und der Bachweide. Der Anfang lautet „Nun wölt jhr hören newe Mär, Vom buchsbaum vnd dem felbinger 2c." (bei Böhme No. 273). Das ist aber nicht die Melodie, welche dem obigen Liede zu Grunde liegt. Ein anderes Volkslied das sogenannte Lindenschmidlied, eines der beliebtesten historischen Lieder des 16. Jahrhunderts, entstanden um 1490, hat dem Liede bei Leisentrit die Melodie gegeben. Die erste Strophe lautet: „Was wölln wir singn und heben an? Das best was wir gelernet han, ein newes Lied zu singen: wir singen von einem edelman, der heißt Schmid von der Linden." Man vergleiche die Melodie bei Böhme No. 375. Auch das im I. Bande von Meister No. 150 abgedruckte Lied „Kombt her zu mir spricht Gottes Sohn" hat die Melodie des Lindenschmidliedes. Weitere Varianten bilden die No. 78 und 149 im ersten Bande.

Den Buchsbaum Ton trägt das folgende Lied aus dem Neyßer Gesangbuche 1625.

II. (No. 341a.)

Nun hö-ret zu jhr Chri-sten Leut, wie Leib vnd Seel geg-nan-der streit, all-hie auff Erd in die-ser Zeit, han sie ein ste-tigs — krie-gen, keins mag dem an-dern flie-hen.

Die Melodie steht in dieser Form im Val. Bapst'schen Gesangbuche 1545 und im Gesangbuche der böhmischen Brüder, Nürnberg 1566. (In betreff der Varianten dort vgl. Böhme No. 273 und 654.)

No. 342.
O Jesu Christ, bis du mein gantz zuuorsicht.
Ein gar schön andechtiges Bittlied, vmb ein selige sterbstunde, zu Jesum Christum, den gecreutzigten.
(W. V, 1261.)

I. Leisentrit 1567 2c.

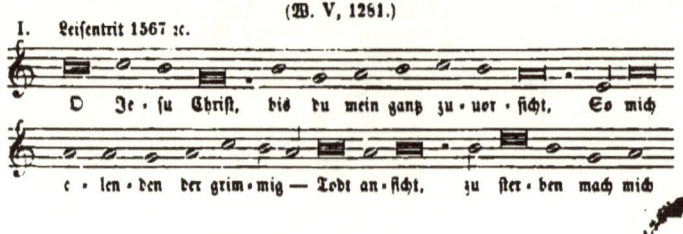

O Je-su Christ, bis du mein gantz zu-uor-sicht, Er mich e-len-den der grim-mig — Todt an-sicht, zu ster-ben mach mich

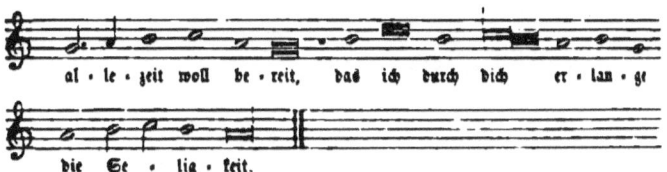

O Jesu biß mein Zuversicht.
Ein Gesang zu Jesu Christo, vmb ein selige Sterbstundt.
(K. II, 693.)

II. Corner 1631.

No. 343.
Ach Gott Vatter du mein Bitt erhöre.
Ein anders, um ein seliges Ende.
(K. II, 692.)

Corner 1631.

No. 344.
O Herre Gott ich klage dir.
Bekandtnuß Rueff.
(K. II, 694; W. V, 1556.)

Beuttner (1602) 1660.

Sterbelieder. Von den letzten Dingen des Menschen. 313

Der Text steht auch bei Corner 1631. Die Melodie findet sich, einige kleinere Varianten abgerechnet, im Gesangbuch der böhmischen Brüder von 1531 zu dem Text: „Nu loben wir mit Innigkeit" von M. Weiße (W. III, 394).

Varianten im Gesangbuch der böhm. Brüder 1531:

1) g statt d.   2) g statt h.   3) a statt g.   4)

Nach derselben Melodie wurde bei den böhmischen Brüdern das Lied: „Nu last uns den leib begraben" (auch von M. Weiße) gesungen.

No. 345.
Ich das elend menschlichs leben.

Ein Christlich Lied von dem ellenden vnd vorn augen schwebenden vnbestendigē leben, beim Begrebnus zusingen, im Thon, Herr Jesu Christ war mensch. oder auff die volgende Melodey.

(K. II, 695.)

314 Sterbelieder. Von den letzten Dingen des Menschen.

No. 346.
Herr Jesu Christ war mensch vnd Got.

Ein Bittlied zu Christo, vmb einen seligen abschiedt aus diesem betrübten ellenden leben, In dem Thon, Von edler art, gantz 2c. oder O Gütigster Herr Jesu Christ.

(K. II, 696; W. V, 1593.)

I. Leisentrit 1567 2c.; Cöln (Quentel) 1599, 1613; Reyß 1625; Hildesheimer Cantuale 1625; Mainzer Cantuale 1627; Mainz-Speier 1631; Trier 1695; Münster 1677 2c. Siehe unten.

Herr Je-su Christ war mensch vnd Got,   o   du li-bster groß angst
vnd spot, für mich am creuz auch ent-lich starbst, vnd mir deins
Va-tern huld er-warbst, ich bit durchs bit-ter lei-den dein, du
wolst mir sün-der gne-dig sein.

Der Text (8 Str.) ist protestantischen Ursprungs, wie Wackernagel V. S. 1367 und 1378 nachgewiesen hat. Er trägt in der Ausgabe durch Lucas Lossius, Frankfurt 1563 die Ueberschrift: „Oratio etc. . . . D. Pauli Eberi etc. . . . ad Christum, pro placido ac beato discessu ex hac vita, scripta Germanice et edita Anno 1562, dicenda quotidie a piis ad Christum, praecipue in his periculosis et pestiferis temporibus". Nun folgt das obige Lied.

Die Melodie gehört dem bekannten Vaterunsergesange von Luther an: „Vater unser im Himmelreich, der du uns heissest alle gleich" 2c. Dieses Lied hat das Rheinfelsische Gesangbuch wörtlich herübergenommen. Hier stehen auch die über den Linien verzeichneten * #.

Die Melodie ist, wie schon Böhme bemerkt, aller Wahrscheinlichkeit nach nicht von Luther, obschon sie bereits im Luthercodex vom Jahre 1530 steht. Luther suchte, als er dieses Lied dichtete, nach einer Melodie zu demselben. Beweis dafür ist ein noch vorhandener Entwurf, den von Winterfeld in seiner Ausgabe von Luthers Liedern facsimilirt hat. Da Luther aber keine passende Weise fand, nahm er die aus Süddeutschland herübergekommene in die von ihm redigirten Gesangbücher (das Schumann'sche und V. Bapst'sche) auf. (Böhme, Altdeutsches Liederbuch, S. 739.) Höchst wahrscheinlich ist die Melodie einem Volksliede entnommen. Die Bezeichnung in Walthers mehrstimmigem Gesangbuche von 1544: „Vater vnser, auff Verdrehenweise" läßt einen solchen Ursprung vermuthen. Auch die Thatsache, daß die Melodie zu

Sterbelieder. Von den letzten Dingen des Menschen. 315

allen möglichen Texten auftritt, bestärkt diese Annahme. In katholischen Gesangbüchern finden wir sie zu folgenden Liedern:

1. „O himmlische Frau Königin vnd aller Welt ein Herrscherin ꝛc." (Würzburg 1628, 1649; Mainz 1625, 1696).
2. „Gott sei mir gnädig dieser Zeit ꝛc." (Molsheim 1659; Fulda 1695).
3. „Erhör o Gott die Klage mein ꝛc." (Corner 1631).
4. „So oft ich schlagen hör die Stund ꝛc." (Corners Nachtigall 1649 ff.).
5. „O Vatter unser der du bist, Im Himmel, so dein Wohnung ist ꝛc." (Würzburger Evangelien 1656).
6. „Herr, der du vnser Herrscher bist ꝛc."
7. „Ach Gott vernehm doch meine Bitt ꝛc." } (Mainzer Psalter 1655 Psalm 8 u. 54).

Andere Melodie.

II. Geistl. Nachtigall, Erfurt 1666.

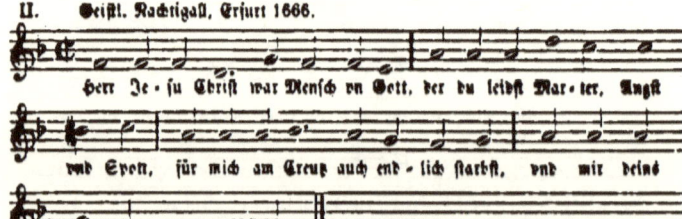

Herr Jesu Christ war Mensch vn Gott, der du leidst Mar-ter, Angst vnd Spott, für mich am Creuz auch end-lich starbst, vnd mir deins Va-ters Huld er-warbst.

Herr Jesu Christ wahr Mensch vnd Gott.
Vmb ein seliges Endt zu bitten.

III. Beuttner (1602. 1660.

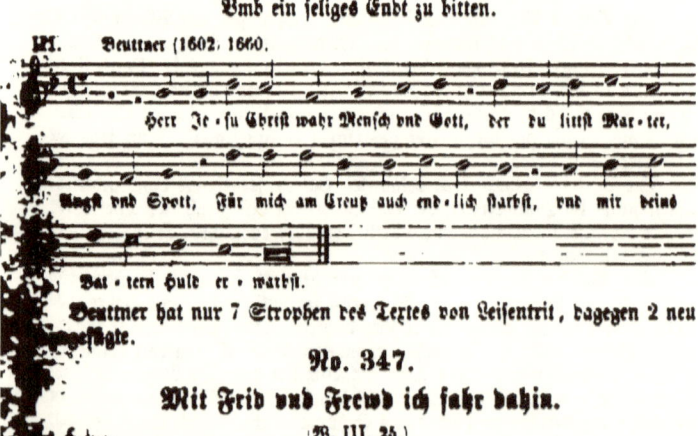

Herr Je-su Christ wahr Mensch vnd Gott, der du littst Mar-ter, Angst vnd Spott, Für mich am Creuz auch end-lich starbst, vnd mir deins Vat-tern Huld er-warbst.

Beuttner hat nur 7 Strophen des Textes von Leisentrit, dagegen 2 neu gefügte.

No. 347.
Mit Frid vnd Frewd ich fahr dahin.
(W. III, 25.)

Braunsfelsches Gesgb. 1666.

Mit Frid vnd Frewd ich fahr da-hin, in Got-tes Wil-len,

316 Sterbelieder. Von den letzten Dingen des Menschen.

ge- tröft ist mir Herz, Muth — und Sinn, sanfft und stil - le,

wie — Gott mir ver - heiß- ſen hat, der Todt ist mein

Schlaf wor - den.

Melodie und Text zuerst in Joh. Walthers „Geyſtliche geſangk Buchleyn" Wittenberg 1524, ſodann in den von Luther herausgegebenen „Chriſtliche Geſeng Lateiniſch vnd Deutſch zum Begrebnis" Wittenberg 1542.

Varianten bei Walther 1524: 1) e d fehlen.   2) d.   3) e fehlt.   4) e fehlt.
5) e fehlt.   6) a g fehlen.

No. 348.
Cur mundus militat.
Warumb ſtrebt dieſe welt.
(K. II, 637.)

Newß 1625.

Cur mun-dus mi-li-tat sub va-na glo-ri-a,   Cu-jus
Wa-rumb ſtrebt die-ſe welt, nach ei-telm ruhm vñ ehr,   wel- cher

pro- spe-ri-tas est trans-i-to-ri-a, tam ci- to la-bi-tur
Glück- ſe - lig-keit iſt zer- genglich vnd lehr, ſo geſchwind vergeht jhr

e - jus po-ten-ti - a,   quam va-sa fi - gu - li quae ſunt
Herr - lig-keit vñ eitler pracht, als des Haff-ners ge- ſchirr ſo iſt

fra - gi - li - a.
aus Läim ge- macht.

Ueberſetzung des lateiniſchen Gedichtes „De contemptu mundi" vom ſeligen Jacobus de Benedictis (Jacopone da Todi) † 1306. Näheres über denſelben in meinem Aufſatze „Stabat mater" im Cäcilienkalender 1885. Andere Melodien zu dieſem Texte haben Corner 1631 ff. und das Prager Geſangbuch 1655.

Sterbelieder. Von den letzten Dingen des Menschen.

No. 348a.
Sag, was hilfft alle Welt.
(Cur mundus militat.)
Von Verachtung der Welt vnd vom Todt.
(K. II, 701.)

Cöln (Brachel) 1623, 1634; Mainz 1628; Würzburg 1628 ff.; Corner 1631; Molsheim 1659; Rheinfelsisches Gesangbuch 1666; Nordstern 1671; Münster 1677; Fulda 1695; Mainz 1696.

Sag, was hilfft al-le Welt, Mit al-lem Gut vnd Gelt, Al-les
Una vox. Chorus.

ver-schwind ge-schwind, gleich wie der Rauch im Wind.
Una vox interrogat, Chorus respondet.

Das Lied erscheint von 1657 an auch in protestantischen Gesangbüchern mit einer andern Melodie und wirt bei Rambach (Anthologie II, S. 316) und Wetzel (Historische Lebensbeschreibung der berühmtesten Liederdichter II, S. 175) dem Dr. Joh. Math. Meyfart zugeschrieben, der im Jahre 1642 als Professor der Theologie und Prediger in Erfurt gestorben ist. Wetzel beruft sich auf Meyfarts „Tuba poenitentiae prophetica, Coburg 1625". Unser Lied erschien aber bereits 1623 in Cöln. Dasselbe gilt von dem Liede „Gib uns o Jesu Gnad, daß uns die Welt nichts schad", welches im Cölner Gesangbuch folgt und im selben Ton gesungen werden soll.

No. 349.
Merck auff du Gotts vergeßne Welt.
Von der Höllischen Peyn. Gespräch deß Leibs vnd der Seele eines verdambten Menschen, genommen auß Roberti Sicolniensis Episcopi Schrifften. Im Thon: Der grimmig Todt mit seinem Pfeil, Oder in folgender Melodey.
(K. II, 710; W. V, 1561.)

Corners Nachtigall 1676, 1649.

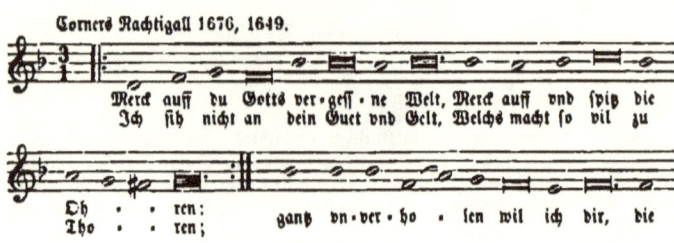

Merck auff du Gotts ver-geß-ne Welt, Merck auff vnd spitz die
Ich sih nicht an dein Guet vnd Geld, Welchs macht so vil zu

Oh - - ren: ganz vn-ver-ho-len wil ich dir, die
Tho - - ren;

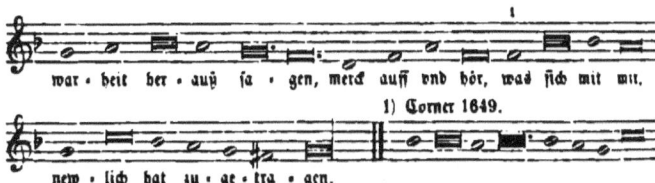

1) Corner 1649.

Der Text steht bereits im Corner'schen Gesangbuch von 1631. Die Melodie findet sich in Rhaws (protestantischem) Gesangbuch Wittenberg 1544 zu dem Liede:

<blockquote>Was mein Gott will gscheh allzeit
Sein Will ist der beste 2c.</blockquote>

Sie ist jedoch diesem Liede nicht eigenthümlich, sondern, wie Böhme nachgewiesen hat, dem französischen Liebesliede: „Il me souffit de tout mes maulx" in einer Liedersammlung von Atteignant, Paris 1529 entnommen. Man vergleiche das Lied bei Böhme S. 751. Orlando di Lasso hat im Jahre 1568 über diese Melodie eine vierstimmige Messe componirt, welche sich im Manuscript in der Stadtbibliothek zu Augsburg befindet.

No. 350.
Wenn der ewige Gottes Sohn.

Ein Christlich Gesang on vnterlaß zu gebrauchen 2c. Auff die weis Herr Jesu Christ war mensch. Item Ich das elend menschlich leben oder auff die volgenden Noten.

(K. II, 702; W. V, 1299.)

I. Leisentrit 1567 2c.

Die ersten Sätze der Melodie stimmen mit der Weise des Hymnus „Vexilla regis prodeunt" (I. Bd. No. 127). Der Text ist von Chr. Hecyrus, der das Lied seinem Freunde Leisentrit überlassen hatte, bevor er selbst seine Lieder drucken ließ.

Sterbelieder. Von den letzten Dingen des Menschen. 319

Wenn der ewige Gottes Son.
Vom jüngsten tag.

II. Chr. Hecyrus, Prag 1581.

Wenn der e-wi-ge Got-tes Son, Je-sus Christus von sei-nem Thron, am letz-ten tag wirdt kom-men, die bö-sen zrich-ten vnd frommen, wirdt er mit al-len En-geln sein, in gros-ser herr-lig-keit er-schein.

No. 351.
Mein Gemüt sehr dörr vn̄ durstig ist.
Ein schöner Lobgesang, von Herrligkeit deß Paradeises. D. Augustini.
(K. II, 711; D. V, 1398.)

Paderborn 1609, 1617; Würzburg 1628, 1649; Molsheim 1659; Fulda 1695.

Mein Ge-müt sehr dörr vn̄ durstig ist, zum Brunn deß Le-bens dem nit brist, die g'fang-ne Seel be-geh-ret loß, der Erd wünscht jr bz Fleisch in schoß.

Das ♯ steht in den späteren Gesangbüchern, Würzburg 1649 ꝛc.

Eine andere Melodie steht im I. Bande No. 220. Der Text befindet sich bereits im Münchener Gesangbuche 1586. Er ist nach dem Hymnus des h. Augustinus (?) De superna Jherusalem gedichtet:

Ad perennis vitae fontem mens sitit nunc arida
Claustra carnis praesto frangi clausa quaerit anima
Gliscit, ambit, eluctatur exul frui patria etc.
Mone I, No. 300; Daniel I, S. 116; IV, S. 203.

No. 352.
Judicabit Judices.
Der öberſt Richter Chriſtus.

Andernach 1608.

Ju - di - ca - bit Ju - di - ces Ju - dex ge - ne - ra - lis, I - bi
Der ö - berſt Rich-ter Chri-ſtus, Wirdt Ge - richt ſi - - ßen, Da der

ni - hil pro - de - rit, Dig-ni-tas pa - pa - lis, Si - ue sit E-
Richter gut vnd böß, Al - da wirdt nicht nü - ßen, Noch des Pap-ſtes

pis - co - pus si - ue Car - di - na - lis, Re - us con-dem-na - bi - tur,
wir - dig Ambt, Car-di - nal noch Fürſten, Die ſchul-dig wer - den ver-dampt,

Nec di - ce - tur qua - lis.
Acht nicht ei - nes wir - de.

Den lateiniſchen und deutſchen Text hat auch Leiſentrit 1584, dazu jedoch die Melodie „Patris sapientia" (I. Bd. No. 120).

No. 353.
Wol an dem heiligen Jüngſten Tag.
Siben Werck der Barmhertzigkeit.

Beuttner (1602) 1660.

Wol an dem hei - li - gen Jüng-ſten — Tag, da wir vor Gott

müſ-ſen ſtahn, Du hei - li - ge Jung-fraw Ma - ri - a, Da nimb

dich — vmb vns an, Ki - ri - e e - lei - ſon.

Der Anfang der Melodie ſtimmt überein mit dem Weihnachtsliede „Wollet ihr hören ſingen" (I. Bd. No. 79).

No. 354.
Dies irae.

Das „Dies irae", welches nach dem sogenannten Tractus in der Missa pro defunctis (Seelenmesse) gesungen wird, zählt man zu den Sequenzen. Im Grunde genommen ist es aber keine Sequenz, denn Sequenzen sind eigentlich Freudengesänge, die an besonderen Festtagen gesungen zu werden pflegen. Sie verdanken ihre Entstehung den textlosen Jubilationen, die in alter Zeit auf das Alleluja des Graduals folgten. Daher die Regel, daß, wenn kein Alleluja gesungen wurde, auch keine Sequenz folgte. (Duranti, Rationale Div. offic. lib. IV, cap. 22.)

Der Autor dieses „gigantischen Hymnus", der „wie ein Hammer mit drei geheimnißvollen Reimklängen an die Menschenbrust schlägt" ist mit absoluter Sicherheit nicht zu bestimmen. Die meisten Orden stritten untereinander um die Ehre, den Verfasser zu den Ihrigen zählen zu dürfen. Am weitesten verbreitet und auf die besten Gründe sich stützend ist die Meinung von Wadding, dem berühmten Annalisten der Minoriten († 1657). Dieser behauptet in seinem Werke „Bibliotheca Scriptorum Ordinis Minorum" (Romae 1650, I, 40), daß Thomas von Celano der Verfasser sei. Als Beweis führt er eine Stelle aus dem Buche „Liber conformitatum" des Barth. Albizzi aus Pisa vom Jahre 1385 an, die besagt, daß die Prose „Dies irae dies illa," welche in der Requiemsmesse gesungen werde, den Thomas von Celano zum Autor habe. Dieser gehört zu den ersten Mitgliedern des Minoritenordens und lebte mit dem Gründer desselben, dem h. Franz von Assisi, in steter Freundschaft. In den Jahren 1221—1230 bereiste er Deutschland, um die neugegründeten Klöster zu visitiren.

Seine Autorschaft beim „Dies irae" beschränkt sich indessen darauf, daß er einzelne Stücke verschiedener Dichtungen über denselben Gegenstand aus dem 9. bis zum 13. Jahrhundert in geschickter Weise zu einem Ganzen verarbeitet hat. Unter dem Eindrucke des Schreckens, mit welchem die christliche Welt der furchtbaren Katastrophe des Weltunterganges im Jahre 1000 entgegensah, entstand eine große Anzahl von Dichtungen, welche dieses verhängnißvolle Ereigniß zum Gegenstande ihrer Darstellung machten. (Vgl. Wackernagel I, No. 215 und 216, ferner E. de Coussemaker, Histoire de l'Harmonie au moyen âge p. 113 ff.)

Die Prose erlangte im Laufe der Zeit eine solche Berühmtheit, daß sie in das Formular der Requiemsmesse Eingang fand, in Italien bereits im 14. Jahrhundert und später auch in den übrigen Ländern. Fétis hat dieselbe in einem (nach 1480) zu Lübeck gedruckten Missale und in einem Graduale aus dem Jahre 1490 (in der königl. Bibliothek zu Brüssel) aufgefunden und zwar in dem Meßformular vom Allerseelentage. (Biographie universelle 2. Aufl. II, 234.)

Die Dichtung ist, wie Daniel bereits bemerkt, an sich schon musikalisch durch die unübertrefflich schönen Vocalassonanzen. Nehmen nicht die folgenden Wortgebilde:

> Túba mirúm spargens sónum
> Per sepúlchra regiónum
> Cóget ómnes ante thrónum.

durch die häufige Wiederholung der Vokale u und o einen phonetischen Charakter an, welcher der Bedeutung der Worte entspricht! Glauben wir nicht schon aus der ausdrucksvollen Deklamation dieser Worte den Schall der Gerichtsposaune zu vernehmen! Ruft nicht die häufige Anwendung des Vocales u in der Strophe:

> Quantús tremor est futúrús,
> Quando júdex est venturús,
> Cúncta stricte discússúrús

ein Gefühl des Schreckens hervor, und wie lieblich klingt dem gegenüber das „Pie Jesu Domine"!

In dieser Hinsicht kann sich keine einzige Uebersetzung mit dem Original messen. Im Folgenden theilen wir einige Uebertragungen samt den dazu gehörigen Melodien mit. Auch die letzteren stehen gewaltig zurück gegen den bekannten Choralgesang. Dieser wird nach drei verschiedenen Melodien (Chorälen) gesungen:

Strophe 1, 2, 7, 8, 13, 14 nach dem ersten Choral.
„   3, 4, 9, 10, 15, 16 „   „ zweiten „
„   5, 6, 11, 12, 17   „   „ dritten „

Die Strophen 18 und 19, welche den sogenannten Abgesang bilden, haben ihre besondere Melodie. Es werden also durchgehends zwei aufeinanderfolgende Strophen nach derselben Melodie gesungen. Der Anfang der ersten Melodie kommt auch bei den Worten „Dies illa, dies irae" im Responsorium „Libera me Domine", welches schon im 10. Jahrhunderte nachweisbar ist, vor (E. de Coussemaker, a. a. O., S. 120).

Die Würzburger Evangelien bringen die bekannte Choralmelodie mit der deutschen Uebertragung:

> Wann der Höchste wird bestimmen
> Seinen Tag deß Zorns vnd Grimmen;
> Wird die Welt zur Asch verglimmen ꝛc.

Als einmal beysammen waren.
Am aller glaubigen Seelen Tag, Evangelium Johannis am 5. Cap.

Nach derselben Melodie werden im Mainzer Psalter gesungen:
  Pf. 37: „Herr wöllst deinem Zorn abbrechen".
  Pf. 93: „Gott, der alle Ding regieret".
  Pf. 119: „Als ich war mit Angst vmbgeben".
Nordstern 1671 hat den Text: „Herr dein Rach vnd fewrig grimmen".

Derjenig Tag deß Zorns ein Tag.
Dies irae dies illa Deutsch.
(K. II, 704; W. V, 1558.)

II. Corner 1631.

Der - je - nig Tag deß Zorns ein Tag, die Welt inn Fewr auff - löst mit klag, nach Da - vid vnd Sy - bil - la sag.

Corner hat noch eine andere Uebertragung:

    Der Jüngste Tag ein grosser Tag,
    Ein schwerer Tag mit Donnerschlag,
    Wenn Jesus kompt vnd vorher brint,
    Fewr, schwäfel wenn die Welt zerrinnt ic.
    (K. II, 706).

Im Nordstern 1671 und im Münsterschen Gesangbuch 1677 steht das Lied:

    O des Tags der wird verzehren
    Diese Welt mit Fewr wie lehren
    Davids vnd Sibillae zehren ic.

Abgedruckt in F. G. Lisco „Dies Irae, Hymnus auf das Weltgericht, als Beitrag zur Hymnologie". Berlin 1840.

An jenem Tag, nach Davids sag.
Am Tag aller Seelen.
(K. II, 705; W. V, 1559.)

III. Rheinfelsisches Gesangbuch 1666; Cöln (Brachel) 1619, 1634; Mainz 1628; Fulda 1695.

An je - nem Tag, nach Da - vids sag, wird Got - tes Zorn sehr bren - nen, durch Few - ers - Flamm muß al - les - sambt, gleich-wie das Wachs zer - rin - nen.

(354 c.)*
Der letzte Tag nu kommen wirdt.
Vom jüngsten Gericht.
(W. V, 71.)

IV. Leisentrit 1584; Paderborn 1609.

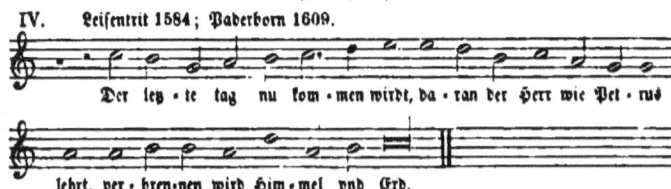

Wackernagel bringt den Text aus den gleichzeitig erschienenen „Meditationes sanctorum Patrum. Durch Martinum Mollerum", Görlitz 1584. Bei Leisentrit steht das Lied am Schluß des II. Theiles.

Der Anfang der Melodie hat Aehnlichkeit mit der Weise des Marienliedes: „Ave Maria klare" (No. 15, II).

* So ist das Lied in der Einleitung, S. 6, bezeichnet.

No. 355.
Ich hab mein Zeit verlohren gar.

Peyn der Höllen. Klag deß Reichen Manns über seine vnermeßliche Peyn in der Höllen.

Münster 1677.

Im Original ist irrthümlich ♭ vorgezeichnet.

No. 356.
Ihr Christen kombt hört was ich euch sag.

Von der Glaubigen Seelen im Fegfewer auff aller Seelen tag.
(K. II, 522; W. V, 1545.)

Mainz 1628; Corner 1631; dessen Nachtigall 1649, 1676.

Sterbelieder. Von den letzten Dingen des Menschen.   325

ar-men See-len klag, Daß man ihr so ver-ges-sen thu, vnd nicht
wöl helf-fen zu der Ruh.

No. 357.
O schwere Gottes Hand.
Gesang von dem Fegefewer.
(W. V, 1583.)

Mölsheim 1659; Corners Nachtigall 1649, 1676; Fulda 1695.

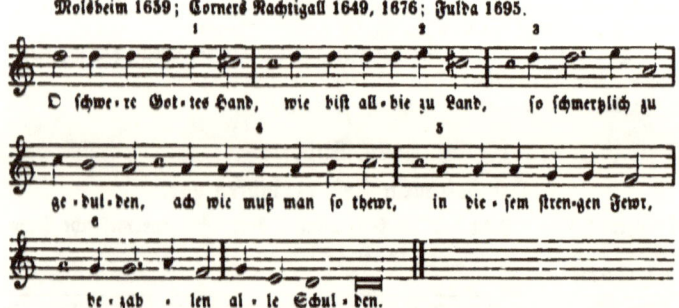

O schwe-re Got-tes Hand, wie bist all-hie zu Land, so schmertzlich zu
ge-dul-den, ach wie muß man so thewr, in die-sem stren-gen Fewr,
be-zah-len al-le Schul-den.

Wackernagel bringt den Text nach einem „von Newem getruckten" Zweiliederdruck aus dem Jahre 1641 (Lucern, bei David Hautt) mit der Ueberschrift: „Im Thon, Montebau: oder, O der bösen Stundt, da ich war ver-
wundt" 2c.

No. 358.
Nun laßt vns den leib begraben.
(W. III, 395.)

Rheinfelsisches Gesangbuch 1666.

Nun laßt vns den Leib be-gra-ben, da-ran wir keinn zweif-fel
so schmertz-lich zu _____ ge-dul-den.
be-zah-len al - le Schul-den.

Corner 1649 ff.:
1) d statt e. 2) d statt e. 3)
4) g statt a. 5) b statt a. 6)

326 Sterbelieder. Von den letzten Dingen des Menschen.

Protestantisches Begräbnißlied. Text von Michael Weiße im Gesangbuch der böhmischen Brüder vom Jahre 1531 "im thon: Nu loben wir mit Innigkeit" (siehe das Lied: "O Herre Gott ich klage dir" No. 344). Die hier stehende Melodie findet sich zuerst in "Newe Deutsche Geistliche Gesenge CXXIII. Mit Vier vnd Fünff Stimmen. Für die gemeinen Schulen. Wittemberg durch Georgen Rhaw 1544". No. 121, in einem fünfstimmigen Satze von Johannes Stahl. (Näheres bei Fischer II, S. 120.)

Pſalmen.
(No. 359—390.)

No. 359.
Warum empören ſich die Heiden.
Quare fremuerunt gentes. Der II. Pſalm.
(K. III, 128; B. V, 1324.)

Pſalter Ulenbergs 1582; Münchener Gſgb. 1586.

Nach derſelben Melodie werden geſungen:
Pſalm 11: „Hilff lieber Herr, die heilig frommen" ꝛc. (K. III, 137.)
Pſalm 65: „Wolauff getroſt ihr völcker alle" ꝛc. (K. III, 191.)
Pſalm 134: „Preiſet des Herren tewren namen" ꝛc. K. III, 260.)

No. 360.
O Herr ich klag es dir.
Domine quid mult. Der III. Pſalm.
(K. II, 634 und III, 129.)

Pſalter Ulenbergs 1582; Corner 1631.

328 Psalmen.

in die-sen ta-gen, Ein fug hoch-schwerlich pla-gen, Viel sind der bö-
sen leut, Die feind-lich die-ser zeit. Gar vn-uer-schuldter sa-chen.
Sich wi-der mich auff-ma-chen.

No. 361.
Zu dir rieff ich in böser zeit.
Cum inuocarem. Der IIII. Psalm.
(K. III, 130; W. V, 1325.)

Psalter Ullenbergs 1582; Münchener Gsgb. 1586; Cöln (Quentel) 1613; Kerß 1625; Mainz 1628; Mainz-Speier 1631; Cöln (Brachel) 1634; Trier 1695; Fulda 1695.

Zu dir rieff ich in bö-ser zeit, O Got mei-ner ge-rech-tig-
keit, Du hast mich auch er-hö-ret, Da mich das el-lend dren-get
sehr, Ha-stu mich aus den eng-sten schwer, Auff wei-ten
plan ge-fü-ret.

Bei Ullenberg steht die Melodie noch zu folgenden Psalmen:
63. „Lass Herr die stim vnd klage mein" etc. (K. III, 189).
64. „Gross ist dein lob Herr in Sion" etc. (K. III, 190).
120. „Mein augen heb ich wolgemut" etc. (K. III, 246).
Die oben verzeichneten Gesangbücher haben den Text des 101. Psalms: „Erhör o Gott die Klage mein" (K. III, 227). Im Neysser Gesangbuch lautet der Text „Straff mich Herr nit im grimmen muth".
Die Melodie beginnt im „Bruder Veitston" vgl. die Lieder: „Der Himmel jetzt frolocken soll" No. 109 und „Mein hertz auf dich thut bawen" No. 366.

Psalmen.

No. 362.
Herr schicke ja nicht Rache auff meine böse Sache.
Die siben Buß-Psalmen. Der Erste, an der Zahl der 6.
Domine ne in furore tuo.

Rheinfelsisches Gesangbuch 1666.

Melodie (eine Quart höher) in: Les Pseaumes de David par Cl. Marot et Th. de Beze, Lion 1562. Psalm 6: „Ne vueille pas, o Sire".

No. 363.
Straff mich Herr nicht im eiffermut.
Domine ne in furore. Der VI. Psalm.
(K. III, 132; W. V, 1326.)

Psalter Ulenbergs 1582; Münchener Gsgb. 1586; Dillinger Gsgb. 1589; Cöln (Quentel) 1599, 1613; Neyß 1625; Mainz 1628; Corner 1631; Mainz-Speier 1631; Cöln (Brachel) 1634; Münster 1677; Trier 1695; Fulda 1695.

Dieselbe Melodie steht bei Ulenberg zu folgenden Psalmen:
37. „Straff mich Herr nicht in eiffermut." (K. III, 163).
49. „Der starcker Got im himelreich." (K. III, 175).
50. „Got sei mir gnedig diser zeit." (K. III, 176).
101. „Erhör, O Gott, die klage mein." (K. III, 227).

129. „Ich ruff zu dir, mein Herr vnd Got." (K. III, 255).
142. „Hör mein gebet du frommer Got." (K. III, 268).

Vgl. auch die Melodie zu dem Muttergottesliede: „Gegrüst seyst du Maria rein." [Cöln (Brachel) 1619 und 1634] No. 69, III., welche bis auf die letzte Zeile mit der obigen übereinstimmt. Beuttner hat die Melodie zu dem Begräbnißruf: „Ihr lieben Christn kommt nun her" (W. V, 1451) und das Andernacher Gesangbuch zu dem Fastenliede: „Nun ist die gnadenreiche Zeit" (W. V, 1467).

No. 364.
Der könig wirt Herr wolgemut.
Der XX. Psalm.
Domine in virtute tua.
(K. III, 146; W. V, 1327.)

Psalter Ulenbergs 1582; Münchener Gsgb. 1586; Andernach 1608.

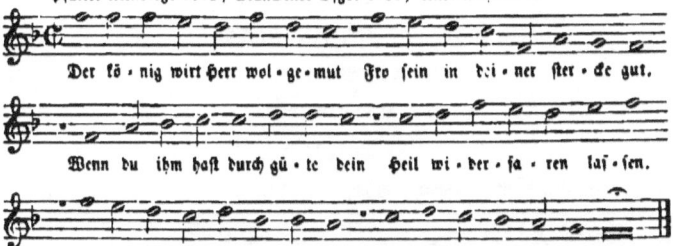

Dieselbe Melodie steht noch einmal bei dem Psalm 108: „O Got mein rum schweig immer nicht" (K. III, 234).

Das Andernacher Gesangbuch hat zu obiger Melodie das Adventslied: „O Herr Gott, Vatter Abraham".

No. 365.
Mein hirt ist Got der Herr.
Der XXII. Psalm.
Dominus regit me.
(K. III, 148; W. V, 1328.)

Psalter Ulenbergs 1582; Münchener Gesangbuch 1586; Corner 1631.

Dieselbe Melodie findet sich auch bei dem Psalm 46: "Wolauff ihr völcker all, Frolocket mit den henden" (K. III, 172).

No. 366.
Mein hertz auff dich thut bawen.
Der XXX. Psalm.
In te Domine speravi.
('K. III, 156; W. V, 1329.)

Psalter Ulenbergs 1582; Münchener Gesangbuch 1586.

Die Melodie ist eine ältere. Triller hat sie in seinem Singebuch (1555) 1559 mit folgendem Text:

„Ein Lied von unzüchtigem leben vnd hurerey, auff die noten, In Dorotheae festo, wie oben, O Gott wir wollen preisen, oder auff den thon, Wolauf ir frome Christen, frewt euch vñ jubiliert ꝛc."

Die Noten zu dem Liede „O Gott wir wollen preisen" im Ton „In Dorotheae festo" bei Triller Blatt T (III) sind andere. Die vorstehende Melodie ist also die des Liedes: „Wolauff jr frome Christen", welches auf verschiedenen Einzeldrucken des 16. Jahrhunderts die Ueberschrift trägt: „Jm Bruder Veits thon". Dieser Ton, sagt Böhme, der im 16. Jahrhundert zahlreichen weltlichen und selbst geistlichen Gesängen vorgezeichnet wurde, hat seinen Namen von einem bis jetzt nicht wieder aufgefundenen Liede, das da anhob

„Gott grüß dich Bruder Veite!
hörst du kein new geschrei"?

Es war scheinbar ein Landsknechtsgesang und vermuthlich ein im Jahre 1515 entstandenes Spottlied der Schweizer gegen die Landsknechte (der Heini wider Bruder Veit), wie von Liliencron annimmt. Daß die obige Melodie der Bruder Veitston sei, beweist Böhme in eingehender Weise in seinem Liederbuche, S. 495 ff.

No. 367.
O Selig, dem der trewer Gott.
Der XXXI. Psalm.
Beati quorum remissae sunt.

(K. III, 157; W. V, 1330.)

Psalter Ulenbergs 1582; Dillinger Gsgb. 1589; Cöln (Quentel) 1599, 1613; Constanz 1600; Andernach 1608; Mainz 1628; Corner 1631; Mainz-Speier 1631; Cöln (Brachel) 1634; Trier 1695; Fulda 1695.

Das Andernacher Gesangbuch hat die vorstehende Melodie dem Hymnus am Kirchweihfeste: „Urbs beata Jerusalem, Jerusalem du selge Statt" zugeeignet.

No. 368.
O Selig ist vor aller Welt.
Der ander Buß-Psalm.
An der Zahl der 31.
Beati, quorum remissae sunt iniquitates.

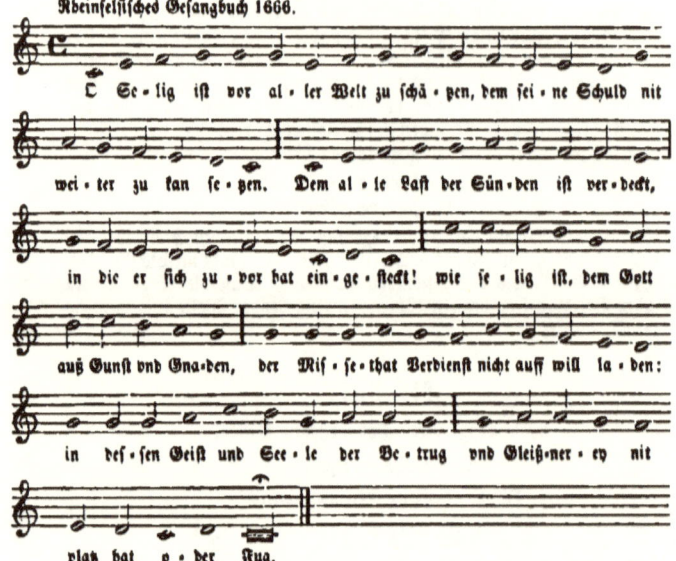

Rheinfelsisches Gesangbuch 1666.

O Se-lig ist vor al-ler Welt zu schä-tzen, dem sei-ne Schuld nit wei-ter zu kan se-tzen. Dem al-le Last der Sün-den ist ver-deckt, in die er sich zu-vor hat ein-ge-steckt! wie se-lig ist, dem Gott auß Gunst vnd Gna-den, der Mis-se-that Verdienst nicht auff will la-den: in des-sen Geist und See-le der Be-trug vnd Gleißner-ey nit platz hat o-der Fug.

Die Melodie ist dem französischen Psalter: Les Pseaumes de David par Cl. Marot et Th. de Beze, Lion 1562, Psalm 32 entnommen. Dort steht sie zu dem Texte: „Bien-heureux ce-luy dont les commises".

No. 369.
Herr geuß deines Eyfers Flammen.
Der dritte Buß-Psalm.
An der Zahl der 37.
Domine, ne in furore tuo.

Rheinfelsisches Gesangbuch 1666.

Herr geuß dei-nes Ey-fers Flammen nicht zu-sam-men ü-ber mich

334 Psalmen.

den Ar-men hier: Sey nicht har-te von Ge-müh-te für die Gü-te,
nimb mich ja so scharff nit für.

Die Melodie ist aus Les Pseaumes de David par Cl. Marot et Th. de Beze, Lion 1562, Psalm 38: „Las! en ta fureur aigue".

No. 370.
Straff mich Herr nicht im eyffermuth.
Domine ne in furore. Der dritte Buß-Psalm.
(K. III, 163.)

Cöln (Brachel) 1619, 1634; Mainz 1628.

Straff mich Herr nicht im eyf-ser-muth, Daß dein Zorn hefftig bren-nen thut,
Züch-tig mich nit im grim-men dein, Umb viel ge-tha-ne Sün-den mein.
Deñ dei-ne Pfeil mit gros-ser Pein, Gar tieff in mich ge-schos-sen sein.

Der Text ist aus dem Psalter Ulenbergs. Die Melodie ist wahrscheinlich irgend einem Volksliede entnommen. Die erste Zeile (bis zum Worte „thut") stimmt wenigstens mit dem Anfange eines niederländischen Volksliedes: „Een boermann had een dommen sin" überein. Das Lied steht bei Böhme a. a. O., No. 82 b.

No. 371.
O Herr mein Got, In dieser not.
Exaudi Deus deprecat. Der LX. Psalm.
(K. III, 186.)

Psalter Ulenbergs 1582 ꝛc. siehe unten.

O Herr mein Got, In die-ser not Thu mein ge-bet er-hö-ren,
Merck auff mein klag, am bö-sen tag, Und nei-ge mir dein oh-ren.

Psalmen.

Die # # stehen bei Ulenberg nicht, sondern erst in den späteren Gesangbüchern. Paderborn 1617 2c.

Die Melodie war eine viel verbreitete. Sie findet sich bei dem folgenden Texten:

1. „Kompt her wer Kron und Jnful trägt, Roth Hut vnd Bischof Stabe" 2c. (K. II, 707; W. V, 1487.) Lied vom jüngsten Gericht aus dem Lateinischen übersetzt von dem Jesuiten Sigismund Bachhammer im Paderborner Gesangbuch 1617. 26 Strophen, bei Corner 1631 noch 14 Strophen mehr.
2. „All Tugend schon viel Ehr vnd Lohn" 2c. (K. II, 632.) Cöln (Quentel) 1619; Brachel 1619, 1634; Neyß 1625; Würzburg 1628, 1649; Mainz 1628; Corner 1631; Molsheim 1659; Corners Nachtigall 1649 ff.; Münster 1677; Trier 1695.
3. „O Gold im Feuer, Gedult wie theuer" 2c. (K. II, 633.) Cöln (Brachel) 1623; Mainz-Speier 1631; Nordstern 1671.
4. „Heiliger Gott Herr Zebaoth" 2c. (Tischlied). (K. I, 33.) bei Corner 1631 und im Mainzer Gesangbuch 1696.

No. 372.
Erbarme Gott, erbarme meiner dich.
Der vierdte Buß-Psalm.
An der Zahl Der 50.
Miserere mei Deus.

Rheinfelsisches Gesangbuch 1666.

Melodie aus Les Pseaumes de David par Cl. Marot et Th. de Beze, Lion 1562, Pſalm 51: „Misericorde au poure vicieux" und 69: „Helas, Seigneur, ie te pri' sauue moy".

No. 373.
Wir wöllen dir, HErr, Lob beweiſen.
Confitebimur tibi, Deus: confitebimur.
Der LXXIV. Pſalm.

Mainzer Pſalter 1658; Nordſtern 1671.

„Nordſtern" hat den Text: „Der Herr hat Sinai umbgeben".

No. 374.
Ach lieber trewer Got.
Der LXXXIII. Pſalm.
Quam dilecta.
(K. III, 209.)

Pſalter Ulenbergs 1582; Paderborn 1617.

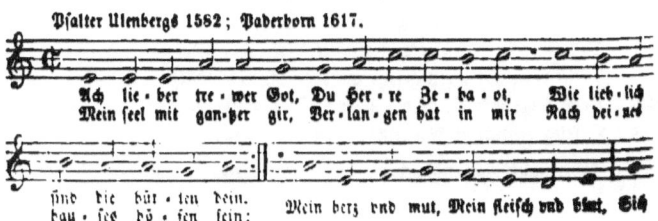

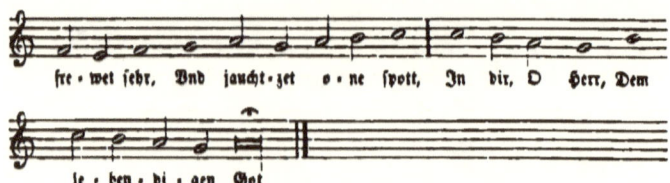

fre-wet sehr, Vnd jauchtzet o-ne spott, In dir, O Herr, Dem le-ben-di-gen Got.

Im Paderborner Gesangbuch steht die Melodie eine Terz höher.

No. 375.
Wer heimlich seine wonestat.
Der XC. Psalm.
Qui habitat in adiutorio.
(K. III, 216.)

Psalter Ulenbergs 1582; Andernach 1608; Paderborn 1617.

Wer heim-lich sei-ne wo-ne-stat Im schuz des al-ler-höch-sten hat,
Der blei-bet si-cher o-ne fahr, In Got-tes Schatten im-mer-dar.

Er spricht zum Her-ren wol-ge-mut: Du bist mein trost vnd hoff-nung gut, Mein hord, mein lie-ber Herr vnd Got, Dem ich wil tra-wen in der not.

Die Melodie steht bei Ulenberg noch zu folgenden Psalmen:
41. „Wie ein hirsch girlich schreien thut ꝛc." (K. III, 167).
67. „Der Herr steh auff gewaltiglich ꝛc." (K. III, 193).
77. „Mein volck hör mein gesetze gut ꝛc." (K. III, 203).
85. „Herr neige mir die oren dein ꝛc." (K. III, 211).
118. „O selig die mit hertzen rein ꝛc." (K. III, 242).

Das Andernacher Gesangbuch hat den Text: „Herr du hast vns ausserkorn" (W. V, 1474).

No. 376.
O Herr! Höre mein Gebette.
Der fünfte Buß-Psalm. An der Zahl der 101.
Domine exaudi orationem meam.

Rheinfelsisches Gesangbuch 1666.

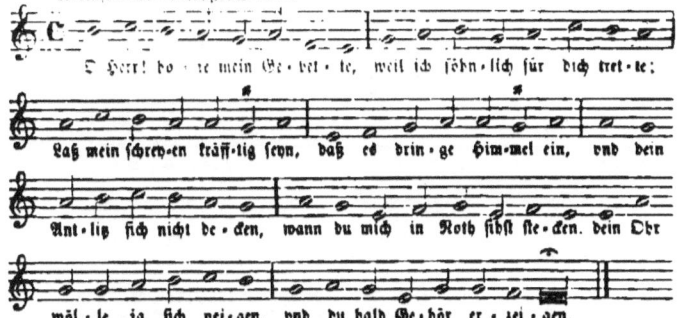

Die # # stehen im Rheinfelsischen Gesangbuche.

Die Melodie ist aus dem französischen Psalter: Les Pseaumes de David par Cl. Marot et Th. de Beze, Lion 1562, Psalm 102: „Seigneur, enten ma requeste".

No. 377.
Wolauff mein seel sag hohen preis dem Herren.
Benedic anima mea Domino. Der CII. Psalm.
(K. III, 228.)

Psalter Ulenbergs 1582; Corner 1631; dessen Nachtigall 1649 ff.

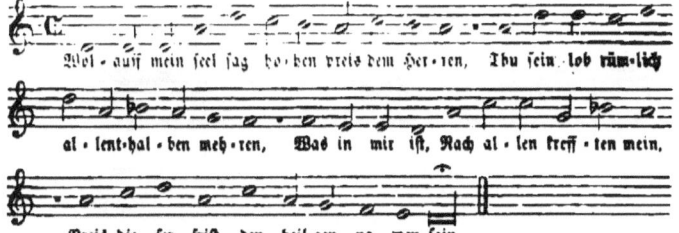

Außerdem steht diese Melodie bei Ulenberg zu folgenden Liedern:
Psalm 24. „Zu dir O Got allein in diesem leben ꝛc." und zu dem Liede „Got vatter, Herr, allmechtig, gros hieroben", welches die Ueberschrift trägt: „des heiligen Aurelij Augustini Psellerlein, welchs er aus den Psalmen Dauits gezogen, vnd der Monica seiner mutter zugerichtet hat" (K. III, 277).

Psalmen.

No. 378.
Zu meinem Herrn hat Gott gesprochen.
Der CIX. Psalm.
Dixit Dominus Domino meo.

Psalmen Davids, Mainz 1658; Nordstern 1671.

Zu mei-nem Herrn hat Gott ge-spro-chen: Sitz an mein rech-te Seit; So lang, biß komm die Zeit, Daß ich mich hab an mei-nem Feind ge-ro-chen.

Nordstern hat den Text: „Der Herr hat meim Herrn zugesprochen".
Der Anfang der Melodie hat Aehnlichkeit mit der Volksweise: „Ich weiß mir ein Blümlein". Vgl. No. 284.

No. 379.
Ihr knechte preiset Got den Herren.
Laudate pueri Dominum. CXII. Psalm.
(K. III, 238.)

Psalter Ulenbergs 1582; Paderborn 1609, 1617.

Ihr knech-te prei-set Got den Her-ren, Thut sei-nen na-men höch-lich eh-ren, Des Her-ren nam sei be-ne-deit, Von nun an bis in e-wig-keit.

Außerdem findet sich diese Melodie bei Ulenberg noch zu folgenden Psalmen:
35. „Es zeugen des gotlosen werck 2c." (K. III, 161).
88. „Mein stimm soll ewiglich erklingen 2c." (K. III, 214).
135. „Preiset den lieben Got einmütig 2c." (K. III, 261).
146. „Nv preiset Got, thut frölich klingen 2c." (K. III, 272).

No. 380.
Ihr Kinder preiset Gott den Herren.
Laudate pueri Dominum. Der 112. Psalm.
(K. III, 238.)

Corner 1631.

Ihr Kin-der prei-set Gott den Her-ren, thut sei-nem Na-men

höch-lich eh-ren, deß Her-ren Nam sey be-ne-deyt, von nun an biß

in E-wig-keit.

Der Text ist aus Ulenbergs Psalter: „Ihr knechte preiset Gott den Herrn."

No. 381.
Nv lobet Got im hohen thron.
Laudate Dominum omnes gentes. Der CXVI. Psalm.
(K. III, 242.)

Psalter Ulenbergs 1582; Dillinger Gsgb. 1589; Cöln (Quentel) 1599; Constantz 1600.

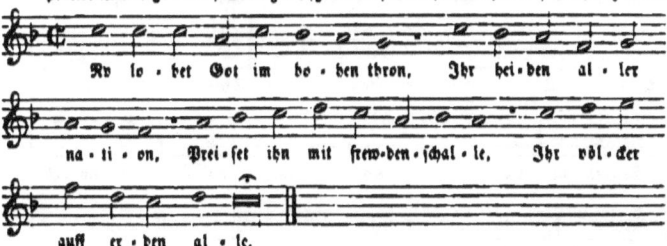

Nv lo-bet Got im ho-hen thron, Ihr hei-den al-ler

na-ti-on, Prei-set ihn mit frew-den-schal-le, Ihr völ-cker

auff er-den al-le.

No. 382.
Ich ruff zu dir mein Herr vnd Gott.
De profundis clamaui. Der CXXIX. Psalm.
(K. III, 255.)

Mainz 1628; Cöln (Brachel) 1634.

Ich ruff zu dir mein Herr vnd Gott, Aus tief-sem Ab-grund

Der Text ist aus dem Psalter Ulenbergs.

No. 383.
In meiner Noth.

De profundis clamavi ad te, Domine. Ps. 129.

Mainzer Psalter 1658; Würzburger Evangelien 1656; Nordstern 1671.

Die Melodie steht in den Würzburger Evangelien bei den folgenden Texten:
Theil I. No. 25: „Herr Jesus sagt den Jüngern: Nehmts in acht ꝛc."
„ III. No. 8: „Es nam zu sich Herr Jesus gnädiglich ꝛc."
„ III. No. 26: „In jener Zeit, Auß großem Hertzenleyd ꝛc."
Im Mainzer Psalter 1658 zu
    Psalm 107: „Es ist bereit, Mein Hertz zu jederzeit ꝛc."
    Psalm 129: „In meiner Noth ꝛc." wie oben.
Einen ähnlichen Text hat auch „Nordstern": „Auß tieffer Noth, vor scham der Sünden roth ꝛc."

No. 384.
Wolan, ihr trewe Knecht.

Ecce, nunc benedicite Dominum, omnes servi Domini.
Der CXXXIII. Psalm.

Mainzer Psalter 1658; Nordstern 1671.

Im „Nordstern" steht zu dieser Melodie der Text: „Schawt nur, ihr Gottes Knecht, dem Herren gebt sein Recht".

No. 385.
Nichts ist an mir verborgen.

Domine probasti me. Der CXXXVIII. Psalm.

A. III, 264.

Psalter Ullenbergs 1582; Münster 1677.

Die # # stehen im Münsterschen Gesangbuche.

Psalmen.   343

No. 386.
Herr, höre mein Gebett vnd Flehen.
Der sibende Buß-Psalm.
An der Zahl der 142.
Domine exaudi orationem meam.

Rheinfelsisches Gesangbuch 1666.

Herr, hö-re mein Ge-bett vnd Fle-hen, gib her dein Ohr, laß Hül-ffe se-hen, merck auff mein Bit-ten in der Zeit, laß gu-te Ret-tung mir ge-sche-ben, nach dei-ner Trew vnd Bil-lich-keit.

Melodie aus Les Pseaumes de David par Cl. Marot et Th. de Beze, Lion 1562, Psalm 143: „Seigneur Dieu, oy l'oraison mienne".

No. 387.
Hör mein gebet du frommer Got.
Domine exaudi orationem. Der CXLII. Psalm.

Cöln (Brachel) 1634.

Hör mein Ge-bet du from-mer Gott, Ver-nimm mein fle-ben in der Noth, Ich bit O Herr in die-sem leid, Durch dei-ne selbst Ge-rech-tig-keit, Durch dei-ne Wahrheit ve-ster treu Hör mich, hab acht auff mein Ge-schrey.

Der Text ist aus dem Psalter Ullenbergs, Psalm 142. (K. III, 268.)

No. 388.

Der Herr Gott Israels sey benedeit.

Das Canticum Zachariae Benedictus Dominus Deus Israel.

(K. III, 91; B. V, 1349.)

Leisentrit 1584.

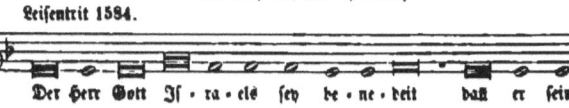

No. 389.

Gelobet sey Gott vnser Herr.

Vff das Fest Johannis Baptiste, auch zu andern zehtten.

(K. II, 623; B. V, 1174.)

Behe 1537; Leisentrit 1567 ꝛc.

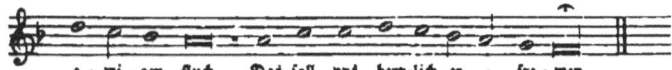

Der Text, von C. Querhamer, ist ebenfalls eine Uebertragung des Lobgesanges des Zacharias „Benedictus Dominus Deus Israel".

No. 390.

Nu laßt im Fried Herr fahren.

Lobgesang des alten Simeons. Nunc dimittis. Luc. 2.

Psalter Ulenbergs 1613 ꝛc. Siehe unten.

Diese Melodie ist aus dem französischen Psalter „Les Pseaumes de David par Clement Marot et Th. de Beze, Lion 1562" in eine spätere Auflage von Ulenbergs Psalmen aufgenommen worden. Sie scheint sehr beliebt gewesen zu sein, denn man findet sie den verschiedensten Texten applicirt.

1. „Au fons de ma pensée", Psalm 130 im französischen Psalter.
2. „O Gott vnd Fürst der Ehren", Geistlicher Triumphwagen, Cöln (Brachel) 1622; Gesangbuch daselbst 1634; Prag 1655; Trier 1695 (W. V, 1505).
3. „Aus disem tieffen Grunde" (6. Bußpsalm von M. Opitz), Rheinfelsisches Gesangbuch 1666.
4. „Mein Seel mach groß den Herren" Magnificat, Rheinfelsisches Gesangbuch 1666; Nordstern 1671; Münster 1677 (K. II, 420).

---

1) Im französischen Psalter steht die Note c statt b.

Litaneien und Rufe.
(No. 391—441.)

No. 391.
Vater im Himel wir deine Kinder.
(Ueberschrift in der Ausgabe 1584.)

Wiederumb ein andere tegliche Litania oder supplication für die gemeine Kirche vnd katholische Christliche samblung, auff die zwei örter oder Chor zu singen, bey Gott vmb gnad vnd barmhertzigkeit anzuhalten vnd trewlich zu bitten, dann Gott sol vns vnd wil teglich von vns in tieffster demut ersucht vnd gebeten sein, auff die wolbekannte Melodey vnd weiß zubrauchen.

(K. II, 629; W. V, 1149.)

Leisentrit 1567 rc.

Primus Chorus.

Ky-ri-e e-lei-son. Chri-ste e-lei-son,

Ky-ri-e e-lei-son.

Secundus Chorus.
Dasselbe.

Primus Chorus.

Va-ter im Hi-mel wir dei-ne Kin-der.
Hör vn-ser schrei-en nit de-ster min-der.

Secundus Chorus.

Bit-ten dich Christ das e-wig Kind.
Ob wir wol nicht vol-kom-men sind.

Litaneien und Rufe. 347

Primus Chorus.

Sich her-ab auff dein heil-ge sam-lung.
Das dein Ehr sey in j-ter hand-lung.

noch 26 Zeilen.

Secundus Chorus Antwortet auff alle negst vorgehende Verß.

O Herr er-barm dich v-ber vns.

Primus Chorus vnd Secundus beschliffen die Litaney wie volget.

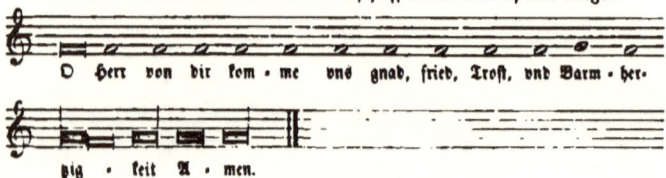

O Herr von dir kom-me vns gnad, fried, Trost, vnd Barm-her-
tzig-keit A-men.

No. 392.

Auff den fall der noth, kan auch diese hernachfolgende Melodey gebraucht werden.

Leisentrit 1584.

Va-ter im Him-mel wir dei-ne Kin-der, bit-ten durch Christ
das ewig Kind hör vn-ser schrei-en nicht de-sto min-der, Ob
wir wol nicht vol-kom-men sind.
Sacerdos: Sich her-ab auff dei-ne hei-li-ge sam-lung,
Chorus: O Herr er-barm dich v-ber vns ꝛc.

348 Litaneien und Rufe.

Nota.

Also immerfort wie oben bis zu dem Amen daselbst, welches sie zugleich mit einander sämptlich singen.

Dieses Lied steht nur in der dritten Auflage des Leisentrit'schen Gesangbuches. Der Text, aus Odae christianae von G. Witzel 1541, ist bereits in Vehes Gesangbüchlein 1537 abgedruckt.

No. 393.
O du Allmächtige Gottheit.
Litaney von der Allerheiligsten Dreyfaltigkeit.
(K. I, 298.)

Mainz 1628; Corner 1631.

No. 394.
Herr Gott Himlischer Vatter.

Ein andere vnnd kürtzere Litaney: Wann man in die Kirchen kombt, mag man nider knyen, vnd denselben Heyligen, wie die Kirchen genennt ist, also anfingen.
Kurtze Litaney.
(K. II, 443.)

Beuttner (1602) 1660; Corner 1631.

Vergleiche dazu die Melodie No. 271 im I. Bande: „Dich Got wir lobn vnd ehren" ebenfalls aus Beuttners Gesangbuch.

No. 395.
Gott Vater der du oben.
(O Haupt voll Blut und Wunden.)

Ein andere schöne andächtige Litaney. Reyhmenweiß.

(K. II, 444.)

Corner 1631; Würzburg 1649; Corners Nachtigall 1649 ff.

Im Würzburger Gesangbuch 1649 steht als Text: „Ein G'schicht hat vns beschrieben Lucas mit trewer Hand, wie Gabriel der Engel von Gott herabgesand, er kam gschwind vnverdrossen, wol in das Jüdisch Land, gen Nazareth verschlossen, da er Mariam fand 2c." Die Melodie ist die des Liebesliedes:

350 Litaneien und Rufe.

„Mein Gmüth ist mir verwirret,
Das macht ein Jungfraw zart;
Bin ganz vnd gar verirret,
Mein Herz das krenkt sich hart.
Hab Tag vnd Nacht kein Ruh,
Führ allzeit große Klag,
Thu stets seufzen vnd weinen,
In Trauer schier verzag."

Aus Hans Leo Haßler, „Lustgarten neuer teutscher Gesänge ꝛc. Nürnberg 1601", No. 24. Bald nachher finden wir die Melodie dem Sterbelied „Herzlich thut mich verlangen nach einem seligen End", von Christoph Knoll, zugeeignet: in „Harmoniae sacrae, vario Carminum Latinorum et Germanicorum genere etc. Görlitz 1613". In Johann Crügers „Praxis pietatis melica 1656" steht sie bei dem Passionsliede: „O Haupt voll Blut und Wunden" (von Paul Gerhardt 1607—1676), dem das lateinische „Salve caput cruentatum" vom h. Bernhard von Clairvaux zu Grunde liegt [W. I, 192 (vii)]. Auch noch andere Lieder des evangelischen Kirchengesanges wie z. B. „Befiehl du deine Wege" (P. Gerhardt) und „Ach Herr mich armen Sünder" (Chr. Schneegaß) tragen diese Weise. Vgl. Böhme, Altdeutsches Liederbuch, No. 220.

In der Trutznachtigal von Spee, Cöln 1649, finden wir dieselbe, rhythmisch und melodisch verändert, zu dem Liede: „O trawrigkeit des hertzen."

No. 396.
Kyrie eleyson.

Ein newer Cath. Christen: ruff, zu der heiligsten Göttlichen Dreyfaltigkeit vmb abwendung alles vbels, Allgemainer Christenhait zu bitten.

(W. V, 1391.)

Hahm von Themar 1584.

Ky-ri-e-ley-son. Du bist ein schöp-ffer des Hi-mels vnd auch der Er-den, wend ab durch dein All-mech-tig-kait, all vn-ser noth. O Herr du bist vn-ser al-ler — Gott.

Das Lied steht als Anhang in: „Drey Gaystliche vnd Catholische Lobgesang ꝛc. Anno Domini 1584, Johañ Hahm".

No. 397.
O Herr Gott Vatter.
Die gantze Litaney Teutsch.
(K. II, 442.)

No. 398.
GOtt vatter in dem himelreich.

Ein andere Letaney oder Rüef zue gott vmb verzeichung der sünden vnd abwendung alles übelß, in nachfolgender aigner Melodia, durch Joan: Koler gemachtt, vnd dar zue deputirt zu fingen.

(B. V, 1443.)

Meisterhandschrift, früher im Besitze von Clemens Brentano, jetzt Ph. *** gehörend. Vgl. Seite 50.

No. 399.
Jesus ist ein süsser Nam.

Letania, von dem aller Hayligisten Namen Jesu. An gewonlichen Creutzgengen zu singen.

(W. II, 1169.)

Haym von Themar 1590.

Je-sus ist ein süf-ser Nam: Vn-ser lie-ben Fra-wen ruf-fen
den Hay-li-gen S. Peter ruf-fen

wir an: Das (Ey) sein wöll vn-ser Gott, Ge-gen dem all-mech-ti-gen
wir an (er)

Gott, Ky-rie ley-son.

Dazu die Bemerkung:

„Also kann die gantz Letaney von allen lieben Gottes Hayligen gesungen werden, vnd allem all angefangen werden ꝛc."

Das Lied ist aus: „Schöne Christenliche Catholisch Weinnächt oder Kinde-
leßwiegen Gesang ꝛc. Durch Johannem Haymen von Themar, Thumherrn
vnnd Priestern Hoherstifft Augspurg 1590".

No. 400.
O Heilandt Herre Jesu Christ.

Ein ander nothwendige Lytaney vor die Leyen, von dem Leben, Leiden vnd
Sterben Jesu Christi ꝛc.

Leisentrit 1584.

O Hei-landt Her-re Je-su Christ, Gi-be vnd gib
zu al-ler frist, mit mund aus her-tzen zu sin-
vnd dein Lob her-für zu brin-gen. Der Priester allein. Dann
vnd deines

Litaneien und Rufe.

No. 401.
Nun ist die Werlet alle zu Gott dem HERREN froh.
Fastengesang.

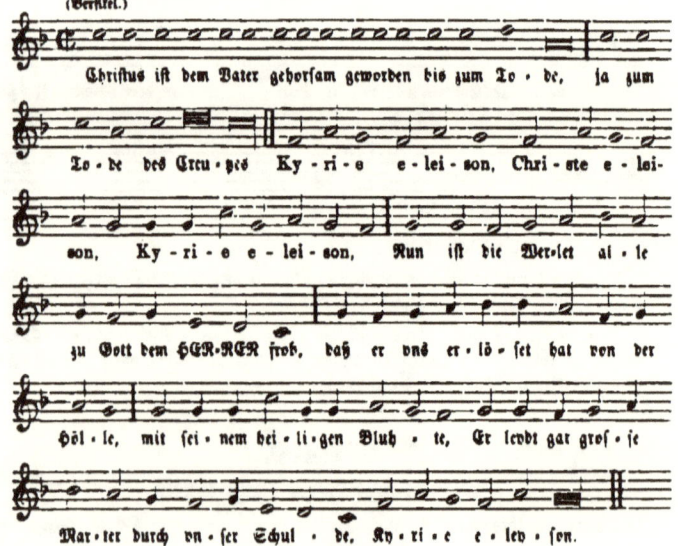

N. B. welches dreymahl soll wiederhohlet werden. Darauf folgt:
  Vers. Gott hat seinen einigen Sohn nicht verschonet.
  R. Sondern für uns alle in den Todt gegeben.
Sodann ein Gebet: O Herr Jesu Christe ꝛc.

  In einem Spiele von der Himmelfahrt Mariae aus der Mitte des 14. Jahrhunderts singen die Heiden, welche von Laien dargestellt werden, das Lied: „Nu ist diu werlt zu gote vil vrô" (Hoffmann, Gesch. d. K. 1861, S. 76 und Mone, Altdeutsche Schauspiele, 1841, S. 32). Sollte in unserm

Das kathol. deutsche Kirchenlied. II.

354 Litaneien und Rufe.

Liebe jener alte Gesang sich nicht erhalten haben? Der Text ist weiter nichts als eine andere Version des Liedes: "Wir danken dir lieber Herre, der bittern Marter dein", oder "Preiß vnd Danck wir sagen, Herr für dein Marter groß", oder "Laus tibi Christe qui pateris" (siehe im I. Bd. S. 294 ff.). Die Melodie ist eine Variante des Liedes "Preiß vnd Danck wir sagen" im Mainzer Cantual 1605. (Man vergleiche die No. 131 im I. Bde.)

No. 402.
O Gott Vatter vom Himelreich.
Litaney vom hochwürdigen Sacrament.
(K. I, 311.)

Text auch bei Corner 1631.

No. 403.
Kyrie eleison, Christe eleison.
Vnser lieben Frawen Letaney, wie man sie im Catechismo oder anderen Büchlein hat.

Cöln (Quentel, 1613, 1599; Andernach 1608; Corner 1631; Mainz-Speier 1631; Corners Nachtigall 1649 ff.; Trier 1695.

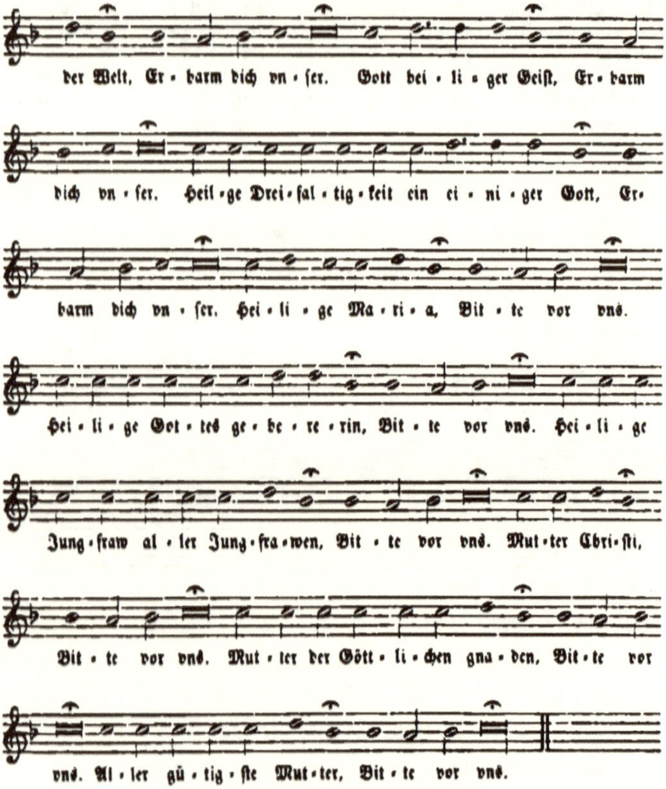
der Welt, Er - barm dich vn - ser. Gott hei - li - ger Geist, Er - barm
dich vn - ser. Heil - ge Drei - fal - tig - keit ein ei - ni - ger Gott, Er-
barm dich vn - ser. Hei - li - ge Ma - ri - a, Bit - te vor vns.
Hei - li - ge Got - tes ge - be - re - rin, Bit - te vor vns. Hei - li - ge
Jung - fraw al - ler Jung - fra - wen, Bit - te vor vns. Mut - ter Chri - sti,
Bit - te vor vns. Mut - ter der Gött - li - chen gna - den, Bit - te vor
vns. Al - ler gü - tig - ste Mut - ter, Bit - te vor vns.

Also die gantze Litaney hinauß.

Je - su Chri - ste, du Sohn des le - ben - di - gen Got - tes, ver - schon
vn - ser, O ____ Herr ____.

Jesu Christe, du Sohn des lebendigen Gottes,
Erhöre uns, O Herr.
Jesu Christe rc., Erbarme dich vnser.

No. 404.
Maria Gottes Mutter.

Volgt ein andere Letaney, Von allen Hayligen Jungkfrawen vnnd Frawen.
(W. V, 1413.)

Haym von Themar 1590.

Ma - ri - a Got - tes Mut - ter, bitt Gott für vns, vnd bitt
Die Hay-lig Jungkfraw S. Bar-bara ꝛc. *
vns vn-sern lie - ben Her - ren Je - sum, dein lie - ben Son,
Ma - ri - ae Son,
Ky - ri - e e - ley - son.

* „vnd so von allen Jungfrawen vñ Martyren".

Das Lied ist aus der Sammlung: „Schöne Christenliche Catholisch Weinnächt oder Kindtleßwiegen Gesang ꝛc. Durch Johannem Haymen von Themar, Thumbuicarier vnnd Priestern ꝛc., Augsburg 1590".

No. 405.
Maria Gottes mutter won vns bey.

Ein andere Letania von der werden Mutter Gottes vnd andern Haylichn Gottes.
(W. II, 685.)

Haym von Themar, Schöne Christenliche Catholisch Weinnächt oder Kindleßwiegen Gesang. Augsburg 1590.

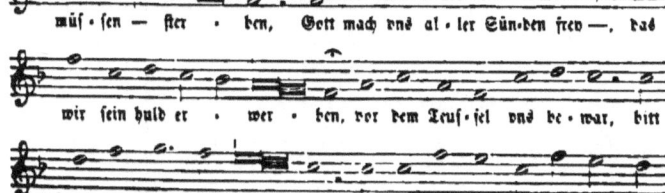

Ma - ri - a Got - tes mut - ter won vns bey —, vnd wenn wir
müs - sen — ster - ben, Gott mach vns al - ler Sün-den frey —, das
wir sein huld er - wer - ben, vor dem Teuf-fel vns be - war, bitt
rai - ne magdt Ma - ri - a, vnd — hilff vns zu der lie - ben

Ein alter Litaneigefang, wie „Gott der Vater wohn uns bey" im I. Bde No. 208. Vergleiche auch das Lied „Sancta Maria bitt Gott für uns" No. 13. In der Crailsheimer Schulordnung vom Jahre 1480 heißt die erste Strophe so:

> Sancta Maria ste vns bej
> so wir sullen sterben.
> Mach vns aller sunden frej
> vnd lass vns nicht verderben.
> R. Vor dem teufel vns bewar,
> rayne magt Maria,
> hilff vns an der engel schar,
> so singen wir alleluia.
> R. Alleluia singen wir
> got dem herren zu lone
> das er vns in seyner ewickait
> mit dem himel krone.
> Alleluia, alleluia, alleluia, alleluia.

(Mitgetheilt von Prof. Dr. Crecelius in Birlingers Alemannia III. 3.)

No. 406.
Kyrie eleison, Christe eleison.

Die Litaney der Heiligen, so im Catechismo begriffen zu singen.

(K. II, 441.)

Cöln (Quentel) 1613, 1599; Mainz-Speier 1631.

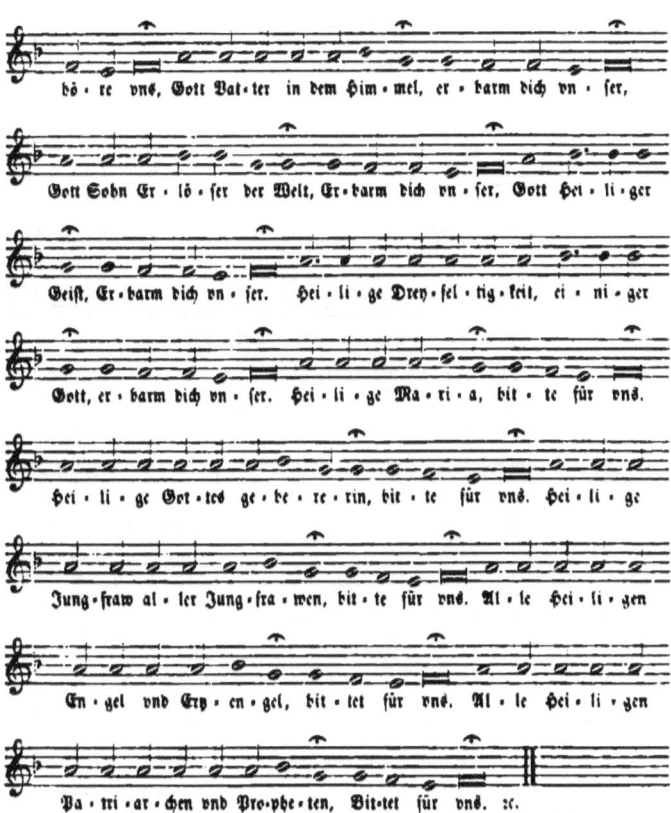

Also magstu nach dieser weiß die gantze Litaney absingen.

Litaneien und Rufe. 359

No. 407.
Kyrie eleyson.
Litaney zu allen Heiligen.

No. 408.
Heiliger N. bitte Gott für uns.

Vergleiche die Litaneigesänge No. 13 und 405 in diesem Bande und No. 208 im I. Bande.

No. 409.
O Lieber Herr S. Peter.

Andere Letania, von den Hayligen Aposteln, Martyrern vnd Beychtigern.
(D. V, 1412.)

Haym v. Themar, Schöne Christenliche Catholisch Weinnächt oder Kindtleßwiegen Gesang, Augsburg 1590.

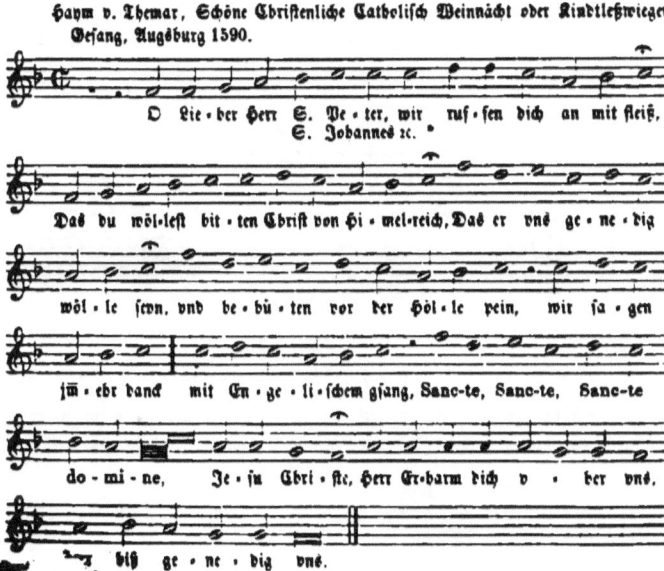

" „vnd also von allen Hayligen".
Der Anfang der Melodie hat Aehnlichkeit mit dem Liede: „Es wolt gut Jäger jagen" (I. Band No. 11).

No. 410.
Sanct N. lieber Herre mein.

Ein anders, wie die Kirchen nach den Heyligen genennet ist, mag man denselbigen also anruffen, oder grüssen.

Patron Ruff.

Beuttner (1600) 1660.

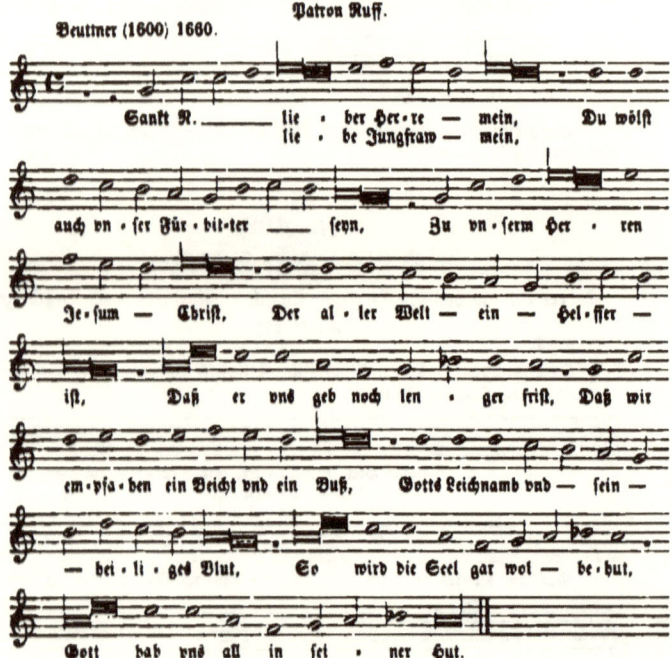

Sanct N. _____ lie - ber Her - re — mein, Du wölst
lie - be Jungfraw — mein,
auch vn - ser Für - bit - ter _____ seyn, Zu vn - serm Her - ren
Je - sum — Christ, Der al - ler Welt — ein — Hel - ffer
ist, Daß er vns geb noch len - ger frist, Daß wir
em - pfa - hen ein Beicht vnd ein Buß, Gottes Leichnamb vnd — sein
hei - li - ges Blut, So wird die Seel gar wol — be - hut,
Gott hab vns all in sei - ner Hut.

No. 411.
Kyrieleison singen wir.

Die Letaney der Kirchen auf das vleissigest ruefs weiß in folgender aigner melodey zu singen zusamen bracht per Vitum Lauch: pas: in Dach:

(W. V, 1434.)

Kolers Ruefbuechl 1601.

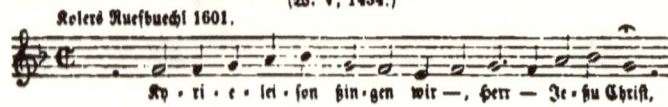

Ky - ri - e - e - lei - son sin - gen wir —, Herr — Je - su Christ,

Der Verfasser ist Vitus Lauch, Pastor in Dachau. Papierhandschrift früher im Besitze von Clemens Brentano, jetzt Ph. Nathusius zugehörend. Siehe S. 50.

No. 412.
Gotte zu Lob so wollen wir singn.

Das gantze Leben Christi in eim einfältigen gar alten Ruff begriffen.

(W. II, 1184; K. I, 368.)

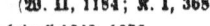

Corner 1631, dessen Nachtigall 1649, 1676.

No. 413.
Auff hertter erdt klagt sich ein heldt.

Ein schoner geistlicher Rüef von dem anfang der erlößung menschlichen geschlechts.

(W. V, 1436.)

Kolers Ruefbuechl 1601.

Papierhandschrift früher Clemens Brentano zugehörend, jetzt in den Besitz von Ph. Nathusius übergegangen. Siehe S. 50.

Das Lied No. 7 im I. Bande: „Aus hertem wee klagt menschlichs Geschlecht" ist hier zu einem Rufe verarbeitet worden.

Vgl. dazu das Wächterlied „Aus hertem we klagt sich ein held, in strenger hut verborgen" 2c. (bei Böhme No. 111).

No. 414.
Vns ist ein kindelein geborn.

Ein schöner geistlicher Ruef von der menschwerdung vnd freudenreichen geburth, auch leben vnd miracklen vnsers herren Jesu Christi 2c.
(B. V, 1411.)

Papierhandschrift 2c. Siehe S. 50.

No. 415.
Nvn merckett auf, ihr christen fein.

Das Euangelium Joannis am ersten capittel.

Im anfang war das worth 2c. durch ainen catholischen Priester Michaelem Seidl in ruefs weiß gestellt, welches in folgender Melodia füeglich mag gesungen werden.
(B. V, 1435.)

364 Litaneien und Rufe.

Vergleiche dazu die Melodie No. 275 im I. Bande. Papierhandschrift ꝛc. Siehe S. 50.

No. 416.
Die Heiligen drey König mit ihrem Stern.
Stern Lied.
(W. II, 923.)

Paderborn 1617; Geistliche Nachtigall, Erfurt 1666.

Die Hei-li-gen drey Kö-nig mit ih-rem Stern, die kamen her aus Morgen-land fern.

Wackernagel setzt das Lied in das 15. Jahrhundert. Text auch bei Hoffmann a. a. O., No. 260.

No. 417.
Vnd JEsus ist ein süesser Nam.
Der Oelberg Rueff.
(W. II, 1202.)

Beuttner 1602 (1660).

Vnd JEsus ist ein sües-ser — Nam, Vnd Jesus ist ein sües-ser — Nam, Die Jung-fraw Ma-ri-a ruf-fen wir an.

Litaneien und Rufe.

No. 418.
Da Jesus zu Bethania was.
Ein ander Ruff.
(B. II, 1208.)

Obsequiale Eccl. Ratisb. 1570.

No. 419.
Da Gott der herr sein erstes bluet vergoß.

Ein schöner andechtiger Ruef von den siben bluetvergießungen Jesu Christi, durch Joan: Koler von Neuen gemacht, vnd in seiner alten nachfolgenden Melodie zu singen geordnet worden.

(B. V, 1424.)

Kolers Ruefbuechl 1601.

Papierhandschrift ꝛc. Siehe S. 50.

No. 420.
Das erste Blut das Christus vergoß.
Siben Blutvergiessung, wider die siben Todtsünden.
(B. V, 1447.)

Beuttner (1602) 1660.

No. 421.
Nun singt mit mir ihr Christen schon.

Ein schöner geistlicher ruef von den siben tagzeitten, was Christus in denselben gelitten in volgender aigner melodie zu singen.

(W. V, 1440.)

Papierhandschrift ꝛc. Siehe S. 50.

Vergleiche dazu die Melodie zu dem Liede: „Es floß ein Rose vom Himmel herab" No. 138 im I. Bande.

No. 422.
Merckt ihr die grosse Marter.
Marter Rueff.

No. 423.
In Gottes namen so fangen wir an.

Ein schöner geistlicher Rüef von der angst vnd bluetigem schwaiß Christi Jeßu, so er am antlaßtag am ölberg geschwiht. Durch den Ehrwürdigen Herrn Philippum Dobereiner gemacht, vnd in folgender aigener Melodia durch Joan Koler darzu gemacht zu singen.

(W. V, 1433.)

Papierhandschrift früher im Besitze von Cl. Brentano, jetzt Eigenthum von Ph. Nathusius. Siehe S. 50.

No. 424.
Mit gott so wölln wir fangen an.

Die historia des leidens vnd sterbens Jeßu Christi, auf das kürtzest auß den 4. evangelisten gezogen in nachgeschribener oder in seiner alten gemainen melodey zu singen.

(W. V, 1322.)

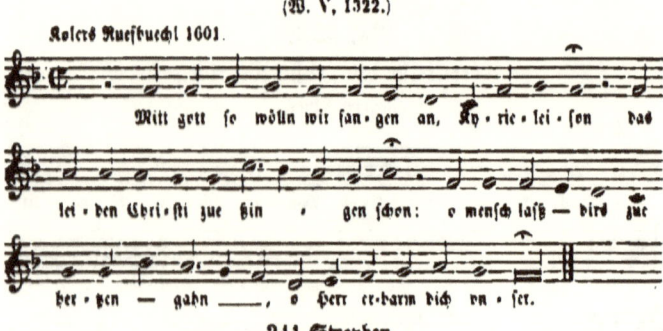

241 Strophen.

Papierhandschrift zc. Siehe S. 50.

No. 425.
In Gottes Namen heben wir an.

Passion, oder das allerheyligist bitter leiden vnd sterben Jhesu Christi zc., auß den vier Hey: Evangelisten genommen vnd Reimenweiß in ein Cath. Creützgesang" gemacht worden, zuvor inn Truck nye außgangen, vnd inn beigetruckter Melodey, gar andechtig zu singen Durch einen Cath. Priestern zc. Anno Dominij 1581. Johan Haym.

(B. V, 1321.)

Haym von Themar 1581.

In Got-tes Na-men he-ben wir an,
das sey-den Chri-sti zsin-gen schon: O Mensch laß dich
zu Her-tzen gohn.

No. 426.
Vnd JEsus gieng ein harten Gang.
Zerstörung Jerusalem.
(B. II, 1204.)

Beuttner (1602) 1660.

Vnd JE-sus gieng ein har-ten Gang, O — rei-cher Gott:
Zu sei-ner Mar-ter die — gwerth lang: O rei-cher Gott
hilff vns auß Noth.

No. 427.
Da JEsus in den Garten gieng.
Bitt Rueff.
(B. II, 1193.)

Beuttner (1602) 1660.

Da JE-sus in den — Gar-ten gieng. HErr Je-su Christ,

Litaneien und Rufe.

No. 428.
Da Gott der herr in gartten eintradt.
Ein anderer rüef auß dem leiden Christi gezogen in folgender melodia zu singen.
(D. V, 1439).

Kolers Ruefbuechl 1601.

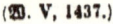

Papierhandschrift ꝛc. Siehe Seite 50.

No. 429.
Zu singen wöllen wir fangen an.
Ein anderer ruef von dem leiden vnd sterben Jesu Christi ꝛc.
(D. V, 1437.)

Kolers Ruefbuechl 1601.

Papierhandschrift früher im Besitze von Clemens Brentano, jetzt Ph. Nathusius zugehörend. Siehe Seite 50.

Das kathol. deutsche Kirchenlied. II.   24

Litaneien und Rufe.

No. 430.
Erstanden ist der heilig Christ.

Ein anderer rüef von der frölichen aufferstehung Christi in folgender Melodey zue singen.

(B. V, 1442.)

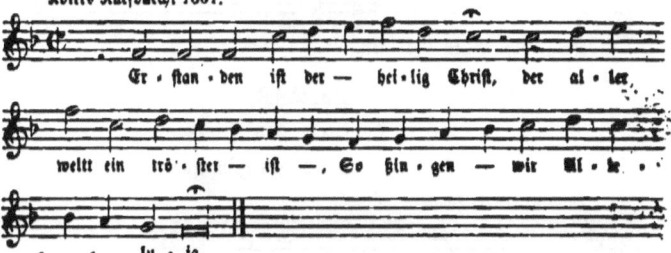

Papierhandschrift früher im Besitze von Clemens Brentano, jetzt Ph. Mathusius zugehörend. Siehe Seite 50.

No. 431.
Die weltt soll billich frölich sein.

Ein schöner geistlicher ruef von der glorwürdigen vnd freudenreichen [aufer]stehung Jesu Christi ꝛc.

(B. V, 1441.)

Papierhandschrift früher im Besitze von Clemens Brentano, jetzt Ph. Mathusius zugehörend. Siehe Seite 50.

Litaneien und Rufe. 371

No. 432.
NBn singet all mit reichem schall.
Oster Rueff von S. Thoman.
(K. I, 240.)

Beuttner (1602) 1660; Corner 1631.

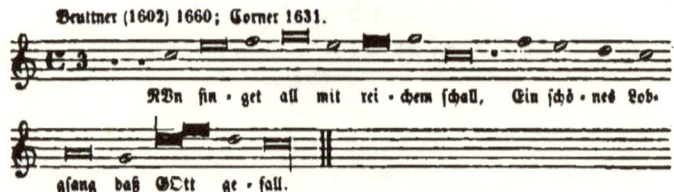

No. 433.
Christ der fuhr gen Himmel.
Ein anders Gesang zur Himmelfahrt.

Beuttner (1602) 1660.

Die Melodie hat Aehnlichkeit mit den Liedern „Freu dich du Himmelskönigin" und „Königin im Himmel". Vgl. No. 9 und 10.

No. 434.
Wol in dem Namen Jesu Christ.
Paßau Rueff, von Gotts Leichnamb.
(K. I, 335; M. II, 1277.)

Beuttner (1602) 1660.

Corner (1631) hat das Lied ohne Melodie.

24*

No. 435.
In Gottes Namen so wöllen wir fahren.
Ingolstatt Rueff von Gotts Leichnamb.
(K. I, 334; W. II, 1276.)

Beuttner (1602) 1660.

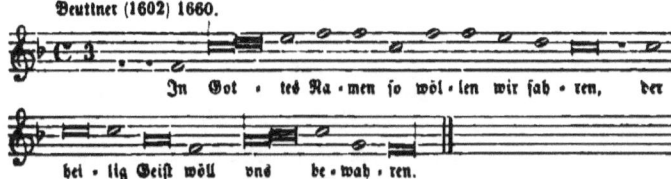

No. 436.
Was wölln wir aber heben an.
Vom Acker: oder Säman.
(K. II, 646; W. V, 1551 und IV, 1553.)

Beuttner 1602 (1660).

Die Melodie, welche bei Wackernagel IV, 1553 zu diesem Rufe angegeben wird (Dreiliederdruck, Nürnberg durch Friedrich Gutknecht) „Im thon, die Welt die hat einen thumen mut" ist nicht die obige. (Vgl. Böhme No. 82ᵃ.)

No. 437.
Gott der Himmlisch Vatter.
Weinstock Rueff.

Beuttner 1602 (1660).

No. 438.
Da JEsus Christ auff Erdenreich gieng.
Fünff Gersten Brodt.
(K. II, 644; D. II, 1206.)

Beuttner (1602) 1660.

Der Text steht auch bei Corner 1631, mit der Angabe „Im Thon: Singet zu Gott mit Lobesschall". Vergleiche diese Melodie im I. Bande No. 268, ferner das Lied „Von deinetwegen seynd wir hie" No. 180 in diesem Bande.

No. 439.
In Gottes Namen so heben wir an.
Sontag Rueff.
(D. II, 1203.)

Beuttner (1602) 1660.

No. 440.
Mitt gott so wöln wir fangen an.
Die historia vom reichenn man vnd armen Lazaro, Lucae am 16. capittel beschriben, Durch Joan. Koler in villen verßen corrigirt, vnd mehr alß halben thail augirt, in folgender Melodia zueßingen.
(D. V, 1429.)

Koler 1601.

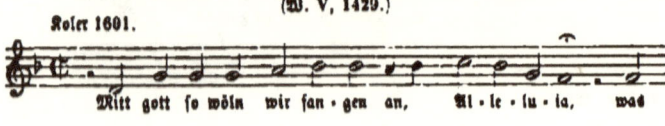

vnß Lu-cas be-schribn hat than, O junck-frau muetter Ma-ri-a.

Papierhandschrift früher im Besitze von Clemens Brentano, jetzt Ph. Nathusius angehörend. Siehe Seite 50.

In anderer Form steht der Ruf in „Schöne Christliche Creutz vnd Kirchen Gesänger", Straubing 1615: „So wöllen wir aber heben an zu singen von einem armen Mann" ꝛc. und bei Corner 1631: „Es war einmal ein reicher Mann, mit Sammet vnd Seyden angethan" ꝛc.

No. 441.
Es war einmal ein Reicher Mann.
Vom reichen Mann vnd armen Lazaro.
(K. II, 645; W. V, 1431.)

Beuttner (1602) 1660; Corner 1631.

Es war ein-mal ein Rei-cher Mann, Es war ein-mal ein Rei-cher Mann, mit Sam-met vnd Sey-den an-ge-than.

Auch in protestantischen Gesangbüchern finden sich Lieder gleichen Anfanges (W. III, 206; IV, 124), die aber auch nur diese Zeilen mit dem unsrigen gemein haben.

Anhang.

Mehrstimmige Lieder.

1) 6 Lieder aus dem **ersten** mehrstimmigen katholischen Gesangbuche, welches folgenden Titel führt:

Catholisches Gesangbuch Auß vnterschiedlichen, von der Römischen Catholischen Kirchen approbierten Gesangbüchern, von allerley Tugentgesäng vnnd Bußpsalmen colligirt, welche in Processionibus, Creutzgängen, Wallfahrten bey der H. Meß, Predig vnd Kinderlehr zu gebrauchen. Sampt etlichen Lateinischen vnd Teutschen Hymnis oder Lobgesängen, auff Sonn- vnd fürnehme Festtäg deß gantzen Jahrs, neben den gebreuchlichen Tonis Vespertinis, vnnd Lytania B. Mariae Virg: etc.

Mit 4 Stimmen componirt, in welchen der Discant allzeit führet den Choral. Durch Joann Degen Sacellanum ad D. Martini Bambergae. Getruckt zu Bamberg, durch Augustinum Crinesium. Anno 1628. Cum gratia & priuilegio Caes: Maiestatis.

2) 1 Lied aus dem Paradeißvogel, Ingolstatt 1613 (vgl. S. 31, No. 49).

3) 5 Psalmen zu 4 Stimmen von Goudimel aus dem Buche: Les Pseaumes mis en Rime Françoise par Clement Marot et Theodore de Beze. Mis en Musique à Quatre parties par Claude Goudimel. Par les heritiers de François Jaqui 1565 (vgl. S. 45).

4) 4 Psalmen zu 4 Stimmen von Conrad Hagius nach den Melodien des Ulenberg'schen Psalters aus dem Werke: Die Psalmen Dauids, Wie die hiebevor in allerley art Reymen vnd Melodeyen, durch Herrn Casparum Vlenbergium in Truck verfertigt, newlich abgesetzt, vnd allen anfangenden Schülern der Music zu dienst einfeltig mit vier Stimmen zugerichtet: Durch Cunradum Hagium Rinteleum, Dieser zeit des durchleuchtigen, Hochgeboren Fürsten vnd Herrn, Herrn Johans Wilhelmn, Hertzogen zu Gülich, Cleue vnd Berg, Grauen zur Marck vnnd Rauensberg, Herrn zu Rauenstein, ꝛc. Musicum. Werdet voll des Heiligen Geistes vnd redet vntereinander von Psalmen vnd Lob, vnd Geistlichen Gesengen, Singet vnd Lobsinget dem Herrn in ewren hertzen. Ephes. 5. Getruckt zu Düsseldorff durch Albert Buyß, im jahr nach Christi geburt, funffzehenhundert neun vnd achtzig. Andere Auflage 1606. (Vgl. I. Band von Meister, S. 44.)

5) 12 Lieder aus dem vierstimmigen Psalteriolum Harmonicum, 1642. (Vgl. S. 36, No. 81.)

Anmerkung. Die Zeichen ♯ und ♭ gelten nur für den nachfolgenden Accord. Diejenigen, welche frei über den Linien stehen, finden sich in späteren Ausgaben des französischen Psalters (Herborn 1622 u. 1686); dagegen sind die in ( ) stehenden von mir hinzugefügt worden. Die geschwärzten Noten des Originals habe ich mit herübergenommen; sie zeigen nur eine Umkehrung des Rhythmus an: also

♩♦ = ♩♩ anstatt ♩♩

Dagegen habe ich die Ligaturen des Originals nur in der Auflösung mitgetheilt.

No. 1.
Die schrift die gibt vns weiß vnd lehr.

No. 2.
Ave Maria gratia plena.

No. 3.
Der erste Bußpsalm.

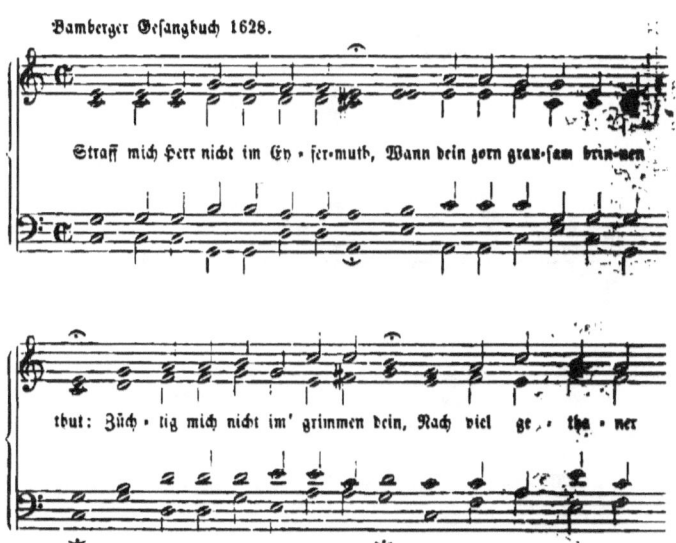

No. 4.
Der zweite Bußpsalm.

Bamberger Gesangbuch 1628.

380 Anhang.

No. 5.
Der vierde Bußpsalm.

Bamberger Gesangbuch 1628.

Vergleiche die Melodie in No. 346.

No. 6.
Ihr Christenmenschen alle.

Bamberger Gesangbuch 1628.

382 Anhang.

No. 7.
Alle Tage sing vnd sage.

Paradeißvogel. Ingolstadt 1613.

Vgl. No. 19 II und IV. Melodie im Tenor.

No. 8.
Psalm 6.
Vgl. No. 362.

Goudimel 1565.

Mehrstimmige Lieder. 383

Melodie im Tenor.

No. 9.
Psalm 38.
Vgl. No. 369.

Goudimel 1565.

1) Spätere Ausgaben (Herborn 1622 und 1666) haben hier a statt f. Die Melodie liegt im Tenor.

No. 10.
Psalm 102.
Vgl. No. 376.

Mehrstimmige Lieder.

Melodie im Tenor.

Im Original steht der Psalm um eine Terz tiefer.

No. 11.
Psalm 130.
Vgl. No. 390.

386 Anhang.

Melodie im Tenor.

No. 12.
Psalm 143.
Vgl. No. 386.

Melodie im Tenor.

No. 13.
Psalm 6. Domine ne in furore.

Melodie im Tenor.

No. 14.
Psalm 90. Qui habitat in adiutorio.

Conrad Hagius 1589.

Melodie im Discant.

No. 15.
Psalm 116. Laudate Dominum omnes gentes.

Anhang.

Melodie im Tenor.

No. 16.
Psalm 148. Laudate Dominum de coelis.

Melodie im Tenor.

No. 17.
Dich fraw vom Himmel.

Psalteriolum 1642.

Dich fraw vom Him-mel ruff ich an, in angst vnd gros-sen
Dan ich bey Gott kan nicht be-stahn, weil ich mis-braucht die

No. 18.
Ein Jungfraw zart von edler art.

Psalteriolum 1642.

No. 19.
Maria jung vnd zart.

Psalteriolum 1642.

No. 20.
Aue Maria klare.

Psalteriolum 1642.

No. 21.
Gegrüßet seystu.

No. 22.
O Königin gnädigste fraw.

Psalteriolum 1642.

396 Anhang.

No. 23.
Aue Maria du Himmelkönigin.

Psalteriolum 1642.

Mehrstimmige Lieder. 397

No. 24.
O ihr schutzengel alle.

No. 25.
O ihr freund Gottes.

No. 26.
Laurius mit schmertzen.

No. 27.
Wacht auff ihr schöne vögelein.
Ein geistliches Lied aus Spee's Trutznachtigall.

Psalteriolum 1642.

No. 28.
Laſt uns das kindlein wiegen.

Register der deutschen Texte und Melodien.

(S. = Seite; sonst ist die Nummer gemeint.)

Ach bei dem Kreuz Maria steht. S. 133.
Ach Gott, mein Gott, ich bitte dich. S. 233.
Ach Gott und Herr. 264.
Ach Gott Vater, du mein Bitt erhöre. 343.
Ach Gott vernimm doch meine Bitt. S. 315.
Ach Gott vom Himmel sieh darein. 323, S. 278.
Ach Gott wie viel sind meiner Sünd. 262.
Ach Herr dein Ohren neig. 275.
Ach Herre Gott, könnt ich. 71.
Ach Herr ich klag. S. 307.
Ach Herr mich armen Sünder. S. 350.
Ach hilf uns, o Herr Jesu Christ. 277.
Ach hülf mich Leid und sehnlich Klag. 256.
Ach liebe Christen seid getrost. 287.
Ach lieber treuer Gott. 374.
Ach Vater unser, der du bist. 202, II.
Ach Vater unser in's Himmelsthron. S. 148.
Acht Tage waren schon gelitten. 215.
All Augen hoffen in dich Herr. 251 ff.
All Tugend schön, viel Ehr. S. 335.
Alle Creaturen loben. S. 229.
Alle Tage sing und sage. 19 ff. S. 382.
Allein auf Gott setz dein Vertraun. 286.
Allein Gott in der Höh sei Ehr. 291.
Allein zu dir, Herr Jesu Christ. 268.
Allerbarmherzigster Herre Gott. 260.
Allzeit ist sehr gut und hoch. S. 160.
Als der Pfingsttag kommen war. 219.
Als einmal beisammen waren. 354, I.
Als Herodes gestorben. S. 229.
Als ich war mit Angst umgeben. S. 322.
Als Jesus Christ geboren war. 212.
Als Jesus Christus unser Herr. 107.
Als Jesus gienge an den Strand. S. 228.
Als in der Zeit viel Leut. 232.
Als Johannes zu Christo sandt. S. 234.
Als Maria die Jungfrau rein. 38.
Als Maria nach dem Gesetz. S. 110.
Als nun vollendet und sich geendet. 217.
Als S. Catharina ein Christin. 162.
Am Sabbat früh Marien drei. S. 240, S. 281.
An jenem Tag nach Davids Sag. 354, III.
Auf, auf mein Kind. 236.
Auf harter Erd klagt sich. 413.
Aus diesem tiefen Grunde. S. 345.
Aus großer Angst und tiefer Noth. S. 299.
Aus hartem Weh klagt. S. 269, S. 363.

Aus Herzens Grund schrei ich. 273, 274.
Aus meines Herzens Grunde. 237, S. 82.
Aus tiefer Noth schrei ich zu dir. S. 214, S. 268.
Aus tiefer Noth, vor Scham. S. 311.
Ave Maria, du Himmelskönigin. 64, S. 396.
Ave Maria gratia plena, der Engel. 35, II.
Ave Maria gratia plena, dich über uns Armen. S. 105.
Ave Maria gratia plena, so grüßen die Engel. 35, S. 377.
Ave Maria Jungfrau zart. 31.
Ave Maria klare. 15, S. 84, S. 393.
Ave Maria klarer Meerstern. 8, S. 80.
Ave Maria voller Gnad. 20 ff.

Barmherziger, ewiger Gott dir klag ich. 259.
Barmherziger, ewiger Gott uns dankbar. 195.
Befiehl du deine Wege. S. 350.
Bei deiner Kirch erhalt uns. 316.
Bei guter Zeit dich schlafen leg. 249.
Beid Haupt und Leib. 187, S. 295.
Beim Kreuz mit Lieb und Leid. 30.
Betracht mit Fleiß, o frommer Christ. 318, S. 274, S. 297.
Bis gegrüßt du Meerstern. 7.
Bis gegrüßt o Maria, du schöne. S. 80.
Blutzeug Christi, Quintine. 139.

Cäcilia, die Jungfrau zart. 160.
Christ, der du bist Licht und Tag. 246.
Christ, der Engel Zier. S. 234.
Christ der fuhr gen Himmel. 433.
Christ, der Herr, sein Jünger fragt. S. 235.
Christum vom Himmel ruf ich an. S. 126.
Christus der ist mein Leben. 337.
Christus in diese Welt ist kommen. 231.

Da Christ sein Jünger warnen. 229.
Da es des Sabbats Abend war. S. 233.
Da Gott, der Herr, auf Erden gieng. 209.
Da Gott, der Herr, in Garten eintrat. 429.
Da Gott, der Herr, Mensch wollt werden. 43.
Da Gott, der Herr, sein erstes Blut. 112.
Da Gott, der Herr, zur Marter trat. S. 224.
Da Jesus Christ war Erdenreich. 438.
Da Jesus setzt in den Tod. 226.
Da Jesus in den Garten gieng. 427.
Da Jesus, Schöpfer aller Ding. 230.

402 Register der deutschen Texte und Melodien.

Da Jesus zu Bethania war. 118.
Da kommen sollt der Welt Heiland. S. 150.
Damals sprach unser Herr. 210.
Dank sei Gott in der Höhe. 245.
Danket dem Herrn, denn er ist. 254.
Das erste Blut, das Christus vergoß. 420.
Das ist Mariae güldner Rosenkranz. 89.
Das sind die heiligen zehn Gebot. 206, 207.
Das walte Gott in seinem Thron. 142.
Das Wort Ave süß und gute. 36.
Dein g'sund mein freud. S. 273, S. 297.
Dein keusches jungfräuliches Leben. 167.
Dem alle Ehr und Lob gebührt. 47.
Den die Erde, das Meer. S. 113.
Den Erde, Meer und Himmel all. S. 113.
Den Erde, Meer und Luft. S. 113.
Den Erd, Meer und des Himmelsthron. S. 113.
Den Himmel, Erd und tiefes Meer. 47, II.
Den lieben Sanct Johannes. 102.
Deonotus in England. 175, II.
Der auf Gott sein Hoffnung setzt. S. 231.
Der bloße Buchstab schafft. 159.
Der du das Licht bist. S. 247.
Der Fried unsers Herren Jesu Christ. 178.
Der Glaub in Lieb so thätig ist. 190.
Der Glaub ist ein beständig Hab. 158.
Der grimmig Tod mit seinem Pfeil. 329, S. 258.
Der heilig Herr Sanct Wolfgang. 143.
Der Herr Gott Israels sei gebenedeit. 388.
Der Herr hat meinem Herren. S. 339.
Der Herr hat Sinai umgeben. S. 336.
Der Herr ist mein getreuer Hirt. 289.
Der Herr steh auf gewaltiglich. S. 337.
Der Herre ist mein treuer Hirt. S. 252.
Der Himmel jetzt frohlocken soll. 109, S. 157.
Der jüngste Tag ein großer Tag. S. 323.
Der König wird, Herr, wohlgemut. 364.
Der letzte Tag nun kommen wird. 354, IV.
Der liebe Tag kommt nun herbei. S. 273.
Der Mensch ist recht selig und fromm. 256a.
Der oberst Richter Christus. 352.
Der starke Gott im Himmelreich. S. 329.
Der Tag bricht an und zeiget sich. S. 133.
Der Welt Freud Jesus und Maria. 44.
Der Welt Hoffnung Maria schön. 77.
Derjenig Tag des Zorns. 354, II.
Des Tages Licht kommt jetzt. 232, II.
Dich edle Königin wir ehren. 17.
Dich Frau vom Himmel ruf ich an. 61. S. 123, 391.
Dich Gott vom Himmel ruf ich an. S. 126.
Dich heiligen Alban grüßen wir. 138.
Dich Himmelskönigin wir ehren. S. 59.
Dich Mutter Gottes rufen wir an. 61,a.
Die Engel singen süßen Sang. 55.
Die erste Freud, die Maria. 24.
Die ersten Menschen Gott, der Herr. 118.
Die G'schrift — Die Schrift.
Die heiligen drei König mit ihrem Stern. 416.
Die heilig Jungfrau S. Barbara. 166.

Die Hirten sprachen in der Zeit. 211.
Die Königin von edler Art. 22, I.
Die Liebe Gottes alles Leid. 116.
Die Menschen wahrlich selig sind. 303.
Die Mutter stund, herzlich verwund. 29.
Die Nacht ist kommen, drin wir. S. 290.
Die Schrift gibt uns Bericht und Lehr. 84.
Die Schrift gibt uns Weis' und Lehr. 84. S. 376.
Die Schrift zeigt uns an klar. 227.
Die Welt hat einen dummen Muth. S. 372.
Die Welt soll billig fröhlich sein. 431.
Dies sind die heilgen — Das sind.
Diesen Tag wir feiern wollen. 37.
Dieweil des Tages Licht hergeht. 232.
Dieweil die Sonn jetzt bringt heran. 232, II.
Dionysius — Dionetus.
Dionysium muß preisen. 137.
Dort oben in des Himmels Thron. 145.
Du hast uns nun verstoßen Herr. S. 115.
Durch Adams Fall ist ganz verderbt. 258a.

Ob daß vergeht des Tages Schein. 247, II.
Ehr sei Gott in der Höhe. 253.
Ehrwürdiger der Martyrer. 120.
Eia, du liebe Seele mein. S. 115.
Ein edler Schatz der Menschen ist. 22.
Ein G'schicht hat uns beschrieben. S. 349.
Ein Jungfrau zart, von edler Art. 21 ff. S. 392.
Ein Knecht der's Herren Willen. 315.
Ein Mensch hieß Nikodem. 221.
Ein neues Licht ist entsprossen. 144.
Ein Pharisäer damals trat. S. 227.
Ein Schäflein auserkoren. 266.
Ein Verbum bonum. S. 106.
Einmal thet ich spazieren. S. 275.
Entlaubet ist der Walde. S. 245.
Erbarm sich unser Gott, der Herr. 276.
Erbarme Gott, erbarme meiner dich. 372.
Erhalt uns Herr bei deinem Wort. S. 296.
Erhör, o Gott, die Klage mein. S. S. 159, 315, 328, 329.
Erschienen ist der herrlich Tag. S. 240.
Erstanden ist der heilig Christ. 430.
Es fleugt ein klein's Waldvögelein. S. 109.
Es fleugt ein Vöglein leise. S. 109, S. 149.
Es flog ein Engel in Eile. 40, II.
Es flog ein Täublein weiße. S. 141.
Es flog ein Vöglein leise. 40.
Es flog eine Rose vom Himmel. S. 366.
Es freuet sich billig jung und alt. S. 131.
Es freuet sich der Engel Schar. 54.
Es frohlock was im Himmel ist. S. 159.
Es ist auf Erden kein schwerer Leiden. S. 275.
Es ist bereit mein Herz. S. 341.
Es ist fürwahr zu klagen. S. 90.
Es ist gewißlich an der Zeit. S. 252.
Es ist in's Himmelsthrone. 127.
Es ist nit genug, kann ich dir sagen. 325.
Es kommen über uns gefährlich Zeit. 258.
Es lobe Gott alle Welt. S. 231.

Es muß nur sein, ich geb mich drein. 328.
Es nahm zu sich Herr Jesus. S. 341.
Es ritt ein Fürst in frmbe Land. 39.
Es sprach Christus, des Menschen Sohn. S. 132.
Es steht ein Lind in jenem Thal. S. 211.
Es sungen drei Engel. S. 123.
Es war ein's Heiden Tochter. 177.
Es war ein gottesfürchtiges und christliches Jungfräulein. 174.
Es war einmal ein großer Herr. 310.
Es war einmal ein reicher Mann. 441, S. 142.
Es war ein stolzer, reicher Mann. S. 233.
Es war Sanct Catharina. 164.
Es wollt gut Jäger jagen. S. 175, S. 361.
Es wohnet Lieb bei Liebe. S. 169, S. 288.
Es zeugen des Gottlosen Werke. S. 339.
Ewiger Gott, wir bitten dich. 275.

Frau, von Herzen wir dich grüßen. L.
Freu dich du Himmelkönigin. 10.
Freu dich du liebe Christenheit. S. 82.
Freu dich Maria, Tempel. 75.
Freu dich sehr, o meine Seele. S. 110.
Freut euch ihr Christen allzugleich. 218.
Freut euch ihr Christen überall. 95.
Fröhlich bin ich aus Herzensgrund. S. 273, S. 297.
Fröhlich so will ich singen. 33a.

Gebenedeiet sei der Herr. S. 161.
Geduld die sollen wir haben. S. 245.
Gegrüßet sei Maria rein, freu dich. S. 172.
Gegrüßet seist du allerheiligste Maria. 11.
Gegrüßet seist du edelste Königin. 2. S. 394.
Gegrüßet seist du Jungfrau zart. 74.
Gegrüßet seist du Maria rein. 69, 70. S. 148, S. 330.
Gegrüßet seist du Maria, voll der Gnaden. 203.
Gegrüßet seist du Meeresstern. 7. S. 124.
Gegrüßet seist du Meerstern roth. S. 76.
Gegrüßet seist du Meerstern werthe. 7.
Gegrüßet seist Maria, ein Königin. 3.
Gelobet sei Gott unser Herr. 349.
Gib uns, o Jesu Gnad. S. 317.
Gnade, gütiger Herre Gott. 278.
Gott, der alle Ding regiert. S. 229, S. 322.
Gott, der du deiner Ritter Kron. 121.
Gott, der hieß der Wasserhausen. 72.
Gott, der Herr, woll sich erheben. S. 229.
Gott, der himmlisch Vater. 437.
Gott, der Vater, wohn uns bei. S. 85.
Gott grüß dich Bruder Veite. S. 332.
Gott hat den Mensch vor allen. S. 331.
Gott in der Höh sei Preis und Ehr, und Fried. 292.
Gott in der Höh sei Preis und Ehr, zu aller Zeit. 293.
Gott in seinem Heiligthum ehrt. S. 229.
Gott in seinen Heiligen ehrt. S. 229.

Gott ist groß und lobenswert. S. 231.
Gott sei mir gnädig dieser Zeit. S. 315, S. 329, 380.
Gott stande auf, zerstreu die Feinde. S. 279.
Gott, Vater der Barmherzigkeit. 211.
Gott Vater der du oben sitzest. 395.
Gott Vater Herr, allmächtig, groß. S. 338.
Gott Vater Herr, wir danken dir. S. 131.
Gott Vater in dem Himmelreich. 398.
Gott Vater mein, im höchsten Thron. 339.
Gott zu Lob so wollen wir singen. 412.
Gottes Namen sollt ihr loben. 300.
Groß ist dein Lob, Herr. S. 328.
Groß ist meiner Seel Verlangen. 152.
Groß Lob und Ehre. 309.
Gütigster Herr Jesu Christ, des ewigen. 122, 123.

Hätten wir so wahr Gott's Hulde. S. 72, S. 143.
Hebt an und singt. S. 302.
Heilig ist Gott, der Vater. S. 280.
Heiliger Franzisce, Licht. 150.
Heiliger Gott, Herr Zebaoth. S. 335.
Heiliger Herre S. Lorenz. 130.
Heiliger Herre S. N. hab uns. 129.
Heiliger N., bitte Gott für uns. 108.
Herr Christ, der einig Gottes Sohn. S. 211.
Herr, dein Rach und feurig Grimmen. S. 322.
Herr, der du unser Herrscher bist. S. 315.
Herr, du hast uns auserforen. S. 337.
Herr geuß deines Eifers Flammen. 369. S. 353.
Herr Gott, dich loben alle wir. 93. S. 279.
Herr Gott, himmlischer Vater. 394.
Herr Gott, nun sei gepreiset. S. 211.
Herr Gott Vater im Himmelreich. 250.
Herr Gott von Herzen ich dir dank. S. 253.
Herr, höre mein Gebet und Flehen. 386. S. 386.
Herr Jesu Christ, Gottes Sohn, von einer Jungfrau. 124.
Herr Jesu Christ, mein Trost. 336.
Herr Jesu Christ, wahr Mensch und Gott. 346.
Herr Jesus sagt. S. 341.
Herr, neige mir die Ohren. S. 337.
Herr, schicke ja nicht Rache. 362. S. 392.
Herr, wollst deinem Zorn. S. 322.
Herzlich thut mich verlangen. S. 350.
Herzliches Bild, Maria klar. 65.
Heut singt die liebe Christenheit. 94.
Hilf lieber Herr. S. 327.
Himmel und Erd kommt unbeschwert. 27.
Hochselig voll Gnad und heilig. S. 191.
Hör mein Gebet, du frommer Gott. 357. S. 330.
Hüt dich, hüt dich vor Lästerwort. 305.

Ich armer Sünder seufz und klag. 224.
Ich dank dir Herr, du treuer Gott. 218.
Ich dank dir lieber Herre. 241.

Ich das Elend menschlich's Leben. 445.
Ich gieng einmal spazieren. S. 275.
Ich gieng mit Lust durch einen Wald. S. 96.
Ich glaub in den allmächtigen Gott. 200.
Ich glaub in Gott, den Vater mein. 199.
Ich glaub in Gott Vater, den allmächtigen. 198.
Ich hab des Herren Worten glaubt. S. 227.
Ich hab mein Sach Gott heimgestellt. 284.
Ich hab mein Sach zu Gott gestellt. S. 275.
Ich hab mein Zeit verloren gar. 355.
Ich hört ein Fräulein klagen. S. 211.
Ich preise Gott mein Leben lang. 298.
Ich reu und klag. S. 307.
Ich ruf zu dir mein Herr und Gott. 352, S. 330.
Ich weiß ein maget schöne. 12.
Ich weiß ein schön's Lustgärtelein. 88.
Ich weiß mir ein Blümlein. S. 249, S. 275.
Ich weiß mir eine Müllerin. S. 140.
Ich widersage dir Satan. 239.
Ich will aus ganzem Herzen mein. S. 166.
Ich will zu Land ausreiten. S. 288.
Jerusalem, du sel'ge Stadt. 311, S. 332.
Jesu, der Welt Behalter. 115.
Jesu, du Kron der Jungfrauen. 125.
Jesu, du süßer Heiland mein. 233.
Jesu, du verheiß'ner Heiland. S. 50.
Jesum Christum, der Welt Heiland. 225.
Jesus Christus, unser Heiland. S. 82.
Jesus ist ein süßer Nam. 399.
Jesus sagt den Pharisäern. S. 136.
Jesus, Seligmacher der Welt. 115, II; S.167.
Jesus sich zu'n Jüngern wendet. S. 229.
Jesus thut das Herz gewinnen. 100.
Jesus zu den Pharisäern. S. 136.
Jesus zu seinen Jüngern sprach. 222.
Ignatius recht feurig heißt. S. 152.
Ihr bringet zu die edle Zeit. 265.
Ihr Christen kommt, hört. 356.
Ihr Christenmenschen alle. S. 381.
Ihr Creatur im Himmel oben. S. 390.
Ihr Kinder preiset Gott, den Herrn. 380.
Ihr Knechte preiset den Herrn. 379.
Ihr lieben Christen kommt nun her. S. 330.
Ihr lieben Christen singet her. S. 82.
Ihr Prädikanten schreiet all. 324.
Im Anfang war das göttlich Wort. 213.
Im Elsässer Thal hilf den Kranken all. S. 153.
Im Land der Franken hilf den Kranken. S. 153.
Im Namen meines Herren Jesu Christ. 234.
Im Namen des Vaters (Kreuzzeichen). 186.
In Gott den Vater glaube ich. 201.
In Gottes Namen fahren wir. S. 225.
In Gottes Namen heben wir an, das Leiden. 425.
In Gottes Namen heben wir an, der alle Ding. 49.
In Gottes Namen heben wir an, und rufen all Gottes Engel an. 92.
In Gottes Namen heben wir an, wir rufen all S. Leonhard. S. 134.

In Gottes Namen heben wir an, zu singen von der Jungfrau Maria. 26.
In Gottes Namen so fahren wir. 255.
In Gottes Namen so fangen wir an. 423.
In Gottes Namen so heben wir an, und was Gott. 439.
In Gottes Namen so wollen wir fahren. 435.
In Gottes Namen wollen wir singen. 85.
In jener Zeit, aus großem Herzeleid. S. 341.
In meiner Noth, vor Scham. 353.
Joseph, Ernährer Jesu Christ. 104.
Jungfrau auserkoren, novum gaudium. 63.

Kehr um, kehr um. S. 133.
Kind willst du selig werden. 306.
Kommt her ihr Creaturen all. 52.
Kommt her ihr Kinder allesamt. S. 282.
Kommt her, kommt her all Land. S. 158.
Kommt her zu mir, spricht Gottes Sohn. 311.
Kommt her, wer Kron und Inful trägt. S. 335.
König der h. Martyrer. S. 167.
Königin der Himmel. 2.
Kyrie eleyson, du bist ein Schöpfer. 396.
Kyrie eleyson, nun ist die Welt. 401.
Kyrie eleyson, singen wir. 411.

Lasset uns singen ein kleines Liedchen. 112.
Laß Herr die Stimm und Klage mein. S. 328.
Laßt uns alle fröhlich loben. S. 120.
Laßt uns all Gott, den Vater. 110, II.
Laßt uns all mit Innigkeit. 192.
Laßt uns das Kindlein wiegen. S. 400.
Laßt uns leben Gott für all sein. 194.
Laßt uns leben mit süßem Ton. 170, S. 251.
Laßt uns S. Peter rufen an. 111.
Laßt uns singen ein neues Lied. 173.
Litanei von der Mutter Gottes. 403.
Litanei von allen Heiligen. 406, 407.
Lob, Ehr und Preise. 103.

Mag ich Unglück nicht widerstan. 279.
Maria aller Jungfrau'n Kron. 50.
Maria auf Erden hatte viel Leid. 25.
Maria das Jungfräulein zart. S. 258.
Maria gieng geschwind. 16.
Maria gieng hinaus. 50 ff.
Maria, Gottes Mutter, die that. 53.
Maria, Gottes Mutter, wohn uns bei. S. 85.
Maria ist ein lichter Stern. 73.
Maria ist geboren. 62, S. 103.
Maria jung und zart. 66, S. 393.
Maria Königin, Mutter und. 1.
Maria Magdalena zwar. S. 243.
Maria, Mutter Gottes. 404.
Maria, Mutter Gottes, von deinem Sohn. 48.
Maria, Mutter Gottes wohn uns bei. 405.
Maria, o Maria schön. 33.
Maria rein, o Jungfrau zart. 54.
Maria sei gebenedeit. 45.
Maria wir verehren. 32.
Maria zart, von edler Art. 18 ff. S. 279.

Mariae Bild samt ihrem Kind. 81.
Mariam die Jungfrau werthe. 59.
Meerstern ich dich grüße. S. 75.
Mein Augen heb ich wohlgemuth. S. 328.
Mein Freud möcht sich wohl mehren. S. 211.
Mein Gemüth ist mir verwirret. S. 350.
Mein Gemüth sehr dürr und durstig ist. 351.
Mein Gott und Herr, zu dir ich wach. S. 283.
Mein Herr, mein Gott, o Jesu Christ. S. 99.
Mein Herr und Gott errette mich. S. 233.
Mein Herz auf dich thut bauen. 366.
Mein Herz und Muth, mein Ehrenzier. S. 115.
Mein Hirt ist Gott, der Herr. 365.
Mein lieber Gott, der ist mein Hirt. 338.
Mein Seel dem Herren sing Lobgesang. 241.
Mein Seele macht den Herren groß. 51. S. 345.
Mein Seel soll groß machen den Herrn. 51, III.
Mein Seel verlangt nach dir. 289.
Mein Stimm soll ewiglich. S. 339.
Mein süßer Gott, Herr Jesu Christ. 23, 78. S. 82, S. 101.
Mein süßer Trost, Herr Jesu Christ. S. 99.
Mein Volk hör mein Gesetze. S. 337.
Mein Wort, o Herr, zu Ohren nimm. 271.
Mensch thu oft und viel bedenken. S. 110.
Merk auf du gottvergessene Welt. 319.
Merkt auf ihr Sünder alle. 157.
Merkt ihr die große Marter. 122.
Mit diesem neuen Jahre. S. 154.
Mit Freud heb ich zu loben an. 105.
Mit Fried und Freud ich fahr dahin. 317.
Mit Gott so wollen wir fangen an, Alleluja. 440.
Mit Gott so wollen wir fangen an, das Leiden. 421.
Mit Gott so wollen wir fangen an, o Königin. 28.
Mit Gott so wollen wir heben an, rufen wir. 60.
Mit Gott so wollen wir singen, Maria. 42.
Mit Herz und Mund ich loben will. 297.
Mutter Gottes in Ewigkeit. 79.

Nach Gott zu dir, Maria rein. S. 302.
Nachdem die Schrift ausdrücklich lehrt. 134.
Nichts ist an mir verborgen. 355.
Niemals so schön und klar. 34.
Nu ist die Betterwart so ber. 153.
Nun freut euch lieben Christen gemein. 295. S. 274.
Nun helft uns alle Gott rufen an. 155.
Nun höret zu ihr Christenleut. 341.
Nun höre zu jeder Christenmann. 310.
Nun ist die gnadenreiche Zeit. S. 330.
Nun ist die Himmelfahrt also heilig. 153.
Nun ist die Werlet alle zu Gott dem Herren. 401.
Nun laß in Fried, Herr fahren. 390. S. 119, S. 355.
Nun laßt uns alle fröhlich singen. 171.

Nun laßt uns alle loben. S. 103.
Nun laßt uns den Leib begraben. 358. S. 313.
Nun laßt uns fröhlich heben an. S. 134.
Nun laßt uns Gott, den Vater samentlich. 110.
Nun laßt uns im Glauben. 301.
Nun loben wir mit Innigkeit. S. 313. S. 326.
Nun lobet Gott im hohen Thron. 351. S. 161, S. 359.
Nun lobet Gott mit freiem Muth. S. 115.
Nun lob mein Seel den Herren. 290. S. 93.
Nun merket auf, ihr Christen sein. 115.
Nun merket auf, ihr lieben Kind. 205.
Nun preiset Gott. 339.
Nun singet all mit reichem Schall. 432.
Nun singet Lob mit Innigkeit. 238.
Nun singt mit mir, ihr Christen sein. 421.
Nun tret't herbei in schöner Reih. 67.

O Anna zart, zu dieser Fahrt. 154.
O Christ hab acht der lieben Zeit. 319. 320. S. 274.
O christliche Jungfrauen schön. 126.
O Cöllen, du heilige Stadt. 176.
O der bösen Stund. S. 325.
O der süßen Gnaden groß. 52.
O des Tags, der wird verzehren. S. 323.
O du allmächtiger Gottheit. 393.
O du ewiger Gott, zerstöre. 317.
O du gütigster Herr und Gott. 235. S. 212.
O Ewigkeit, o Ewigkeit. 330.
O glorwürdige Frau, doch von Ehren. 47, III.
O Gold im Feuer, Geduld. S. 335.
O Gottes Sohn, Herr Jesu Christ. S. 274.
O Gott, mein Erlöser. 263.
O Gott, mein Gott zu dir ich wach. S. 283.
O Gott mein Ruhm schweig. S. 330.
O Gott streck aus dein milde Hand. 322.
O Gott und Fürst der Ehren. S. 345.
O Gott, Dank sag ich dir. 301.
O Gott Vater, gebenedeit. S. 75.
O Gott Vater im Himmelreich. 210.
O Gott Vater im höchsten Thron. 299.
O Gott Vater vom Himmelreich. 402.
O gütiger Gott in Ewigkeit. 321. S. 265.
O gütiger und süßer Gott. 331.
O Haupt voll Blut und Wunden. S. 5, S. 319.
O Heiland, Herre Jesu Christ. 400.
O heiliger Christ, Prediger und Täufer. 101.
O heiliger Gott, erbarm dich. 272.
O Herr du hast uns auserkoren. 375.
O Herre Gott, begnade mich. 267.
O Herre Gott, das sind dein Gebot. S. 224.
O Herre Gott, ich klage dir. 344.
O Herre Gott und Vater mein. S. 219.
O Herr Gott Vater, Abraham. S. 330.
O Herr Gott Vater im Himmelreich. 397.
O Herr höre mein Gebet. 376. S. 384.
O Herr ich klag, daß ich mein Tag. 335.
O Herr ich klag es dir. 360.
O Herr mein Gott, in dieser Noth. 371.
O Herr wir preisen deine Gütigkeit. 208. S. 132.

O Herr wir sagen dir Lob und Dank. 252.
O himmlische Frau Königin. S. 315.
O Jesu bist mein Zuversicht. S. 312.
O Jesu Christ, bis du mein ganz. 342.
O Jesu Christ, du süßester Herr. 165.
O Jesu Christe, Gott und Herr. 106.
O Jesu, du bist mild und gut. S. 100.
O Jesu zart. S. 90.
O Jesu, zu aller Zeit. S. 122.
O Ignati, du edler Held. S. 155.
O Ignati, o edler Held. 151.
O ihr Freund Gottes allzugleich. S. 172, S. 398.
O ihr Heiligen auserwählt. S. 163.
O ihr Heiligen, Gottes Freund. 114. S. 152, S. 162.
O ihr Schutzengel alle. 99. S. 397.
O Jungfrau zart, Maria schön. 86.
O Königin, gnädigste Frau. S. 395.
O Lamm Gottes unschuldig. S. 280.
O liebe fromme Christen. 182.
O lieber Herr S. Peter. 109.
O Maria, dich beben wir an zu. 14.
O Maria sei gegrüßt. 204.
O meine Seele, lobe Gott. S. 179.
O Mensch sieh was du redst. 334.
O Mutter Gottes auserkoren. 57.
O Schöpfer groß, dich bitten wir. 247, III.
O schwere Gottes Hand. 357.
O selig, dem der treue Gott. 367. S. 379.
O selig, die mit Herzen rein. S. 337.
O selig ist vor aller Welt. 368.
O Sonne schön, edler Planet. S. 302.
O Traurigkeit des Herzens. S. 350.
O treuer Gott vom Himmelreich. S. 214.
O unüberwindlicher Held. 96.
O Vater der Barmherzigkeit. 333.
O Vater, liebster Vater mein. S. 279.
O Vater unser, der du bist. 181, II. 202, IV. S. 315.
O werthe Frau, hoch von Ehren. 47, IV.
O wie annehmlich. S. 230.
O wie bequemlich. S. 230.
O wie groß ist die Seligkeit. 113.
Otilia die Jungfrau zart. S. 188.

Preis und Dank wir sagen. S. 354.
Preiset den lieben Gott. S. 339.
Preiset des Herren theuren Namen. S. 327.

Recht und billig zu loben ist. 146.
Reicher Gott, ewiger Vater. 193.

Sag, was hilft alle Welt. 318a.
Sancta Maria, bitt Gott für uns. 13.
Sancta Maria, steh uns bei. S. 357.
Sanct Agnes, o Jungfrau zart. 159.
Sanct Ann', die edle Frau. 153.
Sanct Brigitta, unser Patron. 172.
Sanct Gabriel, o edler Geist. 97.
Sanct Georg auf seinem elend Pferd. S. 176.
Sanct Georg, den Ritter. 135.

Sanct Ludgerus, ein edler Fries'. S. 103.
Sanct Martin laßt uns singen. 141.
Sanct Nicolasens heilig Fest. 140.
Sanct N., du heiliger Martrer groß. 119.
Sanct N., du reine Magd. 125.
Sanct N. lieber Herre mein. 108, 410.
Sanct Ursula, ach steh und bei. S. 152.
Sanct Ursula ein Schiff regiert. S. 163.
Saulus um's Gesetz. 225.
Schäm dich, schäm dich du fauler Christ. S. 274.
Schaut nun ihr Gottes Knecht. S. 342.
Schönster Herr Jesu, Schöpfer. 291.
Schöpfer Himmels und aller Ding. 169.
Sehet doch, was für ein Zeichen. 82.
Siehe des Märtyrers Laurentii. 131.
Singen wir aus Herzens Grund. S. 250, S. 253.
Singet ihr Heiden, seid alle froh. 149.
Singet zu Gott mit Lobesschall. S. 125, 373.
So bitten wir Gott, den Vater. 5.
So bitten wir unsern Herren. 179.
So fallen wir nieder auf unsere Knie. 150a.
So heben wir auch zu loben an. 132.
So oft ich schlagen hör' die Stund. 243. S. 315.
So oft mir klingt in meinen Ohren. 242.
So wollen wir aber heben an, zu singen. S. 374.
Sobald der Mensch erschaffen war. 185.
Steht auf ihr Todten allzumal. S. 265.
Straf mich Herr nicht in Eifersmuth. 363, 370. S. 133, 378, 397.
Straf mich Herr nicht im grimmen Muth. S. 328.
Süßer als Honig ist dein Nam. 76.
Sulamitis laß fahren. 269.

Thu auf, thu auf du schönes Blut. 270.
Tröst die Bedrängten. 95.

Und Jesus gieng einen harten Gang. 426.
Und Jesus ist ein süßer Nam. 417.
Und unser lieben Frauen. 83.
Unglück samt seinem bösen Heer. 279.
Uns ist ein Kindelein geborn. 414.
Unser Zuflucht, o Gott, du bist. 197.
Unserm Gott und unserm Herren. S. 136.

Vater im Himmel, wir deine Kinder. 391, 392.
Vater im höchsten Throne. 196.
Vater unser, der du bist im Himmelreich. 202.
Vater unser, der du bist, Kyrie eleyson. 181.
Vater unser im Himmelreich. 197, II. S. 314.
Verleih uns Frieden gnädiglich. 280.
Vionetus in Gugland. 175.
Vom Himmel ein englischer Bot. 41.
Von deinetwegen sind wir hier. 180, S. 373.
Von der christlichen Gemeine. 311.

Von edler Art, ganz schön und zart. 312.
Von Gottes großer Gütigkeit. 156.
Von Gott will ich nicht lassen. 285.
Vor allen Dingen sündig nicht. S. 161.

Wach auf meines Herzens Schöne. S. 252.
Wach auf mein Seel zu Gott. S. 283.
Wach auf, wach auf, o Mensch. 270.
Wach auf zum Heil, o Mensch. S. 265.
Wacht auf ihr Christen alle. 117.
Wacht auf ihr schöne Vögelein. S. 399.
Wann der Höchste wird bestimmen. S. 322.
Wann du ein Kind des Herren. S. 289.
Wann ich in Angst und Nöthen bin. 251.
Wann ihr zusammen kommt. S. 232.
Wann mein Stündlein vorhanden ist. 332.
Wann wir in höchsten Nöthen. 262.
Warum betrübst du dich. 253.
Warum empören sich die Heiden. 359.
Warum strebt diese Welt. 345.
Was man mir Gut's in Ehren. S. 126.
Was mein Gott will gescheh. S. 315.
Was wollen wir aber heben an. 436.
Was wollen wir aber nun heben an. 163.
Was wollen wir aber singen. 158.
Was wollen wir singen und heben an. S. 311.
Wem Schmerz und elend ist. 257.
Wenn der ewige Gottes Sohn. 350.
Wer das Elend bauen will. 154, II.
Wer da wohnet und sich enthält. 302.
Wer Gottes Diener werden will. S. 226.
Wer Gottes Wort will recht. 191.
Wer Gott verlobt ein Pilgerfahrt. 154.
Wer heimlich seine Wohnestatt. 375. 388.
Wer in dem Schutz des Höchsten ist. S. 278.
Wer Ohren hat zu hören. 305. S. 289.
Wie ein Hirsch gierlich. S. 337.
Wie schön leuchten die Äugelein. S. 253.
Wie schön leuchtet der Morgenstern. 296.
Wie sehr betrübt ist mir mein Herz. 261.
Wir bitten dich, o treuer Hirt. 217.
Wir bitten euch, Engel klar. S. 149.
Wir danken dir lieber Herre. S. 354.
Wir fallen nieder auf unsere Knie, Mariam. 69.
Wir fallen nieder auf unsere Knie, den wahren. S. 132.
Wir grüßen dich von Herzen sehr. S. 148.
Wir kommen wieder zu dir her. S. 131.
Wir loben die heilig Catharein. S. 143.
Wir loben die heilig und die rein. 161.

Wir Menschen bauen alle fest. 327.
Wir preisen Laurentii herrliche Thaten. S. 177.
Wir rufen an den theuern Mann. S. 152.
Wir sagen Gott viel Lob und Ehr. S. 132.
Wir sollen all danksagen Gott. 56. S. 126. 127.
Wir sollen heut loben unsern Gott. 314.
Wir sollen loben all die reine. S. 107.
Wir wollen alle singen. 91.
Wir wollen dich allein, o Herr Gott loben. 90.
Wir wollen dir, Herr, Lob beweisen. S. 336.
Wir wollen Lobpreis sagen Christo. 313.
Wir wollen singen ein Lobgesang. S. 132.
Wo Gott, der Herr, nicht bei uns hält. S. 277.
Wo Gott zum Haus nicht giebt. 210.
Wo kommt es her, daß eitel Ehr. 307.
Wohl an dem heiligen, jüngsten Tag. 353.
Wohl dem Menschen, der wandelt nicht. S. 269.
Wohl in dem Namen Jesu Christ. 434.
Wohlan ihr treuen Knecht. 384.
Wohlan mein lieber Ackersmann. S. 283.
Wohlauf getrost ihr Völker. S. 327.
Wohlauf ihr frommen Christen. S. 331 ff.
Wohlauf ihr Völker all. S. 331.
Wohlauf mein Seel sing hohen Preis. 377.
Wollet ihr hören singen. S. 320.
Wollt's auf ihr Mann und auch. 87. S. 203.

Xaverius mit Schmerzen. 149. S. 398.

Zank, Hader, groß Uneinigkeit. 326.
Zu dem Herrn im Himmel droben. S. 136.
Zu dir, o Gott, allein in diesem Leben. S. 338.
Zu dir rief ich in böser Zeit. 361.
Zu Ehren des ewigen Vaters und S. Christophori. 136.
Zu Ehren des ewigen Vaters und S. Cuniberti. 147.
Zu Ehren unser Frauen. S. 141.
Zu Gottes Lob geehret wird. 133.
Zu Gottes Namens Lob und Ehr. S. 131.
Zu meinem Herrn hat Gott. 378.
Zu singen wollen wir fangen an. 429.
Zu'n Jüngern Jesus sagt. 220.
Zu'n Jüngern sprach Herr Jesus Christ. S. 233.
Zur selben Zeit hat Gott. 223.
Zur Zeit des Kaisers Deci. 168.

Verzeichniss der lateinischen Texte und Melodien.

Ad perennis vitae fontem. S. 319.
Alma redemptoris mater. S. 103.
Ave, Ave, Ave Maria. 203, II.
Ave fuit prima salus. S. 133.
Ave Maria gratia plena, ingressus. 35, II.
Ave maris stella. 7.
Ave mundi spes Maria. 77.
Ave praeclara maris stella. 9.
Ave Sanctissima. S. 84.

Beatus autor saeculi. S. 149.
Benedicamus laudes. 313.
Benedictus dominus Deus Israel. S. 344.

Christe, qui lux es. 246.
Congaudent angelorum chori. 54.
Congregavit Deus aquas. 72.
Contere Domine. 317.
Cur mundus militat. 345.

Deus tuorum militum. 121.
Dicimus grates. S. 149.
Dies irae. 354.

En e mola typica. S. 165.
En martyris Laurentii. 131.
Ex more docti mystico. S. 234.
Exultet coelum. 109. S. 157.

Factor orbis et omnium. 169.
Felici peccatrici. S. 237.
Festum nunc celebre. S. 194.
Fit porta Christi. S. 213.

Gaude Maria, templum. 75.
Gaudetis voluptatibus. 265.

Hodierna lux diei. 37.
Hostis Herodes impie. S. 164.
Huc tendite, attendite. 67.

Jam lucis orto sidere. 232. S. 176.
Jam moesta quiesce querela. S. 310.
Jesu corona celsior. S. 163.
Jesu corona virginum. 125.
Jesu salvator saeculi. 115. S. 167.
In Dorotheae festo. S. 194. S. 331.
In natali Domini. S. 251. S. 253.
Inviolata, intacta. 6.
Judicabit judices. 352.

Lauda Sion. S. 107.
Laudes crucis. S. 107.
Laus tibi Christe, qui. S. 354.

Libera me Domine. S. 322.

Magnificat anima mea. 51.
Maria virgo nobilis. S. 91.
Maria sole clarior. 65, II.
Maria virgo virginum. 80.
Mundi deliciae salvete. 44.

Nicolai solemnia. 140.
Nunc dimittis. 390.
Nunquam serenior. 34.

O beata beatorum. S. 120.
O gloriosa Domina. 47. III. ff.
O heros invincibilis. 96.
Omnes advigilate. 117.
Omni die dic Mariae. 19.
O ter jucundus. 217.
O vera lux et gloria. S. 255.

Pange lingua. S. 171.
Parendum est. 328.
Patris sapientia. S. 320.
Perenne carmen angeli. 55.
Praeco praeclarus. 101.

Quem terra, pontus. 47.
Quidvis amor suffert. 116.

Regina coeli. 2.
Resonet in laudibus. S. 283.
Rex gloriose martyrum. 120.

Salve caput cruentatum. S. 350.
Salve regina gloriae. S. 108.
Salve regina mater. S. 70 ff.
Salve rex aeternae. S. 70.
Stabat mater. 29, 30.

Telluris ingens conditor. S. 242.
Te lucis ante terminum. 217. S. 242.
Te Mariam laudamus. S. 89.
Templo chorus superno. 127.
Tuae saluti credita. 319.

Urbs Jerusalem beata. 311. S. 332.
Uterus virgineus. S. 120.

Veni redemptor gentium. 208, 280, 316a.
Verbum bonum et suave. 36.
Verbum superum. S. 159.
Vexilla regis. S. 318.
Virgo Dei puerpera. 48.
Vox clara ecce intonat. S. 235.

Verzeichniss der niederländischen, französischen und italienischen Texte und Melodien.

Ainsi qu'on oit le cerf. S. 110.
Allene up godt hope. S. 276.
Als Jesus in sijn Majesteyt. S. 159.
Amarillida bella. S. 264.
Au fons de ma pensée. S. 345.

Bien heureux celui. S. 333.

De tout mon coeur. S. 161.
Dieu qui nous a deboutés. S. 124.

Een boerman had eenen. S. 334.

Graces au bon petit Jésus. S. 152.

Helas, Seigneur, ie te pri! S. 336.

Iek lijd in't herte pijn. S. 256.
Ick weet eyne maget. S. 94.
Ick wil de valsche wereldt. S. 299.
Il me souffit de tout mes maulx. S. 319.
In Jesus name, broeders eersame. S. 153.

Las! en ta fureur. S. 334.
La terre au Seigneur. S. 249.

Leve le cueur, ouvre l'oreille. S. 273.

Mijn ooghskens weenen. S. 289.
Misericorde au poure vicieux. S. 336.
Mon Dieu donne moi. S. 140.

Ne veuille pas o Sire. S. 329.

O Dieu donne moi. S. 273.
O Geest die ons kunt. S. 256.
Or l'aisse Createur. S. 116.
Or sus serviteurs. S. 150.

Rijck moeder Godts Marie. S. 103.

Seigneur Dieu, oy l'oraison. S. 343.
Seigneur enten ma requeste. S. 335.
Sulamite keert weder. S. 264.
Sus qu'un chacun de nous. S. 241.

Toutes gens loues le Seigneur. S. 113.
Twas een Ridder, een koninghs. S. 158.

Weest gegroet maget Maria. S. 188.

Namen- und Sachregister.

(Die angegebene Zahl bezeichnet die Seite.)

Abendlieder. 243 ff.
Adam von Fulda. 255.
Adam von S. Victor. 107.
Alberus, C. 92.
Albert der Große. 79.
Albinus, Fr. 38. Nr. 95.
Ambrosius. 246. 247.
Apostel, Lieder von den. 156 ff.
Arnt von Aich. 307.
Augustinus. 319.

Bachammer. S. 335.
Balde, J. S. 36. Nr. 85.
Berengerus, P. G. 39. Nr. 95.
Bergreihen. 135. 314.
Bernhard von Clairvaux. 70. 350.
Beza, Theodor de. 47 ff.

Bibliographie. 26 ff.
Bittlieder. 268 ff.
Böhmische Brüder. 3. 6.
Bonaventura. 137.
Brant, Seb. 80.
Bruck, Arnold de. 224.
Buchner. 53.
Buchsbaum, Eist. 142.
Buchsbaumton. 311.
Bußlieder. 254 ff.

Casimir, der heilige. 94.
Chiomusus s. Schnesing.
Choral, Gregorian. 5 ff.
Chromatik. L. Vorrede S. V.
Cochem, M. von 43. Nr. 139.
Coteer 40. Nr. 117.

Crailsheimer Schulordnung. 12, 23.

Dank- und Loblieder. 278 ff.
Decius, R. 279.
Degen, Joh. 375.
Dilatus, P. J. 41. Nr. 120.
Dobereiner oder
Doberemer, Phil. 367.
Dramatische Aufführungen in der Kirche. 10 ff.

Eber, Paul. 149, 273, 314.
Edingius, Rudgerus. 28. Nr. 15, 16, 20.
S. 75, 60, 119, 159, 164, 167, 168, 171, 176, 192, 209, 234, 242, 243, 259, 260, 292.
Engel, Lieder von den hh. 147 ff.
Evangelienlieder. 227 ff.
Eysengrein. 30. Nr. 30.

Finck, Heinrich. 307.
Flagellanten s. Geißler.
Fortunatus, Venantius. 113.
Franziskus, Peter. 302.
Friedrich, Markgraf u. Dompropst. 255.
Fulgentius a Sancta Maria. 43. Nr. 135.

Galiarde. 259.
Geißler. 201 ff.
Gerhardt, P. 350.
Gesangbücher. 26 ff., Beschreibung 44 ff., Vorreden. 54 ff.
Gesius, Barth. 245.
Gigas, Joh. 276.
Goudimel, Claude. 18 ff. 375, 382 ff.
Gramann, Joh. 279.
Greiter, M. 263.

Hagius, Conrad. 375, 387 ff.
Haßler, H. L. 350.
Haym von Themar. 28. Nr. 18, 20, 21; S. 29, Nr. 25; S. 71, 108, 177, 190, 199, 350, 352, 356, 360, 365.
Hecyrus, Christoph, sein Gesangbuch. 49 ff., Vorrede daraus. 54 ff. Lieder von ihm. 121, 132, 155, 160, 166, 168, 169, 217, 226, 255, 294, 318, 319.
Heilige, Lieder von den — im Allgemeinen. 162 ff., im Besondern. 175 ff.
Helmbold, L. 275.
Henricus, monachus. 60.
Herbert, P. 290.
Hermann Contractus. 70, 79.
Herman, Nicol. 151, 194, 232, 240, 305.
Herzog Ernst-Ton. 141.
Heune s. Gigas.
Heyden, Sebald. 278.
Hildebrandslied. 268.
Horesch s. Decius.
Huber, C. 264.
Huberinus, Caspar. 249, 252.
Hugo, Herm. 8, 10. Nr. 113.
Humbert, C. 264.

Jacobus de Benedictis oder
Jacopone da Todi. 318.
Jacobeton. 144, 203.
Johannes der Täufer, Lieder von. 154 ff.
Jonas, Justus. 277.
Josemann, Herm. 299.
Joseph, Lieder vom h. 155 ff.

Katechismuslieder. 205 ff.
Kethner. 113, 238, 247, 248.
Kirche, Lieder von der. 291 ff.
Knoll, Christoph. 350.
Koler, Joh. 50, 101, 111, 121, 125, 138, 157, 199, 200, 351, 361, 362, 363, 365, 366, 367, 369, 373.
Kolrose, J. 226, 245.
Kuen, J. 35, Nr. 77, 79; S. 36, Nr. 63, 87; S. 37, Nr. 88, 92.

Lasso, Orlando di. 318.
Lauch, Vitus. 361.
Leisentrit. 44 ff.
Leon, Joh. 274, 309.
Lescamt. 13, 15.
Lindenschmidlied. 311.
Lind, W. 268.
Litaneien und Rufe. 316 ff.
Literatur zur Geschichte des Kirchenlieds
 a) protestantische. 20 ff. b) katholische 23 ff.;
 Sammlungen 25 ff.
Liturgische Stellung des Kirchenliedes. 8 ff.
Loblieder. 275 ff.
Laufenberg, H. von. 5, 75, 80, 99, 106.
Luther. 14, 214, 225, 268, 279, 282, 296, 299, 314, 316.

Marienlieder. 69 ff.
Marot, Clement. 17 ff.
Matthesius. 241.
Melanchton. 149.
Melodien der Kirchenlieder. 1 ff. Herkunft daselbst. Charakteristik. 6. Diatonik und Rhythmik. 7.
Meuslin, W. 277.
Meyfart, J. M. 317.
Milchsack, G. 1 L.
Moibanus, A. 218.
Moller, M. 324.
Morgenlieder. 239 ff.
Mühlmann, Joh. 245.

Nicolai, Phil. 283.
Notker Balbulus. 122.

Oeglin, Erh. 128.
Opitz, M. 345.

Papierlied. 257.
Poliander s. Gramann.
Predigtlieder. 207 ff.
Processionslieder. 197 ff.
Procopius, F. 38. Nr. 95.

Prose s. Sequenz.
Prudentius, Aurel. 176, 310.
Psalmensammlungen von Marot und Beza. 47; Ulenberg 50; Mainzer 53, 61; Harpffen Davids. 54.
Psalmlieder. 327 ff.

Querhamer, Caspar. 117, 123, 157, 162, 163, 204, 216, 266, 267, 268, 269, 284, 266, 257, 258, 314.

Resinarius, Balth. 225.
Rhau, G. 224.
Ringwald, Barth. 276.
Rose, B. J. 35, Nr. 97.
Rosenkranzlieder. 141 ff.
Rufe und Litaneien. 340 ff.
Rutilius, M. 261.

Sachs, Hans. 126.
Salzburg, Mönch von. 75, 50, 246.
Schäffler, J. W. 42, Nr. 131.
Scheffler s. Silesius.
Schlobruch. 30, Nr. 32.
Schneegaß, C. 350.
Schnesing, J. 264.
Schnüssis, C. von. 41, Nr. 121, 125; S. 42, Nr. 129; S. 43, Nr. 137.
Schweber s. Herbrus.
Seidl, Mich. 363.
Seiler, Joach. 39, Nr. 107.
Sequenzen. 73, 76, 101, 106, 107, 118, 120, 121, 321.
Silesius, Angelus. 52, 59.

Spee. 51 ff. 262, 265, 350.
Spengler, Laz. 257.
Sterbelieder. 301 ff.

Tageweisen. 104, 108, 282.
Takt. 7. Vorrede S. V.
Theobaldus, J. 43, Nr. 138.
Theodotus, S. 35, Nr. 78.
Thomas von Aquino. 94, 107.
Thomas von Celano. 321.
Tirs, Caspar. 274, 276.
Tischlieder. 249 ff.
Tonus peregrinus. 118.
Triller, Val. 44 ff 108, 120, 126, 132, 141, 145, 146, 219, 237, 242, 243, 256, 270, 272, 285, 286, 291, 292, 294, 296, 299, 331.

Ulenberg, Casp. 31, Nr. 45; S. 36, Nr. 62; S. 50.
Uschenhauser, D. 201.

Veitsten. 159, 328, 331.
Vetter, Conr. 31, Nr. 49; S. 33, Nr. 64.
Vogler, G. 112, 137, 172, 241, 244.
Volkslidermelodien. 4.
Vulvius, M. 309.

Waldis, B. 272.
Wallfahrtslieder. 197 ff.
Weiße, Mich. 133, 160, 313, 326.
Wizel. 27, Nr. 9, 10; S. 52, 292, 348.
Wipstat, Hans. 311.

Druck von Breitkopf und Härtel in Leipzig.

In der **Herder**'schen Verlagshandlung in **Freiburg** (Baden) ist erschienen und durch alle Buchhandlungen zu beziehen:

Geschichte des deutschen Volkes
seit dem Ausgang des Mittelalters.
Von Johannes Janssen.

Erster Band: Deutschlands allgemeine Zustände beim Ausgang des Mittelalters. Neunte bis zwölfte Auflage. gr. 8°. (XLIV u. 628 S.) *M.* 6. Geb. *M.* 7.20.

Zweiter Band: Vom Beginn der politisch-kirchlichen Revolution bis zum Ausgang der socialen Revolution von 1525. Neunte bis zwölfte Auflage. gr. 8°. (XXVIII u. 592 S.) *M.* 6. Geb. *M.* 7.20.

Dritter Band: Die politisch-kirchliche Revolution der Fürsten und Städte und ihre Folgen für Volk und Reich bis zum sogenannten Augsburger Religionsfrieden von 1555. Neunte bis zwölfte Auflage. gr. 8°. (XXXIX u. 753 S.) *M.* 7. Geb. *M.* 8.40.

Vierter Band: Die politisch-kirchliche Revolution und ihre Bekämpfung seit dem sogenannten Augsburger Religionsfrieden vom Jahre 1555 bis zur Verkündigung der Concordienformel im Jahre 1580. Erste bis zwölfte Auflage. gr. 8°. (XXXI u. 515 S.) *M.* 5. Geb. *M.* 6.20.

Als Ergänzung zu den drei ersten Bänden erschien von demselben Verfasser:

An meine Kritiker. Nebst Ergänzungen und Erläuterungen zu den drei ersten Bänden meiner Geschichte des deutschen Volkes. Dreizehntes bis sechszehntes Tausend. gr. 8°. (XI u. 227 S.) *M.* 2.20. Geb. *M.* 3.20.

Ein zweites Wort an meine Kritiker. Nebst Ergänzungen und Erläuterungen zu den drei ersten Bänden meiner Geschichte des deutschen Volkes. Dreizehntes bis sechszehntes Tausend. gr. 8°. (VII u. 145 S.) *M.* 1.50. Geb. *M.* 2.50.

Die beiden Ergänzungsschriften zusammengebunden in einem Band *M.* 5.

Originaleinband: Leinwand mit Deckenpressung. — **Einbanddecken** à *M.* 1 für jeden der vier Bände, und zusammen für die beiden Ergänzungsschriften ebenfalls *M.* 1.

Jeder Band umfaßt eine bestimmte Periode und ist einzeln käuflich.

www.ingramcontent.com/pod-product-compliance
Lightning Source LLC
Chambersburg PA
CBHW020545300426
44111CB00008B/799